A BÍBLIA COM E SEM JESUS

A BÍBLIA COM E SEM JESUS

COMO JUDEUS E CRISTÃOS
LEEM AS MESMAS HISTÓRIAS
COM DIFERENTES PERSPECTIVAS

AMY-JILL LEVINE
MARC ZVI BRETTLER

Tradução: MAURÍCIO BEZERRA

Título original: *The Bible with and without Jesus: how Jews and Christians read the same stories differently*
Copyright ©2020, de Amy-Jill Levine e Marc Zvi Brettler
Edição original por HarperCollins *Publishers*. Todos os direitos reservados.
Copyright da tradução ©2022, de Vida Melhor Editora LTDA.

Todos os direitos desta publicação são reservados por Vida Melhor Editora LTDA.

Os pontos de vista desta obra são de responsabilidade de seus autores e colaboradores
diretos, não refletindo necessariamente a posição da Thomas Nelson Brasil, da HarperCollins
Christian Publishing ou de sua equipe editorial.

Publisher	*Samuel Coto*
Editor	*André Lodos Tangerino*
Produção editorial	*Fabiano Silveira Medeiros*
Preparação	*Guilherme Guimarães*
Revisão	*Emerson Martins Soares e Lucas Vasconcellos Freitas*
Indexação	*Bruno Echebeste Saadi*
Diagramação	*Sonia Peticov*
Capa	*Jonatas Belan*

Dados Internacionais de Catalogação na Publicação (CIP)

(BENITEZ Catalogação Ass. Editorial, MS, Brasil)

L141b   Levine, Amy-Jill
1.ed.   A Bíblia com e sem Jesus : como judeus e cristãos leem as mesmas histórias com diferentes
perspectivas / Amy-Jill Levine, Marc Z. Brettler ; tradução Maurício Bezerra. – 1.ed. – Rio de
Janeiro: Thomas Nelson Brasil, 2022.
          384 p.; 15,5 x 23 cm.

Título original: The Bible with and without Jesus : how Jews and Christians read the same
stories differently.
          ISBN 78-65-56894-39-3

          1. Cristianismo e outras religiões – judaísmo. 2. Bíblia. Antigo Testamento – Crítica,
interpretação etc. 3. Bíblia. Novo Testamento – Crítica, interpretação etc. 4. Judaísmo –
Relações – cristianismo. I. Brettler, Marc Z. II. Bezerra, Maurício. III. Título.

07-2022/39   CDD: 220.6

Índice para catálogo sistemático

1. Cristianismo e outras religiões: Judaísmo   220.6

Bibliotecária responsável: Aline Graziele Benitez CRB-1/3129

Thomas Nelson Brasil é uma marca licenciada à Vida Melhor Editora LTDA.
Todos os direitos reservados à Vida Melhor Editora LTDA.
Rua da Quitanda, 86, sala 218 — Centro
Rio de Janeiro — RJ — CEP 20091-005
Tel.: (21) 3175-1030
www.thomasnelson.com.br

Em memória de nossos pais,
Miriam e Sidney Brettler,
e Anne e Saul Levine.

Os sábios ensinaram:

"Existem três parceiros
na criação de todas as pessoas:
o Santo, seu pai e sua mãe"

(Talmude Babilônico, tratado Niddah, 31a).

SUMÁRIO

Agradecimentos — 11

Prefácio — 13

Nota sobre traduções e reduções — 17

1. SOBRE AS BÍBLIAS E SEUS INTÉRPRETES — 21

As mesmas histórias em Bíblias diferentes — 21
As Bíblias judaica e cristã — 24
Sobre a interpretação — 30
Interpretando textos divinamente revelados — 35
Interpretação judaica: para cada dois judeus, três opiniões diferentes — 39
Interpretação cristã: alinhada com a crença — 44

2. O PROBLEMA E A PROMESSA DA PROFECIA — 51

Profecia — 51
Textos fora de contexto — 56
Polêmicas — 60
Possibilidades — 66

3. A CRIAÇÃO DO MUNDO — 74

No princípio — 74
Pondo ordem no caos — 78
Vento, espírito, sabedoria, *Logos* — 84
"Façamos o ser humano..." — 89
A interpretação judaica posterior — 92

4. ADÃO E EVA — 98

Morte, domínio e divórcio — 98
O jardim do Éden — 101

Comendo do fruto proibido	106
Menções ao jardim do Éden em livros da Bíblia além do Gênesis	112
Pecado original na Bíblia hebraica?	113
Adão e Eva no judaísmo antigo	115
A tradição judaica posterior	119

5. "TU ÉS SACERDOTE PARA SEMPRE" — 125

O sacerdócio no antigo Israel	125
Jesus, Sumo Sacerdote segundo a ordem de Melquisedeque	128
Gênesis 14: primeira menção de Melquisedeque	133
Salmo 110: salmo de realeza enigmático	138
Melquisedeque na tradição judaica posterior	147
O problema do substitucionismo na Epístola aos Hebreus	152

6. "OLHO POR OLHO" E "DÊ A OUTRA FACE" — 158

Antíteses ou ampliações?	158
Mas eu lhes digo...	162
A respeito do "olho por olho"	174
O contexto da Bíblia hebraica	179
O conflito entre a justiça e a misericórdia	184

7. "BEBAM MEU SANGUE": SACRIFÍCIO E EXPIAÇÃO — 190

O cordeiro sacrifical	190
Os sacrifícios no antigo Israel	195
A Páscoa	201
O sacrifício humano na Bíblia hebraica	203
A expiação sem sacrifício	205
O sacrifício no judaísmo pós-bíblico	207
O sangue da circuncisão	209
O sangue da aliança	212

8. "A VIRGEM CONCEBERÁ E DARÁ À LUZ UM FILHO" — 214

"Para cumprir o que foi dito"	214
Isaías em seu contexto	217
De "jovem" a "virgem"	224
Da predição à polêmica	227

9. O SERVO SOFREDOR DE ISAÍAS 236

Pelas suas feridas somos sarados 236
O "Servo Sofredor" em seu contexto histórico 243
A história do Servo nas tradições judaicas e cristãs posteriores 250

10. O SINAL DE JONAS 259

Jesus e o sinal de Jonas 259
A história de Jonas em seu contexto histórico antigo 262
Jonas de uma perspectiva cristã 272
Jonas de uma perspectiva judaica 276

11. "DEUS MEU, DEUS MEU, POR QUE ME DESAMPARASTE?" 283

Jesus e o salmo 22 283
Um apêndice: outros salmos no Novo Testamento 289
O salmo 22 nas Escrituras de Israel 292
Quando os salmos são proféticos 301
O salmo 22 nas fontes judaicas 303

12. O FILHO DO HOMEM 312

Humano e/ou divino 312
Em busca do Filho do homem 315
"Filho do homem": de homem a super-homem 320
O Filho do homem em outras passagens do Novo Testamento 328
O futuro pós-bíblico do Filho do homem 331

13. CONCLUSÃO: DA POLÊMICA À POSSIBILIDADE 336

A nova aliança: "'Naquele tempo', diz o SENHOR..." 336
Nesse ínterim... 339
O que aprendemos 342

Índice de passagens bíblicas e fontes antigas 347
Índice remissivo 361

AGRADECIMENTOS

Como observamos em nossa dedicatória: "Os sábios ensinaram: 'Existem três parceiros na criação de todas as pessoas: o Santo, seu pai e sua mãe'" (b. Niddah, 31a). Tivemos muito mais do que três parceiros ao produzir este livro. Agradecemos a Mickey Maudlin, editor executivo e vice-presidente sênior da HarperOne, por incentivar, estimular e pastorear este projeto de um modo tão habilidoso desde a ideia inicial até a sua publicação; Roger Freet da Folio; e toda a equipe da Harper que ajudou por todo o processo: Anna Paustenbach, Aidan Mahony, Chantal Tom, Suzanne Quist, Makenna Holford, Melinda Mullin, Laina Adler, além de todo o pessoal que trabalhou nos bastidores.

As nossas famílias também serviram de parceiras, e somos gratos a Tova Hartman, Talya Brettler, Immanuel Buder, Ezra Brettler e Jay Geller, Sarah Elizabeth Geller e Alexander Geller pelo seu amor e pelo seu apoio. Eliana Sidney Brettler Buder trouxe muita alegria e uma distração útil nos estágios finais deste projeto. Muitos colegas e amigos, dentre os quais Herb Basser, Abraham Berkovitz, Robert Cargill, Esther Chazon, Cody David, Yedida Eisenstadt, Mark Goodacre, Lenn Goodman, Ed Greenstein, Steven Kepnes, Reuven Kimelman, James Kugel, Joseph Lam, Martin Lockshin, Paul Mandel, Joel Marcus, Craig Morrison, Mark Smith, Emanuel Tov e Shani Tzoref atenderam às nossas consultas e ofereceram auxílio e incentivo em alguns momentos. Jonathan Homrighausen da Universidade Duke revisou o livro várias vezes e contribuiu com sugestões muito úteis; Alexander Geller ajudou na preparação da versão final, deixando o texto mais claro e coeso; e William Brown realizou uma nova revisão do original, proporcionando comentários abrangentes e várias recomendações atenciosas. Os bibliotecários da Universidade Duke, da Universidade Vanderbilt, da Biblioteca Nacional de Israel e do Pontifício Instituto Bíblico auxiliaram-nos por meio de suas coleções excelentes. Pedimos desculpas por aqueles que deixamos de agradecer e deixamos bem claro que a responsabilidade final pelos erros cabe somente a nós. Esperamos que nossos leitores sejam generosos, expressando a nós o desejo do salmista (Salmos 19:12 [19:13, hebr.], levemente adaptado): "Mas quem pode detectar (todos os) erros? Livra-nos dos erros que não notamos".

PREFÁCIO

A capa do nosso livro, o quadro de Marc Chagall, "Abraão e os três anjos" (1966), sugere aos leitores múltiplas interpretações. Alguns podem vê-lo como uma alusão ao capítulo 18 de Gênesis, a história de três anjos ou mensageiros que aparecem para Abraão e Sara e anunciam que Sara, que já tinha passado da menopausa havia muito tempo, em breve daria à luz um filho de forma milagrosa. Para esses leitores, o quadro pode trazer à memória um dos temas principais da Bíblia, que se expressa por meio da pergunta impactante do texto: "Existe alguma coisa impossível para o Senhor?" (Gênesis 18:14). Aqueles que já estão familiarizados com a interpretação bíblica judaica podem se lembrar da tradição que considera Abraão como o modelo da hospitalidade, que todo dia "estava sentado à entrada de sua tenda, na hora mais quente do dia" (Gênesis 18:1) para cumprimentar qualquer pessoa que passasse por lá e lhes dar água e comida antes de prosseguirem em sua jornada. Os leitores cristãos podem dar uma atenção maior à refeição como símbolo da Ceia do Senhor, ou as auréolas dos anjos, as quais constituem uma representação típica da arte cristã, e ver essa pintura como uma referência aos retratos cristãos primitivos dessa cena, nos quais as auréolas indicam que esses três visitantes angelicais nada mais são que a Santíssima Trindade. Além disso, para complicar ainda mais: qual é a ideia que o judeu Chagall quis passar ao pintar essa cena da Bíblia hebraica utilizando imagens características dos ícones ortodoxos orientais, mais precisamente da pintura *Trindade do Antigo Testamento*, de Andrei Rublev?

Nossa sugestão é que todas essas perspectivas — a perspectiva bíblica, a perspectiva judaica e a perspectiva cristã — são importantes, e todas necessariamente refletem um ângulo dessa cena. Todas as respostas que recebemos, ou mesmo todas as interpretações que desenvolvemos, dependem das perguntas que fazemos, das experiências que trazemos conosco e das nossas próprias preferências.

As várias interpretações do quadro de Chagall destacam o propósito deste livro. Seu título não é *A Bíblia com ou sem Jesus*; na verdade, ele é *A Bíblia com e sem Jesus*. Esse título apresenta três assuntos a respeito dos quais temos o mesmo cuidado: a Bíblia por excelência, a visão dela com Jesus, e a interpretação dela sem Jesus. Não queremos com isso afirmar que existe apenas uma maneira correta de interpretar Gênesis ou qualquer outro texto identificado como Bíblia hebraica, como *Tanakh* ou como Antigo Testamento. As questões que levamos ao texto produzirão várias respostas que, às vezes, são mutuamente exclusivas, mas que, outras vezes, são complementares ou até mesmo valorizam uma à outra. Não nos limitamos a fazer a seguinte pergunta: "O que esse texto significava em seu contexto original — na época em que o autor do Gênesis escreveu a história?". Também não perguntamos apenas: "O que Gênesis 18 significa em um contexto cristão — com Jesus?". Muito menos destacamos somente as interpretações múltiplas das escrituras antigas no contexto judaico pós-bíblico — sem levar Jesus em consideração. Em vez disso, buscamos fazer com que essas várias interpretações conversem entre si porque é esse diálogo que nos ajuda a entender a razão pela qual, quando lemos o mesmo texto ou observamos o mesmo quadro, contribuímos com ângulos tão diferentes. Quanto mais pudermos observar com os olhos daqueles que nos cercam, seremos mais capazes de cultivar uma boa vizinhança. Quanto mais tivermos conhecimento do contexto histórico dos textos originais, teremos uma visão mais precisa de como os textos podem ter sido interpretados pelos seus primeiros leitores. Enfim, quanto mais conhecermos o contexto histórico daqueles que interpretaram os textos bíblicos, poderemos entender as nossas tradições e as de nossos vizinhos com uma precisão muito maior.

Essa perspectiva multifacetada vem de nossa experiência didática. Tanto em nossas salas de aula quanto em nossas várias programações em igrejas e sinagogas, temos encontrado indivíduos com visões limitadas de suas próprias tradições e até mesmo visões ainda mais limitadas das interpretações de outras comunidades religiosas. Não testemunhamos somente o puro desconhecimento, mas também observamos até alguma antipatia com relação aos conceitos de nossos vizinhos. Temos conhecido muitos cristãos que desprezam o valor do "Antigo" Testamento, que eles encaram como algo que anuncia um "Deus de ira do Antigo Testamento" contra o "Deus de amor do Novo Testamento", ou que eles concluem que não passam de lei (com um sentido pejorativo) em contraste com a graça (que é vista como um exemplo positivo). Além disso, encontramos várias vezes públicos judaicos que acham que o Novo Testamento é, no mínimo, irrelevante, ou se trata de uma apropriação, ou mesmo de uma deformação de uma *Tanakh* que foi escrita pelos judeus para os judeus. Nenhuma dessas duas atitudes é sensata: ignorar a tradição alheia não é sinônimo de felicidade. Vivemos em uma sociedade multicultural onde não podemos nos dar ao luxo de ignorar a perspectiva dos outros, muito menos de percebê-la como "alheia" à nossa.

É por esse motivo que nós, um especialista que estuda principalmente a Bíblia hebraica ou o Antigo Testamento ou a *Tanakh* (Marc) e outra que estuda

PREFÁCIO

principalmente o Novo Testamento (Amy), trabalhando, cada um a seu modo, na "história da recepção" — a interpretação desses textos pelas comunidades que os consideram sagrados —, decidimos formar uma equipe para examinar dez passagens/temáticas conhecidas das escrituras de Israel e que são importantes para o Novo Testamento. Cada um dos capítulos que preparamos propõe três perguntas: O que o texto queria dizer no seu contexto original do Israel antigo? Como os escritores do Novo Testamento interpretam esse texto? Além disso, como os judeus pós-bíblicos da época de Jesus (p. ex., os Manuscritos do Mar Morto, o historiador Josefo, do primeiro século, e o filósofo Filo, também desse mesmo século), passando pela tradição judaica rabínica e medieval e também pelas tradições cristãs posteriores, entendem esses mesmos textos?

Os capítulos que escrevemos destacam a diferença incrível com a qual as várias comunidades interpretam o mesmo texto. Por exemplo, para os judeus, o livro de Jonas fala (principalmente) sobre o poder do arrependimento e a tradição pós-bíblica também encontra nesse livro pequeno uma parcela considerável de humor; enquanto isso, para os cristãos, trata-se de um livro que fala (principalmente) sobre a ressurreição de Jesus no terceiro dia, e não existe nada de engraçado nisso. Em outros casos, o assunto ou o texto em questão é importante para uma comunidade e relativamente insignificante para outra. Por exemplo, as descrições que Isaías faz do "Servo do Senhor", que às vezes é chamado de "Servo Sofredor", são fundamentais para o cristianismo, conforme já se reflete claramente no Novo Testamento, mas a maioria dos judeus não tem a mínima noção dessa simbologia. Na verdade, vários versículos que têm um significado enorme para o Novo Testamento e para a teologia cristã atual permanecem praticamente desconhecidos para o leitor judeu, do mesmo modo que as interpretações judaicas (e geralmente existem várias interpretações para o mesmo versículo ou para a mesma passagem) nem passam pela cabeça dos cristãos. É por essa razão que este livro se constitui, em parte, em um gesto de resgate para que todos possam conhecer melhor as passagens bíblicas comuns para judeus e cristãos, apesar de utilizarem ênfases diferentes.

Como acadêmicos na área de estudos bíblicos, acreditamos que temos a obrigação de apresentar explicações cuidadosas desses textos e interpretações com clareza e sensibilidade. A nossa pauta não consiste em demonstrar quanto uma leitura está correta e a outra não passa de um equívoco. Muito pelo contrário, ela se constitui em demonstrar como essas interpretaçõcs se desenvolveram, como elas fazem sentido dentro dos pressupostos de seus autores e dos seus primeiros destinatários, e como elas são necessariamente parciais em sua abordagem.

Procuramos também demonstrar como a tradução desempenha uma função importante nisso tudo: como a leitura do texto bíblico original em hebraico, a tradução grega pré-cristã (a Septuaginta), e as várias versões para o português criam impressões substancialmente diferentes. Os tradutores, em alguns momentos de propósito, mas geralmente de modo inconsciente, escolhem leituras que se encaixam nas necessidades de suas próprias comunidades religiosas. Por exemplo, ao examinar a primeira história de toda a Bíblia, explicamos que a passagem de Gênesis 1:2 pode ser vista falando tanto sobre "um vento poderoso" quanto sobre o "Espírito de Deus" pairando sobre as profundezas. Vemos que o capítulo 7 de Isaías pode estar falando a respeito de uma moça grávida, de uma mulher que ficaria grávida em breve (por meios naturais), ou mesmo de uma virgem que também está grávida.

Por fim, reconhecendo as implicações polêmicas de algumas interpretações judaicas e cristãs, fazemos a seguinte pergunta para cada texto ou temática: "O que podemos dizer a respeito delas na atualidade, levando em conta o nosso conhecimento de história e teologia e o nosso compromisso e respeito às diversas tradições?" Partindo dessa abordagem, passamos a demonstrar como a controvérsia pode dar lugar à possibilidade.

Já trabalhamos juntos anteriormente escrevendo tanto a primeira edição (em 2001) quanto a segunda edição (em 2017) da obra *The Jewish annotated New Testament* [Novo Testamento judaico anotado], um livro que geralmente destaca como os seguidores de Jesus contextualizaram e reinterpretaram os textos judaicos anteriores. No entanto, em cada uma delas não pudemos contar com um número maior de páginas para desenvolver as interpretações que oferecemos aqui. Portanto, agradecemos a oportunidade de colaborarmos neste projeto.

Enquanto elaboramos o *The Jewish annotated New Testament* e este livro em particular, aprendemos a trabalhar juntos, a desenvolvermos nossos argumentos e a descobrir como nós dois víamos os vários aspectos de um mesmo texto. Experimentamos de perto como o estudo em pares (hebr., *chevruta*), que é a marca do aprendizado judaico tradicional, leva a um entendimento, a uma clareza e a uma precisão eficazes, além de nos enchermos de gratidão pelos vários momentos de admiração e de bom humor, apesar de termos discutido várias vezes sobre quase todas as palavras, quase todas interpretações, em cada uma das páginas a seguir.

NOTA SOBRE TRADUÇÕES
E REDUÇÕES

As citações bíblicas deste livro foram extraídas da Nova Versão Internacional (NVI) ou traduzidas da New Revised Standard Version (NRSV), dependendo do que era mais adequado em cada caso, a menos que se especifique outra tradução. Também utilizamos a tradução da Bíblia hebraica, a *Tanakh* da New Jewish Publication Society (NJPS), que foi finalizada em 1985 e passou pela última revisão em 1999. Recomendamos a seguinte edição de estudo, que inclui um breve comentário e alguns ensaios citados neste livro: Adele Berlin; Marc Zvi Brettler, orgs., *The Jewish study Bible*, 2. ed. (Oxford University Press, 2014). Em alguns momentos fazemos citações da Septuaginta, a antiga tradução grega da Bíblia hebraica, da qual recomendamos a tradução para o inglês NETS: Albert Pietersma; Benjamin G. Wright, orgs., *A new English translation of the Septuagint* (Oxford University Press, 2007).

Cada uma dessas traduções se encontra disponível na internet e geralmente serão citadas neste livro com as seguintes abreviaturas:

- NVI: https://www.bibliaonline.com.br/nvi
- NJPS: https://www.sefaria.org/texts/*Tanakh*
- NETS: http://ccat.sas.upenn.edu/nets/edition/

Para as outras fontes antigas, utilizamos as seguintes traduções, a menos que se especifique alguma outra:

- Filo: tradução para o inglês de C. D. Yonge, *The works of Philo: complete and unabridged* (Hendrickson, 1993).
- Josefo: tradução para o inglês de William Whiston, *Josephus: complete works* (Grand Rapids: Kregel, 1981), disponível em: http://penelope. uchicago.edu/josephus.

- A *Mishná*: tradução para o inglês de Jacob Neusner, *Mishnah: a New Translation* (New Haven: Yale University Press, 1988).
- Literatura rabínica (Talmude, *Midrash*): https://www.sefaria.org/.
- *Targuns* aramaicos: as várias traduções que fazem parte do módulo *Targum English translation* [Tradução em inglês dos *Targuns*], do aplicativo bíblico *Accordance*; quando for utilizada alguma outra tradução, será especificada.
- Os Manuscritos do Mar Morto: Martin Abegg, módulo *Dead Sea Scrolls biblical manuscripts* (Accordance, 2007).
- Os pseudepigráficos: Louis H. Feldman; James L. Kugel; Lawrence H. Schiffman, orgs., *Outside the Bible: ancient Jewish writings related to Scripture* (Jewish Publication Society, 2013); e James Charlesworth, org., *The Old Testament pseudepigrapha*, 3. ed. (Peabody: Hendrickson, 2013), 2 vols.

Outras reduções:

- *ANF:* Alexander Roberts; James Donaldson, orgs., *The ante-Nicene fathers* (1885-1887; reimpr., Peabody: Hendrickson, 1994), 10 vols., disponível em http://www.ccel.org/fathers.html.
- *b.*: Talmude babilônico.
- *DDD:* Karel van der Toorn; Bob Becking; Pieter W. van der Horst, orgs., *Dictionary of deities and demons in the Bible*, 2. rev. ed. (Grand Rapids: Eerdmans, 1999).
- *EBR:* Hans-Josef Klauck et al., orgs., *Encyclopedia of the Bible and its reception* (de Gruyter, 2009-).
- *EDEJ:* John J. Collins; Daniel C. Harlow, orgs., *The Eerdmans dictionary of early Judaism* (Grand Rapids: Eerdmans, 2010).
- *EDSS:* Lawrence H. Schiffman; James C. VanderKam, *Encyclopedia of the Dead Sea Scrolls* (New York: Oxford University Press, 2000), 2 vols.
- ESV: *English Standard Version*
- hebr.: Essa abreviatura destaca os casos em que o capítulo e o versículo hebraicos diferem da NVI.
- *JANT:* Amy-Jill Levine; Marc Zvi Brettler, orgs., *The Jewish annotated New Testament: New Revised Standard Version*, 2. ed. (Oxford: Oxford University Press, 2017).
- *JSB:* Adele Berlin; Marc Zvi Brettler, orgs., *The Jewish study Bible: Jewish Publication Society Tanakh Translation*, 2. ed. (Oxford: Oxford University Press, 2014).

NOTA SOBRE TRADUÇÕES E REDUÇÕES

- KJV: *King James Version*
- NRSV: *New Revised Standard Version*
- LXX: Septuaginta
- TM: Texto Massorético
- *OTB:* Louis H. Feldman; James L. Kugel; Lawrence H. Schiffman, orgs., *Outside the Bible: ancient Jewish writings related to Scripture* (Jewish Publication Society, 2013).
- *TDOT:* G. Johannes Botterweck; Helmer Ringgren, orgs., *Theological dictionary of the Old Testament*, tradução para o inglês de John T. Willis et al. (Grand Rapids: Eerdmans, 1974-2006), 8 vols.
- *y.:* Talmude de Jerusalém

Utilizamos nas palavras gregas e hebraicas uma transliteração fonética popular; o nosso intuito é fazer com que os idiomas originais sejam mais acessíveis ao leitor em vez de trazer um alto índice de precisão.

1

SOBRE AS BÍBLIAS E SEUS INTÉRPRETES

AS MESMAS HISTÓRIAS EM BÍBLIAS DIFERENTES

A Bíblia, no singular, não existe; comunidades diferentes têm Bíblias diferentes. Não queremos dizer com isso que elas prefiram traduções diferentes, mas que elas têm Bíblias compostas de livros diferentes, em uma ordem diferente e em idiomas diversos. A maior diferença é entre as comunidades judaicas e cristãs, porque somente os cristãos têm o Novo Testamento. Na verdade, somente os cristãos têm um "Antigo Testamento", o qual tem diferenças em meio às várias tradições cristãs. Os judeus têm a *Tanakh*. Apesar de o Antigo Testamento e a *Tanakh* possuírem alguns livros em comum, as comunidades interpretam os mesmos versículos de modo diferente. Atualmente, tanto para judeus quanto para cristãos, o Antigo Testamento e a *Tanakh* não são livros independentes. Cristãos leem o Antigo Testamento com as lentes do Novo , enquanto judeus leem a *Tanakh* com as lentes dos comentários judaicos pós-bíblicos.

Essas diferenças levantam questões interpretativas fundamentais. Por exemplo, quem é o personagem principal da Bíblia? Será que é Deus, Jesus, ou será que ela não tem um personagem principal? Qual é a sua ideia principal, se é que ela tem alguma ideia que possa ser classificada dessa forma? Será que o significado "original" de alguma passagem, quando se deixa de lado as interpretações cristãs ou judaicas posteriores, ainda tem algo a dizer para nós?

As várias comunidades interpretativas respondem essas perguntas de forma diferente — e é justamente essa a razão de ser deste livro. O que significa ler ou interpretar as passagens da Bíblia com e sem Jesus? O que se ganha ou o que se perde com isso? Não pretendemos defender uma maneira correta de interpretar essas passagens, mas esperamos primeiramente que nosso livro ajude todos os leitores a perceber como e porque a Bíblia é uma obra tão controvertida. Em segundo lugar, esperamos que as pessoas que assumem interpretações diferentes — com e sem Jesus — possam cultivar um diálogo melhor umas com as outras e se entendam cada vez mais. O objetivo dos estudos bíblicos não deve ser converter um ao outro, nem mesmo polemizar. A conversão é algo relacionado ao coração, não aos estudos acadêmicos; as polêmicas têm mais a função de "falar com a comunidade local" e cultivar a unidade interna, porém elas não facilitam o entendimento, nem se constituem em uma expressão de amor ao próximo. Pelo contrário, em nosso entendimento, os estudos bíblicos podem nos ajudar a entender melhor um ao outro e prosseguir em nossa admiração do poder e da importância da Bíblia.

À medida que os primeiros seguidores de Jesus, ao refletir sobre a proclamação da sua ressurreição, foram recorrendo a livros como Isaías, Jeremias ou Salmos de forma mais completa para entender o seu Senhor ressuscitado, eles acabaram encontrando novos significados por toda a extensão das fontes antigas. Em vez de perguntarem o que os textos significavam no seu contexto original, eles perguntavam o que o texto significava para eles mesmos, em sua própria vida séculos depois que foi escrito. Os judeus por todas as épocas fizeram a mesma coisa. Recorreram às suas escrituras antigas para entender as práticas como a guarda do sábado e a assistência aos pobres, bem como os acontecimentos pós-bíblicos, como a destruição do Templo de Jerusalém pelos romanos no ano 70 E.C. e a perseguição posterior realizada pelos cristãos. Ao recorrerem as Escrituras, os judeus e os cristãos também competiram como membros da mesma família a respeito da partilha dos bens de seus pais. Cada um deles reivindicou as Escrituras para si, e, ao fazer isso, não leram os textos somente para obter consolo e inspiração, mas também como pontos de discórdia e controvérsia. Este livro busca cultivar um futuro diferente, onde os judeus e os cristãos venham a entender a posição um do outro e, pelo menos, concordar em discordar de forma respeitosa.

Essa tarefa não é fácil. Ela envolve apreciar o que os textos bíblicos queriam dizer em seu contexto mais antigo[1] e depois explicar como as várias comunidades, motivadas por interesses diferentes, desenvolveram suas interpretações com o passar do tempo. Também faz parte dessa tarefa entender como essas escrituras antigas

---

[1]Não se constitui um processo simples encontrar o contexto definitivo para a interpretação e nem traduzir de um contexto para outro; veja Ben-Ami Scharfstein, *The dilemma of context* (New York: New York University Press, 1989). No que diz respeito à Bíblia, veja Ed Greenstein, "Peshat, derash, and the question of context" [em hebraico], *Ressling* 5 (1998): 31-34.

SOBRE AS BÍBLIAS E SEUS INTÉRPRETES

passaram a ser tratadas como munição — utilizando como suporte o papiro, o pergaminho, o velino, o papel e, agora, a internet — na luta pelos "direitos" sobre o seu significado. Essa guerra continua atualmente quando o cristão diz ao judeu: "É claro que você não entende o que a Bíblia diz! De outro modo, você veria como ela profetiza a respeito do Messias Jesus", e quando o judeu responde: "Vocês cristãos, além de enxergar coisas que não estão no texto, o traduzem muito mal e arrancam os versículos do seu contexto". Nenhuma dessas posições é útil, já que não levam em conta nem o modo nem o motivo pelo qual judeus e cristãos entendem seus próprios textos. Quando é lido com as lentes cristãs, aquilo que a igreja chama de "Antigo Testamento" aponta para Jesus. Quando é lida debaixo do prisma judaico, aquilo que a sinagoga chama de *"Tanakh"* se refere à experiência judaica, sem considerar Jesus. Quando os textos originais são lidos da perspectiva dos historiadores, esses textos originais apresentam significados que geralmente passam despercebidos tanto pela igreja quanto pela sinagoga. Até mesmo as expressões "Antigo Testamento" e *"Tanakh"* são problemáticas, conforme veremos a seguir.

Neste livro, dirigimos a nossa atenção aos textos do antigo Israel que são fundamentais para o Novo Testamento. Não podemos ser abrangentes porque citações do Antigo Testamento estão presentes desde os primeiros versículos de Mateus até os últimos versículos do Apocalipse. Portanto, escolhemos textos e ideias que a maioria das pessoas têm conhecimento, como o discurso de Deus em Gênesis 1:26: "Façamos o homem à nossa imagem, conforme a nossa semelhança"; o significado de Isaías 7:14: "a virgem conceberá" ou "uma moça está grávida"; e a importância básica do sangue para a expiação.

Cada um dos nossos capítulos centrais, os capítulos de 3 a 12, aborda um texto em particular e segue a mesma estrutura. Na maioria dos casos, eles começam com alguma citação do Novo Testamento, depois investigamos as suas origens para examinar essa citação em seu contexto original. Fazemos o máximo para determinar a época e o motivo pelo qual esse texto original foi escrito, bem como a maneira que se deve traduzir as palavras hebraicas (o que geralmente é um problema). Em seguida, estudamos o que esses versículos significavam nas fontes judaicas anteriores e da mesma época do Novo Testamento, como a Septuaginta (a tradução grega dos textos hebraicos) e os Manuscritos do Mar Morto (manuscritos completos e fragmentos de textos bíblicos e extrabíblicos que datam do terceiro ou quarto século A.E.C. até o segundo século E.C., que foram encontrados na área próxima ao Mar Morto). Nesse ponto, mostramos como o Novo Testamento se baseia nas reflexões judaicas e onde apresenta interpretações diferenciadas. O próximo passo consiste em observar alguns textos judaicos posteriores de forma específica, que, em muitos casos, abordam as interpretações do Novo Testamento, mas nem sempre de forma positiva. Em alguns casos, observamos como o texto foi interpretado na tradição cristã primitiva posterior ao Novo Testamento. Concluímos cada capítulo refletindo sobre o que judeus, cristãos e, na verdade, todos os leitores podem aprender na atualidade a respeito desses versículos antigos. Analisamos um espaço cronológico bem amplo, desde o primeiro milênio A.E.C. até o primeiro século E.C., chegando finamente ao século 21.[2]

Seguimos basicamente a mesma ordem canônica da Bíblia, mas cumprir essa tarefa de forma precisa é impossível, já que a ordem dos livros do Antigo Testamento é diferente da ordem da *Tanakh*, e não é o nosso propósito privilegiar nenhuma delas.

AS BÍBLIAS JUDAICA E CRISTÃ

A palavra "Bíblia", que tem uma natureza imprecisa, é derivada da expressão grega *ta biblia*, "os livros", e sugere que uma coleção particular de livros é prioritária. Não existe nada que possamos identificar como "*a* Bíblia"; as várias comunidades religiosas têm bíblias diferentes.[3] A comunidade samaritana só considera a Torá, os cinco primeiros livros da Bíblia, como a totalidade da sua Bíblia e não tem obras como Jeremias ou Salmos. Em um gesto de ampliação das Escrituras, o cânon ortodoxo Tewahedo que é utilizado principalmente na Eritreia e na Etiópia inclui 1Enoque e o Livro dos Jubileus, além de 1, 2 e 3Meqabyan (que nada tem a ver, como pode parecer por causa do nome, com os livros de 1, 2 e 3Macabeus, que estão presentes em outros cânones cristãos); há outros livros que também são considerados como parte do cânon. Outros movimentos cristãos como a Igreja de Jesus Cristo dos Santos dos Últimos Dias (que são geralmente chamados de "mórmons") e a Ciência Cristã, também consideram obras especificamente denominacionais como escritos dotados de autoridade. É de se esperar que a Bíblia judaica não possua o Novo Testamento — e isso resulta em uma Bíblia "sem Jesus" — embora fiquemos sempre admirados de que os estudantes nem suspeitem desse fato. Entretanto, de

---

[2]Usamos os termos neutros A.E.C. (antes da Era Comum) e E.C. (Era Comum), em vez de a.C. (antes de Cristo) e d.C. (depois de Cristo). Uma forma judaica alternativa de datação começa com a criação, conforme é definida mediante a contagem que começa no capítulo 1 de Gênesis. De acordo com esse sistema do *anno mundi* (expressão que quer dizer "anos do mundo" e é abreviada como AM), o ano 2020 E.C. equivale ao ano 5780 AM.

[3]Veja Amy-Jill Levine, *The misunderstood Jew: the church and the scandal of the Jewish Jesus* (San Francisco: HarperOne, 2007), p. 193-9; Lee Martin McDonald, *The formation of the biblical canon*, vol. 1, *The Old Testament: its authority and canonicity* (London: T&T Clark, 2017). *Veja tb.* o resumo de Amy-Jill Levine, "What is the difference between the Old Testament, the *Tanakh*, and the Hebrew Bible?", *Bible Odyssey*, https://www.bibleodyssey.org/en/tools/bible-basics/what-is-the-difference-between-the-old-testament-the-*Tanakh*-and-the-hebrew-bible.

SOBRE AS BÍBLIAS E SEUS INTÉRPRETES

modo parecido, os judeus messiânicos realmente consideram a *brit chadashah* — que é como chamam "Novo Testamento" em hebraico — como parte do seu cânon.

O Antigo Testamento também não é o mesmo para todos os cristãos. Os católicos, os anglicanos, os ortodoxos gregos e as igrejas assírias aceitam livros escritos por judeus antes da época do Novo Testamento, mas que foram escritos em grego, tais como Eclesiástico e Judite, como parte do seu Antigo Testamento. Esses livros são chamados geralmente de "apócrifos" pelos protestantes ou de "deuterocanônicos" (por fazerem parte do "segundo cânon", conforme as tradições que lhes atribuem a condição de livros canônicos).

A segunda parte da Bíblia é chamada "Novo Testamento". A palavra "testamento" é sinônimo de "aliança", e o termo "Novo Testamento", que é utilizado para a segunda parte do cânon cristão, é confirmado pelo pai da igreja do norte da África chamado Tertuliano (c. 155-c. 240 E.C.). A expressão se refere a Jeremias 31:31: "'Estão chegando os dias', declara o SENHOR, 'quando farei uma nova aliança com a comunidade de Israel e com a comunidade de Judá.'" Retornaremos ao capítulo 31 de Jeremias, ao qual o Novo Testamento frequentemente cita ou recorre, no nosso último capítulo.

Os termos "Novo Testamento" e "Antigo Testamento" se revestem de uma carga teológica. Neste livro, utilizamos a expressão "Novo Testamento" em um sentido técnico para se referir aos 27 livros, de Mateus a Apocalipse, que todas as igrejas cristãs acabaram reconhecendo como canônicos.[4]

É mais difícil saber como classificar a primeira parte da Bíblia. Os primeiros rabinos usavam as palavras hebraicas *mikra'*, "o que está escrito", ou *kitvei hakodesh*, "os santos escritos";[5] porém, essas palavras não são mais utilizadas de forma ampla. A expressão "Antigo Testamento", que foi empregada pela primeira vez no segundo século E.C. pelo pai da igreja Melito de Sardes,[6] só faz sentido dentro de um contexto cristão. É necessário um "Novo Testamento" para que haja um "Antigo Testamento". O que torna a expressão "Antigo Testamento" mais problemática ainda é um versículo do Novo Testamento, Hebreus 8:13, que diz: "Chamando 'nova' esta aliança [a expressão grega pode ser traduzida como "novo testamento"], ele tornou antiquada a primeira; e o que se torna antiquado e envelhecido, está a ponto de desaparecer." Na verdade, no início do segundo século, uma pessoa chamada Marcião declarou que esse primeiro testamento deveria ser

---

[4]McDonald, *Formation of the biblical canon*.

[5]Para conhecer os termos rabínicos para a Bíblia e as suas seções, veja Sid Z. Leiman, *The canonization of Hebrew Scripture: the talmudic and midrashic evidence* (Hamden: Archon Books, 1976), p. 56-8.

[6]McDonald, *Formation of the biblical canon*, 1:33.

rejeitado, juntamente com o Deus que esse testamento proclamava. A igreja cristã emergente classificou Marcião como herege — mas a retórica do "Deus de ira do Antigo Testamento" contra o "Deus de amor do Novo Testamento", que frequentemente se ouve nas igrejas até hoje, ecoa a heresia de Marcião e se trata de uma leitura equivocada dos dois testamentos.

A expressão "Bíblia hebraica", cunhada pelos especialistas bíblicos modernos na busca de um termo religiosamente mais neutro do que "Antigo Testamento", é inexata, já que parte do seu texto se encontra em aramaico, não em hebraico. Já falar de uma "Bíblia judaica" é problemático por uma razão diferente: isso retira essa obra do cânon cristão.

Alguns estudiosos, no esforço de evitar o problema de associar a palavra "antigo" com algo obsoleto e desgastado, falam de um "primeiro testamento".[7] Esse esforço bem-intencionado tem seus próprios problemas, já que os judeus não têm um "primeiro testamento", mas um "único testamento". O pior é que, se o material anterior for classificado de "Primeiro Testamento", então o Novo Testamento passa a ser o "Segundo Testamento", e não existe nada de positivo em ser o "segundo", como sugerem, por exemplo, as ideias de segunda mão, segundo lugar ou segunda classe.

Ao nos referirmos à Bíblia judaica, usamos o termo medieval "*Tanakh*", um acrônimo das palavras **Torá** (que quer dizer "instrução" no hebraico; os cinco primeiros livros, também conhecidos como Pentateuco), *Nevi'im* (que significa "profetas" em hebraico), e *Ketuvim* (que em hebraico quer dizer "escritos"), o termo que os judeus usam costumeiramente, e que se constitui no título da tradução da Nova Sociedade Publicadora Judaica.[8] A "*Tanakh*" se refere à Bíblia judaica em sua forma medieval, do modo que ela foi codificada pelos especialistas chamados de massoretas, e, por causa disso, ela também é chamada de Texto Massorético (TM); esses estudiosos acrescentaram pontos vocálicos, marcas de cantilação e outros sinais ao texto consonantal.[9] Quando nos referimos mais ou menos à mesma obra dentro de um contexto cristão, usamos a expressão "Antigo Testamento". Quando falarmos sobre os livros desse *corpus*, no seu contexto

---

[7]Veja, p. ex., John Goldingay, *The first testament: a new translation* (Downers Grove: InterVarsity, 2018).

[8]*Tanakh: The holy scriptures; The new JPS translation according to the traditional Hebrew text* (Philadelphia: Jewish Publication Society, 1985), que é fruto de uma colaboração de três décadas por parte de especialistas judeus. Embora os textos rabínicos clássicos usem os termos *Torah, Nevi'im*, e *Ketuvim* para se referir às partes da Bíblia, o acrônimo *Tanakh* e o seu equivalente aramaico *'anakh* têm sua origem nos massoretas; veja Marc Zvi Brettler, "The canonization of the Bible", em *JSB*, p. 2153-6; Israel Yeivin, *Introduction to the Tiberian Masorah*, trad. para o inglês de E. J. Revell (Missoula: Scholars Press, 1980), p. 84, 119.

[9]Elvira Martin Contreras, "Medieval masoretic text", em *Textual history of the Bible: the Hebrew Bible*, vol. 1A, *Overview articles*, ed. Armin Lange e Emanuel Tov (Leiden: Brill, 2016), p. 420-9.

SOBRE AS BÍBLIAS E SEUS INTÉRPRETES

histórico original, usaremos, por conveniência, tanto a expressão "Bíblia hebraica" quanto "as escrituras de Israel".

Dizemos "mais ou menos" porque o Antigo Testamento cristão não é idêntico à *Tanakh* judaica. Isso acontece até mesmo dentro do protestantismo, que não tem os livros apócrifos. De modo diferente da divisão em três partes do cânon judaico, o Antigo Testamento cristão tem quatro seções: o Pentateuco, os Livros Históricos, os Livros Poéticos e Sapienciais, e os Livros Proféticos. O último livro do Antigo Testamento é Malaquias, e o final de Malaquias prediz o retorno do profeta Elias e a vinda da era messiânica. Assim, o cânon cristão destaca a profecia do Antigo Testamento e o cumprimento dessa profecia no Novo. Ao colocar os profetas (*Nevi'im*) na parte central do cânon, as escrituras judaicas não dão a impressão de dar tanto destaque à profecia, embora essa não tenha sido a intenção original daqueles que elaboraram o cânon. Pelo menos de acordo com alguns textos do Novo Testamento, o cânon dos judeus seguiu a ordem que acabou resultando na *Tanakh*. Em Mateus 23:35, logo após sua censura drástica de um movimento judaico conhecido como os fariseus, Jesus afirma: "Sobre vocês recairá todo o sangue justo derramado na terra, desde o sangue do justo Abel, até o sangue de Zacarias, filho de Baraquias, a quem vocês assassinaram entre o santuário e o altar." Este versículo nada mais é que um apanhado geral da história bíblica, desde Abel no capítulo 4 de Gênesis (que aconteceu bem antes da época dos fariseus) a 2Crônicas 24:20-22, que menciona a morte de Zacarias, embora o identifique como o filho de Joiada. De modo parecido, Lucas 24:44,45 relata que o Jesus ressuscitado disse a seus discípulos: "E disse-lhes: 'Foi isso que eu lhes falei enquanto ainda estava com vocês: Era necessário que se cumprisse tudo o que a meu respeito estava escrito na Lei de Moisés, nos Profetas e nos Salmos' [provavelmente uma referência à terceira parte do cânon que começa com os Salmos]. Então lhes abriu o entendimento, para que pudessem compreender as Escrituras". Vemos nessa passagem tanto continuidade quanto mudança: a ordem canônica continua a mesma, mas, para o Evangelho de Lucas, somente Jesus pode fornecer sua interpretação correta.

Embora a ordem dos *Ketuvim*, os escritos, nunca se estabilizou completamente, a maioria das edições termina com 2Crônicas, que conclui com Ciro da Pérsia incentivando os judeus exilados na Babilônia a voltar para Israel. As palavras finais na *Tanakh* são as seguintes: "Quem dentre vocês pertencer ao seu povo vá para Jerusalém, e que o Senhor, o seu Deus, esteja com ele" (2Crônicas 36:23). Esses sinais não apontam somente para a vinda do Messias, mas para a centralidade da terra de Israel. Algumas coleções judaicas antigas, como o famoso Códice de Alepo, terminam com o livro de Esdras-Neemias. Esse texto termina da seguinte forma: "Lembra-te de mim, Deus meu, para o bem" (ARC). Quem sabe, por coincidência, a palavra hebraica para "Deus", *'elohim*, e a palavra hebraica para "bom" ou "bem", *tov*, fazem lembrar o primeiro capítulo de Gênesis, no qual "*'elohim* viu que tudo era muito bom"?

O problema referente à nomenclatura fica ainda mais complicado quando observamos as escrituras no primeiro século E.C., a época de Jesus. Termos como "cânon" e "Bíblia" tipicamente indicam um conjunto fixo de livros. Entretanto, durante o primeiro século, os judeus e os seguidores de Jesus, tanto judeus quanto gentios, não tinham algo como um cânon. Seria anacrônico falar de um cânon na época de Jesus — não havia nenhuma Bíblia tripartite estabelecida que contasse com a adesão de todos os judeus.[10] Com a exceção da Torá e do Pentateuco, os cinco primeiros livros em todas as tradições, a ordem e a seleção dos livros que as comunidades consideravam sagradas eram diferentes; o texto dos vários livros também ainda não era uniforme. Por isso, usamos a expressão amorfa "as escrituras de Israel" para se referir aos escritos que eram fundamentais para os judeus durante a época de Jesus.[11]

Os livros que faziam parte dessa coleção foram escritos principalmente em hebraico, com vários capítulos de alguns livros em aramaico, um idioma semítico que também era falado por muitos judeus no quarto século e nos séculos seguintes antes da Era Comum. Entretanto, muitos judeus que moravam fora da terra de Israel, como em Alexandria no Egito, não conheciam nem o hebraico nem o aramaico: eles falavam o grego. Assim, no início do terceiro século A.E.C., eles traduziram a Torá e depois os demais livros para o grego. A tradução inicial é chamada de Septuaginta (palavra latina que significa "setenta"), com base na lenda de que setenta (ou 72) estudiosos judeus tinham preparado essa tradução. A abreviatura comum para se referir a esse texto é LXX, que, em números romanos, equivale a setenta.[12]

Uma lenda, que foi preservada em um texto em grego de cerca de 250 A.E.C. chamado de *Carta de Aristeas* e que é conhecida pelos rabinos (*b. Megillah* 9a,b), descreve a tradução da Torá (mas não de toda a *Tanakh*) para o grego. Nesse relato, o sumo sacerdote enviou 72 escribas de Jerusalém para o Egito para elaborar a tradução grega, e essa lenda acabou legitimando a Septuaginta para os judeus de fala grega. Na atualidade, o termo "Septuaginta" é usado com frequência para se referir

---

[10]Michael L. Satlow, *How the Bible became holy* (New Haven: Yale University Press, 2014).

[11]Para uma visão mais positiva da canonização no primeiro século, veja Stephen B. Chapman, "Second temple hermeneutics: how canon is not an anachronism", em *Invention, rewriting, usurpation: discursive fights over religious traditions in antiquity*, ed. Jorg Ulrich, Anders-Christian Jacobsen, e David Brakke (Frankfurt: Peter Lang, 2012), p. 281-96.

[12]Abraham Wasserstein e David J. Wasserstein, *The legend of the Septuagint: from classical antiquity to today* (Cambridge: Cambridge University Press, 2006).

SOBRE AS BÍBLIAS E SEUS INTÉRPRETES

à tradução grega de todos os livros da Bíblia hebraica, bem como dos livros apócrifos do Antigo Testamento, também classificados como literatura deuterocanônica.

A Septuaginta incentivou os judeus a preservar sua identidade no mundo de fala grega. Longe de ser um pretexto para a assimilação, ela produziu justamente o efeito contrário: permitiu que os judeus proclamassem e promovessem suas próprias traduções. O Talmude Babilônico (uma coleção de leis e tradições judaicas que foi compilada no sexto século na Babilônia, onde hoje é o Iraque) reconhece pelo menos a legitimidade de algumas traduções gregas (*b. Megillah* 9a). Por fim, as sinagogas decidiram que o Texto Massorético se constituísse em um fator unificador para todas as comunidades judaicas, do mesmo modo que o Alcorão (em árabe) para o mundo islâmico. Por algum tempo, a tradução latina unificou a Igreja Católica, assim como a tradução grega unificou a Igreja Ortodoxa Grega. Para os protestantes, os quais não reconhecem nenhuma tradução, é mais difícil se chegar a essa unidade. O que é sagrado para uma denominação cristã pode ser considerado por outra digno de ir para uma fogueira.

Quando os evangelistas começaram a falar de Jesus para os judeus na diáspora, nas áreas que se situavam fora de Israel, bem como para os gentios, o idioma escolhido foi o grego. Assim, o Novo Testamento frequentemente cita alguma versão, ou várias versões, da Septuaginta.[13] Por exemplo, a predição de Isaías a respeito do nascimento virginal vem dessa tradução grega.

Como diz um provérbio italiano antigo, *Traduttore, traditori* ["Tradutores (são) traidores"]. As palavras sempre têm conotações, e quando elas são passadas de um idioma para o outro, essas conotações geralmente mudam. Pelo fato de que os escritores do Novo Testamento usaram principalmente a tradução grega das escrituras de Israel, algumas nuanças hebraicas acabaram sendo apagadas ou substituídas. No texto igualmente conhecido das bem-aventuranças, que faz parte do Sermão do Monte (Mateus 5—7), Jesus declara: "Bem-aventurados os humildes, pois eles receberão a terra por herança" (Mateus 5:5). Isso não passa de uma citação parcial da tradução grega de Salmos 37:11. No entanto, enquanto o texto grego (Salmos 36:11, LXX) fala a respeito de herdar a terra (com a palavra grega *gē*, que acabou originando a palavra geologia), a palavra hebraica fala de herdar a terra (hebr., *'eretz*), que soava para aqueles que ouviram a princípio como a terra de Israel, não como a terra toda.

As igrejas do rito oriental, como a Igreja Ortodoxa Grega, até hoje consideram canônica a Septuaginta, e não a Bíblia hebraica. Entretanto, as comunidades

---

[13]Leonard Greenspoon, "The Septuagint" em: *JANT*, p. 703-7.

judaicas de fala grega acabaram produzindo novas traduções gregas que eram mais próximas do hebraico para combater as declarações cristãs. Posteriormente, o povo judeu decidiu que o texto hebraico (ou aramaico) original continuaria sendo o padrão litúrgico. As igrejas cristãs, por sua vez, utilizam várias traduções para o vernáculo a fim de realizar seus cultos.

SOBRE A INTERPRETAÇÃO

Com base na declaração de 2Timóteo 3:16 de que "toda a Escritura [referindo-se a princípio às escrituras de Israel, já que não existia "Novo Testamento" na época em que 2Timóteo foi escrita] é inspirada [ou "soprada"] por Deus", desenvolveu-se a ideia nos círculos cristãos de que todas as passagens bíblicas são repletas de significado. Além disso, concluía-se que, pelo fato de que o texto é inspirado, ele não pode ter contradições: ele é "inerrante", não contendo nenhum erro ou falhas. Os judeus tradicionalmente adotaram a mesma abordagem: as escrituras são divinas; elas contêm a revelação.

Se partirmos do princípio da inerrância bíblica, passaremos uma eternidade tentando harmonizar textos conflitantes escritos por autores diferentes em épocas diferentes. O contexto de Gênesis 1:1-2:4a (com a letra "a" indicando a primeira metade do versículo) e Gênesis 2:4b até o final da narrativa do jardim do Éden consistem em versões diferentes da criação, conforme observamos nos capítulos 3 e 4. Da mesma forma, também, os Evangelhos apresentam quatro versões diferentes da vida de Jesus, com diferenças significativas. Ou Jesus morreu no primeiro dia do feriado da Páscoa (conforme dizem Mateus, Marcos e Lucas, que são denominados "Evangelhos sinóticos" por "verem juntos" ou partirem de uma mesma trama básica) ou ele morreu no dia anterior, quando os cordeiros da Páscoa estavam sendo sacrificados no Templo (como diz o Evangelho de João). Ou o pai de José era chamado de Jacó, do mesmo modo que o Jacó original, que era pai de José (aquele do musical *Amazing technicolor dreamcoat*) em Gênesis, que também era sonhador e levou sua família ao Egito (do mesmo modo que o José de Mateus); ou o nome do pai de José era Eli (como nos informa Lucas).

Ao nosso ver, o relato bíblico se trata de uma peça de tapeçaria maravilhosa criada por muitas pessoas que costuraram tramas por muitos séculos, cada um com um entendimento diferente a respeito da história, do relacionamento de Deus com a comunidade da aliança e de como as pessoas nessa comunidade devem crer e agir. Celebramos as várias perspectivas em vez de tentar harmonizá-las. Do mesmo modo, celebramos as diferentes interpretações judaicas e cristãs em vez de tentarmos harmonizá-las. Como acadêmicos convencionais na área de estudos

SOBRE AS BÍBLIAS E SEUS INTÉRPRETES

bíblicos, respeitamos as duas visões em nosso trabalho de interpretação e reconhecemos que a interpretação de textos é um processo complicado.

Por exemplo, muitas palavras têm vários significados. A palavra "porto" pode ser usada em referência a um tipo de vinho fortificado ou a um atracadouro de navios. Assim, a frase "os marinheiros gostaram daquele porto" é ambígua.[14] Igualmente ambígua é a locução "Roberta gosta dos seus cavalos", mas essa ambiguidade é sintática, em vez de ser lexical: quem sabe Roberta goste dos seus próprios cavalos, ou talvez ela goste dos cavalos pertencentes a outra pessoa. Na maioria dos casos, o contexto resolve essas ambiguidades; no entanto, conforme veremos, esse contexto geralmente é desconhecido para os textos bíblicos e os contextos históricos diferentes dão lugar a outras interpretações. Por exemplo, dependendo na época em que foi escrita, a narrativa da Torre de Babel em Gênesis 11:1-9 pode refletir a esperança de que a Babilônia cairia em breve, ou pode se tratar de uma história zombando desse império depois que os persas o conquistaram. As palavras continuam as mesmas, mas o quadro afeta o significado dessa narrativa.

O nosso exemplo favorito de tirar texto de contexto vem do ensaio de Ben Witherington sobre hermenêutica. A palavra "hermenêutica" vem do deus grego Hermes, o deus intermediário entre o Olimpo e a terra e, por causa disso, o intérprete dos pronunciamentos divinos. A hermenêutica hoje em dia se constitui na arte da interpretação. Nas palavras de Witherington:

> Recebi um telefonema há mais de vinte anos de um membro de uma das minhas quatro igrejas metodistas da parte central da Carolina do Norte. Ele queria saber se havia algum problema em criar cachorros, porque o seu colega carpinteiro lhe tinha dito que em uma passagem da King James existia uma instrução proibindo isso. Respondi que procuraria todas as referências com a palavra cachorro na Bíblia para chegar ao âmago dessa questão. Não existia nada importante no NT [Novo Testamento], mas acabei encontrando uma tradução estranha de um versículo do AT [Antigo Testamento] "Você não deve lidar com cães". Telefonei de volta para esse membro e lhe disse: "Tenho boas e más notícias". Ele pediu que eu lhe desse as boas notícias primeiro". Eu disse: "Bem, você pode criar tantos quadrúpedes peludos quanto quiser, não há nada na Bíblia contra isso". Daí ele perguntou qual seria a má notícia. Eu disse: "Bem, há um versículo que chama as mulheres estrangeiras de "cadelas" e que alerta os israelitas a não se casar com elas". Houve um silêncio do outro lado da linha, e o Sr. Smith acabou dizendo: "Bem, você não imagina o alívio

---

[14]Exemplo de R. L. *Trask, language and linguistics: the key concepts*, ed. Peter Stockwell, 2. ed. (New York: Routledge, 2007), p. 14.

que eu estou sentindo! A minha esposa nasceu em uma cidade próxima, descendo a estrada, no condado de Chatham!".[15]

Na verdade, a expressão "cadelas" provavelmente se referia a prostitutas, não a mulheres estrangeiras; a versão King James não faz nenhuma referência a criar cães, pelo menos nas versões impressas que encontramos; e a Torá tende a proibir a mistura de raças como parte de seu interesse em situar as coisas em suas categorias corretas, mas ainda assim esse exemplo é válido!

O que também dificulta a interpretação é o nosso conhecimento insuficiente das expressões e da gramática dos idiomas hebraico, aramaico e grego. Essas questões influenciam a tradução do primeiro versículo da Bíblia. Uma leitura do hebraico é a da NRSV: "No princípio, quando Deus criou os céus e a terra"; a palavra "quando" associa essa oração introdutória à próxima: "a terra consistia em um vazio informe e a escuridão cobria a face do abismo". A tradução NRSV sugere que Deus criou esse mundo a partir de uma terra e de uma água sem forma. Entretanto, lemos na ESV: "No princípio, Deus criou os céus e a terra", uma declaração absoluta que sugere a criação *ex nihilo* — a criação a partir do nada. Além disso, a expressão "os céus e a terra" pode se referir a dois objetos específicos, ou a locução pode indicar um merisma, uma figura de linguagem que expressa dois extremos e tudo o que se encontra entre eles — portanto, a expressão "os céus e a terra" pode indicar que Deus criou todas as coisas.

As características da escrita antiga trazem uma ambiguidade ainda maior. Até o último milênio da E.C., a escrita do hebraico era composta somente de consoantes; ela não tinha vogais. Se fôssemos imaginar o nosso idioma escrito dessa forma, a palavra "dourado" se escreveria "drd"; Mas "drd" também poderia significar "dorido", "dourada", "dardo", "druida", os nomes "Eduardo" e "Eduarda" etc. Quase sempre, o contexto esclarece o que a palavra "drd" representa. Os mestres bíblicos gostam de propor a seus alunos que leiam a palavra DSMLVR, uns optam pela alternativa otimista "Deus é meu louvor", enquanto outros leem "Deus me livre!".

Para usar um exemplo bíblico, a primeira palavra hebraica de Isaías 9:8 (9:7 hebr.) é *dvr*, que pode ser vocalizado como *davar*, "coisa, palavra", ou como *dever*, "peste". Os massoretas a vocalizaram como *davar*, proporcionando a tradução "O Senhor enviou uma palavra contra Jacó", enquanto os tradutores da Septuaginta leram *dvr* como "peste" e a traduziram como *thanaton* (a palavra grega para "morte"). As duas leituras fazem sentido no contexto. Também é possível que o autor hebreu estivesse fazendo um trocadilho.

---

[15]Ben Witherington, *"Hermeneutics: a guide for perplexed Bible readers"*, Ben Witherington (blog), 21 de agosto de 2007, http://benwitherington.blogspot.com/2007/08/hermeneutics-guide-for-perplexed-bible.html.

SOBRE AS BÍBLIAS E SEUS INTÉRPRETES

Os textos gregos e hebraicos antigos também não tinham pontuação. Será que Salmos 116:15 poderia ser traduzido: "Preciosa é à vista do Senhor a morte dos seus fiéis" ou ficaria melhor desta forma: "É a morte de seus fiéis preciosa à vista do Senhor?". Lemos em Salmos 121:1: "Levanto os meus olhos para os montes / de onde me vem o socorro?"; o contexto pode sugerir que toda a oração é uma pergunta: "Por acaso meu socorro virá dos montes?", e a resposta é: "Não, você está olhando para o lado errado". O socorro virá "do Senhor que fez o céu e a terra" (Salmos 121:2). Entretanto, muitos hinos cristãos interpretam essa locução como uma declaração e, depois, compreendem a natureza como aquela que revela a presença de Deus.

A pontuação também é importante no Novo Testamento. Um centurião diz a Jesus: "Senhor, meu servo está em casa, paralítico, em terrível sofrimento" (Mateus 8:6). A maioria das traduções retrata Jesus afirmando: "Eu o curarei". No entanto, levando-se em conta que, no Evangelho de Mateus, Jesus restringe a sua missão aos judeus, a oração poderia muito bem ser lida como uma pergunta: "Será que eu irei e lhe darei saúde?"

Um exemplo que demonstra a divergência interpretativa entre judeus e cristãos aparece no modo de pontuar Isaías 40:3,4. Da forma que as marcas de cantilação pontuam o Texto Massorético, Isaías deve ser lido da seguinte forma:

> Uma voz clama:
> "No deserto preparai o caminho do Senhor,
> Endireitai no deserto uma vereda para o nosso Deus.
> Todo vale será exaltado
> E toda montanha e todo o monte serão aplanados;
> Os terrenos acidentados se tornarão planos;
> e as escarpas serão niveladas".

Em outras palavras, Deus construirá uma estrada no deserto para facilitar o retorno dos judeus da Babilônia.

Entretanto, o Evangelho de Marcos inicia da seguinte forma:

> Conforme está escrito no profeta Isaías:
> "Enviarei à tua frente o meu mensageiro;
> ele preparará o teu caminho";
> "voz do que clama no deserto:
> 'Preparem o caminho para o Senhor,
> façam veredas retas para ele.'"

> Assim surgiu João, batizando no deserto e pregando um batismo de arrependimento para o perdão dos pecados (Marcos 1:2-4).

O texto hebraico fala sobre uma voz dizendo ao povo para construir uma estrada: "Uma voz clama" — dois pontos, abre aspas — "No deserto preparai o caminho do Senhor." O Evangelho de Marcos fala da "voz do que clama no deserto" — dois pontos, abre aspas — "'Preparem o caminho para o Senhor.'" Nessa parte, uma disputa a respeito da pontuação está envolvida em uma questão teológica importante. Esse exemplo mostra como até mesmo questões pequenas como vírgulas são importantes, conforme é ilustrado nas frases: "Não tenha clemência" e "Não, tenha clemência"

O trabalho dos escribas, especialmente antes da invenção da imprensa, também contribuiu para os problemas interpretativos. Já que os textos antigos eram copiados várias vezes, surgiram várias versões de um mesmo texto. Por exemplo, o texto hebraico de Gênesis 22:13, que faz parte da narrativa da amarração e da preparação para o sacrifício de Isaque, fala de um *'ayil 'achar*, "um carneiro atrás de", o que é difícil entender — atrás de que? O texto grego, de forma mais lógica, traduz, *krios heis*, "um carneiro". O texto hebraico subjacente poderia ter sido *'ayil 'echad*. Em hebraico, a letra que equivale ao "r" (ר) e a letra que tem som de "d" (ד) são parecidas visualmente e podem induzir a erro. Nesse caso, o grego provavelmente reflete a leitura original. Portanto, é impossível falar de um texto original da *Tanakh*, embora muitos leitores judeus e protestantes vejam o Texto Massorético hebraico da Idade Média como definitivo. Os mesmos problemas se aplicam ao Novo Testamento.[16]

Quando observamos os textos antigos, ou importantes, a interpretação fica ainda mais complexa e, geralmente, é alvo de questionamentos. A Segunda Emenda à Constituição dos Estados Unidos diz: "Sendo necessária à segurança de um Estado livre a existência de uma milícia bem-organizada, o direito do povo de possuir e portar armas não poderá ser impedido." Mas quais são os direitos que são consagrados? Será que essa emenda se refere ao indivíduo ou ao Estado? Que tipos de armas são regulamentadas — será que são as armas de mão? As AK-47? Os lança-granadas?[17] E como deveremos decidir? Estamos restringidos ao propósito original dos legisladores, e,

---

[16]Veja Bart D. Ehrman, *The orthodox corruption of scripture: the effect of early christological controversies on the text of the New Testament*, ed. rev. (New York: Oxford University Press, 2011); e a versão popular desse estudo de Ehrman, *O que Jesus disse? O que Jesus não disse?: Quem mudou a Bíblia e por quê* (Rio de Janeiro: HarperCollins, 2017).

[17]Veja "Second Amendment", Legal Information Institute, Cornell Law School, https://www.law.cornell.edu/wex/second_amendment.

SOBRE AS BÍBLIAS E SEUS INTÉRPRETES

nesse caso, como podemos saber a respeito desse propósito de forma segura? Ou será que as palavras assumem um sentido próprio, sem que se leve em conta o seu propósito original? Essa última posição às vezes é chamada de "pragmatismo"; ela afirma que é "tanto sábio quanto adequado mudar as normas constitucionais para servir às necessidades modernas."[18] O pragmatismo se constitui nesse mesmo processo que permite que estudantes encontrem um sentido completamente novo nos textos literários, sejam eles escritos por Homero ou por Hemingway. Pelo fato de que os leitores sempre trazem suas próprias experiências para o ato de interpretação, eles sempre encontrarão novos sentidos nos textos antigos. Sabemos disso a partir de nossa própria experiência: não importa o quanto ensinamos os textos bíblicos, os nossos alunos todo ano encontram novas interpretações.

INTERPRETANDO TEXTOS DIVINAMENTE REVELADOS

Interpretar os textos bíblicos acrescenta mais duas camadas de complexidade. Em alguns casos, as comunidades religiosas têm entendido que a correta interpretação da Bíblia seria revelada por intermediários divinos como anjos e mestres inspirados. Os estudiosos chamam isso de "exegese revelatória".[19] Esse tipo de interpretação já se encontra na Bíblia, onde o livro do segundo século A.E.C chamado de Daniel interpreta as profecias de Jeremias do final do sétimo século e do início do sexto século A.E.C. O livro de Daniel, apesar de conter material mais antigo, se constitui na sua forma final em uma reação aos insultos do rei grego sírio Antíoco Epifânio IV, cuja derrota é comemorada na festa judaica das luzes (*Hanukkah*). Antíoco proibiu as principais práticas judaicas, como a circuncisão e a guarda do sábado, e ele e alguns sacerdotes judeus altamente assimilados à cultura grega transformaram o Templo de Jerusalém em um templo dedicado a Zeus. Para outros judeus, essas ações contrariaram a predição de Jeremias de que o rei babilônico Nabucodonosor conquistaria a Judeia (como aconteceu em 586 A.E.C.) e governaria sobre os judeus por setenta (hebr., *shiv'im*) anos (Jeremias 25:11). Depois, Jeremias predisse, haveria uma grande restauração (Jeremias 29:10-14). Antíoco estava bem longe de ser um restaurador, pois se tratava de um tirano.

Adentremos agora o livro de Daniel (do mesmo modo que muitos livros da Bíblia, o livro de Daniel não foi escrito pelo sábio a quem ele é atribuído). Quando

---

[18]Frank H. Easterbrook, "Originalism and pragmatism: pragmatism's role in interpretation", *Harvard Journal of Law and Public Policy* 901 (2008): 901-6.

[19]Alex P. Jassen, *Mediating the divine: prophecy and revelation in the Dead Sea Scrolls and second temple Judaism*, Studies on the Texts of the Desert of Judah 68 (Leiden: Brill, 2007).

Daniel ora pedindo orientação a respeito dessa contradição entre a profecia antiga e a realidade que ele enfrentava (Daniel 9:2), o anjo Gabriel (somente em Daniel os anjos recebem nomes, como Gabriel e Miguel — uma indicação da data tardia de composição do livro) explica que esses setenta anos não são realmente setenta: "Setenta semanas [hebr., *shavu'im shiv'im*] estão decretadas para o seu povo e sua santa cidade para acabar com a transgressão, para dar fim ao pecado, para expiar as culpas, para trazer justiça eterna, para cumprir a visão e a profecia, e para ungir o santíssimo" (Daniel 9:24). "Setenta semanas" de anos significa setenta vezes sete (já que uma semana tem 7 dias), ou 490 anos; dessa maneira, a profecia de Jeremias ganha um prolongamento de 420 anos, de 70 para 490 anos, de modo que a profecia ainda possa ser cumprida.

Essa ampliação se baseia em uma manipulação das palavras de Jeremias. A palavra hebraica para setenta é *shiv'im*, pronunciada dessa maneira, sem ambiguidade. Mas, conforme foi observado anteriormente, o hebraico durante esse período era escrito somente com consoantes, portanto essa palavra era escrita *shv'ym*. As mesmas consoantes com vogais diferentes produzem a leitura *shavu'im*, que significa "semanas". Gabriel lê duas vezes as consoantes hebraicas, uma vez como *shavu'im* (semanas) e uma vez como *shiv'im* (setenta), produzindo sua nova interpretação, na qual 70 passa a ser 490, uma interpretação que somente um anjo poderia revelar.

A ideia de que figuras angelicais conhecem o sentido verdadeiro das Escrituras não é exclusiva do livro de Daniel. O Livro dos Jubileus, um texto escrito provavelmente no segundo século A.E.C., portanto, próximo da época de Daniel, apresenta uma abordagem parecida. Esse livro se apresenta como as palavras do Anjo da Presença[20] a Moisés, e esse anjo traz uma interpretação revestida de autoridade dos dois primeiros livros da Bíblia, Gênesis e parte do Êxodo. As palavras do anjo constituem uma "segunda lei" que "amplia e esclarece a primeira".[21] Por exemplo, o Livro dos Jubileus acrescenta a criação dos anjos aos capítulos de 1 a 3 de Gênesis:

> Porque, no primeiro dia, ele criou os céus, que ficam para cima, e a terra, as águas e todos os espíritos que ministram diante dele:
>> os anjos da Presença,
>> e os anjos da santificação,
>> e os anjos do espírito do fogo,
>> e os anjos do espírito dos ventos,

---

[20] Livro dos Jubileus 1:27-9. Veja James C. VanderKam, "*The* angel of presence in the book of Jubilees", *Dead Sea Discoveries* 7 (2000): 378-393.

[21] James C. VanderKam, *Jubilees*, 2 vols., Hermeneia (Minneapolis: Fortress, 2018), 1:79

> e os anjos do espírito das nuvens e da escuridão, e da neve, da saraiva e da geada,
> e os anjos do ecoar, do trovão e do relâmpago,
> e os anjos dos espíritos do frio e do calor, do inverno e da primavera, da colheita
> e do verão, e todos os espíritos de suas criaturas que estão no céu e na terra.

O Livro dos Jubileus se apresenta como revelado por um anjo e, desse modo, afirma que os anjos estavam entre as primeiras coisas que foram criadas.[22] Como veremos em nossa análise da Epístola aos Hebreus (no cap. 5), o autor garante que Jesus é bem superior aos anjos, que estavam sendo repaginados na literatura judaica antiga.

A ideia de que figuras posteriores apresentam a interpretação correta também se encontra nos Manuscritos do Mar Morto.[23] A palavra hebraica *pesher* significa "interpretação", e os livros *pesher* de Qumran afirmam que os textos antigos foram atualizados na própria época do autor.[24] O *Pesher* de Habacuque interpreta os dois primeiros capítulos de Habacuque, um dos doze profetas menores (no sentido de se constituir em um livro curto), conforme se aplica à situação do autor. Interpretando o final de Habacuque 2:2, o *pesher* diz: "Quando o livro diz, 'para que se leia facilmente', isso se refere ao Mestre de Justiça [provavelmente o fundador do grupo] a quem Deus fez conhecer todas as revelações misteriosas dos seus servos, os profetas" (coluna 7, linhas 3 a 5). De acordo com essa passagem, quando Habacuque proclamou essa profecia no final do sétimo século A.E.C., ele não entendia o seu significado; somente o Mestre de Justiça o entendeu séculos depois. O *pesher* tira violentamente os versículos bíblicos dos seus contextos para fazer com que sejam relevantes para os leitores posteriores.[25]

O Novo Testamento faz manobras parecidas quando os seguidores de Jesus reinterpretam os textos judaicos antigos — transformando-os na Bíblia "com Jesus". Por exemplo, Mateus 12:40 diz: "Pois assim como Jonas esteve três dias e três noites no ventre de um grande peixe, assim o Filho do homem ficará três dias

---

[22] James L. Kugel, "Jubilees", em: *OTB*, 1:289-290.

[23] Geza Vermes, *The complete Dead Sea Scrolls in english* (New York: Penguin, 1997), 478-85.

[24] Shani L. Berrin, "Pesharim", em: *EDSS*, 2:644-7. *Veja tb.* George J. Brooke, "Prophecy and prophets in the Dead Sea Scrolls: looking backwards and forwards", em *Prophets, prophecy, and prophetic texts in Second Temple Judaism*, ed. Michael H. Floyd e Robert D. Haak (New York: T&T Clark, 2006), p. 151-65.

[25] Joseph A. Fitzmyer, "The use of explicit Old Testament quotations in Qumran literature and in the New Testament", em *The semitic background of the New Testament* (Grand Rapids: Eerdmans, 1997), p. 3-58; Geza Vermes, "Biblical proof-texts in Qumran literature", *Journal of Semitic Studies* 34 (1989): 493-508. *Veja tb.* Moshe J. Bernstein, "Introductory formulas for citation and re-citations of Bible verses in the Qumran pesharim: observations on a pesher technique", *Dead Sea Discoveries* 1 (1994): 30-70; Alex P. Jassen, *Scripture and law in the Dead Sea Scrolls* (Cambridge: Cambridge University Press, 2014).

e três noites no coração da terra". O profeta Jonas (outro livro que, como Daniel, teve sua autoria atribuída a um personagem ilustre do passado) não pensava, com séculos de antecedência, a respeito do sepultamento de Jesus. Essa não era uma mensagem que seus leitores originais teriam recebido. Voltaremos a falar sobre o que Jesus chama de "o sinal do profeta Jonas" no Capítulo 10.

Outro exemplo que se enquadra nessa categoria de interpretação revelatória aparece no famoso Sermão do Monte. Nessa pregação, Jesus usa as palavras "Vocês ouviram o que foi dito aos antigos" para apresentar sua própria interpretação de frases como "olho por olho" e "não matarás". O comentário rabínico apresenta suas próprias interpretações dessas passagens, conforme veremos no Capítulo 6.

Esses exemplos de Daniel, do Livro dos Jubileus, do Pesher de Habacuque e de Mateus apontam para um interesse fundamental do nosso estudo: o que um texto *significava* em contraposição ao que esse texto *significa de fato*.[26] Muitos estudiosos bíblicos buscam reconstruir a forma mais antiga de um texto e avaliar o que significava em seu contexto original — por exemplo, encontrar (o que fica mais próximo das) palavras proferidas pelo profeta Ezequiel e compreender como a comunidade exilada de Judá na Babilônia do sexto século A.E.C. entendia suas palavras.

Outros especialistas bíblicos estão interessados na história da recepção, pela observação de como os textos foram entendidos com o passar do tempo.[27] Às vezes, essas interpretações parecem estranhas para nós, mesmo que sejam casuais. Entretanto, a recepção nem sempre é um vale-tudo em que os intérpretes fazem um texto dizer o que eles querem. Mesmo a "filologia criativa"[28] de Daniel de fazer com que o número 70 passe a indicar 490 segue alguma lógica.

Um especialista da interpretação bíblica judaica chamado James Kugel formula quatro princípios da exegese judaica antiga que ajudam a explicar as manobras interpretativas de Daniel, bem como o modo pelo qual as comunidades judaicas antigas entendiam as suas escrituras:[29]

1. "A Bíblia é basicamente um texto enigmático." Por isso, os textos não precisam significar o que parecem indicar.

---

[26]A respeito da diferenciação entre o que um texto significava e o que ele significa, veja Krister Stendahl, "Biblical Theology, contemporary", em: *Meanings: The Bible as document and as guide* (Philadelphia: Fortress, 1984), p. 11-44, esp. p. 14-5.

[27]John Barton, *The nature of biblical criticism* (Louisville: Westminster John Knox, 2007); e também seu outro livro *Reading the Old Testament: method in biblical study*, ed. rev. (Louisville: Westminster John Knox, 1996); John F. A. Sawyer, "The Bible in future Jewish-Christian relations", em *Challenges in Jewish-Christian relations*, ed. James K. Aitken e Edward Kessler (New York: Paulist, 2006), p. 39-50, esp. p. 44-5.

[28]Isaak Heinemann, *The Methods of Aggadah* [em hebraico] (Jerusalem: Magnes, 1954), p. 4-7.

[29]Veja James L. Kugel, *The Bible as it was* (Cambridge: Harvard University Press, 1997), p. 17-23.

SOBRE AS BÍBLIAS E SEUS INTÉRPRETES

2. "As Escrituras constituem um grande Livro de Instrução, e, como tal são um texto fundamentalmente *relevante.*" Mesmo quando um profeta está falando para sua geração, sua mensagem não se restringe somente a ela. Além disso, o texto pode, na verdade deve, ser reinterpretado para preservar sua importância.

3. "As Escrituras são perfeitas e perfeitamente harmoniosas." Consequentemente, os textos que parecem contradizer um ao outro não se contradizem de fato; cabe ao intérprete compatibilizá-los.

4. "Todas as Escrituras são sancionadas por Deus de alguma maneira, são fruto da providência divina, ou são inspiradas por Deus." Portanto, a linguagem das Escrituras não é a mesma do cotidiano dos seres humanos. Quando alguma amiga diz: "Estou aí em setenta minutos", ela espera que você esteja esperando daqui a setenta minutos; mas quando Deus diz por meio de um profeta: "Sereis restaurados em setenta anos", isso pode indicar 490 anos.

Esses quatro princípios que caracterizavam a interpretação bíblica judaica a partir do segundo século A.E.C. até o primeiro século E.C. e que continuam a ser aplicados em muitas leituras judaicas posteriores[30] também caracterizam o Novo Testamento, embora essa coleção parta de mais uma premissa: de que as escrituras de Israel falam a respeito da morte, da vida e da ressurreição de Jesus.

INTERPRETAÇÃO JUDAICA: PARA CADA DOIS JUDEUS, TRÊS OPINIÕES DIFERENTES

Uma piada judaica diz: "para cada dois judeus, temos três opiniões diferentes." Em termos práticos, essa piada indica corretamente que a interpretação judaica é múltipla em vez de ser única. Podemos ver literalmente esse cultivo de várias interpretações na Bíblia rabínica, uma *Tanakh* rodeada de comentários que geralmente

---

[30]Um resumo excelente da interpretação bíblica judaica é Paul Mandel, "Jewish Hermeneutics", em: *Religion in Europa heute: Sozialwissenschaftliche, rechtswissenschaftliche und hermeneutisch-religionsphilosophische Perspektiven*, ed. Kurt Appel (Gottingen: Vandenhoeck und Ruprecht, 2012), p. 210-31. Para uma explicação mais detalhada, veja a seção "Jewish interpretation of the Bible" em *JSB*, p. 1835-977, e os ensaios sobre judaísmo em James Carlton Paget et al., eds., *The New Cambridge History of the Bible*, 4 vols. (Cambridge: Cambridge Univ. Press, 2012-2016); Magne Sæbø, ed., *Hebrew Bible/Old Testament: the history of its interpretation*, 5 vols. (Gottingen: Vandenhoeck und Ruprecht, 1996-2014); Benjamin D. Sommer, ed., *Jewish concepts of Scripture: a comparative introduction* (New York: New York University Press, 2012).

discordam uns dos outros, mas convivem em uma mesma página.[31] Essa possibilidade se deve ao que Kugel chamou da "onissignificância" da Bíblia.[32] Todos os detalhes do texto são importantes: até mesmo diferenças corriqueiras de grafia foram divinamente planejadas e as passagem que parecem não ter valor têm um significado mais profundo.

A literatura rabínica clássica expressa esse princípio de várias maneiras. A expressão mais conhecida é *shiv'im panim latorah*, que quer dizer em hebraico: "A Torá tem setenta faces (ou facetas de interpretação)."[33] O princípio da onissignificância também se encontra na explicação rabínica de Salmos 62:11 (62:12 hebr.): "Uma coisa Deus falou, duas coisas eu ouvi" (NJPS), que alguns rabinos interpretam com o seguinte significado: "Um versículo pode suscitar várias leis ou significados" (*b. Sanhedrin* 34a). A mesma passagem do Talmude interpreta Jeremias 23:19: "como um martelo que despedaça a rocha" (NJPS) como querendo dizer que "do mesmo modo que o martelo quebra uma pedra em vários fragmentos, assim um versículo desperta várias leis."[34] Cada uma dessas interpretações rabínicas expressa a onissignificância da Bíblia.

Outra característica básica da interpretação bíblica judaica é que ela não tem nenhuma ideia principal, nem objetivo algum. Conforme veremos, essa abordagem é radicalmente diferente da interpretação cristã, que vê Jesus como o tema principal do Antigo Testamento apesar de ele nunca ter sido explicitamente mencionado ali.

Várias visões de uma mesma passagem podem ser encontradas em traduções judaicas. Esses projetos antigos, sejam eles gregos (de forma mais importante na Septuaginta) ou nos *Targuns* aramaicos, foram produzidos por vários séculos e vão desde a interpretação literal até uma interpretação mais flexível. Por exemplo, o *targum Onkelos*, uma tradução tipicamente literal, traduz Êxodo 23:19 (cf. Êxodo 34:26; Deuteronômio 14:21) — "Não cozinhe o cabrito no leite da própria mãe" — como "não comerás a carne no leite", refletindo o entendimento

---

[31]Veja David Stern, "*Midrash* and Jewish exegesis", em *JSB*, p. 1879-90, esp. a ilustração de uma Bíblia rabínica na p. 1890.

[32]O termo de Kugel é explicado em Yaakov Elman, "'It is no empty thing': Nahmanides and the search for omnisignificance", *Torah U-Madda Journal* 4 (1993): 1-83; Elman, "The rebirth of omnisignificant biblical exegesis in the nineteenth and twentieth centuries", *Jewish Studies: An Internet Journal* 2 (2003): 199-249. *Veja tb.* Paul D. Mandel, *The origins of midrash: From teaching to text*, Supplements to the Journal for the Study of Judaism 180 (Leiden: Brill, 2017), p. 299-303.

[33]Confirmado pela primeira vez no *midrash* Números *Rabbah* 13:15-6, https://www.sefaria.org/Bamidbar_Rabbah.13.15?lang=bi&with=all&lang2=en.

[34]Veja a análise de Daniel Boyarin, "Shattering the logos: hermeneutics between a hammer and a hard place", em: *The blackwell companion to postmodern theology*, ed. Graham Ward (Malden, MA: Blackwell, 2001), p. 315-8.

SOBRE AS BÍBLIAS E SEUS INTÉRPRETES

rabínico sobre essa proibição. A lição que podemos extrair dessa tradução é que os judeus que obedecem às leis dietéticas ou seguem a alimentação *kosher* não comerão x-burguers. Algumas leituras dos *Targuns* são ainda mais abrangentes. O *targum* do Cântico dos Cânticos interpreta esse livro altamente erótico como uma alegoria histórica do amor entre Deus e Israel; o segundo verso desse cântico, que diz "Beije-me ele com os beijos da sua boca; porque melhor é o seu amor do que o vinho" (Cânticos 1:2), é transformado em:

> O profeta Salomão disse: Bendito seja o nome do Senhor, que, pelas mãos de Moisés, o grande escriba, nos concedeu a Torá, que foi escrita em duas tábuas de pedra, e as Seis Ordens da *Mishná* e do Talmude por tradição oral. E ele falaria conosco face a face como um homem que beija o seu amigo por causa do grande amor que ele tem por nós, maior do que por setenta nações.

Esse *targum* reflete a linha tênue entre a tradução e a exegese.

As comunidades judaicas debaixo do governo helenista e do governo romano também produziram interpretações bíblicas. Delas não fazem parte somente os Manuscritos do Mar Morto, mas também os "pseudepigráficos". Sendo um termo genérico, "pseudepigráficos" vem das palavras gregas para "escritos falsos", já que vários desse textos são atribuídos a personalidades antigas — Moisés, Esdras, até mesmo Adão e Enoque —, mas os textos foram escritos muito tempo depois, nos primeiros séculos A.E.C. e E.C. — durante e depois da época de Daniel. De origem judaica, a maioria desses textos foram preservados e organizados por cristãos. O grande sábio Filo de Alexandria (c. 20 A.E.C.-c. 50 E.C.) geralmente interpretava os textos bíblicos de forma alegórica, o que caracterizaria o cristianismo posterior, enquanto o historiador judeu Josefo (37-c. 100 E.C.), ao recontar as histórias bíblicas em sua coleção de livros intitulada *Antiguidades dos judeus*, faz paráfrases, ou mesmo as enfeita ou interpreta. Voltaremos a falar desses escritores no decorrer deste livro.

Os textos rabínicos mais antigos foram preservados a partir de um período posterior, o terceiro século E.C., sendo o primeiro a *Mishná*, uma espécie de código de leis compilado na terra de Israel. Às vezes, a *Mishná* cita a Bíblia hebraica e a interpreta, do mesmo modo que a *Toseftá*, um texto parecido que foi elaborado logo depois. O Talmude equivale a um comentário da *Mishná* expandido, o qual contém muitas digressões. Ele tem dois formatos: o Talmude da terra de Israel, que também é chamado de forma imprecisa de Talmude de Jerusalém (ou *Yerushalmi*), datado de cerca do quarto século E.C.; e o Talmude Babilônico (ou *Bavli*), que é maior e mais importante para a prática judaica posterior, datado do século 6 ou 7. Esses textos rabínicos contêm as primeiras leituras judaicas que se opõem de forma direta às interpretações cristãs dos livros que essas duas comunidades consideram sagrados.

O período rabínico também viu o crescimento do *midrash* (plural *midrashim*) — isto é, elaborações a respeito das passagens bíblicas. Esses comentários, que não explicam todos os versículos bíblicos, geralmente colecionam uma variedade de explicações diferentes, até mesmo contraditórias, da mesma palavra ou da mesma expressão. Os *midrashim* tipicamente tratam o texto de forma atomística, destacando as palavras em separado e não na narrativa mais ampla. Às vezes coloca-se o foco até mesmo em uma única letra. Por exemplo, o *midrash* do século 6 E.C., *Gênesis Rabbah* (1:10) especula sobre a razão pela qual a Bíblia começa com a letra *bet*, a segunda letra do alfabeto hebraico, que tem a forma ב:

> O rabino Yonah disse em nome do rabino Levi: Por que o mundo foi criado com uma "*bet*"? Do mesmo modo que a letra *bet* está fechada por todos os lados e aberta na frente, não se permite dizer: "O que está embaixo dele? O que está acima dele? O que veio antes? O que virá depois?". Em vez disso, deve-se falar do momento que o mundo foi criado para a frente.[35]

O *midrash* observa todos os detalhes, pois entende que cada um deles é revestido de significado. Ao mesmo tempo, evita questões sobre a existência depois da criação. Conforme veremos em nossa análise a respeito do capítulo 1 de Gênesis (no Capítulo 3), nem todos os rabinos seguiram essa ideia. Além disso, conforme também veremos no Capítulo 3, o prólogo magnífico de João que diz "No princípio era a Palavra...", nada mais é que um *midrash* do capítulo 1 de Gênesis.

Somente no final do primeiro milênio da Era Comum é que os comentários completos começam a se desenvolver dentro do judaísmo. O maior comentarista medieval foi Rashi, que nada mais é que uma sigla do nome do **Ra**bino Salomão (hebr., **Sh**lomo), filho de **I**saque, que morava onde se localiza agora a França (1040-1105) e que compilou as interpretações anteriores em uma grande revista ao estilo *Reader's digest* para a literatura rabínica, explicando versículo por versículo. De um modo diferente do comentário rabínico, Rashi se concentrava na narrativa mais ampla do que em palavras específicas. O seu método de interpretação geralmente é chamado de *peshat*, que às vezes é traduzido como "simples", embora a melhor tradução para caracterizar essa abordagem seja "contextual". Outros especialistas medievais não se baseavam tanto nas fontes rabínicas clássicas.

---

[35]"Bereishit Rabbah 1:10", Sefaria, https://www.sefaria.org.il/Bereishit_Rabbah.1.10?lang=en&with=all&lang2=en.

SOBRE AS BÍBLIAS E SEUS INTÉRPRETES

Alguns comparavam o hebraico com o aramaico e com o árabe de suas culturas de maioria muçulmana, enquanto outros foram influenciados por tradições místicas em desenvolvimento.

A partir do final do século 13, a interpretação bíblica judaica geralmente era dividida em quatro categorias, resumidas na sigla PaRDeS: o *peshat*, o sentido simples ou contextual; o *remez*, que quer dizer, literalmente, "dica", um sentido alegórico; *derash*, um sentido homilético; e o *sod,* um sentido místico secreto.[36] A sigla PaRDeS se baseia em uma palavra emprestada do persa que significa "pomar" e no seu uso em Cântico dos Cânticos 4:13. A mesma palavra persa, por meio do grego, nos traz a palavra "paraíso". Conforme os capítulos seguintes ilustram, para muitos comentaristas, esses quatro níveis de interpretação mais se reforçavam mutuamente do que se excluíam.

O comentário do Cântico dos Cânticos de Michael Fishbane, que tem o formato de uma página da Bíblia rabínica, exemplifica de forma bem visual essas abordagens. Em vez de apresentar diferentes comentaristas em cada página, Michael traz comentários a partir dessas quatro perspectivas principais.[37] Citamos seleções de suas interpretações de Cânticos 1:2, que começa com as palavras "Oh, dá-me dos beijos de tua boca" (NJPS):

> *Peshat*: "O verbo [...] articula o desejo intenso do falante por um beijo".
>
> *Derash*: "No centro do amor pactual se encontra o monte Sinai, o local clássico da revelação cujas palavras são como beijos".
>
> *Remez*: "A palavra 'beijos' expressam corajosamente a intensidade do anseio de entrar em contato com Deus [...] O beijo representa a desejada infusão da realidade divina dentro do ego humano — o anelo pela transformação espiritual. É um momento de encontro que coloca uma pausa no falar".
>
> *Sod:* "A busca espiritual começa com um grande anseio, marcado pela ausência e pela Alteridade [...] Ela deseja um contato com a divindade, simbolizada por um beijo. Visto de forma espiritual, o beijo é a infusão conjunta do fôlego ou do espírito de uma pessoa e outra".

Portanto, "o leitor deve considerar cada nível de interpretação em especial — e lê-los como expressões múltiplas do espírito humano."[38] Lembramos mais uma vez:

---

[36] Moshe Idel, "Kabbalistic exegesis", em: Sæbø, *Hebrew Bible/Old Testament*, vol. 1/2, p. 457-8.

[37] Michael Fishbane, *Song of Songs*, JPS Bible Commentary (Philadelphia: Jewish Publication Society, 2015), p. 26-8.

[38] Fishbane, *Song of Songs*, liii.

essas diferentes formas da tradição judaica não são mutuamente excludentes, mas aperfeiçoam uma a outra.

Terminaremos esta seção com o que seria uma declaração surpreendente caso iniciássemos o livro com ela — mas que agora faz sentido. A própria Bíblia é menos importante para o judaísmo do que a Bíblia *interpretada*. De acordo com Neemias 8:8, quando a Torá foi lida publicamente como parte do projeto de restauração no século 5 A.E.C., quando os judeus voltaram à terra de Israel do exílio babilônico, eles "leram o Livro da Lei [Torá] de Deus, interpretando-o e explicando-o, a fim de que o povo entendesse o que estava sendo lido." A interpretação na tradição judaica é um processo contínuo, uma parceria onde os seres humanos interpretam um texto divinamente revelado.

INTERPRETAÇÃO CRISTÃ: ALINHADA COM A CRENÇA

Enquanto a interpretação bíblica judaica tende a celebrar a onissignificância, não é bem isso que acontece no Novo Testamento e nos comentários cristãos posteriores, apesar de sua diversidade magnífica. Embora este livro se concentre na interpretação judaica antes e depois de Jesus, vários outros mostram como os intérpretes cristãos têm lido ou como devem ler o que chamam de Antigo Testamento.[39]

O aspecto central da interpretação cristã consiste em demonstrar como o Antigo Testamento prefigura o Novo. Além disso, manter a doutrina correta era e continua sendo mais importante no cristianismo do que no judaísmo. Conforme Jesus diz a Nicodemos: "Digo-lhe a verdade: Ninguém pode ver o Reino de Deus, se não nascer do alto" (João 3:3). A palavra grega *anōthen*, que é traduzida nesse texto como "do alto", também pode passar a ideia de "outra vez" ou "de novo", e é a partir dessa última tradução que chegamos à expressão conhecida "cristão nascido de novo". Nicodemos, que é identificado por João como líder dos fariseus, entende

---

[39]Veja, p. ex., Gary A. Anderson, *Christian doctrine and the Old Testament: Theology in the service of biblical exegesis* (Grand Rapids: Baker Academic, 2017); G. K. Beale, *Handbook on the New Testament use of the Old Testament* (Grand Rapids: Baker Academic, 2012) [edição em português: *Manual do uso do Antigo Testamento no Novo Testamento: Exegese e interpretação*, trad. A.G. Mendes (São Paulo: Vida Nova, 2013)]; John Goldingay, *Reading Jesus' Bible: How the New Testament helps us understand the Old Testament* (Grand Rapids: Eerdmans, 2017); Richard B. Hays, *Echoes of Scripture in the letters of Paul* (New Haven: Yale Univ. Press, 1989); Roy E. Gane, *Old Testament law for Christians: original context and enduring application* (Grand Rapids: Baker Academic, 2017); Douglas S. Earl, *Reading Old Testament narrative as Christian Scripture*, Journal of Theological Interpretation Supplement 17 (Winona Lake: Eisenbrauns, 2017); Ben Witherington III, *Isaiah old and new: exegesis, intertextuality, and hermeneutics* (Minneapolis: Fortress, 2017); Witherington III, *Psalms Old and New: Exegesis, intertextuality, and hermeneutics* (Minneapolis: Fortress, 2017); Witherington III, *Torah old and new: Exegesis, intertextuality, and hermeneutics* (Minneapolis: Fortress, 2018). Muitos desses estudos adotam uma abordagem cristã conservadora.

SOBRE AS BÍBLIAS E SEUS INTÉRPRETES

o sentido como "de novo" e pergunta como ele pode voltar ao ventre de sua mãe, porque de que outro modo alguém pode nascer "de novo"? Entretanto, Jesus quer dar a entender o sentido "do alto". Ninguém nasce nesse novo movimento da mesma forma que alguém nasceria de um genitor judeu, egípcio ou romano. Para os seguidores de Jesus, a identidade é definida pela crença, não pela descendência e nem pela sua etnia.

Esse exemplo do Evangelho de João, um dos vários trocadilhos que João faz, não mostra somente o potencial de equívoco no entendimento do idioma, mas também um modo importante pelo qual o movimento dos seguidores de Cristo, que posteriormente foi chamado de cristianismo, divergiu daquilo que conhecemos como judaísmo. Nem Paulo nem os Evangelhos mencionam a palavra "cristianismo", do mesmo modo que nem Paulo nem os autores dos Evangelhos sabiam que estavam escrevendo um "Novo Testamento". Eles estavam escrevendo para ajudar a criar e manter uma comunidade que, de vários modos, entendia que Jesus de Nazaré era divino. Eles estavam escrevendo para uma comunidade formada por um conjunto de crenças em desenvolvimento, até mesmo quando tentavam padronizar essas crenças.

Entretanto, os judeus dessa época não eram, nem nunca foram, definidos por um sistema de crenças. Os judeus também falavam a respeito de ter uma ancestralidade comum que vinha desde os patriarcas Abraão, Isaque e Jacó; eles afirmavam que o hebraico era sua língua comum e que a terra de Israel era a sua pátria; assim, os judeus, sejam eles da Ásia, da África, da Europa ou da América Latina, ou de qualquer outra procedência, consistem em um único grupo étnico ou em uma única nacionalidade.[40] As pessoas dentro desse grupo podem discordar e ainda assim continuarem membros dele. Não importa quanto os cidadãos americanos discordem sobre as questões políticas — e como nós discordamos! — no final das contas, continuamos a ser cidadãos dos Estados Unidos. Essa mesma ideia funciona para os judeus, que não têm grandes problemas com a maioria das interpretações alternativas das Escrituras. No judaísmo, a ortopraxia, aquilo que a pessoa faz, é mais importante do que o que a ortodoxia, que é o que a pessoa crê.[41] Existem judeus ateus; mas, tecnicamente falando, a expressão "cristão ateu" seria um paradoxo.

Se alguém entra em algum movimento pela fé, por ter nascido do alto, a discórdia passa a ser um problema maior, e, assim, os limites para a interpretação bíblica são maiores. Se alguém entra em algum grupo por sua crença, da mesma forma

---

[40]Veja Shaye J. D. Cohen, "Judaism and Jewishness", em: *JANT*, p. 592-6.
[41]Menachem Kellner, *Must a Jew believe anything?*, 2ª ed. (London: Littman Library of Jewish Civilization, 2006).

pode sair por causa da crença. Por causa disso, o cristianismo elaborou credos para garantir que seus membros mantivessem um conjunto de crenças principais. Em outras palavras: a ortodoxia, a crença correta, é fundamental no cristianismo. Percebemos esse interesse na interpretação correta na história que Lucas conta a respeito de Jesus, que encontrou dois discípulos no caminho de Emaús sem ser reconhecido. Os dois, quando souberam da morte de Jesus, ficaram desanimados. Depois, o estranho no caminho "explicou-lhes o que constava a respeito dele em todas as Escrituras" (Lucas 24:27).

O próprio Novo Testamento admite que suas explicações são, ao mesmo tempo, seletivas e abertas à várias interpretações. O Evangelho de Lucas começa com a observação de que outras pessoas tinham tentado contar a história de Jesus, mas que seria esse Evangelho que traria um relato preciso dos acontecimentos e na ordem correta (Lucas 1:3). Na verdade, ter quatro Evangelhos em vez um único Evangelho que harmoniza os quatro é, em si só, a admissão de algum tipo de multiplicidade. A segunda Epístola de Pedro (um texto que provavelmente não foi escrito pela pessoa a quem é atribuído, de modo parecido com Daniel e Jonas) diz a respeito das cartas de Paulo: "Suas cartas contêm algumas coisas difíceis de entender, as quais os ignorantes e instáveis torcem, como também o fazem com as demais Escrituras" (2Pedro 3:16). Para esse autor, as cartas de Paulo têm nível de escritura, e nem todos concordam a respeito do que elas significam. Até hoje as pessoas debatem a respeito daquilo que Paulo quis dizer, se ele mudou de ideia ou apresentou uma coerência clara, se ele escreveu somente para congregações específicas ou para todos os seguidores de Jesus, e assim por diante.

Do mesmo modo que os judeus, os cristãos também debatem questões de tradução. Abaixo você pode ver três exemplos de traduções cristãs baseadas em argumentações teológicas, duas da antiguidade e outra da atualidade. Em primeiro lugar, numa parábola sobre uma viúva persistente e um juiz desinteressado, Jesus diz que a viúva insiste: "*ekdikēson me* contra o meu adversário" (Lucas 18:3). Quase todas as traduções apresentam a viúva dizendo "faze-me justiça", mas o verbo grego não pede "justiça", mas, sim "vingança", como na frase passagem: "Minha é a vingança [...] diz o Senhor" (Romanos 12:19, citando Deuteronômio 32:35). Os tradutores não se sentiram seguros em ter uma heroína moralmente problemática em uma parábola ou em fazer com que os leitores pensassem que não havia problema algum em pedir vingança, então eles mudaram o texto original para acomodar suas próprias crenças.

No segundo exemplo, os tradutores da parábola do amigo inoportuno revelam algum desconforto com as palavras de Jesus. A parábola apresenta um homem que pede a seu amigo, no meio da noite, três pães para um visitante. Ele termina com a observação de que "se o amigo sonolento não se levantar para honrar a amizade, pelo menos por causa da sua *anaideia* ele se levantará e lhe dará aquilo que ele precisa" (Lucas 11:8). A palavra grega claramente quer dizer "pouca-vergonha", mas os tradutores do período patrístico (isto é, dos Pais da igreja) em diante, sem querer recomendar um comportamento como esse, traduziram essa palavra como "persistência".[42]

O exemplo mais recente e de interesse teológico é do ano de 2019: a aprovação papal de uma nova tradução da oração do "Pai Nosso" para o inglês que substitui a famosa passagem "não nos conduzas à tentação" por "não nos deixe cair em tentação". Para o Vaticano, a nova tradução evita a sugestão de que o "Nosso Pai" levaria seus filhos à tentação (veja Tiago 1:13); essa seria a função de Satanás. As palavras gregas também poderiam ser traduzidas "não nos coloque à prova", que faria mais sentido para a oração, já que na Bíblia Deus realmente "testa" a fidelidade das pessoas. Por exemplo, em Gênesis 22:2, Deus "testa" a fidelidade de Abraão ao instruir que ele sacrificasse seu filho.

Os cristãos antigos e medievais formularam mapas de níveis de significado das Escrituras parecidos com a tipologia judaica quádrupla que apresentamos anteriormente — na verdade, os intérpretes judeus podem ter baseado os seus métodos de quatro níveis nas interpretações cristãs. Embora a maioria dos intérpretes concorde quanto à necessidade do sentido literal, surgiu uma variedade de outros sentidos mais "completos": o sentido moral, o sentido anagógico, o sentido tipológico, o sentido alegórico, e assim por diante.[43] Cada um desses sentidos mais completos (em latim, *sensus plenior*) era tipicamente privilegiado com relação ao sentido literal. Já em 2Coríntios 3:12-16, Paulo escreve que os judeus são incapazes de entender as suas próprias escrituras. Recorrendo ao texto de Êxodo 34:33-35, no qual Moisés usou um véu para não espantar o povo porque seu rosto brilhava depois de falar com Deus, Paulo afirma que Moisés "colocava um véu sobre a face para que os israelitas não contemplassem o resplendor que se desvanecia" (2Coríntios 3:13) e afirma: "Na verdade a mente deles se fechou, pois até hoje o mesmo véu permanece quando é lida a antiga aliança [essa expressão pode ser traduzida por "antigo testamento"; faz-se aqui a referência à Torá]. Não foi retirado,

---

[42]Klyne Snodgrass, "*Anaideia* and the friend at midnight (Luke 11:8)", *Journal of Biblical Literature* 116 (1997): 505-513; Alan F. Johnson, "Assurance for man: the fallacy of translating *anaideia* by 'persistence'", *Journal of Evangelical Theology* 22 (1979): 123-131.

[43]Deeana Klepper, "Theories of interpretation: the quadriga and its successors", em *The New Cambridge History of the Bible*, vol. 3, *From 1450 to 1750*, ed. Euan Cameron (Cambridge: Cambridge Univ. Press, 2016), p. 418-38. Esses significados ainda são importantes na interpretação cristã contemporânea; *veja* Pontifícia Comissão Bíblica, "The Interpretation of the Bible in the Church", 1993, section II, "Hermeneutical questions", https://catholic-resources.org/ChurchDocs/PBC_Interp-FullText.htm.

porque é somente em Cristo que ele é removido" (3:14). Então Paulo continua com uma força maior: "De fato, até o dia de hoje, quando Moisés [isto é, a Torá] é lido, um véu lhes cobre o coração [dos judeus que não acreditam no Cristo]. Mas quando alguém se converte ao Senhor [isto é, Jesus], o véu é retirado" (3:15-16). Portanto qualquer leitura literal ou qualquer leitura que não leve a Cristo, na melhor das hipóteses, é incompleta.

Ampliando a *peshat,* ou a leitura simples ou literal, uma forma de interpretação alegórica conhecida como "tipologia" mostra como alguns seguidores de Jesus entendiam as escrituras anteriores. As leituras tipológicas propõem que os textos anteriores apresentam modelos, tipos ou antevisões do que vem a se cumprir com o Cristo. Por exemplo, Paulo interpreta Adão como, literalmente, "um tipo [gr., *typos*] daquele que haveria de vir" (Romanos 5:14), e aquele que viria era Cristo. Para Paulo, Adão, o primeiro homem, trouxe o pecado e a morte ao mundo; o seu antítipo, o Cristo, traz perdão e vida. Voltaremos a analisar as várias interpretações de Adão e Eva no Capítulo 4. De modo parecido, os três dias de Jonas no ventre do peixe, o foco do Capítulo 10, acabou sendo visto como um tipo ou uma prefiguração de Cristo, que passou três dias no túmulo. O texto do Novo Testamento que faz o maior uso da tipologia é a Epístola aos Hebreus, conforme veremos no Capítulo 5.

O *derash,* ou sentido homilético, encontra o seu equivalente no interesse cristão de uma interpretação moral. Nesse ponto, os cristãos e os judeus encontram um denominador comum, embora o Talmude insista que esse tipo de interpretação não pode perder o seu vínculo com o *peshat* (*b. Shabbat* 63a). Um *derash* pode, por exemplo, interpretar a história da primeira estada de Abraão no Egito (Gênesis 12) — na qual ele instrui sua esposa a dizer que é sua irmã a fim de que os egípcios não o matem — como um exemplo de tráfico humano. Um *derash* no Novo Testamento, parecendo nesse exemplo com o *remez* ou a leitura alegórica, seria a interpretação no capítulo 4 de Gálatas de Sara e Hagar representando duas alianças: Hagar é o monte Sinai, no deserto e na escravidão, e Sara, a "mãe dos que são de cima", representa os seguidores gentios de Jesus que não praticam esses rituais (entendidos como uma escravidão) que distinguem os judeus dos gentios, como a circuncisão. Entretanto, nesse contexto, Paulo afasta o sentido da história literal.

Por fim, o *sod,* ou o ensino secreto, se relaciona com o interesse cristão pela interpretação anagógica. Essa estratégia de leitura cristã vem da palavra grega *anagoge,* que significa "subir" ou "ascender", e sugere uma interpretação que se relaciona com a salvação. A equivalência entre *sod* e *anagoge* não é exata, mas as duas atitudes trabalham no mesmo nível místico, em vez de se restringir ao nível cotidiano. As revelações angelicais de Daniel fazem parte dessa categoria, do

SOBRE AS BÍBLIAS E SEUS INTÉRPRETES

mesmo modo que a literatura *pesher* dos livros de Qumran, e se estende por toda a tradição mística judaica que é mais difundida por meio da Cabala medieval. A mesma abordagem aparece no Novo Testamento. Por exemplo, Efésios 3:3-6 explica como os gentios passam a fazer parte da comunidade da aliança: "isto é, o mistério que me foi dado a conhecer por revelação [...] Esse mistério não foi dado a conhecer aos homens doutras gerações, mas agora foi revelado pelo Espírito aos santos apóstolos e profetas de Deus, a saber, que mediante o evangelho os gentios são co-herdeiros com Israel."

Embora tanto os seguidores de Jesus quanto a tradição rabínica em alguns momentos tirem os textos do contexto e os usem dessa forma (veja o próximo capítulo), geralmente acontece que conhecer o contexto acrescenta um colorido ao versículo. De acordo com o Evangelho de Mateus, o rei Herodes procura matar Jesus que, conforme ele tinha ouvido falar, é aquele que é nascido "Rei dos Judeus". Ele ordena o massacre de todas as crianças de Belém, desde os recém-nascidos até aqueles com dois anos de idade. Ao falar sobre a "Matança dos inocentes", Mateus afirma:

> Então se cumpriu o que fora dito pelo profeta Jeremias:
> "Ouviu-se uma voz em Ramá,
>   choro e grande lamentação;
> é Raquel que chora por seus filhos
>   e recusa ser consolada, porque já não existem".
>   (Mateus 2:17,18)

Mateus está citando Jeremias 31:15, um capítulo para o qual retornaremos no final do livro.

O contexto de Jeremias indica que o versículo se trata de uma reação ao exílio babilônico. Raquel, a esposa amada do patriarca Jacó e a mãe do primeiro José, tinha morrido ao dar à luz e foi sepultada em Ramá, nos arredores de Jerusalém. Nos próximos dois versículos, Jeremias traz consolo a Raquel e aos leitores que estão no exílio:

> Assim diz o Senhor:
> "Contenha o seu choro
>   e as suas lágrimas,
> pois o seu sofrimento será recompensado",
>   declara o SENHOR:
>   "Eles voltarão da terra do inimigo.

Por isso há esperança para o seu futuro",
declara o SENHOR:
"Seus filhos voltarão para a sua pátria."
(Jeremias 31:16-17)

Para os judeus, aflora o interesse pelo retorno à terra de Israel. Os leitores cristãos podem ver esse versículo seguinte como uma promessa da ressurreição.

Às vezes, as leituras judaicas e cristãs podem complementar uma à outra; outras, uma comunidade adota uma leitura que a outra pode achar impossível. As semelhantes estratégias de leitura podem levar a conclusões completamente diferentes, já que toda interpretação depende de um referencial em particular, tanto na vida judaica quanto na doutrina cristã. Se pudermos entender melhor como os judeus e os cristãos vieram a entender os mesmos textos de modo diferente, estaremos em uma posição melhor para entender as duas tradições e perceber a natureza por vezes contingente daquilo que cada uma dessas tradições ensina.

2

O PROBLEMA E A PROMESSA DA PROFECIA

PROFECIA

Os evangelistas cristãos nos disseram várias vezes que, se entendermos corretamente as escrituras de Israel, perceberemos como todas elas apontam para Jesus. É verdade que, quando lemos essas escrituras à luz daquilo que Jesus fez e disse, e sobre como os seus seguidores se lembravam dele, esses textos realmente parecem apontar para Jesus. Ao lerem as escrituras de Israel em retrospecto, os crentes concluíram que Jesus cumpriu profecias, incluindo textos que não eram classificados desse modo até que essa leitura retrospectiva os encarou dessa forma. Por exemplo, Jesus perguntou aos seus discípulos no caminho de Emaús: "Não devia o Messias sofrer estas coisas, para entrar na sua glória?" (Lucas 24:26). Eles não teriam lido anteriormente suas escrituras como fazendo essa afirmação; entretanto, à luz do sofrimento e da morte de Jesus, essa declaração passa a ser óbvia para eles. Essa leitura depois do fato não faz com que essa conclusão seja equivocada; em vez disso, ela a torna contingente diante de um conjunto de crenças anteriores. A pessoa que parte do princípio de que Jesus é o ponto culminante das escrituras de Israel, e de que todas essas escrituras apontam para ele, acaba encontrando a confirmação dessa ideia. A pessoa que não tem essa crença anterior provavelmente não será convencida por meio dessas leituras cristológicas.

O entendimento a respeito de como a profecia era vista no Israel antigo e por todo o judaísmo do Segundo Templo (o segundo templo foi terminado em cerca de 515 A.E.C. e foi destruído pelos romanos no ano 70 E.C.) serve como um cenário importante para entender tanto a interpretação judaica quanto a interpretação cristã das escrituras de Israel. O que algumas pessoas leem como profecias não é visto por outras dessa forma; o que algumas pessoas veem como profecias que se cumpriram, outras veem como afirmações falsas ou cumprimento parcial.

Vários grupos podem ler os mesmos textos — sejam eles bíblicos ou não — de várias formas, tendo suas conclusões lógicas baseadas em seus pontos de partida diferentes. Os judeus e os cristãos não precisam concordar uns com os outros quanto ao entendimento bíblico, mas eles devem ser capazes de perceber a lógica dentro desses dois conjuntos de interpretações. Perceber essa lógica pode ajudar todos nós a desenvolver respeito mútuo em vez de desprezo. Este capítulo começa com a profecia, passa pelos textos fora de contexto e pelas controvérsias, para concluir falando das possibilidades — especialmente a possibilidade de aprender a respeitar as interpretações dos outros.

Vamos começar com a profecia. Os escritores dos Evangelhos e Paulo, do mesmo modo que os autores dos textos *pesher* de Qumran, consideravam os profetas bíblicos como porta-vozes de informações a respeito da sua própria época. Eles achavam que Isaías e Habacuque falavam de acontecimentos que se cumpriram séculos depois.

Os estudiosos bíblicos contemporâneos entendem esses textos de modo diferente. Achamos que os profetas bíblicos, do mesmo modo que os seus contemporâneos no Oriente Próximo, não costumavam predizer acontecimentos muito posteriores no futuro. Em vez disso, eles não passavam de mediadores entre o mundo divino e o humano, com mensagens para as pessoas da sua própria época.[1] Muitas das suas "predições" são mais bem entendidas como advertências para os seus contemporâneos de que, se não melhorassem o seu caminho, seriam castigados. O cumprimento dessas proclamações é tipicamente condicional, como várias profecias deixam bem claro. Por exemplo, Isaías 1:19-20 diz para os destinatários de Judá do século 8 A.E.C.:

> Se vocês estiverem dispostos a obedecer,
>> comerão os melhores frutos desta terra;

---

[1]Martti Nissinen, *Ancient prophecy: Near Eastern, biblical, and Greek perspectives* (Oxford: Oxford University Press, 2017); Nissinen, "Prophetic intermediation in the ancient Near East", em *The Oxford handbook of the prophets*, ed. Carolyn J. Sharp (Oxford: Oxford University Press, 2016), p. 5-22. *Veja tb.* Marc Zvi Brettler, *How to read the Jewish Bible* (New York: Oxford University Press, 2007), p. 137-147; Reinhard G. Kratz, *The prophets of Israel*, tradução para o inglês de Anselm C. Hagedorn e Nathan MacDonald (Winona Lake: Eisenbrauns, 2015).

O PROBLEMA E A PROMESSA DA PROFECIA

> mas, se resistirem e se rebelarem,
>> serão devorados pela espada.
>> Pois o SENHOR é quem fala!

Para os profetas antigos como Isaías e Jeremias, as ameaças eram iminentes. As pessoas do Israel antigo não ficariam nada preocupadas se eles recebessem o seguinte aviso: "Endireitem-se agora, ou em setecentos anos vocês serão punidos". Ficariam ainda menos consoladas se Isaías lhes dissesse que, séculos depois, um salvador colocaria um fim à pobreza, à doença e à opressão. A essa altura, os seus filhos e os seus netos já teriam morrido há muito tempo.

Entretanto, boa parte da profecia da *Tanakh* sobre o futuro não é muito clara. Por esse motivo, o seu cumprimento pode ser visto como tendo várias formas e podem se aplicar a várias datas. Por exemplo, Zacarias 9:9, uma passagem do período pós-exílico, prediz:

> Alegre-se muito, cidade de Sião!
>> Exulte, Jerusalém!
> Eis que o seu rei vem a você,
>> justo e vitorioso,
> humilde e montado num jumento,
>> um jumentinho, cria de jumenta.

Essa passagem não apresenta nenhuma pista sobre quando o rei virá: se ele vem imediatamente, ou durante o tempo de vida do profeta, ou no mesmo século ou até mesmo milênios depois. Palavras como "nos últimos dias" (p. ex., Isaías 2:2) e "naquele dia" (Zacarias 14:9) dão margem a várias interpretações. Embora aqueles que ouviram Zacarias tenham ouvido uma declaração que se relacionava com eles de modo pessoal, os leitores posteriores, em cada geração, encontraram alguns cumprimentos diferenciados para esse versículo — alguns que incluem Jesus, e outros que não o incluem. Qualquer pessoa em qualquer época poderia entrar em Jerusalém montado em um jumento, e os seus apoiadores veriam o cumprimento dessa predição.

Lendo a Bíblia com Jesus, Mateus 21:1-5 (cf. Marcos 11:1-11; Lucas 19:28-40; João 12:12-19), encontra o cumprimento de Zacarias 9:9 na entrada triunfal de Jesus em Jerusalém:

> Quando se aproximaram de Jerusalém e chegaram a Betfagé, ao monte das Oliveiras, Jesus enviou dois discípulos, dizendo-lhes: "Vão ao povoado que está adiante de vocês; logo encontrarão uma jumenta amarrada, com um

jumentinho ao lado. Desamarrem-nos e tragam-nos para mim. Se alguém lhes perguntar algo, digam-lhe que o Senhor precisa deles e logo os enviará de volta". Isso aconteceu para que se cumprisse o que fora dito pelo profeta:

"Digam à cidade de Sião:

'Eis que o seu rei vem a você,

humilde e montado num jumento,

num jumentinho, cria de jumenta."

Quem sabe Jesus tenha planejado a sua entrada com base em Zacarias 9:9, e quem sabe Zacarias tenha sido influenciado por 1Reis 1:33,38, em que Salomão, filho de Davi, sinaliza sua reivindicação ao trono montando na mula de seu pai.

Um exemplo de uma leitura posterior ao acontecimento surge na versão de João daquilo que se conhece como a "purificação do Templo". Nos Evangelhos sinóticos, a cena acontece durante a última semana da vida de Jesus e é esse incidente que motiva o plano dos líderes do Templo para silenciá-lo. João situa o acontecimento no início do Evangelho, no capítulo 2, logo depois que Jesus transforma água em vinho em Caná. João relata: "Então ele fez um chicote de cordas e expulsou todos do templo, bem como as ovelhas e os bois; espalhou as moedas dos cambistas e virou as suas mesas. Aos que vendiam pombas disse: 'Tirem estas coisas daqui! Parem de fazer da casa de meu Pai um mercado!'" (João 2:15-16). Novamente, essa é uma alusão provavelmente a Zacarias, desta vez ao final do livro, no qual a NVI e a maioria das outras traduções trazem o seguinte: "E, a partir daquele dia, nunca mais haverá comerciantes no templo do Senhor dos Exércitos" (Zacarias 14:21b). Nem o hebraico nem o grego usam a palavra comum para "comerciantes", mas apresentam a palavra "cananeus", que, em sua descendência fenícia posterior, serviram como mercadores; por isso a tradução padrão "comerciantes". Entretanto, a referência original pode muito bem ter sido aos cananeus reais, às pessoas que representavam as práticas que Zacarias considerava antitéticas ao javismo.[2]

Em retrospecto, os seguidores de Jesus fazem outra associação. O próximo versículo de João registra: "Seus discípulos lembraram-se que está escrito: 'O zelo pela tua casa me consumirá'" (João 2:17). A citação é de Salmos 69:9 (69:10 hebr.; 68:10, LXX), ao qual retornaremos no capítulo 11. O salmista, empregando o verbo no tempo passado tanto no hebraico original quanto na tradução grega, lamenta que as pessoas não estejam demonstrando o devido respeito ao santo lugar: "pois o zelo pela tua casa me devorou." João usa o verbo no futuro e lê o

---

[2]Veja Carol L. Meyers e Eric M. Meyers, *Zechariah 9—14*, Anchor Yale Bible 25C (New Haven: Yale Univ. Press, 1993), p. 489-92.

O PROBLEMA E A PROMESSA DA PROFECIA

versículo como uma predição, como que antevendo o que Jesus fará quinhentos anos depois. Por outro lado, como às vezes os nossos estudantes cristãos mais conservadores nos recordam, possivelmente João tivesse uma versão de Zacarias que apresentava o verbo no futuro. No primeiro século E.C., as escrituras de Israel ainda não tinham um texto padronizado.

Os seguidores de Jesus não constituíam o único grupo que via as profecias bíblicas se cumprindo em sua época, mesmo que fosse séculos depois de terem sido proferidas. Os Manuscritos do Mar Morto expressam crenças parecidas, conforme esclarecem os textos *pesher* analisados no capítulo anterior. O mais famoso deles, que está entre os primeiros manuscritos publicados, é o *Pesher Habacuque*, que não somente vê o Mestre de Justiça como a única pessoa capaz de entender o antigo profeta, mas também considera que os caldeus (babilônios) de Habacuque se referem ao Império Romano de seu tempo.[3]

Outros escritores judaicos do primeiro milênio E.C. também acreditavam que os textos da era profética bíblica tinham se cumprido em sua época. Por exemplo, várias fontes rabínicas consideram a profecia de Balaão em Números 24:17b como se referindo a Simão bar Kosiba, o líder da revolta judaica contra Roma de 132 a 135 E.C.:

> Uma estrela [hebr., *kochav*] surgirá de Jacó;
>> um cetro se levantará de Israel.
> Ele esmagará as frontes de Moabe
>> e o crânio de todos os descendentes de Sete.

Uma tradição registra que o grande rabino Akiva, martirizado nessa rebelião, mudou o nome do líder de Bar Kosiba para Bar Kochba para associá-lo à estrela de Balaão, *kochav*.[4]

Os intérpretes judeus posteriores decidiram que a profecia de Balaão se referia ao Messias que viria. Maimônides (1138-1204), o grande mestre judeu do período medieval, seguiu comentários antigos que consideravam tanto a estrela como o cetro como se referindo ao rei Davi, que na época de Balaão ainda não tinha nascido, e ao Messias.[5] Os cristãos, por sua vez, veem a profecia de Balaão como se referindo a Jesus. A Epístola aos Hebreus adota a simbologia do cetro quando faz

---

[3]Moshe J. Bernstein, "Pesher Habakkuk", *EDSS*, 2:647-50

[4]Veja *y. Ta'anit* 68d. Aharon Oppenheimer, "Bar Kokhba, Shim'on", *EDSS*, 1:78-80; John J. Collins, *The scepter and the star: messianism in light of the Dead Sea Scrolls*, 2ª ed. (Grand Rapids: Eerdmans, 2010), cap. 9.

[5]Maimônides, *Mishneh Torah*, Kings and Wars 11:1, https://www.sefaria.org/Mishneh_Torah%2C_Kings_and_Wars.11.1?ven=Laws_of_Kings_and_Wars._trans._Reuven_Brauner,_2012&lang=bi.

uma paráfrase de Salmos 45:6 (45:7 hebr.): "O teu trono, ó Deus, subsiste para todo o sempre/cetro de justiça é o cetro do teu reino." Lemos em Hebreus 1:8: "Mas a respeito do Filho [Jesus], diz: 'O teu trono, ó Deus, subsiste para todo o sempre; cetro de equidade é o cetro do teu Reino.'" Justino Mártir (c. 100-165) é ainda mais claro, e voltaremos a falar dele nos debates a respeito da concepção virginal. Justino escreve que o Cristo "deve se levantar como uma estrela da semente de Abraão. Moisés [isto é, a Torá] mostrou isso antecipadamente quando disse: 'Uma estrela surgirá de Jacó, e um líder de Israel'" (*Diálogo* 106).

A interpretação recorrente dos textos proféticos exemplifica a diferença entre o que o texto significava e o que o texto significa. Conforme veremos por todo este livro, essas duas coisas podem ser bem diferentes. Um meio de criar essa diferença são os textos-base.

TEXTOS FORA DE CONTEXTO

O termo "texto fora de contexto"* e o verbo "citar versículos fora de contexto" exemplificam a fala de Antônio na peça *O mercador de Veneza* de Shakespeare: "O diabo sabe tirar partido da Escritura" (uma peça importante para o nosso próximo tema: a polêmica). Qualquer texto bíblico pode ser manipulado para provar qualquer ideia, e qualquer texto — até um texto que não foi anunciado por um profeta — pode ser visto como "profético". O problema com essa interpretação é que geralmente o aspecto preditivo só aparece depois que o acontecimento "se cumpre". Percebemos essa abordagem em obras como *O código da Bíblia,* que usam a tecnologia da informação para encontrar mensagem ocultas nas palavras hebraicas. Usando os programas certos e ignorando todas as evidências contraditórias, pode se declarar que a Bíblia predisse o assassinato de John F. Kennedy, os ataques terroristas do 11 de Setembro, e praticamente tudo o que imaginarmos. Essas iniciativas, às vezes usadas para persuadir tanto judeus quanto cristãos a respeito da origem divina da Bíblia, são teologicamente retrógradas. Elas presumem que Deus é um jogador, alguém que prega peças, mas não adverte acerca da tragédia; antes, se recosta na cadeira e diz: "Eu avisei".[6] Tanto judeus quanto cristãos são capazes de elaborar uma teologia mais profunda que essa.

*Também conhecidos como "textos de comprovação", "textos isolados" ou "textos-prova". (N. E.)

[6]Michael Drosnin, *O código da Bíblia* (São Paulo: Ed. Cultrix, 2011), e várias sequências. O especialista Jeffrey Tigay observa: "toda a tarefa de 'códigos da Bíblia' é ilusória. Ela é refutada pelo que sabemos sobre a história do texto bíblico, por erros no experimento dos "sábios famosos", e pela arbitrariedade dos métodos pelos quais os decodificadores identificam quais letras pertencem aos supostos padrões e mensagens para depois prosseguir para a interpretação deles". Veja sua análise "The Bible 'Codes': A Textual Perspective" (palestra, Universidade de Princeton, 13 de outubro de 1999), https://www.sas.upenn.edu/~jtigay/codetext.html.

O PROBLEMA E A PROMESSA DA PROFECIA

Vários exemplos de apresentação de textos-base que são baseados em leituras retrospectivas estão presentes no Novo Testamento. Vejamos dois exemplos, um do Evangelho de Mateus e um da carta de Paulo aos Gálatas. Considerando um versículo não-profético como se fosse,[7] Mateus 2 registra que o rei Herodes procurou matar o bebê Jesus, um rival para o trono. Avisado em sonho (veja como isso é adequado para um José que é filho de um Jacó!) para sair de Belém, José toma Maria e o bebê e foge para a segurança do Egito. Quando Herodes morre, José recebe outro sonho o avisando que pode voltar para casa. Nessa passagem, Mateus comenta: "E assim se cumpriu o que o Senhor tinha dito pelo profeta: 'Do Egito chamei o meu filho'" (Mateus 2:15). A citação vem de Oseias 11:1, que se refere ao êxodo de Israel, um acontecimento do passado. Algo que originalmente não passava de uma lembrança histórica se torna, para Mateus, uma predição, e a história de Israel passa a ser a história de Jesus.

No caso de Paulo, o apóstolo está tentando explicar à sua congregação gentílica que eles não devem praticar a circuncisão dos homens, nem seguir as leis bíblicas que diferenciavam os judeus na antiguidade. Portanto, ele precisa citar as escrituras de Israel, que ordenam essas práticas, para demonstrar que essas práticas não se aplicam aos gentios. Em Gálatas 3:13, Paulo escreve: "Cristo nos redimiu da maldição da lei quando se tornou maldição em nosso lugar, pois está escrito: 'Maldito todo aquele que for pendurado num madeiro.'" Ele cita Deuteronômio 21:23, cujo contexto é sobre a pena de morte. De acordo com Deuteronômio, o corpo de uma pessoa que foi executada não pode ficar "no madeiro durante a noite. Enterrem-no naquele mesmo dia, porque qualquer que for pendurado num madeiro está debaixo da maldição de Deus." Em primeiro lugar, esse versículo não se trata de uma profecia, mas faz parte de uma coleção de leis. Além disso, os judeus na época de Jesus, que não raramente enfrentavam a crucificação, não consideravam as vítimas dessa tortura horrível como "amaldiçoadas por Deus". Muito pelo contrário, eles consideravam os condenados como vítimas da injustiça, até mesmo como mártires. Vemos essa abordagem sendo adotada pelo historiador judeu Josefo em sua obra *Antiguidades dos Judeus*, onde ele relata a crucificação de oitocentos fariseus por Alexandre Janeu, que "perpetrou uma das ações mais bárbaras do mundo para [seus adversários fariseus]; porque, enquanto festejava com suas concubinas, aos olhos de toda a cidade, ele ordenou que oitocentos deles fossem crucificados; e, estando eles ainda vivos, ordenou que o pescoço de seus filhos e esposas fosse cortado diante dos seus próprios olhos" (13.380).

---

[7] Ruth Sheridan, "Scripture fulfillment", em: *JANT*, p. 727-30.

Por fim, os judeus também não consideravam a Torá uma maldição. Entretanto, na verdade, para Paulo, escrevendo para seguidores gentios de Jesus que buscavam se submeter à *halakhah* (a lei judaica), seguindo a Torá, a tentativa de se tornar judeus mediante a circuncisão é que se constituía em maldição. Paulo precisava de um texto fora de contexto para mostrar a seus convertidos gentios que eles não deviam se envolver na prática judaica; ele acabou o encontrando em Deuteronômio 21:23. Voltaremos à questão sobre o que as escrituras de Israel dizem sobre os gentios na era messiânica em nossa conclusão.

O uso de textos fora de contexto, especialmente quando assume a forma de citar versículos, geralmente os tirando do contexto, para autorizar alguma prática ou crença, tem recebido críticas de alguns escritores cristãos, que encaram essa prática como "insistentemente negativa"[8], ou até mesmo como "verdadeiramente desonesta" e de "propositadamente enganosa"[9] porque representa "tirar um texto dotado de autoridade seu contexto original para impor sobre ele um significado que promove a tese do intérprete."[10] Outros defendem essa prática observando o quanto ela é fundamental para a interpretação que o Novo Testamento faz do Antigo Testamento.[11]

Apesar de não termos interesse de participar nesse debate interno do cristianismo, queremos ser claros: tanto a partir da perspectiva judaica quanto da perspectiva acadêmica, não vemos problema em usar referências, ou seja, citar um texto bíblico para provar alguma coisa. As referências são tão fundamentais no judaísmo que uma publicação judaica importante é chamada de *Prooftexts: A Journal of Jewish Literary History* [Textos fora de contexto: uma publicação sobre a história literária judaica]. As referências bíblicas, fundamentais para o Novo Testamento e para o judaísmo daquele período, baseiam a prática e a crença em textos que viriam a ser parte da Bíblia. A prática de citar referências poderia ser um quinto princípio a ser acrescentado às quatro abordagens de Kugel para a exegese judaica.[12]

Exemplificamos o uso de textos fora de contexto com uma citação rabínica a respeito do agradecimento depois da refeição. A obrigação de recitar essa oração aparece na *Toseftá Berachot* 6:1; o Talmude Babilônico posterior (*Berachot* 48b)

---

[8]Daniel J. Treier, "Proof-text", em *Dictionary for theological interpretation of the Bible*, ed. Kevin J. Vanhoozer (Grand Rapids: Baker Academic, 2005), p. 622-4 (622).

[9]Zack Hunt, "Why proof-texting is not like other sins", *The semi-official blog of Zack Hunt* (blog), Patheos, 23 de abril de 2015, https://www.patheos.com/blogs/zackhunt/2015/04/proof-texting-not-like-sins/.

[10]James M. Reese, "Pitfalls of proof-texting", *Biblical Theology Bulletin* 13 (1983): 121-3 (121).

[11]R. Michael Allen e Scott R. Swain, "In defense of proof-texting", *Journal of the Evangelical Theological Society* 54 (2011): 589-606.

[12]Em uma conversa com Marc Brettler, em 16 de maio de 2019, James Kugel disse que ele consideraria a apresentação de textos-base como o quinto princípio.

apresenta o seguinte texto fora de contexto: "Os Sábios ensinaram em uma *Toseftá*: De onde vem a ideia de que dar graças depois das refeições vem da Torá? Exatamente desta declaração: "Depois que tiverem comido até ficarem satisfeitos, louvem o SENHOR, o seu Deus, pela boa terra que lhe deu" (Deuteronômio 8:10).[13] Os sábios citam um discurso de Deuteronômio que não consiste em nenhuma lei para referir-se ao como Israel deve agir ao entrar na terra. As palavras de Deuteronômio: "Depois que tiverem comido até ficarem satisfeitos, louvem o SENHOR" é descritiva, estando longe de ser prescritiva, mas os rabinos a consideram legislativa: é obrigatório bendizer a Deus recitando a oração de ação de graças depois das refeições.

Em alguns casos, os textos fora de contexto são mais tênues: por exemplo, a proibição judaica que mencionamos anteriormente contra misturar o leite com a carne vem da proibição de cozinhar um bezerro no leite da mãe.[14] Em um exemplo que está mais relacionado com os interesses cristãos, os rabinos encontram no Êxodo uma "prova" da ressurreição dentre os mortos. Fazendo um jogo de palavras na gramática hebraica, o rabino Judá, o príncipe, observa que Êxodo 15:1a ("Então Moisés e os israelitas entoaram este cântico [*yashir*] ao SENHOR") usa uma forma verbal que tipicamente se refere ao futuro, geralmente traduzida como "cantarão", e conclui: "Assim, somos instruídos que a crença na ressurreição pode vir da Torá."[15] Quem poderia saber?

Os textos fora de contexto raramente aparecem nas escrituras de Israel.[16] A alusão a textos anteriores com expressões como "está escrito" é muito mais comum do que o uso de textos fora de contexto.[17] Por exemplo, lemos em 2Reis 14:6 a descrição da razão pela qual o rei judeu Amazias não matou os filhos daquele que matou o seu pai: "Contudo, não matou os filhos dos assassinos, de acordo com o que está escrito no livro da Lei de Moisés, onde o SENHOR ordenou: 'Os pais não morrerão no lugar dos filhos, nem os filhos no lugar dos pais; cada um morrerá pelo seu próprio pecado.'" Essa é uma citação de Deuteronômio 24:16: "Os pais não serão mortos em lugar dos filhos, nem os filhos em lugar dos pais;

---

[13]"Berakhot 48b", Sefaria, https://www.sefaria.org.il/Berakhot.48b?lang=bi.

[14] Veja p. 27.

[15]Mekilta, Shirta I; tradução para o inglês e análise em Jon D. Levenson, *Resurrection and the restoration of Israel: The ultimate victory of the God of life* (New Haven: Yale University Press, 2006), p. 26-7; na p. 33, Levenson reconhece a "natureza forçada da exegese em pauta".

[16]Existem também poucas citações de textos bíblicos nos livros apócrifos; veja Andrew Chilton, "Citing the Old Testament", em: *It is written: scripture citing scripture; Essays in honour of Barnabas Lindars, SSF*, ed. D. A. Carson e H. G. M. Williamson (Cambridge: Cambridge University Press, 1988), p. 141-69 (150-64).

[17]Kevin L. Spawn, *"As it is written" and Other citation formulae in the Old Testament: their use, development, syntax and significance*, Beihefte zur Zeitschrift fur die alttestamentliche Wissenschaft 311 (Berlin: de Gruyter, 2002).

cada um morrerá pelo seu próprio pecado."[18] Mas, de modo diferente dos casos de citação de textos fora de contexto discutidos nos capítulos seguintes, esta citação de Deuteronômio em 2Reis entende o versículo bíblico de forma direta.

O estudioso judeu Michael Marmur destaca a importância da citação de referências antigas, até mesmo como textos fora de contexto, dentro da tradição judaica. Ele observa: "Para o judeu, citar versículos é como falar. Falar para o judeu é citar versículos" e "a citação tanto cria quanto preserva a tradição em geral. Quando se faz a citação, a pessoa se coloca dentro de uma tradição ou de uma rede de tradições." Marmur apresenta as três funções principais das citações: "elas trazem uma base de autoridade; estimulam e ampliam o texto; e também cumprem uma função estética e ornamental."[19] Em outras palavras, deve-se apreciar o uso de textos fora de contexto, e não criticar, por usar uma filologia criativa e outros métodos para ancorar o presente do autor no passado dotado de autoridade.[20]

Podemos reconhecer como a citação de referências faz sentido para aqueles que têm alguma crença, já que essa citação sempre é retrospectiva. Devemos também reconhecer como as várias comunidades, com diferentes pontos de partida, encontram mensagens diferentes dentro dos mesmos textos.

POLÊMICAS

A polêmica — "uma discussão controvertida; um forte ataque verbal ou escrito sobre uma pessoa, uma opinião, uma doutrina etc"[21] — é uma característica fundamental tanto na *Tanakh* quanto no Novo Testamento e, na história das interações entre judeus e cristãos, às vezes tem consequências graves. Este livro lida com várias polêmicas, mas também busca superar o veneno que transforma o material bíblico em algo tóxico.

A *Tanakh* dirige muitas polêmicas contra os israelitas que praticam o politeísmo e a idolatria. Isaías 44:9 declara: "Todos os que fazem imagens nada são, e as coisas que estimam são sem valor". A polêmica continua quando o capítulo zomba da construção dessas imagens:

> Ele derruba cedros [para ser usado como combustível] [...] um pouco disso ele apanha e se aquece, acende um fogo e assa um pão. Mas também modela um deus

---

[18] *Veja tb.* Jeremias 26:18, que cita Miqueias 3:12.

[19] Michael Marmur, "Why Jews quote", *Oral tradition* 29 (2014): 5-46 (13, 15, 22).

[20] O uso de citações também é valorizado entre muitas culturas contemporâneas; veja a primeira seção, "Everyone quotes", do ensaio de Marmur "Why Jews quote", juntamente com os livros ali citados.

[21] *Oxford English Dictionary*, 2ª ed. (1989), verbete "polemic".

e o adora; faz uma imagem e se curva diante dela. Metade da madeira, ele queima no fogo; sobre ela ele prepara sua refeição, assa a carne e come sua porção [...] Do restante ele faz um deus, seu ídolo; inclina-se diante dele e o adora. Ora a ele e diz: "Salva-me; tu és o meu deus" (44:14-17).

Essa unidade termina afirmando a respeito de qualquer um que adore esses ídolos que "um coração iludido o desvia" (44:20). Suspeitamos que, se houvesse uma Liga Cananeia Contra a Difamação, ela protestaria contra essas afirmações, considerando-as uma polêmica intolerante. Temos ouvido esses versículos sendo usados contra os católicos, para os quais a arte pode funcionar como um foco de oração, e contra os hindus, que retratam os seus deuses por meio da arte. Nós achamos essas abordagens igualmente nocivas.

O objetivo principal da polêmica é convencer. Em alguns casos, a provocação é interna: busca convencer aqueles que já fazem parte de uma comunidade para aderir a algum conjunto de crenças e práticas, a fim de ajudar a fortalecer a identidade comunitária. Ela também tenta excluir visões alternativas. Por exemplo, João Crisóstomo (c. 347-407), sobre o qual faremos uma análise mais adiante, dirigiu sua polêmica cáustica aos cristãos que se sentiam atraídos por algumas práticas judaicas.[22] Em outros momentos, a polêmica se dirige a um grupo externo com o propósito de convencê-los a mudar de posição.

A *Tanakh* emprega tanto polêmicas implícitas quanto polêmicas explícitas.[23] As explícitas estão por toda a literatura profética, já que os falantes condenam crenças e comportamentos que eles consideram inadequados. Diante de uma polêmica implícita, precisamos avaliar se a passagem em questão foi escrita com alguma intenção polêmica. Por exemplo, alguns estudiosos acreditam que o livro de Rute, em que a moabita Rute foi recebida na comunidade israelita, foi escrito como uma polêmica contra as políticas de Esdras e Neemias, que excluem os estrangeiros da comunidade.[24] A polêmica implícita também aparece nos comentários judaicos medievais; por exemplo, muitos especialistas acham que os comentários de Rashi do capítulo 1 de Gênesis reagem às tentativas da Primeira Cruzada de recapturar a "Terra Santa" dos muçulmanos.[25] Rashi escreve:

---

[22]Robert L. Wilken, *John Chrysostom and the Jews: rhetoric and reality in the late 4th century* (Berkeley: Univ. of California Press, 1983).

[23]Yairah Amit, *Hidden polemics in biblical narrative*, tradução para o inglês de Jonathan Chipman, Biblical Interpretation 25 (Leiden: Brill, 2000).

[24]Tamara Cohn Eskenazi e Tikva Frymer-Kensky, *Ruth*, JPS Bible Commentary (Philadelphia: Jewish Publication Society, 2011), p. viii-xix.

[25]Veja Harvey Sicherman e Gilad J. Gevaryahu, "Rashi and the first crusade: Commentary, Liturgy, Legend", *Judaism* 48 (1999): 181-97 (183-184). *Veja tb.* o *Rashi's Commentary on Psalms*, ed. Mayer I. Gruber, Brill

Porque se os povos do mundo disserem a Israel: "Vocês são ladrões, porque tomaram à força as terras das sete nações de Canaã", Israel pode responder a eles: "Toda a terra pertence ao Santo, bendito seja ele; ele a criou e a concedeu a quem lhe agradou. Segundo a sua vontade, ele a confiou a eles, e, quando ele quis, ele a tirou deles e a concedeu a nós".[26]

Para Rashi, a terra não pertencia nem aos judeus nem aos cristãos, mas a Deus, que a tinha concedido, por algum tempo, para os judeus. Rashi e seus colegas comentaristas, principalmente na Europa, tinham que apresentar esta ideia de forma velada, para que não fossem perseguidos pela população cristã dominante.

O cristianismo surgiu da prática e da fé judaicas e, em muitos lugares, o judaísmo rabínico assumiu a forma atual em competição com as declarações cristãs. No processo de definição de suas identidades, cada lado lançou polêmicas contra o outro.[27] Essas polêmicas foram especialmente mais calorosas em dois períodos: no período em que o cristianismo surgiu, quando a necessidade de autodefinição era fundamental; e na Idade Média, quando os judeus resistiam à pressão cristã para que se convertessem.

A polêmica mais antiga que se encontra no Novo Testamento assumiu várias formas, e a mais famosa delas foi a descrição pejorativa dos fariseus e dos outros judeus nos Evangelhos. Entretanto, os judeus que não eram messiânicos (isto é, os judeus que não viam Jesus como o Messias) não eram os únicos que se constituíam em alvo de polêmica. Jesus disse à mulher samaritana: "Vocês, samaritanos, adoram o que não conhecem; nós adoramos o que conhecemos, pois a salvação vem dos judeus" (João 4:22). Para João, os "judeus" podiam até estar equivocados na crença, mas, ao contrário dos samaritanos, pelo menos eles tinham o texto correto.

João, o autor do livro do Apocalipse, ameaçou os líderes rivais de forma visceral. Ele acusou a igreja em Tiatira: "No entanto, contra você tenho isto: você tolera Jezabel, aquela mulher que se diz profetisa. Com os seus ensinos, ela induz os meus

---

Reference Library of Judaism 18 (Leiden: Brill, 2004), p. 130-1. Michael A. Signer deduz que "muitas passagens no comentário de Rashi reagem contra leituras cristãs sem nenhuma referência específica à interpretação cristã"; Signer, "Consolation and confrontation: Jewish and Christian interpretation of the prophetic books", em *Scripture and pluralism: reading the bible in the religiously plural worlds of the Middle Ages and Renaissance*, ed. Thomas J. Heffernan e Thomas E. Burman, Studies in the history of Christian traditions 123 (Leiden: Brill, 2005), p. 77-94 (91). *Veja tb.* Avraham Grossman, "Rashi's position on prophecy among the nations and the Jewish-Christian polemic", em *New perspectives on Jewish-Christian relations in honor of David Berger*, ed. Elisheva Carlebach e Jacob J. Schacter, Brill Reference Library of Judaism 33 (Leiden: Brill, 2012), p. 399-417.

[26]"Rashi on Genesis 1:1:2", Sefaria, https://www.sefaria.org.il/Rashi_on_Genesis.1.1.2?lang=en&with=all&lang2=en.

[27]Paula Fredriksen e Oded Irshai, "Christian anti-Judaism: polemics and policies", em: *The Cambridge history of Judaism*, ed. Steven T. Katz (Cambridge: Cambridge University Press, 2006), 4:977-1034.

O PROBLEMA E A PROMESSA DA PROFECIA

servos à imoralidade sexual e a comerem alimentos sacrificados aos ídolos [...] Por isso, vou fazê-la adoecer e trarei grande sofrimento aos que cometem adultério com ela, a não ser que se arrependam das obras que ela pratica. Matarei os filhos dessa mulher" (Apocalipse 2:20,22,23a). Dirigindo seu tom polêmico ao Império Romano, João apresentou a seguinte descrição: "Babilônia, a grande; a mãe das prostitutas e das práticas repugnantes da terra" (Apocalipse 17:5). João não estava escrevendo para Roma; ele estava escrevendo a seus companheiros de fé contra aquilo que ele considerava como ameaças internas e externas.

Não se tem certeza sobre quando os judeus começaram a responder às afirmações de que Jesus era o Messias, seja em escritos anteriores à adoção do cristianismo por parte de Constantino no início do século 4,[28] seja no Talmude Babilônico, escrito em um ambiente amplamente zoroastrista, em que a polêmica anticristã não se apresentava como uma ameaça à segurança dos escritores.[29] Somente de forma bem cautelosa é que podemos isolar a polêmica anticristã nos textos do judaísmo antigo.[30]

A polêmica como formação da identidade acontece quando um grupo mais fraco polemiza contra o mais forte — um caso frequente nas polêmicas judaicas contra o cristianismo posteriores ao período de Constantino.[31] Vários amigos judeus, observando que eles nunca ouviram nenhuma polêmica cristã em nenhuma sinagoga, concluem por causa disso que ela nunca existiu no meio do judaísmo. Entretanto, já que a maioria dos judeus nunca leu o Talmude (do mesmo modo que a maioria dos cristãos nunca leu as obras dos pais da igreja ou as obras completas de Martinho Lutero) e já que, a partir da baixa Idade Média, quando os cristãos queimavam Talmudes aos montes, os textos foram censurados, esses comentários negativos não são conhecidos publicamente.[32]

---

[28]Veja Joshua Ezra Burns, *The Christian schism in Jewish history and Jewish memory* (Cambridge: Cambridge Univ. Press, 2016), esp. p. 159-208.

[29]Para saber mais sobre a polêmica anticristã sugerida no Talmude Babilônico, veja Moshe Benovitz, *BT Sukkah chapter IV and chapter V* [em hebraico], Talmud Ha-Igud (Jerusalem: Society for the Interpretation of the Talmud, 2013), 560n10.

[30]Steven T. Katz, "The Rabbinic Response to Christianity", em Katz, *Cambridge History of Judaism*, 4:259-98. Jacob Yuval aumenta a polêmica em *Two nations in your womb: perceptions of jews and christians in late antiquity and the Middle Ages*, tradução para o inglês de Barbara Harshav e Jonathan Chipman (Berkeley: University of California Press, 2008). Para uma perspectiva mais detalhada, veja Marc Hirshman, *A Rivalry of genius: Jewish and Christian interpretation in late antiquity*, tradução para o inglês de Batya Stein (Albany: State University of New York Press, 1996), esp. a p. 121.

[31]Robert Chazan, *Fashioning Jewish identity in medieval Western Christendom* (Cambridge: Cambridge University Press, 2004); Alon Goshen-Gottstein, "Jewish-Christian relations and rabbinic literature-shifting scholarly and relational paradigms: the case of two powers", em *Interaction between Judaism and Christianity in history, religion, art and literature*, ed. Marcel Poorhuis, Joshua Schwartz e Joseph Turner, Jewish and Christian Perspectives 17 (Leiden: Brill, 2009), p. 15-43 (23-5).

[32]Para exemplos e análises, veja Peter Schafer, *Jesus in the Talmud* (Princeton: Princeton University Press, 2009).

Essa polêmica anticristã inclui momentos bem ousados, conforme se mostra no texto medieval *Toledot Yeshu*, "A história da vida de Jesus",[33] que vai desde retratar Maria como uma mulher que foi seduzida por um soldado romano chamado de Ben Pantera até explicar que Jesus fazia milagres porque ele aprendeu a pronúncia do nome inefável de Deus. Às vezes, essa polêmica era realizada durante disputas formais, nas quais judeus e cristãos debatiam publicamente sobre as questões principais de suas crenças, incluindo muitos dos versículos que analisamos nos capítulos a seguir.[34] O mais famoso foi o Debate de Barcelona de 1263[35] e o Debate de Tortosa de 1412-1415, que é resultado de uma campanha séria de missões por parte da igreja medieval. Em todas essas disputas, as consequências se acumulavam contra os judeus. Se vencessem, enfrentariam o exílio; se perdessem, enfrentariam coisa pior.

Os judeus nunca tiveram poder político para iniciar os debates, mas, na verdade, eles escreveram livros polêmicos. Esses folhetos, que tinham o intuito de se limitarem à circulação interna, eram escritos em hebraico. No século 12, *O livro da aliança*,[36] de Joseph Kimchi, e o livro *Milchamot Adonai* (*As guerras* [em nome] *de Deus*), de Jacob ben (filho de) Reuben, destacam o que os dois autores consideram uma interpretação equivocada da *Tanakh* por parte dos cristãos. Esse gênero chega ao seu auge no livro *Nitzachon Yashan* (*O livro antigo da polêmica*), escrito na Alemanha do século 13 e com grande circulação, que começa com interpretações anticristãs de quase 150 passagens da *Tanakh*, seguidas de uma crítica aos Evangelhos. O seu editor moderno caracteriza o *Nitzachon* como "o tipo mais agressivo de debate judaico."[37] Já que poucos judeus liam o latim e que, por causa disso, poucos deles tinham acesso direto ao Novo Testamento, os textos e os argumentos que o *Nitzachon* cita nada mais são do que aquilo que os judeus ouviam dos vizinhos e das autoridades. Os próximos capítulos apresentam ainda mais elementos de polêmica — de ambos os lados.

O possível valor real da polêmica permanece uma questão em aberto. Um dos principais intelectuais da segunda metade do século 20, Michel Foucault, afirmava

---

[33]Martin Lockshin, "Jesus in medieval Jewish tradition", em *JANT*, 735-6; Peter Schafer, Michael Meerson, e Yaacov Deutsch, eds., *Toledot Yeshu ("The life story of Jesus") revisited* (Tubingen: Mohr Siebeck, 2011).

[34]Veja o resumo excelente em Robert Chazan, "Disputations, Jewish-Christian", *EBR*, 6:927-35. Para textos primários, veja Frank Ephraim Talmage, ed., *Disputation and dialogue: readings in Jewish-Christian encounter* (New York: Ktav and Anti-Defamation League of B'nai B'rith, 1975).

[35]Nina Caputo e Liz Clarke, *Debating Truth: The Barcelona disputation of 1263; A graphic history* (Oxford: Oxford University Press, 2017).

[36]Joseph Kimchi, *The book of the covenant*, tradução para o inglês de Frank Talmage (Toronto: Pontifical Institute of Mediaeval Studies, 1972).

[37]David Berger, ed., *The Jewish-Christian debate in the high Middle Ages: a critical edition of the Nizzahon Vetus with an introduction, translation, and commentary* (Philadelphia: Jewish Publication Society, 1979), p. 3.

O PROBLEMA E A PROMESSA DA PROFECIA

que a polêmica não tem nada a acrescentar. Em uma entrevista que ele deu um mês antes de morrer, ele insiste (de forma polêmica!): "Alguém já viu alguma ideia nova surgir de uma polêmica?" Foucault classificava a polêmica como "uma figura parasita do debate e um obstáculo para a busca da verdade." Ele via a polêmica como um jogo de poder que obstrui a capacidade de encontrar a verdade, já que o polemista não confronta "um parceiro na busca da verdade, mas um adversário, um inimigo que está equivocado [...] e cuja própria existência se constitui uma ameaça."[38] A viabilidade desse argumento pode ser demonstrada por alguns textos polêmicos de judeus e cristãos. No famoso Debate de Paris de 1240, os cristãos convocaram os rabinos para defender o Talmude das acusações de blasfêmia contra Cristo; depois que os juízes cristãos declararam o argumento pouco convincente, os cristãos confiscaram e destruíram milhares de livros judaicos. De forma irônica, nesse caso, os judeus cristãos estavam certos; o Talmude, em seu formato original, realmente difama Jesus.[39]

Alguns críticos afirmam que as polêmicas "não passam de palavras", e que, assim, não devemos julgar polêmicas ásperas como a de João Crisóstomo, o qual, depois de mencionar os judeus como bêbados e doentes, os chamou de "os mais miseráveis de todos os homens" e os acusou, dizendo: "Vocês realmente mataram a Cristo, vocês levantaram mãos violentas contra o Mestre, vocês realmente derramaram seu sangue precioso. É esse o motivo pelo qual vocês não têm nenhuma chance de expiação, nem de desculpa, muito menos de defesa."[40] Nós discordamos disso[41] e, em vez disso, concordamos com James Parkes, um sacerdote anglicano que achou que Crisóstomo apresentou "as denúncias mais horríveis e violentas do judaísmo que já foram encontradas nos escritos de um teólogo cristão."[42] As palavras são importantes e podem causar dano.

---

[38]Michel Foucault, "Polemics, politics and problematizations: an interview conducted by Paul Rabinow in May 1984", Michel Foucault, Info (website), https://foucault.info/documents/foucault.interview/.

[39]Schafer, *Jesus in the Talmud*.

[40]Wilken, *John Chrysostom and the Jews*; as citações se encontram nas p. 118 a 126. A respeito de Crisóstomo, a Pontifícia Comissão Bíblica comenta: "Entretanto, tem-se que admitir que muitas dessas passagens são capazes de proporcionar um pretexto para o sentimento antijudaico e, de fato, têm sido usadas dessa maneira. Para evitar erros desse tipo, deve-se lembrar que os textos polêmicos do Novo Testamento, mesmo que sejam expressos em termos gerais, estão ligados a contextos históricos concretos e nunca têm o propósito de ser aplicados a todos os judeus de todas as épocas e lugares simplesmente por serem judeus". "The Jewish people and their sacred Scriptures in the Christian Bible", 12 de fevereiro de 2002, http://www.vatican.va/roman_curia/congregations/cfaith/pcb_documents/rc_con_cfaith_doc_20020212_popolo-ebraico_en.html.

[41]*Veja tb.* Edward Kessler, *An introduction to Jewish-Christian relations* (Cambridge: Cambridge Univ. Press, 2010), p. 34-6.

[42]James Parkes, *Prelude to dialogue: Jewish-Christian relationships* (New York: Schocken Books, 1969), p. 153. *Veja tb.* Wendy Mayer, "Preaching hatred? John Chrysostom, neuroscience, and the Jews", em *(Re)Visioning John Chrysostom: New Theories and Approaches*, ed. Chris L. De Wet e Wendy Mayer, Critical approaches to early Christianity 1 (Leiden: Brill, 2019), p. 58-136.

Entretanto, em alguns casos a polêmica pode ser construtiva.[43] Averil Cameron observa que algumas polêmicas ajudam a desenvolver os argumentos e consolidam o conhecimento.[44] As polêmicas também nos dizem quais as ameaças em pauta para o indivíduo ou o grupo que faz os ataques. Podemos diferenciar entre os vários tipos de polêmica, como a discussão, o debate ou a controvérsia[45] para definir se existe algum material construtivo. A polêmica nos apresenta estereótipos, exageros e, geralmente, traz insultos; ela também nos diz o que precisa ser vencido para termos alguma chance de superar a desconfiança e o ódio.

POSSIBILIDADES

Embora vivamos em um mundo envolto em polêmicas, cada vez mais presentes nas mídias sociais, temos que tentar viver em um mundo de possibilidades, onde podemos afirmar nossas próprias crenças sem negar as crenças dos outros. Esta é a premissa deste livro: entender o outro não é somente algo bom, mas também é necessário para a sociedade civil e para o compromisso religioso.[46] O leitor deste livro pode gostar mais ou menos de alguma perspectiva em particular — o aprofundamento daquilo que o texto bíblico queria dizer a princípio, o significado dele no judaísmo, ou mesmo no cristianismo. Porém, pedimos a todos os leitores que sejam abertos ao novo. Precisamos fazer mais do que ler somente aquilo que, pessoalmente, achamos importante ou agradável. Acreditamos que é fundamental entender os textos e as crenças das outras pessoas — não somente porque vivemos em uma sociedade multicultural, mas também porque entender os outros nos ajuda a entender melhor a nós mesmos.

Tentaremos evitar polêmicas, exceto em um único caso, em que discutimos a posição polêmica conhecida como substitucionismo, ou teologia da substituição (Cap. 5)[47]. Acreditamos que essa teologia, que declara que a igreja gentia substitui

---

[43]Veja, p. ex., Jonathan Crewe, "Can polemic be ethical: a response to Michel Foucault", em *Polemic: critical or uncritical*, ed. Jane Gallop (New York: Routledge, 2004), p. 135-52; Paul J. Griffiths, *An apology for apologetics: a study in the logic of interreligious dialogue* (Maryknoll: Orbis Books, 2007).

[44]Averil Cameron, "Texts as weapons: polemic in the Byzantine dark ages", em *Literacy and power in the ancient world*, ed. Alan K. Bowman e Greg Woolf (Cambridge: Cambridge University Press, 1997), p. 198-215.

[45]Marcelo Dascal, "Types of polemics and types of polemical moves", em *Dialogue Analysis VI*, ed. S. Cmejrkova, J. Hoffmannova, O. Mullerova, e J. Svetla, vol. 1 (Tubingen: Max Niemeyer, 1998), p. 15-33, https://m.tau.ac.il/humanities/philos/dascal/papers/pregue.htm.

[46]A afirmação de que os judeus têm que apreciar melhor o Novo Testamento foi feita na obra de Elijah Zvi Soloveitchik no século 19 intitulada *The Bible, the Talmud, and the New Testament: Elijah Zvi Soloveitchik's commentary to the Gospels*, ed. Shaul Magid (Philadelphia: University of Pennsylvania Press, 2019), mas foi, e ainda continua sendo, extremamente incomum.

[47]Melhor forma da também conhecida expressão que consiste em um decalque da língua inglesa: "supercessionismo". (N. E.)

O PROBLEMA E A PROMESSA DA PROFECIA

o povo de Israel como herdeiros das alianças e das promessas de Deus, é prejudicial tanto para os judeus quanto para os cristãos. Entretanto, nas outras questões, fazemos o melhor possível para apresentar as posições histórico-críticas, judaicas e cristãs com a mesma empatia e clareza.

De certo modo, estamos fazendo proselitismo — não no sentido de tentar converter alguma pessoa para o judaísmo, a nossa religião de nascimento e convicção; em vez disso, buscamos encorajar o leitor a observar outros pontos de vista de maneira simpática. Nesse ponto discordamos de Jacob Neusner, uma das grandes figuras dos estudos judaicos na segunda metade do século 20. Ele afirmava: "O meu objetivo é ajudar os cristãos a serem cristãos melhores, porque eles podem chegar a um relato mais claro sobre o que eles afirmam em sua fé, e ajudar os judeus a serem judeus melhores, porque eles acabarão percebendo — assim espero — que a Torá de Deus é o caminho (não somente o nosso caminho, mas o único caminho) para amar e servir o Deus único, criador do céu e da terra, que nos chamou para servir e santificar o seu nome."[48] Não propomos que a interpretação judaica seja "o único caminho." Trata-se de um dos caminhos, assim como o cristianismo é outro caminho. Cada um deles se sustenta, inspira e é baseado em uma leitura lógica de suas escrituras.

Não achamos que as "nossas" crenças religiosas excluem as crenças das outras pessoas. O rabino Menachem Meiri (Provença, 1249-c.1315), rejeitando a visão predominante do judaísmo da sua época, afirmou que, nos termos da lei judaica, os cristãos não eram idólatras e que a "categoria jurídica da fraternidade [é] compartilhada entre judeus, cristãos e muçulmanos."[49] Os comentaristas judaicos medievais tipicamente negavam que as profecias eram messiânicas, já que buscavam enfraquecer qualquer proposta de que elas se referissem a Jesus, mas o rabino Moshe Hadarshan, uma figura importante da exegese bíblica francesa do século 11, interpretou esses textos de forma messiânica e sem qualquer polêmica anticristã. Sua obra estava tão repleta de messianismo que um frei dominicano do século 12, Ramon Martini, acusado de evangelizar os judeus e os muçulmanos (mouros), a usou como uma fonte importante em sua obra polêmica contra os judeus denominada *Pugio fidei*.[50] Até recentemente, a abertura de Meiri e do rabino Hadarshan

---

[48]Jacob Neusner, *A rabbi talks with Jesus, Revised Edition* (Montreal & Kingston: McGill-Queen's University Press, 2007), p. 5.

[49]Citado em Moshe Halbertal, "'Ones possessed of religion': religious tolerance in the teachings of the Me'iri", *Edah Journal* 1 (2000): 1-24 (24), http://www.edah.org/backend/JournalArticle/halbertal.pdf.

[50]Hananel Mack, "The bifurcated legacy of rabbi Moses Hadarshan and the rise of *peshat* exegesis in medieval Europe", em *Regional identities and cultures of medieval Jews*, ed. Javier Castano, Talya Fishman, e Ephraim Kanarfogel (Oxford: Littman Library, 2018), p. 73-91. Existem análises adicionais e as *derashot* (pregações) em Mack, *The mystery of rabbi Moshe Hadarshan* [em hebraico] (Jerusalem: Bialik, 2010).

não passavam de exceções — mas, com certeza, eles abriram caminho para que pudéssemos desenvolver nossas convicções.

Vários fatores históricos facilitam o nosso entendimento favorável quanto à interpretação cristã da Bíblia. Dentre eles, citamos: o desenvolvimento do estudo acadêmico da religião; a integração da história da recepção aos estudos bíblicos, ou seja, de como os textos bíblicos eram entendidos, variada e progressivamente, no período pós-bíblico; o surgimento do estudo histórico-crítico; e o reconhecimento da ambiguidade e dos entendimentos múltiplos dos textos. Nossas leituras também são inspiradas por inúmeros cristãos que reconhecem como a interpretação bíblica tem sido usada para prejudicar os judeus e que têm buscado mensagens alternativas.

A Igreja Católica Romana desempenha uma função essencial em incentivar a leitura de toda a Bíblia cristã de uma maneira que valoriza as perspectivas judaicas sem premissas substitucionistas. Desde o documento *Nostra aetate,* do Concílio Vaticano II de 1965, até o documento de 1993 da Comissão Bíblica Pontifícia, que tem como título "A interpretação da Bíblia na igreja"; desde o marcante documento de 2001, intitulado "O povo judeu e suas Sagradas Escrituras na Bíblia cristã", também preparado pela Comissão Bíblica Pontifícia, até o texto de 2015, chamado "Por que os dons e o chamado de Deus são irrevogáveis (Romanos 11:29): Reflexões sobre questões teológicas concernentes às relações judeus-católicos", preparado pela Comissão da Santa Sé para as Relações Religiosas com os Judeus,[51] a igreja tanto tem enriquecido suas próprias práticas interpretativas quanto incentivado o respeito mútuo. Voltaremos a esse texto de 2015 na conclusão.

O documento de 1993, uma verdadeira obra de referência para as várias maneiras de interpretar a Bíblia na igreja, reconhece que "os estudos bíblicos judaicos de nível superior, com toda a sua riqueza, desde as suas origens na antiguidade até os dias atuais, consistem em um patrimônio valiosíssimo para a exegese dos dois testamentos, desde que sejam usados de forma criteriosa." Ele também destaca a

---

[51]Papa Paulo VI, *Nostra aetate* (1965), http://www.vatican.va/archive/hist_councils/ii_vatican_council/documents/vat-ii_decl_19651028_nostra-aetate_en.html; Pontifícia Comissão Bíblica, "The Interpretation of the Bible in the Church", 1993, https://www.bc.edu/content/dam/files/research_sites/cjl/texts/cjrelations/resources/documents/catholic/pbcinterpretation.htm; Pontifícia Comissão Bíblica, "The Jewish People and Their Sacred Scriptures in the Christian Bible", 2001, http://www.vatican.va/roman_curia/congregations/cfaith/pcb_documents/rc_con_cfaith_doc_20020212_popolo-ebraico_en.html; Comissão da Santa Sé de relações religiosas com os judeus, "'The gifts and the calling of God are irrevocable' (Rom 11:29): A reflection on theological questions pertaining to Catholic-Jewish relations", 2015, http://www.vatican.va/roman_curia/pontifical_councils/chrstuni/relations-jews-docs/rc_pc_chrstuni_doc_20151210_ebraismo-nostra-aetate_en.html. Para um comentário sobre essas obras, veja Joseph A. Fitzmyer, *The Biblical commission's document "the interpretation of the Bible in the Church": Text and commentary*, Subsidia Biblica 18 (Rome: Pontifical Biblical Institute, 1995); Philip A. Cunningham, *Seeking shalom: the journey to right relationship between Catholics and Jews* (Grand Rapids: Eerdmans, 2015).

O PROBLEMA E A PROMESSA DA PROFECIA

importância de entender os textos em seu contexto original, compreendendo, portanto, a *Tanakh* sem referência a Cristo:

> Deve-se dar a atenção devida, de acordo com o espírito do Concílio Vaticano II (*Nostra aetate*, p. 4), para evitar, de forma absoluta, quaisquer atualizações de alguns textos do Novo Testamento que possam provocar ou reforçar atitudes desfavoráveis com relação ao povo judeu. Pelo contrário, os acontecimentos trágicos do passado devem motivar para que todos mantenham sempre acesa a lembrança de que, de acordo com o Novo Testamento, os judeus continuam "amados" por Deus, "pois os dons e o chamado de Deus são irrevogáveis" (Romanos 11:28,29).[52]

Para esse texto, uma interpretação bíblica que negue a interpretação judaica não é apenas historicamente imprecisa, mas moral e teologicamente equivocada. Concordamos com essa conclusão.

Depois de mais de uma década, em 2001, o documento da Pontifícia Comissão Bíblica intitulado "O povo judeu e as suas Sagradas Escrituras na Bíblia Cristã" encontrou novas maneiras de "promover o diálogo entre cristãos e judeus com clareza, em um espírito de estima e cordialidade mútuas." Ele afirma: "Os cristãos podem e devem admitir que a interpretação judaica da Bíblia é possível, em continuidade com as Sagradas Escrituras Judaicas do período do Segundo Templo, uma interpretação análoga à leitura cristã que se desenvolveu de forma paralela."[53] Já que a interpretação judaica da *Tanakh* é "possível", então vale a pena estudá-la.

Existe também a expressão desse sentimento fora das estruturas religiosas. O livro *The Oxford handbook of the Abrahamic religions* [Guia Oxford das religiões abraâmicas] manifesta a esperança de que, "à medida que a ignorância é a mãe do preconceito, que este guia possa cumprir a função de lutar contra a intolerância religiosa em todas as suas formas."[54] O procedimento de estudar tradições diferentes sem sugerir qual tem o primeiro lugar, qual é a melhor, ou qual foi a que influenciou a outra foi defendido recentemente como "o modelo de atividade espiritual paralela"; esse modelo é pautado pelo "estudo respeitoso e pelo entendimento mútuos."[55] Esse princípio é fundamental para um grupo desenvolvido em 1995 por Peter Ochs chamado de "Scriptural Reasoning" [Raciocínio bíblico].

---

[52]Pontifícia Comissão Bíblica, "Interpretation of the Bible".

[53]Pontifícia Comissão Bíblica, "Jewish people and their sacred Scriptures".

[54]Adam J. Silverstein, Guy G. Stroumsa, e Moshe Blidstein, "Introduction", em: *The Oxford handbook of the abrahamic Religions*, ed. Adam J. Silverstein, Guy G. Stroumsa, and Moshe Blidstein (Oxford: Oxford University. Press, 2015), p. xv.

[55]Goshen-Gottstein, "Jewish-Christian relations and rabbinic literature", esp. p. 26-9 (28).

Conforme observa o site do grupo, esse processo "não trata de buscar o consenso, mas, sim, analisar de forma profunda os textos e as suas interpretações possíveis transpondo as fronteiras religiosas e aprender a 'discordar melhor'."[56]

Para entender o Novo Testamento, é imprescindível entender as escrituras de Israel. Além disso, nossos alunos cristãos geralmente ficam contentes em refletir sobre esses dois ângulos quando estudam alguma passagem das escrituras de Israel: eles podem apreciar tanto a interpretação judaica quanto a cristã. Entretanto, em nossa experiência, a maioria dos judeus não sentem a mínima necessidade de entender o Novo Testamento. Essa ausência é reconhecida em uma declaração anglicana de 1988: "No caso do diálogo judaico-cristão, o desequilíbrio histórico e teológico é gritante. Embora um entendimento a respeito do judaísmo na época do Novo Testamento seja uma parte indispensável de qualquer teologia cristã, o entendimento 'teológico' do cristianismo não tem o mesmo valor para os judeus."[57] Entretanto, acreditamos que os judeus devem ler o Novo Testamento — esta é uma das razões principais que escrevemos juntos a obra *The Jewish annotated New Testament* [O Novo Testamento judaico anotado].[58] O Novo Testamento apresenta personalidades judaicas — Jesus, Maria, Paulo e Pedro — e a maioria dos seus autores são judeus. Trata-se de uma fonte fundamental para entender a prática e as crenças judaicas no final do período do Segundo Templo. Assim, o Novo Testamento consiste tanto em um texto judaico quanto cristão e relata como alguns judeus no primeiro século e no início do segundo E.C. interpretaram as escrituras de Israel.

A nossa visão de que os judeus devem ler o Novo Testamento e aprender mais sobre o cristianismo do que sobre o Papai Noel e sobre o coelho da Páscoa não é muito difundida na comunidade judaica. A declaração judaica central sobre as relações entre judeus e cristãos, o documento *Dabru emet* [Falem a verdade] do ano 2000, evita abordar a questão do conhecimento judaico do Novo Testamento (ou a falta dele).[59] Pelo menos um crítico cristão criticou, de maneira justa, um

---

[56]Veja o website do projeto *Scriptural Reasoning* em http://www.scripturalreasoning.org/, bem como C. C. Pecknold e David F. Ford, eds., "The promise of scriptural reasoning", edição especial, *Modern Theology* 22 (2006); especialmente o artigo de Stephen Kepnes, "*A handbook for scriptural reasoning*".

[57]General Convention of the Episcopal Church, "Guidelines for Christian-Jewish relations: for use in the Episcopal Church", julho de 1988, https://www.bc.edu/content/dam/files/research_sites/cjl/texts/cjrelations/resources/documents/protestant/Episcopal_Guidelines.htm.

[58]Amy-Jill Levine e Marc Zvi Brettler, eds., *The Jewish annotated New Testament*, 2ª ed. (New York: Oxford University Press, 2017); *Veja tb.* Marc Zvi Brettler e Amy-Jill Levine, "The Jewish annotated New Testament: Retrospect and prospects", *Melilah: Manchester Journal of Jewish Studies* 11 (2014): p. 1-7.

[59]"Dabru Emet: A Jewish Statement on Christians and Christianity", ICJS, 2000, https://www.bc.edu/content/dam/files/research_sites/cjl/texts/cjrelations/resources/documents/jewish/dabru_emet.htm; *Veja tb.* Tikva

O PROBLEMA E A PROMESSA DA PROFECIA

livro baseado nessa declaração por não representar bem nem o cristianismo nem as crenças cristãs.[60] Nós, judeus, podemos melhorar. Voltaremos a falar sobre isso também na conclusão.

Com muita frequência, faz parte do diálogo inter-religioso o destaque das semelhanças e a ocultação das diferenças. Em sua forma mais problemática, essa abordagem recorre a uma tradição comum "judaico-cristã".[61] A resistência ao exagero quanto às crenças comuns entre judeus e cristãos tem uma expressão bem forte nas palavras do teólogo cristão já falecido George Lindbeck: "A harmonização hermenêutica tem seus perigos porque a Bíblia se constitui na base tanto do judaísmo quanto do cristianismo. A erosão das diferentes interpretações judaicas e cristãs não ajuda em nada e enfraquece a identidade e o poder das duas comunidades, produzindo uma tradição judaico-cristã morna e insossa, que não serve para nada senão para ser vomitada".[62] Nós concordamos com isso. O sentido da interpretação bíblica não reside em se achar um consenso, mas em proporcionar um fórum de discussão para aprimorar nossas próprias crenças teológicas, a fim de entender o próximo de forma mais exata.

Vivemos em uma época em que a busca de um denominador comum não é tão urgente, e é necessário que se entre em pauta a necessidade de reconhecer as diferenças. Conforme já observamos, os judeus e os cristãos não estão lendo as mesmas escrituras; o Antigo Testamento da igreja não equivale à *Tanakh* da sinagoga. Devemos reconhecer a lógica dentro de cada sistema, em vez de nos limitarmos a acusar o outro lado de ler de forma equivocada.

Frymer-Kensky, Peter W. Ochs, David Novak, David Sandmel, e Michael Singer, *Christianity in Jewish terms* (Boulder, CO: Basic Books, 2000). Para uma crítica, veja Jon Levenson, "Podcast: Jon Levenson on the danger and opportunity of Jewish-Christian dialogue", Digital Library, Tikvah, 16 de Janeiro de 2018, https://tikvahfund.org/library/jon-levenson-danger-opportunity-jewish-christian-dialogue/; e anteriormente em Levenson, "How not to conduct Jewish-Christian dialogue", *Commentary*, dezembro de 2001, https://www.commentarymagazine.com/articles/jon-levenson-2/how-not-to-conduct-jewish-christian-dialogue/; Levenson, "The agenda of Dabru Emet", *Review of rabbinic Judaism* 7 (2004): 1-26. Observe outras respostas ortodoxas: David Berger, "Statement by Dr. David Berger regarding the New York Times Ad by Dabru Emet", Orthodox Union Advocacy Center, 14 de setembro de 2000, https://advocacy.ou.org/statement_by_dr_david_berger_regarding_the_new_york_times_ad_by_dabru_emet/. Para uma declaração completa de rabinos ortodoxos proeminentes, veja *To do the will of our Father in heaven: toward a partnership between Jews and Christians*, CJCUC, 3 de dezembro de 2015, http://cjcuc.org/2015/12/03/orthodox-rabbinic-statement-on-christianity/. Voltaremos a essa análise em nossa conclusão.

[60]James K. Aitken, "What does christianity in Jewish terms mean?", em *Challenges in Jewish-Christian relations*, ed. James K. Aitken e Edward Kessler (New York: Paulist, 2006), p. 203-17, esp. 211-3.

[61]Criticado há meio século em Arthur Cohen, *The myth of the judeo-christian tradition* (New York: Harper & Row, 1969). *Veja tb.* Jacob Neusner e Bruce Chilton, *Jewish-Christian debates: God, kingdom, Messiah* (Minneapolis: Fortress, 1998), p. 3. Uma análise mais recente e detalhada aparece em Emmanuel Nathan e Anya Topolski, eds., *Is there a judeo-christian tradition? A european perspective* (Berlin: de Gruyter, 2016).

[62]George Lindbeck, "Postmodern hermeneutics and Jewish-Christian dialogue: a case study", em Frymer-Kensky et al., *Christianity in Jewish Terms*, p. 106-13 (112).

É igualmente essencial que leiamos juntos, não somente para perceber facetas de nossas próprias tradições que possam passar despercebidas de outra maneira, mas também para aumentar nosso entendimento sobre nossos vizinhos. Por exemplo, podemos aprender a apreciar como as duas comunidades criam um cânon dentro do cânon ao destacarem alguns livros, capítulos ou até mesmo versículos específicos.[63] Para os judeus, o livro de Ester e a festa do Purim são essenciais; entretanto, Martinho Lutero queria tirar o livro de Ester do cânon. De modo irônico, o texto grego de Ester preservado pela igreja faz a heroína uma judia bem mais piedosa do que o texto hebraico lido na sinagoga. Em compensação, algumas passagens do Antigo Testamento que são bem conhecidas nos círculos cristãos, como a descrição do Servo sofredor de Isaías 53, que analisamos no Capítulo 9, são desconhecidas para a maioria dos judeus.

Essa discrepância deve-se em parte às diferentes ênfases. Enquanto a igreja se ocupa mais com *corpus* profético das escrituras de Israel, a sinagoga se concentra na Torá. A igreja destaca a aliança davídica; a sinagoga se concentra na aliança com Abraão e com Moisés. Os judeus leem toda a Torá, palavra por palavra, desde o capítulo 1 de Gênesis até o final de Deuteronômio; as igrejas cristãs que seguem os lecionários nunca ouvem o livro de Números (o quarto livro da Bíblia) ser proclamado aos domingos de manhã, e a maior parte de Levítico (o terceiro livro da Bíblia) também é omitida. Esse foco cristão leva a uma diferença na ênfase teológica que é útil, mas também simplória: a igreja, quanto à interpretação bíblica, destaca como Jesus cumpriu as profecias do passado e como ele virá no futuro; a sinagoga destaca o presente.

De fato, um número notável de cristãos está interessado em escatologia — o fim dos tempos. O livro de Daniel, que é praticamente desconhecido dentro dos círculos judaicos contemporâneos, é extremamente importante, especialmente nos círculos cristãos conservadores. Entretanto, quanto mais a igreja, pelo menos na antiguidade, destacava o mundo vindouro, o reino de Deus, ou mesmo ir para o céu, mais a sinagoga se concentrava na santificação: tornar este mundo cada vez mais santo pela obediência às normas da Torá.

Até mesmo quando as duas comunidades compartilham os mesmos textos ou os mesmos temas, elas sempre destacam aspectos diferentes. Tanto cristãos quanto judeus contam a história do êxodo, mas ela contém mensagens diferentes para cada um desses grupos. Os judeus e os cristãos têm um vocabulário diferente, uma ordem diferente nos livros que têm em comum, bem como diferentes traduções.

---

[63]A expressão "cânon dentro do cânon" foi criada por James A. Sanders, *Torah and Canon* (Philadelphia: Fortress, 1972).

O PROBLEMA E A PROMESSA DA PROFECIA

Eles têm memórias culturais diferentes, entendimentos interpretativos diversos e ênfases específicas. Os cristãos e os judeus já são tão suficientemente diferentes, e tão fortes em sua própria base, que podem até querer pensar em ler seus textos juntos, com a generosidade de espírito que o século 21 exige. Isso é exatamente o que tentamos fazer nos próximos capítulos. Conforme o rabino Jonathan Sack disse ao papa Bento XVI: "Celebramos tanto nossos pontos em comum como as nossas diferenças, porque, se não tivéssemos nada em comum, não poderíamos nos comunicar, e, se tivéssemos tudo em comum, não teríamos nada a dizer".[64]

---

[64] Jonathan Sacks, "Opening address at Interfaith Gathering for Papal Visit", 17 de setembro de 2010, http://rabbisacks.org/opening-address-at-interfaith-gathering-for-papal-visit/.

3

A CRIAÇÃO DO MUNDO

NO PRINCÍPIO

No princípio era aquele que é a Palavra [gr., *Logos*]. Ele estava com Deus, e era Deus. Ele estava com Deus no princípio. Todas as coisas foram feitas por intermédio dele; sem ele, nada do que existe teria sido feito. Nele estava a vida, e esta era a luz dos homens. A luz brilha nas trevas, e as trevas não a derrotaram (João 1:1-5).

O prólogo do Evangelho de João é um *midrash*, ou uma elaboração, dos primeiros versículos de Gênesis.[1] Desde as palavras "no princípio", à referência a Deus ou à celebração da luz, esse contexto está repleto de ecos de Gênesis e de outras passagens das escrituras de Israel.

Lemos em Gênesis 1:1-3: "No princípio Deus criou os céus e a terra. Era a terra sem forma e vazia; trevas cobriam a face do abismo, e o Espírito de Deus se movia sobre a face das águas. Disse Deus: 'Haja luz', e houve luz". Para alguns leitores cristãos, essa "luz" é Jesus, que afirma, de acordo com o Evangelho de João: "Eu sou a luz do mundo" (João 8:12; 9:5). Os vínculos com as escrituras de Israel continuam com as declarações de "Eu sou", que remetem à revelação de Deus a Moisés na sarça ardente do nome YHWH (chamado de *tetragrammaton*, o nome de quatro letras [de Deus], um nome que os judeus consideram santo demais para pronunciar e

---

[1]Daniel Boyarin, *Border lines: the partition of Judaeo-Christianity* (Philadelphia: University of Pennsylvania Press, 2004), p. 96; veja a análise apresentada a seguir; *Veja tb.* Boyarin, "*Logos*, a Jewish word: John's prologue as Midrash", em *JANT*, 688-691.

A CRIAÇÃO DO MUNDO

que, portanto, geralmente é escrito somente com as consoantes YHWH). A expressão grega "Eu sou", *egō eimi*, nada mais é do que o modo pelo qual a Septuaginta traduz a resposta de Deus a Moisés naquele lugar: *'ehye asher 'ehye*, que quer dizer em hebraico "Eu serei o que serei" ou "Eu sou o que sou" (Êxodo 3:14). O nome hebraico YHWH, que possivelmente é lido como Yahweh, é passado para o grego como *kyrios*, "Senhor". Assim, os seguidores de Jesus, quando liam suas escrituras gregas, podiam ver o *Senhor deles*, Jesus, por todo o texto, seja quando é chamado de "Senhor", seja, como em João 1:1, onde ele é chamado de "Deus".

Depois de definir a presença do *Logos*, a Palavra, na criação, o prólogo de João explica que esse *Logos* "tornou-se carne e viveu [*skenoō*, ou melhor, habitou ou mesmo "armou sua tenda"] entre nós (João 1:14)". O verbo grego deve ter lembrado a todos os leitores do *skēnē*, o tabernáculo (hebr., *mishkan*, lugar da habitação [divina]), que representava a presença de Deus (veja, p. ex., Êxodo 25:8) até que o Templo de Jerusalém fosse construído.

O Evangelho de João é o único texto do Novo Testamento que situa Cristo na criação. Em 1Coríntios 8:6, Paulo recorre tanto a Gênesis 1:26 quanto à tradição sapiencial e a uma espécie de fórmula confessional: "Para nós, porém, há um único Deus, o Pai, de quem vêm todas as coisas e para quem vivemos; e um só Senhor [gr., *kyrios*], Jesus Cristo, por meio de quem vieram todas as coisas e por meio de quem vivemos".

O texto de Colossenses 1:15-17 (que provavelmente foi escrito por um dos seguidores de Paulo) não somente situa Jesus no contexto da criação, mas também proclama que a sua atividade criativa o diferencia dos anjos:[2] "Ele [o Cristo] é a imagem do Deus invisível, o primogênito de toda a criação, pois nele foram criadas todas as coisas nos céus e na terra, as visíveis e as invisíveis, sejam tronos ou soberanias, poderes ou autoridades; todas as coisas foram criadas por ele e para ele. Ele é antes de todas as coisas, e nele tudo subsiste." Era necessário explicar que Jesus não era um superanjo, porque era uma possível interpretação do comentário de Paulo em Gálatas 4:14: "Vocês não me trataram com desprezo ou desdém; pelo contrário, receberam-me como se eu fosse *um anjo* de Deus, como o próprio Cristo Jesus[3]" (destaque nosso). Encontramos essa mesma preocupação de diferenciar

---

[2] No Livro dos Jubileus 2:2, Deus cria os anjos no primeiro dia da criação; para outras opiniões na literatura judaica antiga sobre a criação deles, veja Jacques van Ruiten, "Angels and demons in the book of *Jubilees*", em *Angels: The concept of celestial beings; origins, development and reception*, ed. Friedrich V. Reiterer, Tobias Nicklas, e Karin Schopflin, Deuterocanonical and Cognate Literature Yearbook 2007 (Berlin: de Gruyter, 2007), 588n14; e nas fontes rabínicas, Bill Rebiger, "Angels in rabbinic literature", em Reiterer, Nicklas, and Schopflin, eds., *Angels*, p. 631.

[3] Veja Bart Ehrman, *How Jesus became God: the exaltation of a Jewish preacher from Galilee* (San Francisco: HarperOne, 2014), p. 252-3.

Jesus dos anjos na Epístola aos Hebreus: Cristo é "o resplendor da glória de Deus e a expressão exata do seu ser" (Hebreus 1:3), "tornando-se tão superior aos anjos quanto o nome que herdou é superior ao deles" (1:4). Para arrematar o princípio, Hebreus apresenta um texto bem conhecido por seu uso fora do contexto, o qual examinaremos no capítulo 11 sobre o salmo 22: "Pois a qual dos anjos Deus alguma vez disse: 'Tu és meu Filho; eu hoje te gerei'?"

No ensino cristão, não é somente o *Logos* que está presente no princípio, mas também o Espírito Santo. Essa crença se baseia no final de Gênesis 1:2: "um vento de Deus varria a face das águas"; a palavra hebraica *ru'ach*, que é traduzida nessa passagem como "vento", também pode ter o sentido de "fôlego" ou "espírito". Ela é vertida para o grego com a palavra *pneuma*, que tem as mesmas conotações, conforme vemos nas palavras "pneumonia", que identifica uma doença do pulmão, ou "pneumático", que consiste em algo que é fortalecido pelo vento. De vento para espírito, nos textos cristãos primitivos, a palavra passa a ter o significado de *pneuma hagion*, o "Espírito Santo". Por isso, a palavra pneumatologia consiste no termo técnico para o estudo do Espírito Santo. Fazendo um trocadilho com as várias conotações da palavra *pneuma*, Jesus afirma em João 3:8: "O vento [*pneuma*] sopra onde quer. Você o escuta, mas não pode dizer de onde vem nem para onde vai. Assim acontece com todos os nascidos do Espírito [*pneuma*]."

Os versículos iniciais de Gênesis, com suas referências ao princípio, à luz e ao espírito, não são os únicos que servem de base para a cristologia. Mais para o final do capítulo, no sexto dia da criação, Deus fala no plural: "Então disse Deus: 'Façamos o homem à nossa imagem, conforme a nossa semelhança. Domine ele sobre os peixes do mar, sobre as aves do céu, sobre os grandes animais de toda a terra e sobre todos os pequenos animais que se movem rente ao chão'" (Gênesis 1:26). Esses usos do plural sugeriram para algumas das primeiras pessoas que creram em Cristo a participação de Cristo e do Espírito Santo não somente na criação do mundo, mas também na criação da humanidade.

Embora o Novo Testamento nunca mencione claramente a Trindade no sentido técnico de um Deus com três manifestações, ou "pessoas", já no século 2 E.C. um pai da igreja do norte da África chamado Tertuliano confirma essa percepção. Seus comentários se baseiam em afirmações relativas a Gênesis 1:26 que ele tinha ouvido dos judeus que rejeitaram tanto a messianidade de Jesus quanto os ensinos relacionados à Trindade. Esses judeus apresentavam outra interpretação de "Façamos...":

> Se o número da Trindade também te ofende, como se este não ligasse à simples Unidade, eu te perguntaria como é possível para um ser que é meramente e absolutamente um e singular, falar no plural, dizendo, "Façamos o homem

A CRIAÇÃO DO MUNDO

em nossa própria imagem, segundo nossa aparência" (Gênesis 1:26); onde ele deveria dizer, "Deixe-me fazer o homem em minha própria imagem, segundo minha própria aparência", sendo um ser único e singular? Na seguinte passagem, contudo, "Eis que o homem se tornou como um de nós" (Gênesis 3:22). Ele está ou nos enganando ou nos divertindo ao falar no plural, se ele é só um e singular. Ou era aos anjos que Ele falou, *como os judeus interpretam a passagem* [destaque nosso], por que eles também não reconhecem o Filho? [...]

Era porque ele já tinha seu Filho bem ao seu lado, como a Segunda Pessoa, sua própria Palavra, e uma Terceira Pessoa também, o Espírito na Palavra, que de propósito ele adotou a expressão plural, "Façamos", e "em nossa imagem", e "se tornou como um de nós." Pois com quem ele fez o homem? E a quem ele o fez parecer? [A resposta deve ser] o Filho, de um lado, que um dia assumiria a natureza humana; e o Espírito, de outro, que santificaria o homem. Com estes ele falou então, na Unidade da Trindade, como seus ministros e testemunhas (*Contra Práxeas*, cap. 12).[4]

Os judeus veem anjos por trás desse uso do plural; os cristãos veem a Trindade. Tertuliano não estava sozinho nessa declaração, porque Agostinho, Efrém, o sírio, e outros pais da igreja concordaram. No Concílio de Sirmio, em 351, os cristãos que participaram não somente afirmaram que Deus (o Pai) estava falando com seu Filho (Cristo) em Gênesis 1:26, mas também proclamaram esse princípio doutrinário e exigiram que aqueles que o rejeitassem fossem excomungados.[5]

Podemos ver a importância desse ensino trinitário na *Orthodox Study Bible* [Bíblia de Estudo Ortodoxa]. Esse texto faz a seguinte glosa a respeito de Gênesis 1:26: "Os pronomes 'nós' e 'nosso' revelam a pluralidade das pessoas divinas. Essas pessoas são o Pai, o Filho e o Espírito Santo operando em completa unidade partindo da única natureza divina."[6] Quando alguém lê Gênesis com base no prólogo de João, descobre que tanto o *Logos*, que se faz carne como Jesus de Nazaré, quanto o Espírito Santo estão presentes na criação.

A descoberta da Trindade em Gênesis, ou em qualquer outra passagem das escrituras de Israel, nunca teria ocorrido a ninguém antes do início do movimento cristão. Entretanto, alguns textos judaicos pré-cristãos realmente situam outras figuras no princípio da criação, e o judaísmo rabínico apresenta suas próprias

---

[4]Tertuliano, *Contra Praxeas* 12, em *ANF*, 3:356-358.

[5]Para a análise de várias opções, veja Gerhard F. Hasel, "The meaning of 'let us' in Genesis 1:26", *Andrews Univ. Seminary Studies* 13 (1975): 58-66 (58-9).

[6]*The Orthodox study Bible* (Nashville: Thomas Nelson, 2008), p. 4.

explicações diferentes a respeito do problemático verbo "façamos". Na interpretação do capítulo 1 de Gênesis, encontramos tanto continuidade quanto divergência na maneira que os judeus, até mesmo os judeus que adoravam a Jesus como Senhor, entendiam suas escrituras.

PONDO ORDEM NO CAOS

Os capítulos de 1 a 3 de Gênesis podem ser lidos como uma única narrativa, começando com a criação do mundo e terminando com a expulsão de Adão e Eva do jardim do Éden. Entretanto, um olhar mais próximo indica que esses capítulos abrangem duas narrativas diferentes, escritas por autores diferentes.[7] A primeira, que narra a pré-criação (Gênesis 1:1,2), os seis dias da criação e as origens do sábado posterior à criação, termina em 2:4a com a oração: "Esta é a história das origens dos céus e da terra, no tempo em que foram criados"; já a segunda, que se situa no Éden, começa em 2:4b: "Quando o Senhor Deus fez a terra e os céus."

As tentativas de harmonizar essas duas narrativas criam dificuldades. De acordo com Gênesis 1:24-30, Deus cria primeiro os animais e depois, como o modelo ideal da criação e conforme a imagem de Deus, o homem e a mulher, juntos, como iguais; no segundo relato, em primeiro lugar Deus cria um ser humano masculino a partir do barro (2:7), depois os animais e, finalmente, uma mulher a partir da "costela" ou do "lado" do ser humano masculino (2:18-23). O primeiro autor chama a divindade de "Deus" (*'elohim*); já o outro se refere ao "Senhor Deus" (YHWH *'elohim*). Na primeira narrativa, Deus cria por meio da fala; na segunda, Deus cria utilizando as mãos.

Do mesmo modo que o Novo Testamento contém quatro relatos diferentes da vida e da morte de Jesus, os vários autores, em épocas e cenários diferentes, entenderam Deus, a criação e o seu lugar no mundo de forma diferente. Desembaralhar essas duas narrativas da criação exige o trabalho de um verdadeiro detetive.

A primeira narrativa, Gênesis 1:1-2:4a, vem da fonte que os especialistas bíblicos chamam de Sacerdotal (P, da palavra inglesa *priestly*), um dos vários documentos que formam a Torá.[8] Essa teoria bem-aceita propõe o reconhecimento de várias "fontes" ou tradições que, com o passar do tempo, foram entremeadas naquilo que

---

[7]Para saber mais a respeito desses capítulos, veja Marc Zvi Brettler, *How to read the Jewish Bible* (New York: Oxford University Press), p. 29-47; Douglas Knight e Amy-Jill Levine, *The meaning of the Bible: what the Jewish Scriptures and the Christian Old Testament can teach us* (New York: HarperCollins, 2011), p. 195-215.

[8]Richard Elliott Friedman, *Who wrote the Bible?* (San Francisco: HarperOne, 1997), apresenta uma introdução popular para a composição do Pentateuco.

veio a ser os cinco livros da Bíblia. Embora essa porção de Gênesis dê início à Bíblia, na verdade ela foi escrita depois da narrativa do Éden que agora vem depois dela. A primeira narrativa da criação, que provavelmente foi terminada durante o exílio babilônico no século 6 A. E. C., tem muitos temas em comum com um épico babilônico que narra a criação do mundo, que é conhecido por suas duas primeiras palavras: *Enuma Elish*, "Quando no alto".[9] O relato mesopotâmico, centrado na geografia, destaca a criação tanto do local sagrado, a Babilônia, em especial o templo de Marduque que se encontra no meio dela, quanto da realeza sagrada, a instituição central da Babilônia. A história israelita descreve a criação de toda a humanidade, homens e mulheres, como iguais, mas não termina com o estabelecimento do espaço sagrado, e sim do tempo sagrado, o sábado. No épico babilônico, os seres humanos são criados a partir do sangue de um deus que foi derrotado na batalha, e a sua função é realizar "a obra dos deuses", ser escravos dos deuses "para que eles possam descansar."[10] No capítulo 1 de Gênesis, a humanidade não é definida pela escravidão[11], mas pelo seu vínculo com o divino e com o seu domínio, ou por sua condição de cuidador da criação. Para uma comunidade cujo templo foi destruído, que foi deslocada de sua terra natal, e cuja realeza foi destituída, Gênesis 1:1-2:4a proporcionou tanto estabilidade quanto esperança: essa passagem confirma a grandeza do seu Deus, a criação da ordem a partir do caos, a bondade da humanidade e a promessa do descanso sabático. Quando se tira o texto do seu contexto original, corre-se o risco de perder o sentido de sua mensagem de consolo e apoio.

Existe também uma perda da mensagem por questões de tradução. O versículo inicial de Gênesis é um dos textos mais discutidos, mais mal traduzidos e menos compreendidos da Bíblia. A versão King James, que é bem-conhecida, que traduz Gênesis 1:1 como "No princípio, Deus criou o céu e a terra", é incorreta por vários motivos. No aspecto sintático, o texto hebraico de 1:1 não constitui uma frase independente. Trata-se de uma expressão introdutória, como se reflete na palavra "quando" da NRSV: "No princípio, *quando* Deus começou a criar o céu e a terra", ou na versão da NJPS: " *Quando* Deus começou a criar o céu e a terra." Esse versículo inicial também não descreve a *creatio ex nihilo* — a criação a partir do nada,

---

[9]Quanto aos vínculos entre as duas histórias, veja Eckhart Frahm, "Creation and the divine Spirit in Bible and Babel: reflections on *mummu* in *Enuma eliš* I 4 and *rûah.* in Genesis 1:2", em *Literature as politics, politics as literature: essays on the ancient Near East in honor of Peter Machinist*, ed. David S. Vanderhooft e Abraham Winitzer (Winona Lake, IN: Eisenbrauns, 2013), p. 97-117. Veja esp. p. 97-103 sobre o debate a respeito das semelhanças genéricas e genéticas.

[10]Enuma Elish 6.8, traduzido para o inglês em Stephanie Dalley, *Myths from Mesopotamia: creation, the flood, Gilgamesh, and others*, ed. rev. (Oxford: Oxford Univ. Press, 2000), p. 261.

[11]Para uma visão alternativa, na qual Israel se constitui no "servo" ou "escravo" de Deus, veja Levítico 25:55.

embora essa ideia tenha se tornado preponderante no pensamento cristão e em parte do pensamento judaico.[12] A palavra hebraica para "criar", *bara'*, que nas escrituras de Israel é reservada somente a Deus, não quer dizer criar algo *do nada*; significa *criar como somente Deus poderia criar*. Também transmite a conotação de "separar"[13], indicando desse modo como Deus coloca ordem no caos.[14] Essa preocupação na separação e na organização tipifica a cosmovisão da fonte Sacerdotal (P), onde cada item criado pertence a uma categoria delineada de forma clara. Portanto, a história Sacerdotal (P) termina com o sábado, separado dos seis dias anteriores da criação, que será concedido como um presente para Israel que o separa das outras nações.

Nem mesmo a expressão "céu e terra" está correta na versão King James. O hebraico usa o mesmo plural gramatical, tanto para o céu concreto quanto para o abstrato, que são diferentes em nosso idioma.[15] Tanto os hebreus antigos como os judeus da época do Novo Testamento achavam que havia vários céus. Paulo de Tarso fala de ter sido levado para o "terceiro céu" (2Coríntios 12:2), e até que foi modesto, já que muitos judeus acreditavam que havia mais do que três. Além disso, nos bastidores da expressão famosa do Evangelho, "o reino dos céus" (ex. Mateus 3:2), encontramos um plural grego: *basileia tōn ouranōn*. Vemos isso até mesmo no início da famosa oração: "Pai Nosso, que estás nos *céus*!" (Mateus 6:9, KJV). A maioria das traduções do Novo Testamento segue a leitura da versão King James de Gênesis 1:1, portanto, acabam perpetuando esse erro. A literatura judaica posterior supunha a existência de sete ou dez céus, e percebemos uma visão parecida no *Paraíso* de Dante. Podemos ver os vestígios dessas crenças nas expressões comuns de euforia como: "Estou no sétimo céu!" ou mesmo "na nona nuvem".

O destaque de colocar ordem no caos ajuda a definir a melhor tradução de *ru'ach 'elohim* em Gênesis 1:2: "espírito de Deus", "vento de Deus", ou "um vento poderoso".[16] A palavra *ru'ach*, que é um substantivo feminino, pode ter o significado de "vento" ou "brisa", ou até mesmo de "ventania". Lemos em Gênesis 3:8 a descrição

---

[12]Veja os ensaios em Gary Anderson e Markus Bockmuehl, eds., *Creation ex nihilo: origins, development, contemporary challenges* (Notre Dame: University of Notre Dame Press, 2017). Para especialistas judeus que entendem o início de Gênesis como indicando uma criação *ex nihilo*, veja Norbert M. Samuelson, *Judaism and the doctrine of creation* (Cambridge: Cambridge Univ. Press, 1994), p. 133-4, 137-8, 226-7.

[13]Ellen van Wolde, "Why the verb *br'* does not mean 'to create' in Genesis 1.1-2.4a", *Journal for the Study of the Old Testament* 34 (2009): 3-23.

[14]A respeito de dar ordem ao caos como o tema principal do capítulo 1 de Gênesis, veja, p. ex., Gerhard von Rad, *Genesis*, Old Testament Library (Philadelphia: Westminster, 1972), p. 49-50.

[15]A proposta de que se trata de um dual e não de um plural está equivocada; veja Paul Joüon e T. Muraoka, *A grammar of biblical hebrew* (Rome: Pontifical Biblical Institute, 1991), §91s.

[16]Eckhart Frahm, "Creation and the divine Spirit in Bible and Babel", supondo um vínculo profundo entre o capítulo 1 de Gênesis e o Enuma Elish, encara *ru'ach* como um termo relacionado à palavra acádia obscura *mummu* que se refere ao "espírito criativo" de Deus.

A CRIAÇÃO DO MUNDO

de Deus caminhando no Éden no *ru'ach*, "na brisa da noite". Em Êxodo 10:13, um *ru'ach* oriental afasta os gafanhotos que assolaram os egípcios; em Êxodo 15:10, um *ru'ach* divide o mar Vermelho. Existe também a tradução relacionada "fôlego",[17] no sentido de força de vida. Em Gênesis 6:3, Deus declara: "Meu Espírito [*ru'ach*] não contenderá com ele para sempre; e ele só viverá cento e vinte anos." A passagem de Gênesis 6:17 se refere ao *ru'ach chayim*, o "fôlego de vida" que dá movimento a toda carne. A palavra *ru'ach* também designa o que preenche a mente da pessoa — as ideias e as atitudes — e nesse sentido significa "espírito". O espia Calebe não criticou a terra de Israel (Números 14:24) "porque ele tinha um espírito [*ru'ach*] diferente" dos outros homens que Moisés enviou para o reconhecimento da terra.

A expressão de um *ru'ach* divino aparece dezesseis vezes no texto hebraico, em que na maioria das vezes descreve uma qualidade relacionada com Deus. Por exemplo, em Gênesis 41:38, o faraó pergunta aos seus servos a respeito da capacidade profética de José: "Será que vamos achar alguém como este homem, em quem está o espírito divino [*ru'ach 'elohim*]?" Lemos em Joel 2:28 (3:1 hebr.):

> Derramarei do meu Espírito [*ru'ach*] sobre todos os povos.
> os seus filhos e as suas filhas profetizarão,
> os velhos terão sonhos,
> os jovens terão visões.

(Esse é o versículo que Lucas cita na cena do Pentecostes em Atos 2:17; a palavra grega é *pneuma*). Em Isaías 11:2 temos a descrição de várias formas de *ru'ach* que o rei davídico ideal (que posteriormente foi chamado de messias) também terá:

> O Espírito [*ru'ach*] do Senhor repousará sobre ele,
> o Espírito [*ru'ach*] que dá sabedoria e entendimento,
> o Espírito [*ru'ach*] que traz conselho e poder,
> o Espírito [*ru'ach*] que dá conhecimento e temor do Senhor.

Existe uma expressão correlata, "espírito do Senhor", que descreve de forma parecida habilidades especiais, desde a destreza militar até a profecia, passando pela sabedoria ou até mesmo por um estado de êxtase que "vem sobre" os indivíduos.

Entretanto, a palavra *ru'ach* do hebraico bíblico nunca se refere ao "Espírito" no sentido de uma entidade separada ou divina. Na *Tanakh*, o espírito consiste em algo que Deus tem, ou pode conceder, mas não se trata de uma divindade, ou de

---

[17]Para uma explicação detalhada a respeito de *ru'ach*, veja S. Tengström, "Ruah", *TDOT*, 13:365-96.

um anjo, ou de um objeto de adoração, ou daquilo que em alguns ensinos cristãos e chamado de "pessoa".

O que torna a tradução de *ru'ach* ainda mais confusa é o próprio português, que, como outros idiomas modernos, faz distinção entre letras maiúsculas e minúsculas. Por isso, cabe ao tradutor decidir se escreve "espírito" com letra maiúscula para sugerir uma divindade ou um ser sobrenatural. A diferenciação entre letras maiúsculas e minúsculas não existia nos textos hebraicos, gregos ou latinos. As letras minúsculas do grego e do latim se constituem em uma invenção do final do primeiro milênio E.C., e até hoje o hebraico não tem letras minúsculas. Assim, os manuscritos mais importantes do Novo Testamento, da Septuaginta e da Bíblia Hebraica, como o Códice Sinaítico cristão do século 4, ou o Códice de Leningrado, que é de 1008 E.C., não fazem distinção entre "espírito" e "Espírito", como todas as traduções modernas fazem. Voltaremos a essa questão ainda neste capítulo ao analisarmos a distinção entre "palavra" e "Palavra" e entre "sabedoria" e "Sabedoria", além do Capítulo 12, onde analisamos a distinção entre "filho do homem" e "Filho do Homem".[18]

Agora podemos voltar a Gênesis 1:2 para ver como os israelitas antigos provavelmente entendiam o que acaba sendo, na interpretação cristã, o Espírito Santo.

Os dois primeiros versículos de Gênesis descrevem um caos inicial com a expressão *tohu vavohu*; que rima no hebraico; a tradução da NRSV apresenta "sem forma e vazia", mas preferimos a tradução aliterada da Bíblia de Jerusalém "vazia e vaga".[19] O autor passa a acentuar o caos com palavras associadas a ele: "escuridão", "abismo", "águas" e "vento" (*ru'ach*). Portanto, a palavra *ru'ach* sugere algo caótico, que não está em ordem.

Entretanto, igualmente não se trata de um *ru'ach* qualquer.[20] O segundo elemento da palavra *'elohim*, significa "de Deus", tanto no sentido de "originado em Deus" como no sentido de "pertencente a Deus", embora também possua outros sentidos. Já que o hebraico não tem nenhum sufixo ao estilo "íssimo" ou "érrimo", essa expressão "de Deus" às vezes expressa um superlativo.[21] Por exemplo, Salmos 36:6 (hebr. 36:7) se refere às "montanhas de El [= Deus]", resultando na tradução "altas montanhas"; lemos em 1Samuel 26:12 sobre "um sono de Javé", que é traduzido como "sono pesado". Podemos comparar com a nossa expressão "calor

---

[18]Agradecemos a Jonathan Homrighausen por essa ideia.

[19]Everett Fox, *The five books of Moses*, Schocken Bible 1 (New York: Schocken, 1995), p. 13.

[20]Para saber mais a respeito desse vento, que "preserva uma reflexão dos mitos do vento primevo que prevalecia no Levante", veja Guy Darshan, "Ruah. 'Elohim in Gen 1:2 in Light of Phoenician Cosmogonies: A Tradition's History", *Journal of Northwest Semitic Languages* 45 (2019): 5-78 (70).

[21]Veja Jouon e Muraoka, *A grammar of biblical hebrew*, §141n.

que Deus manda" que quer dizer "muito calor". No seu contexto original, *ruʾach 'elohim* provavelmente indicava um vento forte ou mesmo um "vento incrível".[22]

O significado da expressão *ruʾach 'elohim* também pode ser explicado por meio do particípio hebraico associado a ela, *merachefet*, que a NRSV traduz como "varria" e é traduzida como "se movia" na versão King James. A raiz *r-ch-f* só aparece nessa passagem e em mais duas vezes na Bíblia. Em Deuteronômio 32:11, ela indica um esvoaçar de uma ave; em Jeremias 23:9, se refere ao tremor dos ossos do profeta. Se imaginarmos o caos inicial como ondas que se chocam e fortes ventanias, então a palavra "tremia" é apropriada; se pensarmos a respeito de acordes não resolvidos, como no princípio da composição "A criação", de Haydn, ou de ondas do oceano se chocando na praia, a tradução "varria sobre" fica mais adequada.

A expressão *ruʾach 'elohim* significava originalmente "vento forte" ou "um vento de Deus". Entretanto, como o próprio vento, essa expressão soprou em direções diferentes. As conotações das palavras sempre mudam quando se muda o contexto. Esses contextos envolvem mais do que simplesmente a época ou o lugar onde um texto foi escrito ou lido pela primeira vez; os contextos literários podem influenciar o modo pelo qual interpretamos as escrituras. A maior parte dos textos bíblicos foram escritos de forma independente um do outro, sem fazer parte de um livro único e unificado que acabou sendo chamado de "Bíblia". Quando os relatos diferentes que usam as mesmas palavras se encontram no mesmo manuscrito, ou no mesmo cânon, essas palavras podem assumir novos significados. Já que o capítulo 1 de Gênesis passou a fazer parte da Bíblia, onde a expressão *ruʾach 'elohim* tem a conotação de uma habilidade inspirada por Deus, o "vento" passa a ser lido como o "espírito".

Filo, um filósofo judeu do primeiro século, seguindo a Septuaginta, entende Gênesis 1:2 como falando do espírito divino. Em seu livro *Sobre a criação do mundo*, ele afirma que o Espírito (*pneuma*) foi chamado "'de Deus' [Gênesis 1:2], porque o 'espírito é altamente importante para a vida e Deus é a causa da vida'" (30).[23] Por outro lado, todos os *Targuns* falam do "*rucha'* [palavra aramaica equivalente ao hebraico *ruʾach*] da parte de Deus"; a linguagem sugere que os *Targuns* entendem *ruʾach* no sentido de "vento".[24]

---

[22]E. A. Speiser, *Genesis*, Anchor Yale Bible 1 (New Haven: Yale Univ. Press, 1964), p. 3, 5.

[23]David T. Runia, "On the creation of the World", em *OTB*, 1:893.

[24]Veja Bernard Grossfeld, *The Targum Onqelos to Genesis* (Edinburgh: T&T Clark, 1988), p. 42; Michael Maher, *Targum Pseudo-Jonathan Genesis* (Edinburgh: T&T Clark 1992), p. 16 (ele observa que "um espírito de misericórdia" é possível); Martin McNamara, *Targum Neofiti 1: Genesis* (Edinburgh: T&T Clark 1992), p. 52. A tradução em Alejandro Diez Macho, *Targum Neophiti 1* (Madrid: Consejo Superior de Investigaciones Científica, 1968), p. 497, "e um espírito de amor de diante do Senhor", reflete uma escolha cristianizadora na tradução do *targum* para o inglês.

No Novo Testamento, o Espírito Santo (*pneuma theou*) é um agente bastante ativo: está presente na concepção de Jesus, o leva ao deserto depois do seu batismo, é concedido por Jesus a seus discípulos, desce sobre os seguidores em Pentecostes, e assim por diante. Por causa disso, se alguém ler Gênesis à luz dos Evangelhos, é compreensível que encontre o "Espírito Santo" no primeiro capítulo e em outras passagens.

Por causa disso, quando alguém decide que o Espírito (Santo) está presente no Gênesis, a sua função em Gênesis acrescenta nuânces aos Evangelhos. Por exemplo, do mesmo modo que esse "Espírito" esvoaçou ou pairou sobre a face do abismo em Gênesis, ele acabou descendo sobre Jesus em forma de pomba quando ele se levantou do batismo no rio Jordão de acordo com os Evangelhos (Mateus 3:16; cf. Marcos 1:10; Lucas 3:22; cf. João 1:32). Para o Evangelho de Marcos, que começa com o batismo em vez de falar da natividade, o "princípio" (Marcos 1:1) da história de Jesus ecoa o princípio de Gênesis, com a aparição de um espírito que voa. Para Marcos, um novo tipo de criação, um novo modo de colocar ordem no caos, começa quando Deus fala: "Então veio dos céus uma voz: 'Tu és o meu Filho amado; em ti me agrado'" (Marcos 1:11).

VENTO, ESPÍRITO, SABEDORIA, *LOGOS*

Embora o *ru'ach* do capítulo 11 de Gênesis se referisse originalmente a "vento", a interpretação do "Espírito" como uma figura distinta foi alcançando seu lugar nas teologias que se desenvolveram no judaísmo e, posteriormente, no cristianismo. Ele também é um prenúncio de outras figuras ativas com Deus na criação. O Evangelho de João não é o único texto que situa o que parece ser uma segunda figura juntamente com Deus no princípio. Outras figuras primordiais — a Sabedoria (hebr., *chochmah*; gr., *sophia*), a Palavra (aram., *memra'*; gr., *Logos*), e até mesmo a Torá como algo que existiu antes de Moisés — são confirmadas pela tradição judaica.

Alguns textos bíblicos e outros textos pré-rabínicos falam sobre a Sabedoria como uma entidade divina separada, ou tendo um nível mais baixo do que Deus.[25] Estamos novamente diante de um problema de tradução: em que ponto a sabedoria passa a ser a Sabedoria? Em alguns versículos, o uso das minúsculas é justificado. Por exemplo, lemos em Provérbios 3:19-20:

---

[25]Veja Peter Schafer, *Mirror of his beauty: feminine images of God from the Bible to the early Kabbalah* (Princeton: Princeton Univ. Press, 2004), p. 19-57; Simon Gathercole, "Wisdom (Personified)", em *EDEJ*, p. 1339; Bernhard Lang, *Wisdom and the book of Proverbs: an israelite goddess redefined* (New York: Pilgrim Press, 1986).

A CRIAÇÃO DO MUNDO

Por sua sabedoria o Senhor lançou os alicerces da terra,
    por seu entendimento fixou no lugar os céus;
por seu conhecimento as fontes profundas se rompem,
    e as nuvens gotejam o orvalho.

Nessa passagem, a "sabedoria" não passa de um sinônimo para conhecimento. A tradição se desenvolve depois.

Pelo fato de o substantivo "sabedoria" ser feminino gramaticalmente, tanto no hebraico como no grego, a Sabedoria acabou sendo imaginada como uma mulher. O texto de Provérbios 8:22,23 registra a Sabedoria como um ser distinto, afirmando:

O SENHOR me criou como o princípio de seu caminho,
    antes das suas obras mais antigas;
fui formada desde a eternidade,
    desde o princípio, antes de existir a terra.

O capítulo continua:

... eu [a sabedoria] estava ao seu lado [de Deus], e era o seu arquiteto;
dia a dia eu era o seu prazer
    e me alegrava continuamente com a sua presença.
Eu me alegrava com o mundo que ele criou,
    e a humanidade me dava alegria (Provérbios 8:30,31).

Esses versículos podem sugerir que a Senhora Sabedoria era uma deusa menos importante.[26] Ronald Murphy diz:

Não pode haver dúvida sobre a sua origem divina, e é claro que ele está vinculada de alguma maneira com a criação. De fato, afirma-se uma função específica no mundo criado: seu prazer é estar com os seres humanos (Provérbios 8:31). Sua interação com os homens deve ser deduzida de sua pregação a eles (nos caps. 1, 8 e 9). Ela ameaça, convence e traz uma promessa de vida que se identifica com a graça divina (Provérbios 8:35). Ela nada mais é que um presente de Deus (Provérbios 2:16; Eclesiástico 9:4) para todos que ouvirem a sua voz (Provérbios 1:20-22; 8:4,5,32; 9:4).[27]

[26]Veja Lang, *Wisdom and the book of Proverbs*.
[27]Roland E. Murphy, "Wisdom and creation", *Journal of Biblical Literature* 104 (1985): 3-11 (8).

Não há como definir se os primeiros leitores de Provérbios e de outros textos no hebraico ou no grego que retratam a Sabedoria como uma figura feminina ativa com Deus na criação entendiam que ela era uma deusa, ou se interpretavam essas palavras como uma metáfora poética sem a sugestão de que ela fosse um ser distinto de Deus.

O livro Eclesiástico, de Jesus Ben Sira (ou Sirach), vincula a sabedoria personificada com o *ru'ach/pneuma* que pairava na face do abismo em Gênesis: "Saí da boca do Altíssimo / e como a neblina cobri a terra" (Eclesiástico 24:3). Essa associação funciona bem no hebraico, mas não fica tão clara em grego ou no latim. O substantivo hebraico *ru'ach* é feminino (do mesmo modo que em português, o hebraico tem apenas as formas masculinas e femininas); o grego pneuma é neutro (o grego, como o alemão, tem a forma masculina, a forma feminina e a forma neutra). Quando esse *pneuma* é traduzido para o latim, ele aparece como *spiritus*, um substantivo masculino. Assim, nos textos semíticos, o Espírito pode ser imaginado como feminino e é associado com a Sabedoria; para os textos gregos e latinos, esse tipo de conexão é menos seguro.

De acordo com o livro pseudepigráfico pré-cristão intitulado 1Enoque, a Sabedoria não encontrou nenhum lugar para morar na terra: "A Sabedoria foi habitar entre os filhos dos homens e não encontrou lugar. Então a Sabedoria retornou a seu lar e tomou sua cadeira entre os anjos" (1Enoque 42:1,2). O livro de Baruque, do século 2 ou 3 A.E.C., associa a Sabedoria com a Torá (que também se trata de um substantivo feminino) e, por causa disso, a situa na terra, dentro da comunidade judaica: "Depois disso ela apareceu sobre a terra/ e no meio dos homens viveu / Ela é o livro dos preceitos de Deus" (Baruque 3:38-4:1). A ideia de que a Torá existia antes da criação, que é comum na teologia rabínica[28], nada mais é que uma reformulação da noção de que Deus criou o mundo juntamente com a Sabedoria, já que, para os rabinos, a Sabedoria (hebr., *chochmah*) equivalia à Torá.[29]

Quando se leva em conta esse contexto, o prólogo do Evangelho de João assume a forma de uma biografia de Jesus como a Sabedoria, que deixa a sua habitação celestial, faz sua tenda entre os homens, e depois acaba voltando para a sua forma verdadeira no céu no final desse Evangelho. Entretanto, o *Logos* de João, a imagem masculina perfeita do Pai, retira da Sabedoria suas conotações femininas.

---

[28]Veja as referências em Gerald Friedlander, *Pirke de Rabbi Eliezer* (New York: Hermon, 1965), p. 12, e Ephraim E. Urbach, *The sages: their concepts and beliefs*, tradução para o inglês de Israel Abrahams (Jerusalem: Magnes, 1975), p. 198-9.

[29]A identificação da Sabedoria com a Torá tem sua primeira referência em Eclesiástico 24:23,24: "Tudo isto é o livro da aliança do Deus Altíssimo, a Lei que Moisés promulgou como herança para as congregações de Jacó. Ela enche os homens de sabedoria como o Pisom, como o Tigre na estação dos frutos". Veja Roland E. Murphy, *The tree of life: an exploration of biblical wisdom literature*, 3ª ed. (Grand Rapids: Eerdmans, 2002), p. 139-40.

Embora o *ruʾach ʾelohim* do capítulo 1 de Gênesis, que entendemos como um "vento forte", não seja elevado à condição de um ser divino no judaísmo rabínico, existem outras figuras que recebem essa atribuição. Uma dessas entidades, que é associada à "glória" de Deus (hebr., *kavod*), começa a aparecer nos *Targuns* e no judaísmo rabínico posterior e especialmente no judaísmo místico. Indicando "a presença de Deus no mundo",[30] a *Shechinah* encontra suas origens femininas (isso mesmo, femininas!) na raiz hebraica *sh-ch-n*, "habitar"; essa raiz é a base da palavra *mishkan*, o tabernáculo que é descrito na parte final de Êxodo, e a descrição que João faz do *Logos* "armando a sua tenda" com a humanidade pode estar se referindo a isso.

Por exemplo, a *Mishná* (*Avot* 3:2) afirma que quando duas pessoas estão sentadas discutindo a Torá, "a *Shekinah*" está no meio delas. O Talmude de Jerusalém faz uma glosa de Êxodo 19:18 dizendo: "Saiu fumaça do monte Sinai porque a glória da *Shekinah* do Senhor foi revelada sobre ele com chamas de fogo". Segundo a tradição mística, o livro *Sefer Yetzirah* (*O livro da criação*) sugere que a *Shekinah* se constitui em uma das *sefirot*, ou seja, das emanações ou dos atributos de Deus.[31] Na tradição judaica mística posterior, essa *Shekinah*, que às vezes é imaginada como uma filha de Deus, tomará seu lugar como aspecto feminino de Deus, mas, como a Sabedoria, ela também é tanto independente quanto submissa a Deus. Não dá para saber se a *Shekinah* era vista pelos primeiros rabinos como uma manifestação de Deus ou como um ser separado de Deus; é provável que cada rabino tenha visto essa questão à sua maneira.[32]

Os escritores judeus também tinham sua própria versão da "Palavra" na criação. No primeiro relato da criação, Deus cria por meio da palavra — Deus fala, e "assim foi." Essa ideia da criação pela palavra também é transmitida em Salmos 33:6, onde lemos: "Mediante a palavra [hebr., *davar*; gr. *logos*] do Senhor foram feitos os céus, e os corpos celestes, pelo sopro [hebr., *ruʾach*; gr., *pneuma*] de sua boca". Esse salmo é um bom exemplo de uma forma comum de paralelismo poético, onde a segunda parte do verso recapitula a primeira; nessa passagem, o salmista interpreta "palavra" e "espírito" como sinônimos.

Filo se baseia tanto em Gênesis quanto em Provérbios para descrever a Palavra (*Logos*) como um "arcanjo e embaixador mais antigo" que é o mediador entre Deus e os homens: "essa mesma Palavra é continuamente um suplicante ao Deus

---

[30]Urbach, *The sages*, p. 40.

[31]Menahem M. Kasher, *Encyclopedia of biblical interpretation: a millennial anthology*, tradução para o inglês de Harry Freedman (New York: American Biblical Encyclopedia Society, 1953), 21n82.

[32]Urbach, *Sages*, p. 40-61, e mais recentemente, Schafer, *Mirror of his beauty*, p. 1-102.

imortal em favor da raça mortal, que é exposta à aflição e à desgraça; ela também consiste em um embaixador, enviado por aquele que governa tudo à raça dos súditos." Então, Filo atribui a essa Palavra as palavras de Moisés em Deuteronômio 5:5. A Palavra declara:

> E acabei "ficando entre o Senhor e vocês", nem como um ser incriado à semelhança de Deus, nem como ser criado como vocês, mas no ponto médio entre duas extremidades, na verdade como um refém entre as duas partes: um refém do Criador, como promessa e garantia de que toda a raça nunca se desviaria nem se revoltaria completamente, a fim de levá-la a cultivar uma esperança confiante de que o Deus misericordioso não abandonaria sua própria obra (*Her.* 205-206).[33]

Em seu livro *Sobre a fuga e o encontro*, 109, Filo descreve o *Logos* como filho de Deus e da Sabedoria (*Sophia*). Partindo dessas ideias, não é de admirar que os autores cristãos como Orígenes e Clemente de Alexandria adotassem as obras de Filo, até mesmo se referindo a ele, um judeu de Alexandria, como *Philo Christianus*, o *cristão* Filo![34]

O *Logos* de Filo, um intermediário divino que ao mesmo tempo era e não era Deus, não se tratava de uma ideia minoritária no judaísmo; o termo aramaico para "a palavra", *memra'*, tem uma função semelhante nos *Targuns*. Nas passagens em que a Bíblia Hebraica fala de Deus, as traduções aramaicas às vezes utilizam a palavra *memra'*.[35] Por exemplo, o *Targum Palestino* traduz Êxodo 3:12-14, que fala da aparição de Deus a Moisés na sarça ardente, da seguinte forma: "E a *Memra* de YHWH disse a Moisés: 'Aquele que disse ao mundo desde o princípio: Haja, e houve... e ele disse: É isto que direis aos israelitas, ele me enviou a vocês."[36] Assim, alguns *Targuns* imaginam a *memra'* de Deus como participante da criação.[37]

Podemos imaginar uma conversa entre um sábio galileu, um judeu helenista, um cristão gentio e um pagão em algum momento do início do século 2 E.C. O galileu, que conhece a tradição dos *Targuns*, afirma que Deus criou o mundo

---

[33]Para saber mais sobre o *Logos* de Filo, veja Scott D. Mackie, "Seeing God in Philo of Alexandria: the *logos*, the powers, or the existent one", *Studia Philonica Annual* 21 (2009): 25-47 (29), citando Filo, *Sacrifício*, cap. 8.

[34]David T. Runia, "Philo of Alexandria and the beginnings of christian thought, Alexandrian and Jew", *Studia Philonica Annual* 7 (1995): 143-60.

[35]Veja Boyarin, *Border Lines*, parte 2: "The crucifixion of the *Logos*: how *Logos* theology became Christian", p. 89-147; e Boyarin, "*Logos*".

[36]Citado por Boyarin, "*Logos*", p. 690.

[37]Veja, p. ex., *Targum Neofiti* do capítulo 1 de Genesis, que por todo o seu conteúdo se refere à *memra'* de Deus; veja, p. ex., 1:3: "Então a *Memra* do Senhor disse: "Haja luz", e houve luz, de acordo com o decreto de sua *Memra*".

por sua palavra, sua *memra'*. O judeu helenista, que estudou os ensinamentos de Filo (*Her.* 231), acena com a cabeça em sinal de aprovação. O cristão cita o Evangelho de João: "No princípio era o *Logos*, e o *Logos* estava com Deus, e o *Logos* era Deus", e o pagão também acha uma associação dizendo: "nossos grandes mestres estoicos nos ensinaram que o *Logos* anima o universo".

Os questionamentos só começam quando o cristão insiste que esse *Logos* "se fez carne" (João 1:14).

"FAÇAMOS O SER HUMANO..."

A descoberta da Trindade em Gênesis 1:1 consiste em uma leitura possível que tem sua própria lógica interna. Entretanto, não se trata de uma leitura necessária, como os vários textos judaicos indicam. A mesma ideia se aplica às poucas passagens em que Deus fala no plural.

Em Gênesis 1:26, Deus (*'elohim*) afirma: "*Façamos* o homem à nossa imagem, conforme a *nossa* semelhança". Gramaticalmente, a palavra *'elohim* é plural, já que -im é o sufixo masculino plural. Entretanto, com referência ao Deus de Israel, *'elohim* é um substantivo masculino singular: os verbos e os adjetivos associados a esse substantivo quase sempre são conjugados no singular masculino, e a Bíblia hebraica usa o pronome masculino "ele" em lugar do plural "eles" para se referir a Deus. Quando *'elohim* é acompanhado de um verbo no plural, ele se refere aos deuses das outras nações, como em Êxodo 12:12: "executarei juízo sobre todos os deuses do Egito", e na expressão "outros deuses" em Êxodo 20:3 (*'elohim 'acherim*).[38]

Na Bíblia hebraica, a maioria dos verbos no plural têm sujeitos no plural. Entretanto, em alguns casos raros, substantivos no singular regem verbos no plural. Às vezes, esse plural é chamado plural de autodeliberação ou autoconvocação. Por exemplo, em Isaías 6:8, Deus diz: "Quem enviarei? Quem irá por *nós*?"; em 2Samuel 24:14, Davi diz, em um estado de contrição: "Estou em grande angústia; porém *caiamos* nas mãos do SENHOR, porque muitas são as suas misericórdias" (Almeida Corrigida).[39] No entanto, essa formulação não consegue explicar o plural em Gênesis 1:26, já que, até esse versículo, Deus fala no singular. A declaração de que Gênesis 1:26 usa o plural majestático (como no famoso comentário

---

[38]As exceções, como 1Samuel 4:8 e 1Reis 19:2, aparecem com uma frequência maior na boca dos estrangeiros que não reconhecem que *'elohim* se refere ao Deus único, YHWH.

[39]Veja Thomas A. Keiser, "The divine plural: a literary-contextual argument for plurality in the Godhead", *Journal for the Study of the Old Testament* 34 (2009): 131-46.

atribuído à Rainha Vitória: "Nós não estamos entretidos") é impossível por um motivo semelhante, já que, de modo diferente do nosso idioma, os verbos hebraicos não são conjugados no plural para a realeza. Então, a que o "façamos" em Gênesis 1:26 se refere?

Tanto o contexto histórico de Gênesis 1:1—2:4a quanto o de várias outras passagens nas escrituras de Israel trazem essa explicação: Deus está falando à sua corte celestial. Influenciado por vários panteões antigos do Oriente Próximo que consistiam em um deus superior rodeado de deuses auxiliares,[40] vários textos bíblicos retratam um conselho celestial que Deus consulta.[41] Esse conselho aparece em Gênesis 3:22, na história de Adão e Eva, em que "Então disse o Senhor Deus: 'Agora o homem se tornou como um de nós'"; em referência à Torre de Babel, Deus fala novamente no plural convocando a hoste celestial: "Venham, desçamos e confundamos a língua que falam" (Gênesis 11:7).

Os capítulos 1 e 2 de Jó (especialmente 1:6) descreve uma assembleia divina, com Deus cercado pelo conselho celestial chamado de forma literal de "filhos de Deus" (*benei 'elohim*). O adversário, *hasatan*, fazia parte dele e ainda não tinha se tornado Satanás, o ser maligno que se opõe a Deus. Uma passagem menos conhecida, mas que também serve de exemplo desse conselho divino aparece em 1Reis 22:19: "Micaías [o profeta] prosseguiu: 'Ouça a palavra do Senhor: Vi o Senhor assentado em seu trono, com todo o exército dos céus [isto é, os seres celestiais] ao seu redor, à sua direita e à sua esquerda.'"

Os salmos também mencionam essa corte celestial. O salmo 82 começa com as seguintes palavras: "É Deus quem preside na assembleia divina; / no meio dos deuses [*elohim*], ele é o juiz." Lemos a instrução em Salmos 29:1: "Atribuam ao Senhor, ó seres celestiais [*benei 'elim*, "filhos de Deus"; cf. Salmos 89:7], atribuam ao Senhor glória e força." A Septuaginta, que foi escrita em um contexto helenístico de vários deuses, traduz a expressão hebraica *benei 'elim* como *huioi theou*, "filhos de Deus", e entende essas passagens de forma correta, como se referindo a um séquito divino.

O leitor moderno geralmente perde essa sugestão da pluralidade de deuses, já que as traduções são geralmente domesticadas, ou "monoteizadas", para se encaixarem as proclamações teológicas posteriores de um único Deus. Por exemplo, a parte inicial de Êxodo 15:11, que é traduzida de modo adequado da seguinte

---

[40]Veja Mark S. Smith, *The origins of biblical monotheism: Israel's polytheistic background and the ugaritic texts* (New York: Oxford University Press, 2001).

[41]W. Randall Garr, *In his own image and likeness: humanity, divinity, and monotheism*, Culture and History of the Ancient Near East 15 (Leiden: Brill, 2003), esp. p. 17-43, 51-83.

A CRIAÇÃO DO MUNDO

forma: "Quem entre os deuses é semelhante a ti, SENHOR?", é apresentada na NJPS como: "Quem é semelhante a ti, SENHOR, entre as criaturas celestiais?" Esse versículo aparece várias vezes no *Sidur*, o livro de oração judaico, em que uma versão traduz dessa maneira: "Quem é igual a ti, Ó Senhor, *entre os fortes?*" (destaque nosso — cf. a *Bíblia de Jerusalém*).[42] Essas traduções, ou domesticações, encobrem a função do conselho divino.

Elas também encobrem o fato de que as teologias se desenvolvem. O Deus de Gênesis, com o seu conselho divino, passa a ser o Deus Trino e Uno no cristianismo; no judaísmo, ele passa a ser um Deus singular com um séquito de anjos. As duas tradições rejeitam a ideia de que existiam outros "deuses".

Deus é retratado em Gênesis 1:26 como falando com o conselho divino, os "exércitos" conforme o título bíblico "Senhor dos exércitos", e dizendo a eles que a humanidade deve ter o mesmo aspecto de Deus em sua imagem e em sua ação.[43] Essa interpretação se encaixa na descrição que Ezequiel faz de Deus como "uma figura que parecia um homem" (Ezequiel 1:26). Conforme observamos no Capítulo 12, vemos de modo parecido em Daniel 7:13 que aquele "semelhante ao filho de um homem" parece com um ser humano, com os seres divinos e com Deus. Além disso, as passagens de Gênesis 18:2 e o capítulo 13 de Juízes mostram que os mensageiros celestiais se manifestam na terra em forma de homem.

Embora Gênesis 1:26 geralmente seja lido como indicação de que os seres humanos, feitos "à imagem e semelhança de Deus", têm algum tipo de característica intelectual e moral em comum com a divindade, a ideia original é bem mais concreta: as pessoas se parecem com Deus e com os seres celestiais. Na verdade, as palavras hebraicas *tzelem* ("imagem") e *demut* ("semelhança"), que aparecem em Gênesis 1:26, quase sempre se referem à aparência física — como em Ezequiel 23:14: "Viu homens desenhados numa parede, figuras [*tzelem*] de caldeus em vermelho", e Ezequiel 1:10, descrevendo os seres celestiais: "Quanto à aparência [*demut*] dos seus rostos."

A tradição judaica posterior, que tinha se afastado da visão bíblica de que havia um Deus que devia ser adorado entre os outros seres divinos que habitavam nos céus, interpretaria imperativos morais nas referências à imagem e semelhança. Essa interpretação era inevitável, já que na Idade Média, a maioria dos judeus considerava Deus tanto como incorpóreo quanto singular. De acordo com o grande

---

[42]Para "poderosos" veja, p. ex., Joseph H. Hertz, *The authorised daily prayer book*, ed. rev. (New York: Bloch, 1952), p. 103; Jonathan Sacks, ed., *The Koren Siddur* (Jerusalem: Koren, 2015), p. 82; *Siddur Lev Shalem* (New York: Rabbinical Assembly, 2016), p. 144.

[43]Do mesmo modo Benjamin Sommer, *The bodies of God and the world of ancient Israel* (Cambridge: Cambridge University Press, 2011), p. 68-70.

filósofo judeu medieval Maimônides, a imaterialidade de Deus consiste em um dos princípios da crença judaica, e essa visão acabou também sendo aceita na doutrina cristã medieval. Entretanto, esse não foi o caso em relação a maior parte da Bíblia, onde essa divindade é descrita em forma humana.

A aparência que o homem tem em comum com Deus e a corte celestial explica a razão pela qual Deus fala no plural em Gênesis 1:26. Já que as pessoas se parecem com esses seres celestiais, Deus os consulta enquanto faz as criaturas que espelham a aparência deles.

O plano para criar a humanidade é proclamado por Deus a um grupo plural em Gênesis 1:26, mas o versículo seguinte se refere a Deus três vezes, sempre no singular, para referir-se a sua criação: "Criou [*bara'*, o verbo no singular] Deus o homem à sua imagem, à imagem de Deus o criou [*bara'*]; homem e mulher os criou [*bara'*]." Deus consultou os seres celestiais que o auxiliavam, mas, ao criar o homem, Deus agiu sozinho.

Quando é interpretado no contexto original do Israel antigo e do Antigo Oriente Próximo, o capítulo 1 de Gênesis não retrata a Trindade ou um co-estilista. Houve apenas uma consulta ao conselho celestial. Entretanto, quando lemos em retrospecto, à luz de textos como João 1:1, o plural "nós" e o verbo no plural abrem-se a essas interpretações. Alguns estudiosos sugerem que a ideia da Trindade não é alheia à Bíblia hebraica, e ela apresenta a melhor explicação do plural em Gênesis 1:26.[44] Achamos que essa abordagem é compreensível teologicamente, mas, do ponto de vista histórico, ela é inaceitável. Quando alguém acredita na Trindade, Gênesis 1:26 pode ser visto como um texto que apoia essa crença. Entretanto, se alguém interpretar o texto no seu contexto histórico original ou por meio das abordagens interpretativas judaicas, não há como encontrar nenhum sinal dela.

A INTERPRETAÇÃO JUDAICA POSTERIOR

Lemos na Septuaginta e na maior parte dos *Targuns* a descrição de Deus em Gênesis 1:26 falando à hoste celestial. Escritores posteriores criaram uma outra consulta. Em Gênesis 2:18, uma passagem relacionada à criação da mulher, o hebraico retrata Deus falando no singular "farei para ele [o homem] alguém que o auxilie", mas a Septuaginta, bem como o livro pré-cristão Jubileus (3:4), registram

---

[44]Victor Hamilton, *The Book of Genesis, chapters 1—17*, New International Commentary on the Old Testament (Grand Rapids: Eerdmans, 1990), p. 134; e, de forma mais especulativa, Keiser, "Divine plural".

A CRIAÇÃO DO MUNDO

um plural: "Façamos...". Esses textos harmonizam a segunda história da criação com a primeira. Eles deduzem que, já que a mulher tem a mesma forma que o homem, e já que ela também é diferente dos animais, Deus inclui o exército celestial nessa consulta.

No primeiro século E.C., Josefo e Filo apresentam entendimentos opostos a respeito de Gênesis 1:26. Quando Josefo descreve a criação no sexto dia, observa em *Antiguidades dos judeus* 1.32: "Nesse dia ele também deu forma à humanidade",[45] e reafirma, em *Contra Ápion* 2.192, que Deus criou o mundo sem nenhum assistente.[46] Em contrapartida, Filo supõe no livro *Sobre a criação do mundo* 72 a 76 que Deus está falando com "cooperadores".[47] Filo tinha a preocupação de que, já que o homem é imagem e semelhança de Deus, o leitor pudesse concluir que Deus tem algum elemento mau.[48] Por esse motivo, o mal do homem deve ser fruto dos cooperadores de Deus.

Embora todas as citações antigas da Septuaginta concordem com o plural hebraico "façamos" de Gênesis 1:26, várias passagens dos livros rabínicos (p. ex., *b. Megillah* 9a) sugerem que os 72 anciãos que o rei Ptolomeu convidou para escrever a Septuaginta traduziram o plural no singular: "Farei o homem à minha imagem e semelhança." Essa tradição pode refletir uma versão perdida da Septuaginta,[49] mas também pode se tratar de uma polêmica contra sectários ou cristãos que poderiam estar reivindicando um pensamento trinitário primitivo ou mesmo afirmando que havia dois poderes nos céus.[50] Por exemplo, o Talmude Babilônico, informado a respeito de intérpretes judaicos que encontram dois (ou mais) deuses na criação, insistem: "Em todas as passagens que os hereges [hebr., *minim*, "sectários"] utilizam como prova, a refutação vem logo depois: assim, 'Façamos o homem à nossa imagem' 'E Deus criou o homem à sua imagem' [Gênesis 1:27]; 'Vamos, desçamos e confundamos suas línguas!'

---

[45]Louis H. Feldman, "The biblical interpretations of Josephus's *Jewish antiquities*", em *OTB*, 2:1144.

[46] Feldman em *OTB*, 2:1144-45, nota sobre "Ele também moldou a humanidade".

[47]James L. Kugel, *Traditions of the Bible: a guide to the Bible as it was at the start of the common era* (Cambridge: Harvard University Press, 1998), p. 79-80.

[48]Kugel, *Traditions of the Bible*, p. 80, citando Filo, *Sobre a criação* 72—76.

[49]Emanuel Tov, "The rabbinic tradition concerning the 'alterations' inserted into the Greek Pentateuch and their relation to the original text of the LXX", *Journal for the Study of Judaism* 15 (1984): 65-89.

[50]Jarl Fossum, "Gen. 1,26 and 2,7 in Judaism, Samaritanism, and Gnosticism", *Journal for the Study of Judaism* 16 (1985): 202-39, apresenta os textos e as traduções para o inglês utilizadas logo adiante. A respeito desses dois poderes, veja Alan Segal, *Two powers in heaven: early rabbinic reports about Christianity and Gnosticism*, Studies in Judaism in Late Antiquity 25 (Leiden: Brill, 1977); e Daniel Boyarin, *The Jewish gospels: the story of the Jewish Christ* (New York: New Press, 2012), que percebe uma possível tradição binitária que já se encontra no "Filho do homem" do capítulo 7 de Daniel e na elevação da figura antediluviana a uma condição de divindade em 1Enoque.

[Gênesis 11:7] 'e o Senhor desceu' [Gênesis 11:5]" (*Sanhedrin* 38b) Em outras palavras, quando os verbos plurais servem como predicado para o sujeito Deus, os verbos singulares utilizados nos versículos próximos esclarecem que Deus está agindo sozinho. *Gênesis Rabbah* (8:8) cita uma tradição que responde à mesma questão: "Quando Moisés estava envolvido em escrever a Lei, ele tinha que escrever as obras de cada dia. Quando ele chegou ao versículo: 'Façamos o homem', ele disse: 'Soberano de todos, por que o Senhor dá argumentos para os hereges? Deus respondeu: 'Pode escrever! Quem quiser errar, que erre!'" Não é possível dizer se o autor desse *midrash* estava polemizando contra as interpretações cristãs ou se o alvo eram os judeus sectários que adotaram uma teologia binitária de dois poderes no céu.

A maioria das obras judaicas por todo o século 3 E.C. insiste que o plural se refere a Deus conversando com os anjos. Uma tradição, atribuída a um sábio do terceiro século, expressa essa ideia por meio de um diálogo imaginário:

> Quando o Santo, bendito seja, quis criar o homem [hebr., *'adam*, "a humanidade"], Ele criou [primeiro] uma companhia de anjos ministradores e disse-lhes: "Vocês querem que eu faça o homem à nossa imagem?" Eles responderam: "Soberano de todos, quais serão suas obras?" Ele respondeu com detalhes como seriam suas obras. Depois disso, eles responderam: "Que é o homem, para que com ele te importes? E o filho do homem, para que com ele te preocupes?" [Salmos 8:4] Então, ele estendeu seu dedo mindinho entre eles e os consumiu com fogo. A mesma coisa aconteceu com a segunda companhia. A terceira companhia disse a ele: "Soberano do universo, qual foi a utilidade dos anteriores [da companhia anterior de anjos] que falaram contigo [daquela maneira]? Todo o mundo é teu, e tudo o que quiseres fazer dentro dele tu o farás" (*b. Sanhedrin*, 38b).

Os anjos, ao perceberem que o protesto não seria recebido com uma avaliação tão feliz, cederam ao plano divino. Deus criaria a humanidade sem se importar com o aviso de que os seres humanos viriam a pecar.

No entanto, a interpretação rabínica clássica não é unânime a respeito desse plural como se referindo a anjos das hostes celestiais. Outros rabinos propõem que Deus estava falando às "obras do céu e da terra", "ao seu coração", ou mesmo "à alma preexistente dos justos."[51] De acordo com um *midrash*, as palavras plurais indicam o debate interior de Deus. *Gênesis Rabbah* 8:3,4 registra o nome do

---

[51]Fossum, "Gen. 1,26 and 2,7", p. 210, 215.

A CRIAÇÃO DO MUNDO

rabino Berequias: "Quando o Santo estava prestes a criar Adão, ele viu tanto os justos quanto os ímpios que viriam dele. Portanto, ele disse: 'Se eu o criar, virão vários ímpios dele; se eu não o criar, como os justos nascerão'?" O *midrash* conclui afirmando que Deus "desviou o caminho dos ímpios do seu rosto, fez uma parceria com sua própria qualidade da misericórdia [dizendo a ela: "Façamos o homem"], e depois o criou."[52] É possível que uma antiga oração judaica na sinagoga, em grego, preservada em *Constituições Apostólicas*, um livro cristão do século 4, tenha explicado o plural partindo do princípio de que Deus estava falando com a Sabedoria, junto com a qual ele criou a humanidade: "Em seguida, as várias espécies de animais foram formadas, as da terra seca, as que vivem na água, as que atravessam os ares, e os anfíbios; e a habilidosa Sabedoria [*sophia*] da sua providência transmite a cada uma delas as provisões necessárias. Porque, do mesmo modo que ela foi forte o suficiente para produzir diferentes espécies (de animais), também não se negou a providenciar a cada uma delas o que precisavam."[53] Essa ideia se encaixa nas tradições que vimos a respeito da Sabedoria/Sophia como uma deusa ao lado de Deus em uma variedade ampla de textos judaicos. Apresentando a Torá como a companheira de conversa de Deus na criação, uma obra judaica redigida depois da ascensão do islamismo chamada *Pirkei*, de-Rabbi Eliezer,[54] observa:

> O Santo, bendito seja ele, disse na Torá: "Façamos o homem à nossa imagem, conforme a nossa semelhança" (Gênesis 1:26). (A Torá) falou antes dele: Soberano de todos os mundos! O homem que estás para criar será limitado em dias e cheio de ira, ele virá no poder do pecado. Se não fores longânimo para com ele, seria melhor que ele não viesse ao mundo. O Santo, bendito seja ele, respondeu: "Será que é em vão que sou chamado 'tardio em ira' e 'abundante em amor'?".[55]

.A falta de unanimidade na interpretação rabínica clássica sugere a dificuldade teológica desse versículo. Também pode sugerir debates constantes com sectários e cristãos.

Na sua maioria, as interpretações judaicas medievais seguem a noção rabínica de que Deus está falando com os anjos. Rashi a usa para exemplificar a humildade de Deus, porque Deus consultou os anjos antes de criar um ser como eles:

---

[52]Citado em Hayim Nahman Bialik e Yehoshua Hana Ravnitzky, eds., *The book of legends: Sefer Ha-Aggadah*, tradução para o inglês de William G. Braude (New York: Schocken Books, 1992), p. 12.

[53]Pieter W. van der Horst, "Greek synagogal prayers", em *OTB*, 2:2120-1.

[54]Rachel Adelman, *The return of the repressed: Pirqe de-Rabbi Eliezer and the pseudepigrapha*, Supplements to Journal for the Study of Judaism 140 (Leiden: Brill, 2009).

[55]Friedlander, *Pirke de Rabbi Eliezer*, p. 76; nós atualizamos a tradução.

"Eles (os rabinos) aprenderam sobre a mansidão do Santo, bendito seja ele, a partir do seguinte fato: que Deus se aconselhou com os anjos, pois criaria o homem, que seria parecido com eles e que lhes poderia causar inveja."[56]

Todas essas interpretações confirmam que Deus criou a humanidade sozinho — mesmo tendo realizado uma consulta. Os rabinos acharam necessário destacar que Deus, embora estivesse disposto a consultar os anjos, ou a Sabedoria, ou a Torá, criou a humanidade sem a ajuda de nenhum parceiro.

A resposta à pergunta "De quem se trata o 'nós' de Gênesis?" depende na pergunta que fazemos. Os críticos históricos, que se interessam pelo sentido original ou antigo da Bíblia, veem a corte divina nos bastidores da palavra "nós", e Deus se aconselhando com a hoste celestial. Para alguns judeus, Deus está consultando a Torá. Os cristãos veem tipicamente a Trindade, como se reflete nos comentários de Martinho Lutero — embora muitos reproduzam suas ideias sem esse viés polêmico:

> A palavra "façamos" tem o propósito de garantir que o mistério da nossa fé, pela qual cremos que, por toda a eternidade, existe um Deus e que existem três Pessoas separadas nesse ser divino: o Pai, o Filho e o Espírito Santo. Na verdade, os judeus tentam de várias maneiras contornar essa passagem, mas não apresentam nada coerente contra ela [...] É completamente ridículo quando os judeus dizem que Deus está seguindo o costume dos príncipes que, para indicar respeito, falam de si mesmos no plural. O Espírito Santo não está imitando esse costume da corte [...] nem a Sagrada Escritura sanciona esse modo de falar.[57]

Lutero estava certo: o texto não está falando do plural de majestade. Avaliar se ele está ou não certo a respeito da presença da Trindade depende da lente através da qual a pessoa enxerga o texto.

As pessoas que buscam um ensino pastoral podem chegar à conclusão de que Deus consiste em uma cooperação exemplar — *Gênesis Rabbah* apresenta um precedente lindo para aqueles que quiserem adotar essa leitura, do mesmo modo que a Trindade. As feministas podem situar a senhora Sabedoria nesse versículo,

---

[56]"Rashi on Genesis 1:26", Sefaria, https://www.sefaria.org/Rashi_on_Genesis.1.26?lang=bi.

[57]Martinho Lutero, *Luther's Works*, vol. 1, *Lectures on Genesis: chapters 1—5*, ed. Jaroslav Jan Pelikan, Hilton C. Oswald, e Helmut T. Lehmann (St. Louis: Concordia, 1999), p. 57-58. Para comentários adicionais, veja Bryan Wolfmueller, "Genesis 1:26, 'Let us make man,' Luther's defence of the Trinitarian teaching", *World Wide Wolfmueller* (blog), 11 de janeiro de 2017, http://www.wolfmueller.co/letusmakeman/.

A CRIAÇÃO DO MUNDO

ou mesmo a *Shekinah*, trazendo, por meio disso, a presença feminina ao início de todas as coisas. Nem mesmo essas explicações são mutuamente exclusivas.

A nossa explicação desses versículos difíceis — sobre o que eles originariamente queriam dizer e o que eles significam para as várias comunidades religiosas — não devem ser usados para prolongar a polêmica do final da Idade Antiga e da Idade Média. Existe espaço suficiente nas discussões judaicas e cristãs atuais para declarar abertamente: "Posso não concordar com você, mas entendo como você chegou a essa conclusão." Falamos de possibilidades, não de polêmica.

Esperamos que o nosso leitor observe além dessas palavras provocadoras e leia a primeira narrativa da criação como um todo — uma história estruturada de modo maravilhoso que apresenta argumentos fortes em favor de um mundo ordenado e bom, no qual as pessoas possam desempenhar uma função fundamental e construtiva.

4

ADÃO E EVA

MORTE, DOMÍNIO E DIVÓRCIO

A história de Adão e Eva é essencial para o Novo Testamento. Para Paulo, Jesus é a antítese de Adão; o que Adão quebrou, Jesus consertou. Do mesmo modo que Adão introduziu o pecado no mundo, Jesus introduz o caminho para estar em um relacionamento correto com Deus. Paulo proclama: "Logo, assim como por meio da desobediência de um só homem muitos foram feitos pecadores, assim também, por meio da obediência de um único homem muitos serão feitos justos" (Romanos 5:19). Do mesmo modo que Adão traz morte ao mundo, Jesus oferece a oportunidade de nova vida: "Visto que a morte veio por meio de um só homem, também a ressurreição dos mortos veio por meio de um só homem. Pois da mesma forma que em Adão todos morrem, em Cristo todos serão vivificados" (1Coríntios 15:21,22; cf. 15:45).

O texto que leva à conclusão de que toda a humanidade participa no pecado de Adão é Romanos 5:12: "Portanto, da mesma forma que o pecado entrou no mundo por um homem, e pelo pecado a morte, assim também a morte veio a todos os homens, porque todos pecaram". A expressão grega *eph'ō*, que a NRSV traduz como "porque", indica simplesmente que todas as pessoas pecam. Lemos nas traduções do latim antigo e a Vulgata "*in quo omnes peccaverunt*" — "em quem todos pecaram".[1] Essa tradução levou Agostinho a concluir que todas as pessoas, já que são descendentes de Adão, são nascidos com a marca desse "pecado original",

---

[1]Veja Joseph A. Fitzmyer, *Romans: a new translation with introduction and commentary*, Anchor Yale Bible 33 (New Haven: Yale Univ. Press, 1993), p. 413-7.

e, portanto, são culpadas e merecem a perdição — uma ideia que não se encontra nem na versão hebraica nem na versão grega de Gênesis. A tradição cristã lê a história de Adão e Eva como indicadora da "queda do homem". Conforme veremos, os intérpretes judeus leem isso de outras maneiras.[2]

O Éden também informa o Novo Testamento a respeito dos papéis dos gêneros. Para Paulo, a ordem da criação no capítulo 2 de Gênesis — primeiro o homem e depois a mulher — estabelece uma hierarquia, com a mulher no papel de submissão; entretanto, essa hierarquia com base na ordem da criação não se acha presente em Gênesis 2. Combinando o capítulo 2 de Gênesis com o interesse de Platão por tipos ideais e seus derivados, Paulo vê essa mulher criada a partir do corpo do homem como estando a um passo atrás da criação melhor e original:

> O homem não deve cobrir a cabeça, visto que ele é imagem e glória de Deus; mas a mulher é glória do homem. Pois o homem não se originou da mulher, mas a mulher do homem; além disso, o homem não foi criado por causa da mulher, mas a mulher por causa do homem. Por essa razão e por causa dos anjos, a mulher deve ter sobre a cabeça um sinal de autoridade. No Senhor, todavia, a mulher não é independente do homem, nem o homem independente da mulher. Pois, assim como a mulher proveio do homem, também o homem nasce da mulher. Mas tudo provém de Deus (1Coríntios 11:7-12).

Reforçando a hierarquia em detrimento da mutualidade com a qual termina a citação de 1Coríntios, 1Timóteo, uma carta do Novo Testamento atribuída a Paulo, descreve Eva como a primeira transgressora, cujo pecado tem consequências extensivas a todas as mulheres: "A mulher deve aprender em silêncio, com toda a sujeição. Não permito que a mulher ensine, nem que tenha autoridade sobre o homem. Esteja, porém, em silêncio. Porque primeiro foi formado Adão, e depois Eva. E Adão não foi enganado, mas, sim a mulher, que, tendo sido enganada, tornou-se transgressora. Entretanto, a mulher será salva dando à luz filhos — se elas permanecerem na fé, no amor e na santidade, com bom senso" (1Timóteo 2:11-15). Uma tradução possível, porém generosa, é a da Revista Atualizada: "será preservada através de sua missão de mãe." O texto não indica que as mulheres não morrerão ao

---

[2] Uma leitura da história do jardim do Éden que é parecida com o conceito cristão do pecado original se encontra em alguns textos místicos judeus; veja Menachem Kellner, "Tabernacle, sacrifices, and Judaism: Maimonides vs. Nahmanides", *TheTorah.com*, 17 de março de 2020, https://www.thetorah.com/article/tabernacle-sacrifices-and--judaism-maimonides-vs-nahmanides, esp. as notas 8 e 9. Alguns desses textos até se referem ao *chet' kadmoni*, o pecado primordial.

darem à luz; em vez disso, o grego sugere que as mulheres *devem gerar filhos* para obter a salvação. No final do primeiro século e no início do século 2, à medida que muitos seguidores de Jesus perceberam que ele não voltaria em seu tempo de vida, eles decidiram seguir a sugestão de Paulo de 1Coríntios 7:7-9: "Gostaria que todos os homens fossem como eu", falando a respeito do celibato. Entretanto, conforme ele afirma, o celibato consiste em um dom espiritual: "Cada um tem o seu próprio dom da parte de Deus." Portanto, ele conclui: "Digo, porém, aos solteiros e às viúvas: é bom que permaneçam como eu. Mas, se não conseguem controlar-se, devem casar-se, pois é melhor casar-se do que ficar ardendo de desejo." Eles podem também ter tomado conhecimento da recomendação para o celibato de Jesus em Mateus 19:12, ou dos livros apócrifos de Atos, como os Atos de Paulo e Tecla, que promovem o celibato. Para as comunidades posteriores, nas quais as esposas não só aceitavam apenas a mensagem de Paulo sobre Cristo, mas também sobre a carne, a exortação de 1Timóteo para gerar filhos para conceder os direitos conjugais a seus maridos passa a ser compreensível.[3]

Os Evangelhos não mencionam Eva, e Adão só aparece na genealogia de Lucas, que começa com Jesus e termina com "filho de Enos, filho de Sete, filho de Adão, filho de Deus" (Lucas 3:38). Para Lucas, todas as pessoas que são descendentes de Adão também são filhas de Deus. Mas na tradição do Evangelho, Jesus cita a história do jardim do Éden junto com a primeira história da criação do capítulo 1 de Gênesis. O seu destaque não se encontra no pecado, na morte, ou na ressurreição; antes, se situa na rejeição da prática do divórcio: "Mas no princípio da criação Deus 'os fez homem e mulher'. 'Por esta razão, o homem deixará pai e mãe e se unirá à sua mulher, e os dois se tornarão uma só carne'. Assim, eles já não são dois, mas, sim uma só carne" (Marcos 10:6-8; cf. Mateus19:4-5). Essas e outras interpretações do jardim do Éden no Novo Testamento são fundamentais para o cristianismo: elas contribuem para os ensinos a respeito do pecado original, da "queda do homem", da subordinação das mulheres, e da restrição ao divórcio. Nenhuma dessas ideias fica clara no texto dos capítulos 2 e 3 de Gênesis; embora cada uma delas seja uma leitura possível, nenhuma delas é necessária. Voltando ao Éden, nós podemos discernir o que a segunda narrativa da criação pode ter significado em seu contexto original, e depois vermos não apenas a razão pela qual Jesus e os seus seguidores destacaram algumas interpretações, mas também como a tradição judaica veio a considerar esse mesmo texto.

---

[3]Veja Alan Cooper, "A medieval Jewish version of original sin: R. Ephraim of Luntshitz on Leviticus 12", *Harvard Theological Review* 97 (2004): 445-9, e Dennis Ronald MacDonald, *The legend and the apostle: the battle for Paul in story and canon* (Louisville: Westminster John Knox, 1983).

ADÃO E EVA

O JARDIM DO ÉDEN

A narrativa do jardim do Éden faz parte da fonte mais ampla da Torá, a fonte J (que vem da palavra alemã *Jahwe*, que é equivalente do nosso Javé), ou fonte javista. A maioria dos especialistas acha que esta fonte é anterior tanto à fonte Sacerdotal (P), quanto ao exílio babilônico de 586 A.E.C.[4] Essa história da criação do homem e da mulher — a sua inocência original, o encontro com a serpente, a ingestão do fruto proibido e sua expulsão do jardim do Éden — é um "mito", que entendemos como um conto metafórico criado para explicar a realidade da vida. Entretanto, o mito não explica como a vida *deve* ser. A passagem de Gênesis 2:4b a 3:24 segue um padrão mítico cultural, que descreve uma descida do mundo ideal para o mundo real. De modo parecido, o escritor grego Hesíodo, em seu livro *Os trabalhos e os dias*, do século 8 A.E.C., fala de uma "era de ouro" da qual a humanidade continua decaíndo. Quando pensamos sobre os "bons tempos", geralmente recorremos a um mito que romantiza o passado e ignora os seus problemas.

Esses entendimentos míticos do passado transcendem a simples saudade; eles nos ajudam a lidar com o presente. Às vezes, nos achamos projetando uma imagem do passado perfeito sobre o futuro, de modo que, se pudermos encontrar a chave certa, poderemos voltar ao jardim do Éden, ou à era de ouro. Entretanto, se confundirmos o "mito" com a "história", no sentido de algo que realmente aconteceu, nós erramos na leitura desse gênero.

Lemos em Gênesis 2:4b: "No dia em que o Senhor Deus fez a terra e os céus" (Almeida Revista e Corrigida). A criação nessa passagem consiste em um esforço de um dia, não do esforço de seis dias descrito em Gênesis 1:1—2:4a. Essa segunda história da criação começa com uma referência às plantas e às ervas e a ausência de alguém que arasse a terra (Gênesis 2:4b-5). Não devemos passar por esse aviso com muita pressa. Um tema importante do final da história, e da vida no Israel antigo, é a dificuldade agrícola. O Éden é um lugar onde a jardinagem, em todos os sentidos do termo, é frutífera. Do lado de fora, no mundo real, a humanidade enfrenta a seca, os gafanhotos e o fogo. Enquanto o capítulo 1 de Gênesis, que vem da fonte Sacerdotal (P), apresenta a ordenação das plantas e dos animais e depois as concede à humanidade para o seu uso adequado, os capítulos 2 e 3, que vem da

---

[4] A respeito desta seção, veja, para conhecer várias perspectivas, *The garden of Eden and the hope of immortality* (Minneapolis: Fortress, 1992); Tryggve N. D. Mettinger, *The Eden narrative: a literary and religious-historical study of Genesis 2—3* (Winona Lake, IN: Eisenbrauns, 2007); Ziony Zevit, *What really happened in the garden of Eden?* (New Haven: Yale University Press, 2013); e Mark S. Smith, *The Genesis of good and evil: the fall(out) and original sin in the Bible* (Louisville: Westminster John Knox, 2019).

fonte Javista (J), revela quanto a humanidade e o mundo natural, que inicialmente se achavam em harmonia, se alienaram um do outro.[5]

O capítulo 1 de Gênesis descreve primeiro a criação das plantas e dos animais, e depois, no sexto dia, da humanidade, tendo o homem e a mulher como iguais. Já no capítulo 2, a criação do primeiro ser humano, chamado de *ha'adam* (Gênesis 2:7), precede o tempo em que havia plantas ou animais. Além disso, não temos nessa passagem a criação simultânea do homem e da mulher.

O prefixo hebraico *ha-* de *ha'adam* nada mais é que o artigo definido "o". No hebraico, "o/a" não precede substantivos próprios, o hebraico não tem nenhuma fórmula para "a Débora" ou "o Davi". Portanto, os capítulos de 1 a 3 de Gênesis não descrevem a criação de uma pessoa chamada "Adão".[6] "Adão", como substantivo próprio, não aparece até Gênesis 4:25, depois da expulsão do Éden e do assassinato de Abel por Caim.

Esse homem do capítulo 2 de Gênesis tem duas partes. A primeira parte, a física, é formada da terra ou do barro, *ha'adamah*. O jogo de palavras destaca a proximidade entre a humanidade (*ha'adam*) e a terra (*ha'adamah*). A tradução "terráqueo" é adequada — ou talvez "torrão de terra", por causa do seu comportamento passivo no decorrer da história.[7] O verbo "formar" (hebr., *y-tz-r*) descreve o que o oleiro faz (veja em especial Jeremias 18:4), e, assim, o "Senhor Deus", o nome de Deus no relato javista, é visto como um oleiro-mor. Entretanto, a fonte J não menciona que esse ser humano é portador da imagem de Deus.

A segunda parte, "o fôlego de vida" (hebr., *nefesh chayah*), conota a força da vida; é o que possibilita que essa criatura respire. A *nefesh chayah* não se constitui na "alma" no sentido daquela parte de nós que sobrevive depois da morte física. A Septuaginta traduz *nefesh* como *psychē*, que neste texto, bem como em todo o Novo Testamento, indica o "eu" ou a "vida interior", ou mesmo o "próprio ser" em vez de uma "alma imortal". Quando começamos a pensar sobre essa "alma" como algo imortal, já estamos acrescentando elementos ao mito original. A narrativa do jardim tem muito a dizer sobre a imortalidade, mas, a princípio, a vida após a morte pela imortalidade da alma não faz parte de seu ensino.

---

[5] Quanto ao interesse que a fonte J demonstra pela natureza, veja Theodore Hiebert, *The Yahwist's Landscape:- Nature and religion in early Israel* (New York: Oxford University Press, 1996).

[6] O Texto Massorético e a Septuaginta divergem em alguns versículos sobre '*adam* se tratar de um substantivo próprio ou comum; veja Antti Laato e Lootta Valve, "Understanding the story of Adam and Eve in the second temple period", in: *The Adam and Eve story in the Hebrew Bible and in ancient Jewish writings including the New Testament*, ed. Antti Laato e Lootta Valve (Winona Lake: Eisenbrauns, 2016), p. 1-30 (2-3).

[7] Mieke Bal, *Lethal Love: Feminist literary readings of biblical love stories*, Indiana Studies in Biblical Literature (Bloomington: Indiana Univ. Press, 1987), p. 113.

ADÃO E EVA

Depois o SENHOR Deus coloca *ha'adam* em "um jardim no Éden" (Gênesis 2:8). O nome "Éden" tem uma chance maior de vir da raiz hebraica *'-d-n*, que quer dizer "prazer, deleite", conforme se encontra, por exemplo, em Salmos 36:8: "Eles se banqueteiam na fartura da tua casa; / tu lhes dás de beber do teu rio de delícias (*'adanecha*)." Existe uma palavra com a mesma raiz que é *'ednah*, que significa "prazer", que inclui o prazer sexual. Quando Sara, a esposa de Abraão, ouve que ela, bem depois da menopausa, terá um filho, ela ri e exclama: "Depois de já estar velha e meu senhor já idoso, ainda terei esse prazer [*'ednah*]?" (Gênesis 18:12).

A Septuaginta traduz a palavra hebraica *gan*, "jardim", em Gênesis 2—3, como *paradeisos*, que significa "jardim", mas pode ter a conotação de "paraíso". Assim, os textos posteriores confundirão, de forma linguística, as ideias do "paraíso" do Éden com o "paraíso" do céu. Associando o Éden com o céu, o texto de Apocalipse 2:7b anuncia: "Ao vencedor darei o direito de comer da árvore da vida, que está no paraíso de Deus." De modo parecido, o autor judeu (provavelmente) do primeiro século conhecido como Pseudo-Filo sugere que o jardim foi preservado e será habitado pelos justos ressuscitados.[8] Outras referências do Novo Testamento ao "paraíso" também podem sugerir o jardim do Éden. Por exemplo, em Lucas 23:43, Jesus diz ao bandido arrependido pendurado na cruz: "Eu lhe garanto: Hoje você estará comigo no paraíso"; O comentário que Paulo faz sobre o "terceiro céu" fala sobre ele ter sido arrebatado para o "paraíso" (2Coríntios 12:2,4).

O Éden, para o Gênesis, não ficava no céu, mas "no oriente" — isto é, na Mesopotâmia, a nordeste de Israel, na confluência de quatro rios (Gênesis 2:10-14). O primeiro rio, Pisom, na terra de Havilá, fica no sudoeste da Arábia; o segundo, Giom, fica em Cuxe, outro nome para a Etiópia. Mas Pisom não é citado em nenhum outro lugar, e Giom aparece em outra passagem designando uma fonte na terra de Israel. Os outros dois rios são os bastante conhecidos Tigre e Eufrates, que se situam na Mesopotâmia. Os quatro rios não se encontram, e nenhum dado geológico indica que eles já tiveram alguma confluência. Por causa disso, esse local pode significar qualquer lugar, ou mesmo lugar nenhum.

Nesse local, "no meio do jardim", existem duas árvores: "a árvore da vida [...] e a árvore do conhecimento do bem e do mal" (Gênesis 2:9), mas, até o capítulo 3, sua importância para a trama permanece desconhecida.

---

[8]Richard Bauckham, "Paradise in the *Biblical Antiquities* of Pseudo-Philo", em *Paradise in antiquity: Jewish and Christian views,* ed. Markus Bockmuehl e Guy G. Stroumsa (Cambridge: Cambridge University Press, 2010), p. 43-56. Igualmente, 4Esdras identifica o jardim com o paraíso como o lugar da recompensa escatológica (8:52).

A função de *ha'adam* no jardim é de "cuidar dele e cultivá-lo" (Gênesis 2:15). O Éden não consiste em um lugar de descanso perpétuo; pelo contrário, trata-se de um lugar em que o trabalho é fácil e realizador: podemos comparar a alegria da jardinagem de fim de semana ao trabalho penoso de fazer a colheita manual de uma safra agrícola.

Nesse ponto, o Senhor Deus estabelece regras dietéticas. *Ha'adam* pode comer qualquer uma das frutas do jardim. Nesse cenário, a humanidade era vegetariana. Não seria dada permissão para comer a carne dos animais até Noé e sua família saírem da arca (Gênesis 9:3,4), e, mesmo assim, o sangue é proibido. Uma restrição adicional prevalece para o Éden: "Não coma da árvore do conhecimento do bem e do mal, porque no dia em que dela comer, certamente você morrerá" (Gênesis 2:17). A construção hebraica da última expressão: *mot tamut*, usando o mesmo verbo *m-w-t* ("morrer") duas vezes, pode significar "você certamente morrerá" ou "você cairá morto"; ela também pode indicar "você passará a ser mortal", como em Salmos 82:7, onde Deus diz à corte celestial (hebr., *benei 'elyon*, "filhos do Altíssimo"): "Mas vocês morrerão [*temutun*] como simples mortais".

Não é dito explicitamente se Deus pretendia que a humanidade fosse imortal. Parece provável para nós que Deus queria que *ha'adam* vivesse para sempre e, por isso, o alerta a respeito de comer da árvore indicava: "certamente você morrerá". A essa altura, não se faz nenhuma proibição quanto a comer o fruto da árvore da vida, que concedia a imortalidade — provavelmente porque o texto está imaginando que esse primeiro ser humano é imortal. A menção da árvore da vida é antecipatória.

O Senhor Deus, que se preocupa com essa criatura, então percebe: "Não é bom que o homem esteja só; farei para ele uma ajudadora para ser sua parceira" (hebr., *'ezer kenegdo*) (Gênesis 2:18). A primeira palavra, que é *'ezer*, "ajudadora", não implica em subordinação; ela pode ser usada para alguém igual ou mesmo superior. Aparece em nomes próprios pessoais como Ezra (ajudador) e Azarias (ou sua variante, Azariahu), que significa "o Senhor (Yah[u] é [meu] ajudador"; também descreve Deus em Salmos 121:2: "O meu socorro [*'ezer*] vem do Senhor, / que fez o céu e a terra". A segunda palavra, *neged*, significa "em frente de", "que corresponde a" ou mesmo "à frente". Assim, essa ajudadora seria entendida como uma parceira de *ha'adam*.

A função da ajudadora também não é dar filhos a *ha'adam*. "Frutificai e multiplicai" é a versão de P da história, não a de J. Nem mesmo a procriação seria recomendável a seres imortais; o jardim rapidamente ficaria superpopulado. A preocupação com a superpopulação pode parecer anacrônica, mas o épico mesopotâmico *Atracasis*, que foi escrito séculos antes da história do jardim, menciona

ADÃO E EVA

o grande barulho causado pela superpopulação e apresenta a mortalidade como um remédio.[9]

A função da ajudadora, criada no mesmo nível do *ha'adam*, é aliviar o estado solitário de *ha'adam* no Éden. Entretanto, conforme veremos, esse sentido original não desencorajou nem a tradição judaica, nem a tradição cristã de considerar essa "ajudadora", a mulher, como alguém que foi criado de forma subordinada a *ha'adam*, o homem.

O texto de Gênesis 2:19 descreve uma tentativa inicialmente fracassada do Senhor Deus de criar essa parceira a partir de "todo animal do campo e de toda ave do ar." O texto diz assim: "mas para o homem não foi achada nenhuma ajudadora para que fosse sua parceira" (Gênesis 2:20, NRSV). O Senhor Deus tenta novamente. Levando *ha'adam* a um sono profundo, ele tira dele uma *tzela'* e, a partir dela, constrói uma mulher (2:21,22). Embora essa palavra seja traduzida tradicionalmente como "costela" (o significado que esse substantivo tem em acadiano e em árabe), no hebraico bíblico, a palavra *tzela'* significa tipicamente "lado" — um sentido também presente nesses idiomas — como, por exemplo, na construção do tabernáculo: "com duas argolas de um lado (*tzela'*)" (Êxodo 25:12). Ziony Zevit, um especialista bíblico, e Scott Gilbert, um biólogo evolucionista, afirmam que, para a fonte J, essa palavra *tzela'* significava o baculum, ou o osso do pênis, que todos os mamíferos machos, com a exceção do homem, têm.[10] (Outros acham que essa tese é uma "falácia").

O fato de a mulher ter sido criada em segundo lugar, depois do homem e dos animais, não confere a ela — ou a nenhuma outra mulher — uma posição secundária.[11] Para a Bíblia, o que pode ser mais importante é o que foi feito por último, não o que foi feito primeiro. Essa observação a respeito da ordem da criação já se nota na *The women's Bible* [A Bíblia da Mulher], editada por Elizabeth Cady Stanton (1815-1902). Lillie Devereux Blake escreve nessa Bíblia: "Na descrição detalhada da criação encontramos uma sequência que vai crescendo gradativamente.

---

[9]Veja Stephanie Dalley, *Myths from Mesopotamia: creation, the flood, Gilgamesh, and others*, ed. rev. (Oxford: Oxford University Press, 2000), p. 1-38. Kenton L. Sparks, *Ancient texts for the study of the Hebrew Bible: a guide to the background literature* (Peabody: Hendrickson, 2005), p. 313-4, observa: "Em sua estrutura básica e até mesmo em alguns dos seus detalhes, *Atrahasis* se aproxima do que temos na história primitiva dos capítulos de 1 a 11 de Gênesis [...] [e] muitos especialistas acreditam que o autor de Gênesis conhecia *Atrahasis* ou algum texto parecido".

[10]Scott F. Gilbert e Ziony Zevit, "Congenital human baculum deficiency: the generative bone of Genesis 2:21-23", *American Journal of Medical Genetics* 101 (2001): 284-5.

[11]As observações abaixo se baseiam em Phyllis Trible, *God and the rhetoric of sexuality* (Philadelphia: Fortress, 1978), esp. p. 72-143; Alice Ogden Bellis, *Helpmates, harlots, and heroes: Women's stories in the Hebrew Bible*, 2ª ed. (Louisville: Westminster John Knox, 2007), p. 37-56; e Carol Meyers, *Rediscovering Eve: ancient Israelite women in context* (Oxford: Oxford University Press, 2012), p. 73-6.

As coisas que se arrastam, 'os grandes monstros do mar' [...] 'todas as aves com suas asas', gado e seres vivos da terra [...] depois o homem, e, por último, a mais suprema glória de todas, a mulher."[12]

Ha'adam, ao acordar e ter o imenso prazer de ver essa nova criação, fala pela primeira vez, de forma poética:

> Esta, sim, é osso dos meus ossos
> > e carne da minha carne!
> Ela será chamada Mulher,
> > porque do Homem foi tirada (Gênesis 2:23)

A palavra traduzida por homem é *'ish*, e a palavra traduzida por mulher é *'ishah*. As duas palavras, que têm um som parecido, expressam a ideia de que os dois seres criados, a essa altura, têm um vínculo próximo e harmonioso: "Portanto, o homem deixa seu pai e sua mãe e se une a sua mulher, e eles passam a ser uma só carne" (Gênesis 2:24, tradução livre). Essa "uma só carne" reconecta *ha'adam* com sua parte faltante, assim os dois, juntos, compõem um todo e passam a ser uma família nova. Esse comentário antevê a procriação — quando as pessoas *têm* pais e mães — depois de sua expulsão do Éden. O texto não afirma, nem mesmo sugere, que o homem e a mulher eram casados, porque essa instituição não existia no Éden. A palavra hebraica *'ishah*, que traduzimos como "mulher", também pode indicar "esposa"; a mesma tradução funciona para a palavra *gynē* (de onde surge a palavra "ginecologia"), mas a tradução "esposa" para o capítulo 2 de Gênesis seria um exagero na leitura.

Até agora, temos um casal nu e feliz no jardim e sua tarefa é cuidar dele e cultivá-lo. O problema da solidão humana é resolvido, mas as duas árvores indicam que há problemas pela frente.

COMENDO DO FRUTO PROIBIDO

Lemos no último versículo do capítulo 2 de Gênesis: "O homem e sua mulher viviam nus, e não sentiam vergonha" (v.25). Entretanto, a divisão dos capítulos não é das mais felizes. Na verdade, o versículo apresenta a próxima cena, na qual a mulher conversa com a serpente. Pode-se observar o vínculo desse versículo

---

[12]Elizabeth Cady Stanton, *The women's Bible: a classic feminist perspective* (1895; reimpr., Mineola, NY: Dover, 2003), p. 22.

ADÃO E EVA

com o que se segue no jogo de palavras entre a palavra *'arumim*, "nus", utilizada para descrever o homem e a mulher em 2:25, e a apresentação da serpente como *'arum*, "astuta", em 3:1. Essa descrição mostra que o estereótipo comum da mulher como alguém que foi tentado facilmente está equivocada — foi necessário o uso de grande astúcia para convencê-la a comer o fruto proibido. Essa palavra só é vista como uma característica negativa no capítulo 3 de Gênesis; nas outras passagens, ela reflete uma esperteza positiva ou mesmo prudência, como em Provérbios 13:16: "Todo homem prudente [*'arum*] age com base no conhecimento, mas o tolo expõe a sua insensatez."

A serpente (hebr., *nachash*) é exatamente isso: às vezes, uma serpente nada mais é que uma serpente qualquer. A mesma palavra hebraica descreve serpentes em outros lugares, como no capítulo 4 de Êxodo, em que a vara de Moisés e a vara de Arão se transformam de forma milagrosa em serpentes. Nada em Gênesis sugere que essa criatura consiste no diabo, mas podemos ver essa associação nos textos posteriores. Paulo pode estar pensando sobre Satanás quando ele diz à congregação dos coríntios: "O que receio, e quero evitar, é que assim como a serpente enganou Eva com astúcia, a mente de vocês seja corrompida e se desvie da sua sincera e pura devoção a Cristo" (2Coríntios 11:3), e o livro do Apocalipse menciona "a antiga serpente, que é o diabo, Satanás" (Apocalipse 20:2). A ideia de que o diabo participou na causa do pecado de Adão só foi esclarecida pela primeira vez por Justino Mártir[13], um escritor cristão do século 2.

Pode-se sugerir várias razões pelas quais o autor de J escolheu uma serpente para tentar Eva. Quem sabe exista uma polêmica implícita contra a adoração de serpentes, ou à visão de que esses animais, pelo fato de renovar sua pele, são imortais. Talvez o autor tenha estabelecido um vínculo entre serpentes e a imortalidade, algo já observado na história de Gilgamesh, um épico mediterrâneo antigo que fala sobre a busca (frustrada) pela imortalidade. É possível também que a motivação tenha sido um trocadilho, já que a palavra utilizada para designar "serpente" em vários idiomas semíticos é *chivya*, que é muito parecida com o nome de Eva, *chavah*. Ainda pode ser que a forma fálica da serpente, ou o fato de que são venenosas, fez com que ela fosse o personagem ideal para tentar a mulher.[14]

Em Gênesis 3:1-5, essa serpente aborda a mulher, que ainda não tinha recebido um nome, e a questiona a respeito da árvore proibida: "Foi isto mesmo que

---

[13]Veja Henry Ansgar Kelly, "Adam citings before the intrusion of Satan: recontextualizing Paul's theology of sin and death", *Biblical Theology Bulletin* 44 (2014): 13-28 (13).

[14]Veja Jacqueline Tabick, "The snake in the grass: the problems of interpreting symbols in the Hebrew Bible and rabbinic writings", *Religion* 16 (1986): 155-67; Reuven Kimelman, "The seduction of Eve and the exegetical politics of gender", *Biblical Interpretation* 4 (1996): 1-39.

Deus disse: 'Não comam de nenhum fruto das árvores do jardim'?" (v.1). Não temos como saber qual era a motivação da serpente. Ter o fruto apenas para si própria? Separar o primeiro casal da presença de Deus? Verificar se a mulher de fato morreria?

A mulher explica que nem ela nem *ha'adam* podem comer do fruto da árvore ou mesmo tocá-lo, para que não morram. O narrador não nos conta quem deu as instruções à mulher, ou mesmo de onde surgiu o comentário sobre tocar o fruto. Um *midrash* completa a história sugerindo que a serpente, nesse momento, tinha empurrado a mulher em direção à árvore. Quando percebeu que não tinha morrido, ela imaginou que comer o fruto não faria mal algum, porque o toque não a matara.[15] A serpente retruca: "Certamente não morrerão!", mas "seus olhos se abrirão, e vocês serão como Deus [ou "deuses", a palavra é *'elohim* no hebraico], conhecedores do bem e do mal" (Gênesis 3:4,5). Embora se traduza "Deus" no singular, a designação *'elohim*, descrevendo esses deuses na corte celestial, está no plural.

A mulher toma uma decisão cuidadosa: "Quando a mulher viu que a árvore parecia agradável ao paladar, era atraente aos olhos e, além disso, desejável para dela se obter discernimento, tomou do seu fruto, comeu-o e o deu a seu marido [hebr., *'ish*, "homem"] que comeu também" (Gênesis 3:6). Poderíamos interpretar essa mulher como uma "teóloga, uma especialista em ética, uma hermeneuta, uma rabina [que] fala com clareza e autoridade"[16] e que come porque "acha a árvore atraente fisicamente, agradável esteticamente e, sobretudo, transformadora sapiencialmente [...] Além disso, ela não discute a questão com seu homem. Ela age de forma independente [...] ela não esconde nada, não mente nem engana."[17] Ou, poderíamos vê-la transgredindo de propósito o mandamento que ela e seu companheiro receberam, falhando em consultá-lo, e indo além de sua função ao buscar ser como os deuses. O texto poderia ser lido das duas maneiras. Conforme vimos anteriormente, o autor de 1Timóteo culpa a mulher afirmando que "o homem não foi enganado." Para 1Timóteo, o homem não foi "enganado" porque *percebeu o que estava fazendo*. Logo que a mulher provou do fruto proibido, o homem sabia que ela estava condenada. Ao comer, ele sacrificou a imortalidade dele por causa dela.

O casal não morreu. Depois de comerem do fruto, "os olhos dos dois se abriram, e perceberam que estavam nus; então juntaram folhas de figueira para cobrir-se"

---

[15]"*Bereishit Rabbah* 19:3", Sefaria, https://www.sefaria.org/Bereishit_Rabbah.19.3?lang=bi&with=all&lang2=en.

[16]Trible, *God and the rhetoric*, p. 110.

[17]Trible, *God and the rhetoric*, p. 112-3.

(Gênesis 3:7). Sem se comportar mais como animais, que não se envergonham de ficarem nus, eles percebem que seus corpos nus não deviam ser expostos publicamente. O homem e a mulher saem do mundo da natureza para o que se poderia chamar de mundo da civilização.

Eles também passaram a ser "como os deuses, conhecendo o bem e o mal" (Gênesis 3:5, tradução livre; *ke'lohim* — novamente, a NVI traduz equivocadamente a expressão "como Deus"). Como o contexto sugere, "conhecer" aqui tem um sentido sexual — trata-se de conhecer no sentido bíblico, e, por sinal, logo que foram expulsos do jardim, "o homem conheceu sua esposa Eva" (4:1). O tipo de conhecimento que a árvore do conhecimento do bem e do mal apresenta é o conhecimento final, sexual. Esse casal se torna sexual como os "filhos dos homens" mencionados em Gênesis 6:1-3, que coabitam com mulheres. Mas, de modo diferente dos deuses, eles passaram a ser mortais. Da mesma forma que os deuses rebaixados do salmo 82, eles morrerão. Eles têm um novo meio de imortalidade: por meio dos filhos.

A história continua com as repercussões que surgem a partir da desobediência do casal: o homem culpa a mulher, mas coloca a responsabilidade principal em Deus; a mulher culpa a serpente; a serpente não tem ninguém para transferir a culpa. Encontramos diferenças fundamentais nos comentários de Deus para a mulher e para o homem entre a interpretação histórico-crítica, a interpretação judaica e a interpretação cristã.

Lemos em Gênesis 3:16:

> À mulher, ele declarou
>> "Multiplicarei grandemente o seu sofrimento na gravidez;
>>> com sofrimento você dará à luz filhos.
>> Seu desejo será para o seu marido,
>>> e ele a dominará."

O capítulo 3 de Gênesis *não* fala que a mulher foi amaldiçoada, embora realmente descreva a serpente como "amaldiçoada" (3:14,15), e, por causa do homem, a terra também foi amaldiçoada (3:17-19). Em vez de expressar uma maldição, o versículo 16 consiste em uma descrição da nova posição da mulher. A gravidez e a maternidade exigiram que a mulher tivesse o dobro do trabalho, já que ela não somente é responsável pelo trabalho da agricultura, da produção têxtil, da atividade culinária e assim por diante, mas também pela gravidez, pelo parto, pela amamentação e pelo cuidado dos filhos. Assim, a primeira parte de Gênesis 3:16 seria melhor traduzida da seguinte forma: "Multiplicarei o seu trabalho e o número de vezes que você engravidará; você terá filhos com dificuldade."[18] A raiz hebraica traduzida por "dor" e "sofrimento" é a base da mesma palavra que é usada no versículo seguinte para mencionar a situação do homem com relação à terra, mas nele o termo é traduzido como "sofrimento": "com sofrimento você se alimentará dela todos os dias da sua vida."[19] Embora a última oração, "e ele a dominará", possa ser uma referência ao homem como o parceiro sexual dominante,[20] o verbo "dominará" (hebr., *yimshol*) sugere um entendimento mais amplo: a subordinação da mulher. Até esse momento, a segunda história da criação via o homem e a mulher como tendo a mesma posição — nada além disso. Quando eles entram na civilização, o papel dos gêneros, com a sua hierarquia implícita, também entra em cena. Fora do Éden não existe a ideia de "separados, mas iguais". A mesma ideia, usando o mesmo verbo fundamental *m-sh-l*, que diz que o homem dominará a mulher, fica subentendida em Isaías 3:12, passagem em que o profeta descreve um mundo de pernas para o ar: "Meu povo é oprimido por uma criança; / mulheres dominam [*mashelu*] sobre ele."

Em seguida, Deus não amaldiçoa o homem, mas a terra:

E ao homem declarou:
"Visto que você deu ouvidos à sua mulher
    e comeu do fruto da árvore
da qual eu lhe ordenara
    que não comesse,
maldita é a terra por sua causa;
    com sofrimento você se alimentará dela todos os dias da sua vida.
Ela lhe dará espinhos e ervas daninhas,
    e você terá que alimentar-se das plantas do campo.
Com o suor do seu rosto
    você comerá o seu pão,
até que volte à terra,
    visto que dela foi tirado;
porque você é pó
    e ao pó voltará" (Gênesis 3:17-19).

---

[18]Meyers, *Rediscovering Eve*, p. 102.

[19]Para tradução e análise, veja Anders Aschim, "Adam translated, transcribed and recycled: Ben Sira in Hebrew and Greek", em Laato e Valve, eds., *Adam and Eve story*, p. 111-142 (129-132). Quanto à misoginia do Eclesiástico, veja Aschim, "Adam Translated", 129n54; *Veja tb.* Claudia V. Camp, *Ben Sira and the men who handle books: gender and the rise of canon-consciousness* (Sheffield: Sheffield Phoenix, 2013).

[20]Meyers, *Rediscovering Eve*, p. 96-7.

ADÃO E EVA

A princípio, embora o homem tivesse obrigações para cultivar o jardim (2:15), *ha'adam*, "o homem", e *ha'adamah,* "a terra", trabalhavam em harmonia. Agora, *ha'adam* e *'adamah* terão um novo relacionamento: o homem passaria a comer o que a terra produz somente mediante sofrimento e retornaria à terra por meio da decomposição.

No capítulo 2 de Gênesis, o homem (*'ish*) identificou a mulher como *'ishah*. A semelhança entre seus nomes demonstrava o seu vínculo, bem como demonstrava o comentário do homem sobre ela ser "osso de meus ossos e carne da minha carne." Nesse momento, depois de ter provado do fruto proibido, *ha'adam* lhe dá o nome de Eva (hebr., *chavah*), que o narrador explica ser pelo fato de ela ser "a mãe de todos os viventes" (3:20); a palavra *chavah* está associada à palavra *chai*, "viver". Esse nome é adequado, já que só nesse momento é que o casal se "conhece", ou dá andamento à sua vida sexual. Entretanto, esse nome também indica uma distância entre eles. Os seus nomes já não se parecem, e a mulher não é mais identificada como parceira do homem, mas de modo biológico, como mãe.

Apesar da desobediência do homem e da mulher, o SENHOR Deus continua sendo compassivo. Sem querer que o casal vague pela terra usando frágeis folhas de figueira (3:7), "o SENHOR Deus fez roupas de pele e com elas vestiu Adão e sua mulher" (3:21). Não há como saber se algum animal foi morto para essa finalidade; fontes posteriores sugerem que a pele do Leviatã, ou a pele da serpente astuta, cumpriu esse propósito.[21]

Entretanto, não há como a história terminar nesse ponto. Uma árvore da vida também se acha presente no jardim, e essa árvore concede a imortalidade. Deus já contemplava a possibilidade de que o mandamento original fosse desobedecido. Portanto, Deus expulsou o casal do Éden, não como um castigo, mas com o propósito de não permitir que "tome também do fruto da árvore da vida e o coma, e viva para sempre" (3:22). Essa preocupação é tão grande que Deus coloca na entrada do jardim "querubins e uma espada flamejante que se movia, guardando o caminho para a árvore da vida" (3:24).

Essa é a história — nem mais nem menos. Não existe nenhuma identificação do jardim com o paraíso em que as pessoas justas residirão após a morte, nem uma alma imortal, nem Satanás, nem nenhuma ruptura irreparável entre a humanidade e a divindade. O fruto, que não é identificado, dificilmente seria uma maçã — as maçãs só se tornaram comuns no mundo mediterrâneo séculos depois dessa história ser escrita. Esse vínculo só surgiu com um pai da igreja chamado Jerônimo, cuja

---

[21]Louis Ginzberg, *Legends of the Jews*, tradução para o inglês de Henrietta Szold e Paul Radin (reimpr., Philadelphia: Jewish Publication Society, 2003), 5:104-505n93.

tradução da Bíblia para o latim (a Vulgata) traduziu o fruto com o termo *malus*, a palavra latina que significa "mau", mas que também designa frutas como a maçã e o figo. A especificação do fruto como uma maçã passou a ser popular por volta do século 12.

De maneira significativa, a palavra "pecado", que se revestiu de uma importância imensa nas interpretações posteriores, não se acha presente nessa história. Em vez disso, essa narrativa descreve como as pessoas passaram a ser conscientes tanto da sua sexualidade quanto da sua mortalidade. Do mesmo modo que várias histórias sobre a origem, ela explica como o mundo que conhecemos surgiu. Entretanto, essa nova realidade, de acordo com os capítulos 2 e 3 de Gênesis, não consiste em um estado de alienação de Deus. Deus está do lado de fora do jardim, com Adão e Eva, e com seus descendentes.

MENÇÕES AO JARDIM DO ÉDEN EM LIVROS DA BÍBLIA ALÉM DO GÊNESIS

Embora Adão e Eva estejam entre os personagens bíblicos mais conhecidos, a Torá nunca mais faz referência a eles.[22] Fora dos capítulos iniciais de Gênesis, o nome de Adão não aparece mais, com a exceção da genealogia de 1Crônicas (1:1).[23] Vários textos proféticos mencionam a beleza do jardim, que Gênesis não destaca, mas ignoram Adão e Eva, a serpente e as árvores.[24] Por exemplo, o capítulo 51 de Isaías consola os exilados na Babilônia com a seguinte promessa:

> Com certeza o SENHOR consolará Sião
> e olhará com compaixão para todas as ruínas dela;
> ele tornará seus desertos como o Éden,
> seus ermos, como o jardim do SENHOR (Isaías 51:3a)

---

[22]Zevit, *What really happened in the garden of Eden?*, p. 251-9, faz uma lista de outros textos, inclusive alguns questionáveis, que podem fazer referência à história do jardim.

[23]Karl William Weyde, "Does Mal 2:15a Refer to Adam and Eve in the creation account in Gen 2:4-25? ", em Laato e Valve, *Adam and Eve Story*, p. 73-90, sugere que Malaquias 2:15 também se refere a Adão, embora ele não seja identificado nesse texto.

[24]Veja Ezequiel 28:13; 31:9, 16, 18, e James Barr, "'Thou are the cherub': Ezekiel 28:14 and the post-Ezekiel understanding of Genesis 2-3", em *Priests, prophets and scribes: essays on the formation and heritage of second temple Judaism in honour of Joseph Blenkinsopp*, ed. Eugene Ulrich, John W. Wright, Robert P. Carroll, e Philip R. Davies, Library of Hebrew Bible/Old Testament Studies 149 (Sheffield: JSOT Press, 1992), p. 213-23; Edward Noort, "Gan-Eden in the context of the mythology of the Hebrew Bible", em *Paradise interpreted: representations of biblical paradise in Judaism and Christianity*, ed. Gerard P. Luttikhuizen (Leiden: Brill, 1999), p. 21-36.

ADÃO E EVA

Esses relatos proféticos, que geralmente usam a expressão "o jardim de Deus", destacam a natureza luxuosa do jardim. Exatamente de que maneira este lugar era o "jardim de Deus" é algo nunca esclarecido. Por exemplo, Ezequiel, escrevendo no início da época do exílio, usa a linguagem do Éden com uma frequência maior do que os outros profetas. Em 28:13, ele declama um lamento contra o rei de Tiro — a cidade fenícia conhecida pelos seus bens luxuosos — sem mencionar o seu nome:

> Você estava no Éden, no jardim de Deus;
>> todas as pedras preciosas o enfeitavam:
> sárdio, topázio e diamante,
>> berilo, ônix e jaspe, safira, carbúnculo e esmeralda.

Existe uma associação entre o ouro, o bdélio e a pedra de ônix e o jardim do Éden em Gênesis 2:12. Ezequiel passa a narrar a queda do rei, porém, pelo fato de que a sua narrativa não tem muitas palavras em comum com os capítulos 2 e 3 de Gênesis, é improvável que ele tenha modelado a "queda" do rei conforme a queda de Adão. No capítulo 31, um oráculo ao faraó, Ezequiel menciona o Éden três vezes (v. 9,16,18), novamente como símbolo de luxo.[25]

A passagem de Joel 2:3 descreve, de forma parecida, o Éden como a antítese do deserto ao observar: "Diante deles a terra é como o jardim do Éden, atrás deles, um deserto arrasado." A tradição posterior associa as seguintes referências ao jardim do Éden: o luxo, a riqueza, a fertilidade, a celebração e a alegria. Essa linguagem estabelece a base do livro de Apocalipse, que promete: "Ao vencedor darei o direito de comer da árvore da vida, que está no paraíso de Deus" (Apocalipse 2:7b). Entretanto, não devemos projetar essas ideias em um período anterior.

PECADO ORIGINAL NA BÍBLIA HEBRAICA?

Apesar de a ideia cristã do pecado original, um marcador genético herdado de Adão (veja mais adiante), não ficar clara nos capítulos 2 e 3 de Gênesis, a visão de que os seres humanos têm uma tendência inata para pecar está presente em outras passagens da Bíblia e é comum especialmente nos Salmos e na literatura sapiencial. Espera-se que as pessoas controlem essa tendência, e, quando pecam espera-se, dependendo da fonte bíblica, que se arrependam, confessem, orem e/ou ofereçam sacrifícios. A articulação mais clara da inclinação que o homem

---

[25]Veja Barr, "'Thou are the cherub'"; e Noort, "Gan-Eden".

tem para pecar se encontra em Salmos 51:5: (51:7 hebr.; 50:7 LXX), em que o salmista, identificado no cabeçalho como Davi, depois de ter pecado com Bate-Seba, declara: "Sei que sou pecador desde que nasci, / sim, desde que me concebeu minha mãe", e depois pede a misericórdia divina.[26] Em Salmos 130:3, outro lamento, o suplicante roga: "Se tu, Soberano SENHOR, registrasses os pecados, quem escaparia?"; e Salmos 143:2 declara: "Não leves o teu servo a julgamento, / pois ninguém é justo diante de ti." De acordo com 1Reis 8:46, quando dedicou o Templo de Jerusalém, Salomão pediu a Deus para perdoar quem pede perdão com sinceridade, porque "não há ninguém que não peque." Entretanto, nenhum desses textos sugere que a inclinação da humanidade para pecar tenha sido herdada de Adão.

Para todos esses textos, esse desejo humano de pecar deve levar à compaixão divina e, portanto, ao perdão; a mesma ideia aparece em Gênesis 8:21, quando Noé oferece um sacrifício depois do dilúvio: "O SENHOR [...] disse a si mesmo: 'Nunca mais amaldiçoarei a terra por causa do homem, pois o seu coração é inteiramente inclinado para o mal desde a infância. E nunca mais destruirei todos os seres vivos como fiz desta vez.'"

Ideias parecidas aparecem com frequência na literatura sapiencial. O sábio observa em Eclesiastes 7:20: "Todavia, não há um só justo na terra, ninguém que pratique o bem e nunca peque", e Provérbios 20:9 cita um ditado sábio: "Quem poderá dizer: 'Purifiquei o coração; estou livre do meu pecado'?" Elifaz, um dos "amigos" de Jó, pergunta: "Como o homem pode ser puro? / Como pode ser justo quem nasce de mulher?" (Jó 15:14). Bildade, outro "amigo" de Jó, observa de forma parecida:

> Como pode então o homem ser justo diante de Deus?
> Como pode ser puro quem nasce de mulher?
> Se nem a lua é brilhante
> e as estrelas são puras aos olhos dele,
> muito menos o será o homem, que não passa de larva,
> o filho do homem, que não passa de verme! (Jó 25:4-6)

Embora Salmos e Gênesis se concentrem na compaixão divina e no perdão, os textos sapienciais sugerem que Deus é livre para castigar as pessoas, já que elas sempre pecam.

---

[26]Veja Edward R. Daglish, *Psalm fifty-one in the light of ancient Near Eastern patternism* (Leiden: Brill, 1962), p. 120-1.

ADÃO E EVA

ADÃO E EVA NO JUDAÍSMO ANTIGO

Nenhuma dessas fontes antigas que comentam os capítulos 2 e 3 de Gênesis contêm especulações sobre a queda da humanidade ou sobre o pecado original.[27] Pouco se diz sobre a responsabilidade particular de Eva e sobre a serpente. Essas provas negativas sugerem que essas ideias possivelmente surgiram com a comunidade primitiva dos que criam em Cristo. O foco judaico antigo se situou mais no próprio jardim, na obtenção do conhecimento sexual e na perda concomitante da imortalidade, e na recuperação do jardim no futuro.

Seguindo as poucas referências a ele nos textos hebraicos, a próxima vez que Adão aparece é em um livro do século 2 A.E.C. chamado Tobias, existente de forma completa somente em grego, com algumas passagens em hebraico e grego encontradas entre os Manuscritos do Mar Morto. Tobias, filho de Tobit, depois de se casar com sua prima Sara, que ficou viúva várias vezes, mas permanecia virgem, faz a seguinte oração: "Tu criaste Adão, e para ele criaste Eva, sua mulher, para ser seu sustentáculo e amparo, e para que de ambos derivasse a raça humana. Tu mesmo disseste: 'Não é bom que o homem fique só; façamos-lhe uma auxiliar semelhante a ele.'" Nessa história, Adão e Eva se constituem em modelos de cônjuges, não em exemplos negativos. Essa visão positiva de Adão e Eva prossegue por toda a tradição judaica. Uma das sete bênçãos que são recitadas em um casamento judeu tradicional começa da seguinte forma: "Traze grande alegria para esses amigos que se amam, do mesmo modo que trouxeste alegria a tuas criações no jardim do Éden."[28]

Pode ser que haja uma referência, bem negativa por sinal, a Eva nos escritos de Jesus ben Sira. O autor da versão hebraica original viveu na primeira metade do século 2 A.E.C.; a tradução grega que foi feita pelo neto do autor foi terminada no "38º ano do reinado de Evérgeta" do Egito, ou seja, em 132 A.E.C. O manuscrito original em hebraico só foi descoberto no final do século 19 na Geniza do Cairo, um arquivo de escritos judaicos antigos. Desde aquela época, foram descobertos mais fragmentos em hebraico entre os Manuscritos do Mar Morto e em Massada. Esses achados confirmam a importância deste livro para o judaísmo antigo. A passagem de Eclesiástico 25:16-26, que começa dessa forma: "Prefiro morar com um leão ou um dragão / a morar com uma mulher perversa", consiste em um discurso sobre os males da mulher. O texto hebraico continua: "Foi pela mulher que começou a culpa, e por causa dela todos morremos"; a versão grega traduz assim:

---

[27]Veja Matthew Goff, "Fall of humankind, III. Judaism, A. Second Temple and Hellenistic Judaism", *EBR*, 8:753-5.

[28]Jonathan Sacks, ed., *The Koren Siddur* (Jerusalem: Koren, 2015), p. 1040.

"Foi pela mulher que começou o pecado, / por sua culpa todos morremos."[29] É plausível que esse versículo seja uma referência ao ato de a mulher comer do fruto proibido, dar de comer ao marido e assim trazer ao mundo a mortalidade, o peso do trabalho e dos relacionamentos antagônicos. No entanto, é discutível se o texto faz ou não referência a Eva. Embora o versículo possa estar referindo-se a Eva, John Levinson apresenta uma tradução diferente: "É pela [*gynē*] esposa [má] que começa o pecado, e, por causa dela, nós [maridos] morremos."[30]

Outros textos não hesitam em culpar Eva. O texto dos Oráculos Sibilinos 1:42-43 declara: "Mas a mulher primeiramente se fez traidora dele [Adão]. Ela deu o fruto, e o convenceu a pecar em sua ignorância." O livro de 1Enoque menciona Eva uma vez (69:6), referindo-se ao anjo Gader'el (ou Gadre'el) "que enganou Eva" e criou outros atos de engano entre os humanos.[31] Vemos nessa passagem o início das associações eventuais da serpente com Satanás.

Filo explica que a criação da mulher levou ao amor, que levou à atração física, que levou à carnalidade, que levou ao pecado. Ele começa associando a mudança, que é uma parte necessária da vida mortal, com a desgraça, passando a associar esse conceito com Adão e Eva. Ao falar do primeiro homem, Filo observa:

> Enquanto era solteiro, ele parecia, quanto à sua criação, tanto com o mundo quanto com Deus [...] Mas quando a mulher também foi criada, o homem, ao perceber uma figura intimamente ligada a ele e uma formação relacionada a ele, se alegrou com o que viu, aproximou-se dela e a abraçou. E ela, de modo parecido, contemplando uma criatura que se parecia muito com ela, igualmente teve uma grande alegria, e correspondeu a ele, tratando-o com a modéstia devida. E o amor foi sendo engendrado [...] E esse desejo causou um prazer semelhante ao corpo deles, o qual nada mais é que o início das iniquidades e das transgressões, e é graças a isso que os homens trocaram sua existência anteriormente imortal e feliz por uma existência mortal e cheia de infortúnios (*Criação* 151-2).

Para Filo, não é a desobediência da mulher que cria o problema, mas a sua própria existência. Gênesis passa a ser a justificativa para a promoção que Filo faz da posição de subordinação da mulher, porque elas têm uma "dignidade menor".

---

[29]Para essas traduções e análises, veja Aschim, "Adam translated", p. 129-32. Quanto à misoginia de Eclesiástico, veja 129n54 e Camp, *Ben Sira and the men who handle books*.

[30]John R. Levison, "Is Eve to blame? A contextual analysis of Sir. 25.24", *Catholic Biblical Quarterly* 47 (1985): 617-23. *Veja tb.* Kelly, "Adam Citings", p. 13, e a crítica que Aschim faz da posição de Levison em "Adam translated", p. 129-32.

[31]Veja o estudo de Florentino Garcia Martinez, "Man and woman: Halakhah based upon Eden in the Dead Sea Scrolls", em *Paradise interpreted: representations of biblical paradise in Judaism and Christianity*, ed. Gerard P. Luttikhuizen, Themes in Biblical Narrative 2 (Leiden: Brill, 1999), p. 95-115.

ADÃO E EVA

Provavelmente influenciado por Aristóteles, que declarava que as mulheres eram naturalmente inferiores aos homens, Filo pergunta: "Por que, como os outros animais e como o próprio homem, a mulher não foi feita também da terra, mas a partir da costela do homem?" (*Perguntas e respostas a Gênesis 1*, p. 27). Em primeiro lugar, ele propõe que a costela indica que a mulher não tem a mesma dignidade do homem. Em segundo lugar, a criação a partir da costela sugere que as esposas, naturalmente, devem ser mais novas do que seus maridos. A história da costela, na imaginação de Filo, reduz a mulher a uma posição de subordinação como a de uma criança.

Um escrito judaico intitulado *A vida de Adão e Eva*, provavelmente originário do primeiro século E.C., condena somente Eva: "Ó mulher má, porque trouxeste destruição entre nós?" (21:6). Em 32:2, Eva afirma: "Todo o pecado na criação aconteceu por minha causa." O retrato negativo mais forte de Eva se encontra em 2Enoque, cuja data é incerta: "Eu [Deus] criei para ele [Adão] uma esposa, para que a morte viesse [a ele] por sua esposa" (2Enoque 30:17). Esse texto complementa 1Timóteo ao observar que o diabo "entrou no paraíso e corrompeu Eva, mas ele não entrou em contato com Adão" (2Enoque 31:5; cf. 1Timóteo 2:14). Para 2Enoque, "Eva é criada somente para tentar Adão a cair na armadilha da sua própria ignorância."[32]

Os textos judaicos do período helenístico reformulam o propósito do Éden para um paraíso escatológico após a morte. A seção de 1Enoque conhecida como o Livro das Sentinelas, encontrado entre os Manuscritos do Mar Morto, descreve a árvore da vida como "essa linda árvore de aroma agradável — e nenhuma [criatura de] carne tem a autoridade de tocá-la até o grande juízo quando ele se vingará [...] isso será dado ao justo e ao humilde" (1Enoque 25:4).[33] Age de modo semelhante a oração judaica tradicional que diz respeito aos mortos, *'el maleh rachamim* (Deus cheio de misericórdia), que pede o seguinte: "que o lugar de descanso dele/a seja no jardim do Éden."

De modo mais cotidiano, a Torá passa a ser a árvore da vida da comunidade. Até hoje, nos cultos da sinagoga, quando o rolo da Torá volta para o armário onde fica guardado, a congregação canta Provérbios 3:18: "Ela [no contexto litúrgico, a Torá] é árvore que dá vida a quem a abraça; / quem a ela se apega será abençoado."

A fonte judaica mais antiga fora das cartas de Paulo que fala sobre o pecado de Adão é o livro de 4Esdras, do final do século 1, que pergunta: "Adão, o que foi que

---

[32]Christfried Bottrich, "The figures of Adam and Eve in the Enoch Tradition", em: Laato e Valve, eds., *Adam and Eve story*, p. 211-25 (235); veja Eclesiastes 7:26, que foi citado anteriormente.

[33]Bottrich, "Figures of Adam and Eve"; e E. J. C. Tigchelaar, "Eden and paradise: the garden motif in some early Jewish texts (1 Enoch and Other Texts Found at Qumran)", in Luttikhuizen, ed., *Paradise interpreted*, p. 37-62.

fizeste? Porque embora tenha sido tu que pecaste, o infortúnio/queda[34] não foi somente teu, mas também de nós que somos teus descendentes" (4Esdras 7:118). Esse sentimento também fica claro em 4Esdras 3:21-26 onde Esdras diz a Deus: "Porque o primeiro Adão, sobrecarregado com um coração perverso, transgrediu e foi vencido, bem como foram todos os que descenderam dele", e depois associa Adão com os habitantes de Jerusalém que "transgrediram, fazendo tudo como Adão e todos os seus descendentes fizeram, porque eles também tinham um coração perverso."

Uma visão contrária no livro contemporâneo de 2Baruque mostra que as conclusões de 4Esdras estavam longe de serem universais no final do século 1 E.C. Para esse texto, os descendentes de Adão inevitavelmente desobedeceram a Deus, mas não herdaram o pecado dele.[35] Em 48:42, 2Baruque parece ecoar o lamento de 4Esdras 7:118, "Adão, o que fizeste?", perguntando: "Adão, o que fizeste para todos os que nasceram depois de ti?" Entretanto, 2Baruque explica em seguida: "Portanto, Adão não é a causa, senão somente para a sua própria alma, mas cada um de nós tem sido o Adão de sua própria alma."[36]

Nessa passagem, como em boa parte das escrituras de Israel e outras fontes judaicas pós-bíblicas, o pecado faz parte da condição humana, resultado das más escolhas. Sem proclamar o pecado original no sentido de uma herança adâmica, uma marca inapagável que só pode ser purificada por meio do sangue de Jesus, esses versículos encontram o seu meio para argumentar a favor dessa posição.

Alguns textos nas escrituras de Israel reconhecem que o pecado, embora não tenha sido herdado de Adão ou Eva, pode ser herdado de geração para geração. O Decálogo, por exemplo, sugere que Deus visita "a maldade dos pais nos filhos até à terceira e quarta geração" daqueles que o rejeitam (Êxodo 20:5 e Deuteronômio 5:9 — Almeida Corrigida). Mas outros textos questionam essa ideia da culpa herdada. Ezequiel cita um provérbio: "Os pais comem uvas verdes, e os dentes dos filhos se embotam" (Ezequiel 18:2), e em seguida rejeita o conceito de forma imediata. De modo parecido, Jeremias 31:30 afirma que, no futuro ideal: "Cada um morrerá pela sua iniquidade, e de todo homem que comer uvas verdes os dentes se embotarão."

---

[34]"Infortúnio" provavelmente seja uma tradução melhor, embora "queda" apareça no latim; veja Michael Edward Stone, *Fourth Ezra*, Hermeneia (Minneapolis: Fortress, 1990), p. 258-9.

[35]John R. Levison, *Portraits of Adam in early Judaism: from Sirach to 2 Baruch* (London: Bloomsbury Academic, 1988), p. 130, 135-6.

[36]Veja George W. E. Nickelsburg, "A New Testament reader's guide to *2Baruch*: Or a *2Baruch* reader's guide to the New Testament", em: *Fourth Ezra and Second Baruch: reconstruction after the Fall*, ed. Matthias Henze and Gabriele Boccaccini, Supplements to the Journal for the Study of Judaism 164 (Leiden: Brill, 2013), 271-93 (280).

A TRADIÇÃO JUDAICA POSTERIOR

Posteriormente, alguns cristãos consideraram o ato de comer o fruto proibido uma *felix culpa*, "a culpa feliz" — por causa desse "erro abençoado", o Cristo entra no mundo. Esse termo aparece na época de Ambrósio, o mentor de Agostinho, no final do século 4 E.C. Entretanto, a visão dominante da história do Éden é que ele criou um estado de alienação entre a humanidade e a divindade, com a culpa de Adão e Eva sendo herdada por todos os seus descendentes. Na formulação de Agostinho, a herança era biológica: o pecado de Adão fez que sua "semente se tornasse viciada" (*Contra Juliano* 3.33) — ou, em termos modernos, seu sêmen continha a marca genética do pecado original. Assim, toda a humanidade herda, literalmente, o pecado de Adão, e esse pecado se manifesta pelo nosso desejo de fazer o mal ou por nossos desejos sexuais involuntários. Isso é o que Agostinho chamava de "concupiscência".[37]

Várias interpretações rabínicas polemizaram contra essa visão, destacando o perdão de Deus e não o pecado de Adão.[38] *Levítico Rabbah* 29:1 afirma, "Deus diz a Adão: 'Do mesmo modo que vieste ao tribunal divino e eu o perdoei, assim também teus descendentes virão ao tribunal divino e eu os perdoarei.'" De acordo com *Gênesis Rabbah* 21:6, Deus mostra a Adão "a porta para o arrependimento."

O texto de *Gênesis Rabbah* 19:7 não somente descarta a ideia de que herdamos o pecado de Adão, mas também não considera nenhum pecado como o pior na grande lista dos males humanos, incluindo o fratricídio de Caim, a geração do dilúvio, a construção da Torre de Babel, os pecados de Sodoma, e assim por diante. Com cada pecado, a *Sechinah*, a presença divina, foi se afastando cada vez mais da humanidade. "Mas surgiram sete justos contra tudo isso: Abraão, Isaque, Jacó, Levi, Coate, Anrão e Moisés, e eles trouxeram [a *Sechinah*] de volta à terra."[39] O pecado é inevitável, mas as atividades dos justos podem trazer a Sechinah de volta à terra.

Esse *midrash* também introduz um tema importante da literatura rabínica: o Sinai (e não Jesus) como o antídoto para o pecado.[40] Um *midrash* posterior cita Deus no seguintes termos:

---

[37]Veja Timo Nisula, *Augustine and the functions of concupiscence*, Vigiliae Christianae Supplements 116 (Leiden: Brill, 2012).

[38]Kris Lindbeck, "Fall of humankind II. Judaism B. Rabbinic Judaism", *EBR*, 8:755-8, citando Burton L. Visotsky, "Will and grace: aspects of judaising in pelagianism in light of rabbinic and patristic exegesis of Genesis", em *The exegetical encounter between Jews and Christians in late antiquity*, ed. E. Grypeou e H. Spurling, Jewish and Christian Perspectives 18 (Leiden: Brill, 2009), p. 53-9.

[39]*Midrash Rabbah*, tradução para o inglês de Harry Freeman, ed. Maurice Simon (London: Soncino Press, 1992), 19.7.

[40]Joel Kaminsky, "Paradise regained", em *Jews, Christians, and the theology of Hebrew Scriptures*, ed. Alice Ogden Bellis e Joel Kaminsky, Semeia Studies (Atlanta: SBL Press, 2000), p. 15-44.

> Se eu dei a Adão somente um mandamento para que ele cumprisse, e o fiz igual aos anjos ministradores, como diz: Eis que o homem era um de nós (Gênesis 3:22) — quanto mais aqueles que praticarem e cumprirem todos os 613 mandamentos [o número de mandamentos encontrados na Torá de acordo com os rabinos] — isso sem mencionar seus princípios gerais, detalhes e minúcias — serão merecedores da vida eterna?[41]

A ideia aqui não se trata da temida "justiça pelas obras", isto é, a ideia de que os judeus obedecem aos mandamentos para obter o amor de Deus ou a salvação após a morte. Essa ideia é uma visão equivocada sobre o pensamento judaico. Os judeus não seguem a Torá para "merecer" o amor divino. Os judeus amorosamente seguem a Torá em resposta ao amor que Deus demonstrou a Israel concedendo-lhes a Torá.

Embora a noção Agostiniana de uma semente viciada não apareça no ensino judaico, alguns rabinos realmente imaginaram que os acontecimentos no Éden causaram mudanças no corpo humano. Há no texto de *Gênesis Rabbah* 12:6 a sugestão de que Adão tinha um corpo gigantesco (do mesmo modo que o capítulo 6 de Isaías retrata Deus como tendo um corpo gigantesco), mas esse corpo foi diminuído por causa da ingestão do fruto proibido. Um *midrash* posterior, chamado de *Tanhuma*,[42] sugere que, além de perder estatura e se tornar um mortal por causa do incidente do Éden, as pessoas perderam outras quatro características: o rosto brilhante, o acesso fácil ao alimento, a residência no jardim, e a grande luminosidade original do sol e da terra.

Para os rabinos, a ideia de uma queda no Éden não passa de uma opinião minoritária. As declarações compensatórias que sugerem que tudo, incluindo a morte, fazia parte do plano divino são mais populares. *Gênesis Rabbah* 9:5 relata que o rolo da Torá do rabino Meir, em vez de dizer no final da criação que tudo era "muito bom" (hebr., *tov me'od*), dizia que a "morte era boa" (hebr., *tov mavet*). Essa declaração extravagante indica que a mortalidade que foi concedida aos descendentes de Adão não pode ser vista como uma maldição.

De fato, a opinião rabínica predominante é de que Adão não tem culpa de nenhum "pecado original", como se lê no seguinte *midrash* do *Tanhuma*:

> Embora a morte tenha sido trazida ao mundo por meio de Adão, ainda assim ele não pode ser responsabilizado pela morte dos homens. Certa vez, ele disse a Deus:

---

[41]Kaminsky, "Paradise regained", p. 22, citando *Êxodo Rabbah* 32:1.

[42]*Tanhuma Buber de Gênesis* 1:18, traduzido para o inglês em John T. Townsend, *Midrash Tanhuma*, vol. 1 (Hoboken, NJ: Ktav, 1989), p. 21.

ADÃO E EVA

"Não estou preocupado com a morte dos ímpios, mas não gostaria que os piedosos me recriminassem, nem que colocassem a culpa sobre mim. Peço-te que não menciones a minha culpa." E Deus prometeu cumprir seu desejo [...] Logo que a vida termina em um homem, ele é apresentado a Adão, a quem ele acusa de ter causado sua morte. Entretanto, Adão afasta essa acusação: "Só transgredi uma vez. Será que existe alguém entre vocês, por mais santo que seja, que não tenha sido culpado de mais de uma transgressão?"[43]

Adão tem culpa do pecado — mas somente do pecado dele mesmo.

No que diz respeito à mulher, os rabinos, como seria de esperar, apresentam várias avaliações a respeito da própria Eva, e de Eva como uma mulher prototípica.[44] *Gênesis Rabbah* 18:1 expressa a superioridade da mulher sobre os homens fazendo trocadilhos. A palavra hebraica *vayiven*, na expressão "a costela que havia tirado do homem, o Senhor Deus fez [*vayiven*, "ele construiu"] uma mulher" (Gênesis 2:22), tem um som parecido com a palavra *binah*, "entendimento" — em hebraico as duas palavras têm várias letras em comum. Por causa disso, o rabino Ele'azar conclui: "Ela recebeu um entendimento [*binah*] maior do que o homem."[45] Outro *midrash* nesse livro (17:2) ressalta a importância do casamento ao ver Eva como a resposta a Gênesis 2:18: "Não é bom que o homem esteja só"; o *midrash* afirma: "quem é solteiro se encontra sem bondade, sem ajuda, sem felicidade, sem bênção e sem perdão." Depois de apresentar textos bíblicos como fundamento para cada um desses pontos, outros sábios trazem a sua contribuição, observando que o homem que não se casa também não tem paz nem vida. A passagem termina de forma audaciosa, com um sábio proclamando que o homem sem esposa "não se constitui em uma pessoa completa" e, de acordo com alguns, "se parece menos (com Deus)".[46]

Entretanto, os rabinos também eram realistas e reconheciam a existência de casamentos difíceis ou fracassados. Usando a expressão *'ezer kenegdo* (Gênesis 2:18, 20), em que *'ezer* no hebraico rabínico significa uma ajudadora (submissa) e *kenegdo* tem uma gama de significados, até mesmo "opostos", os rabinos deduziram: "se ele for digno, ela [sua esposa] será um auxílio; se ele não for digno, ela

---

[43]Ginzberg, *Legends*, 1:99.

[44]Veja Anne Lapidus Lerner, *Eternally Eve: images of Eve in the Hebrew Bible, Midrash, and modern Jewish poetry* (Waltham: Brandeis University Press, 2007); Gary A. Anderson, *The Genesis of perfection: Adam and Eve in Jewish and Christian imagination* (Louisville: Westminster John Knox, 2001); Tamar Kadari, "Eve III. Judaism B. Rabbinic to Medieval Judaism", *EBR*, 8:290-3.

[45]Lerner, *Eternally Eve*, p. 57.

[46]Lerner, *Eternally Eve*, p. 68.

se oporá a ele" (*b. Yevamot* 63a, também citado por Rashi em seu comentário de Gênesis 2:18).

Há outros textos rabínicos que encaram Eva, e todas as mulheres, da mesma forma que Ben Sira. Embora nenhum dos textos rabínicos declare que a mulher pertença a uma segunda classe por terem sido criadas em segundo lugar, alguns textos realmente chegam a conclusões depreciativas com relação à Eva por causa da sua criação a partir de uma costela. *Gênesis Rabbah* 17:8 conclui que os homens não precisam se perfumar, porque a terra tem um aroma agradável, enquanto ossos não cheiram bem depois de alguns dias.

Um *midrash* posterior, o *Pirkei* de-Rabbi Eliezer 18, usa visões negativas sobre as mulheres para explicar o motivo pelo qual a serpente escolheu tentar a mulher:

> A serpente teve uma discussão consigo mesma: "Se eu conversar com o *'adam*, eu sei que ele não me ouvirá, porque é sempre difícil fazer um homem mudar de ideia [...]; mas conversarei com a mulher, cujos pensamentos são banais, porque eu sei que ela me ouvirá; porque as mulheres ouvem a todas as criaturas, como se diz: ' Ela [a mulher tola] é simples e não sabe coisa alguma'"(cf. Provérbios 9:13).[47]

.De forma parecida com 1Timóteo, alguns textos rabínicos acham que a desobediência da mulher traz repercussões duradouras. *Gênesis Rabbah* 17:8 segue esse ponto de vista, mas ao mesmo tempo explica porque as mulheres receberam os mandamentos de guardar as leis da pureza menstrual, de retirar no cozimento a primeira parte da massa (*challah*), destinada ao sacerdote, e de acender as velas do Shabat.[48] Outros textos sugerem que as mulheres devem cobrir os cabelos por causa da vergonha do pecado que cometeram e que elas são as que andam mais perto dos cadáveres quando são levados à sepultura porque foram elas que trouxeram a morte ao mundo.[49] Até hoje, muitas judias não têm relações sexuais com seus maridos enquanto estão menstruadas; algumas também jogam um pouco de massa no forno antes de assar e acendem as velas do Shabat. Entretanto, a maioria não se vê amaldiçoada por causa de Eva. Muito pelo contrário, elas veem essas atividades como uma forma de sacralizarem a vida.

A tradição judaica não retrata nenhuma mulher perfeita, semelhante à imagem de Maria presente em algumas tradições cristãs, tanto quato não retrata nenhum homem sem pecado. Entretanto, ao tentar harmonizar o capítulo 1 de Gênesis

---

[47]Lerner, *Eternally Eve*, p. 101-2.
[48]Veja *y. Shabbat* 2:6, 5b.
[49]Lerner, *Eternally Eve*, p. 118.

ADÃO E EVA

com o capítulo 2, ela apresenta Lilith, uma figura humana negativa, a primeira esposa de Adão. De acordo com essa lenda, que foi articulada pela primeira vez no século 9 E.C. no livro *Alfabeto de Jesus ben Sira* (que não tem relação com o livro bem mais antigo de Ben Sira, ou Eclesiástico) relata: "Quando o primeiro homem, Adão, viu que estava só, Deus fez para ele uma mulher à sua semelhança. Deus a chamou de Lilith, e a trouxe a Adão. Eles começaram a brigar imediatamente. Adão disse: 'Você se encontra abaixo de mim'. Então Lilith disse: 'É você que está abaixo de mim! Nós dois somos iguais, porque nós dois viemos do pó da terra'. E eles não ouviam um ao outro." Lilith acaba fugindo para o Egito. Em sua forma final, a lenda diz que Lilith é a causa da morte das crianças e das poluções noturnas. Para evitar que ela exerça o seu poder, as mulheres judias devem fazer o que o Talmude já sugeriu: guardar as leis da pureza menstrual, jogar massa no forno antes de cozinhar e acender as velas do Shabat.[50]

Na atualidade, Adão e Eva voltaram aos noticiários nos debates a respeito do literalismo bíblico juntamente com teóricos da "terra jovem". Algumas pessoas insistem que a história de Adão e Eva precisa ser uma verdade histórica: para Jesus remir a humanidade, é necessário que Adão e Eva introduzam o pecado. Alguns insistem que tem que existir um jardim do Éden porque é o lugar onde os mortos justos herdam a vida eterna. Eva se torna a razão pela qual, em alguns ambientes cristãos, as mulheres não ensinam e nem têm autoridade sobre os homens. Conforme já vimos, existem outras leituras que não partem do princípio do pecado original, nem da queda do homem, nem mesmo de que Adão e Eva existiram historicamente.

A história do Éden não passa de um mito sobre como as coisas vieram a ser como são. Entretanto, não se trata de uma prescrição a respeito de como as coisas precisam ser. Em vez disso, ela nos leva a fazer as perguntas necessárias sobre como as coisas *devem ser*. Em primeiro lugar, ela exige que atentemos à nossa relação com a terra, com as plantas e os animais. Afirma que possuímos uma conexão natural com o chão, uma vez que todos nós somos criaturas da terra e à terra retornaremos. Como, então, cuidar dela? Em segundo lugar, embora Gênesis relate que Deus amaldiçoou a terra, mesmo assim devemos fazer o possível para reverter essa maldição, usando maquinário, ou pesticidas, ou a engenharia

---

[50]Para resumos úteis, veja Janet Howe Gaines, "Lilith: seductress, heroine, or murderer?", *Bible History Daily* (blog), Biblical Archaeology Society, 31 de outubro de 2001, https://www.biblicalarchaeology.org/daily/people-cultures-in-the-bible/people-in-the-bible/lilith/; Beth E. Macdonald, "In possession of the night: Lilith as goddess, demon, vampire", em *Sacred tropes: Tanakh, New Testament, and Qur'an as literature and culture*, ed. Roberta Sterman Sabbath, Biblical Interpretation 98 (Leiden: Brill, 2009), p. 173-82.

genética. Se pudermos combater a maldição que recai sobre a terra, não há razão para, baseado no capítulo 3 de Gênesis, insistir na subordinação feminina, na sua experiência de dor ou que sofram mais durante o parto.

O terceiro ponto é que as narrativas da criação têm levado a entendimentos diversos a respeito da natureza humana: Será que somos somente um pouco menores do que os anjos, cuidados por um Deus compassivo, e que recebemos o livre-arbítrio, ou somos depravados desde a nossa concepção e dignos da condenação eterna? Será que destacamos o pecado original ou a oportunidade original?

Os capítulos 2 e 3 de Gênesis nos pedem para pensar sobre a imortalidade. Diante da alternativa de voltar ao pó, como fazer para que cada momento valha a pena? Será que nossos filhos, ou as obras de nossas mãos, ou as contribuições dos nossos pensamentos substituem a imortalidade? Ou temos a necessidade de ter uma alma imortal em um futuro mítico para combinar com esse passado mítico? Será que o Éden é a nossa casa verdadeira, de tal modo que estamos sempre no exílio, ou a nossa verdadeira casa fica onde quisermos?

Para algumas pessoas, perceber essas vozes diversas diminui o poder da Bíblia e essas diferenças devem ser harmonizadas de algum modo. Para outros, e nós nos incluimos aqui, é justamente a multivocalidade da Bíblia, é este interesse em apresentar várias perspectivas, muitas vezes conflitantes, que lhe confere o poder que ela tem. Já nos primeiros capítulos da Bíblia, vemos essas perspectivas múltiplas nas duas narrativas da criação da fonte Javista (J) e da fonte Sacerdotal (P). Para algumas pessoas, fazer perguntas sobre o texto é perigoso porque as respostas podem levar a novas escolhas, a crenças religiosas diferentes. Para nós, o texto nos leva a fazer essas e outras perguntas, e é por meio das nossas respostas que descobrimos a nós mesmos e o nosso lugar no mundo.

5

"TU ÉS SACERDOTE PARA SEMPRE"

O SACERDÓCIO NO ANTIGO ISRAEL

A NRSV inicia o nosso texto com o título "A carta aos Hebreus"; ela é atribuída tradicionalmente ao apóstolo Paulo. O texto não afirma ter sido escrito por Paulo, trata-se mais de um sermão do que de uma carta, e não tem como destinatários os hebreus no sentido de judeus, mas aos seguidores de Jesus, sejam eles judeus ou gentios.

Mesmo assim, Hebreus é um texto retoricamente sofisticado que apresenta muitos encantos. Permeado de aliterações e assonâncias, já na primeira linha brinca com o som de "p": *polymerōs kai polutropōs palai* (infelizmente, a tradução de Hebreus 12:2, que identifica Jesus como "aut*or*" e "consuma*dor*" da fé acrescenta uma rima que não está presente no grego). A epístola também contém comentários divertidamente modestos: ele apresenta o salmo 110, o texto das escrituras hebraicas mais citado no Novo Testamento, com a singela afirmação de que "alguém testemunhou em algum lugar" (2:6). Hebreus não se baseia somente nas escrituras de Israel, mas também faz referências à filosofia helenística, de forma mais famosa à alegoria da caverna (*A República* 7.514a-520a), ao referir-se a itens terrenos, como o santuário no deserto (Hebreus 8:5) e a lei (10:1), como "sombras" que prefiguram a realidade verdadeira que se manifesta em Jesus, o Cristo. Para Hebreus, Jesus é superior a qualquer outra figura: Abraão, Moisés, Arão e os sacerdotes que descenderam dele, até mesmo do que os anjos. Além disso, ele é tanto a vítima sacrificial proeminente e perfeita quanto o sumo sacerdote proeminente e perfeito. Essa função sacerdotal surpreendente se expressa por meio da declaração igualmente surpreendente de que Jesus é "designado por Deus sumo sacerdote, segundo a ordem de Melquisedeque" (5:10), uma tradução possível para Salmos 110:4.

Ao reinterpretar vários textos de Israel — entre eles dezesseis referências aos Salmos, quatorze ao Pentateuco e sete aos Profetas — Hebreus sugere que a única forma de entender esses textos, de tirar esse sentido das sombras, é pela luz que Jesus traz. Além de recapitular passagens encontradas em outros lugares do Novo Testamento, como: "Tu és o meu Filho; / hoje eu te gerei" (Hebreus 1:5; 5:5; citando Salmos 2:7 com referência a 2Samuel 7:14, citado em Atos 13:33) e "proclamarei o teu nome a meus irmãos; na assembleia te louvarei" (Hebreus 2:12; referenciando o versículo 22 do amplamente citado salmo 22), Hebreus acentua a função sacerdotal de Jesus ao vinculá-lo com os únicos capítulos em que o sacerdote-rei Melquisedeque aparece: salmo 110 e Gênesis 14. Esses dois textos enigmáticos se tornariam campo de disputas na separação entre o judaísmo e o cristianismo.

Hoje em dia, a Epístola aos Hebreus comparece várias vezes nos debates sobre a preocupante questão do substitucionismo: a crença de que a igreja gentílica substitui o povo de Israel como herdeiros das alianças e das promessas de Deus. Identificada às vezes como a "teologia da substituição", o substitucionismo funciona como um jogo de soma zero: se um grupo for eleito de Deus, o outro não pode ser. Embora Paulo afirme que "o dom e o chamado" de Israel, que é a forma como ele identifica o povo judeu, são "irrevogáveis" (Romanos 11:29), nem todos os seguidores de Jesus adotaram essa abordagem.

Conforme veremos, a carta aos Hebreus pode ser vista como substitucionista. Ao mesmo tempo, a tradição judaica posterior, substancialmente em reação aos ensinos cristãos, passou a apresentar leituras alternativas que promovem as ideias judaicas em detrimento das cristãs. Textos multivalentes necessariamente geram interpretações multivalentes. Nem todas as leituras que podem ser apoiadas pelos textos gregos e hebraicos são desejáveis ética ou teologicamente. Hebreus lê vários textos como proféticos, usa-os como textos-base para apoiar afirmações que defendem a função superior de Jesus, e polemiza contra todos que discordarem. Entretanto, Hebreus também consiste em um ótimo modelo para evoluir no diálogo que promove um relacionamento melhor entre judeus e cristãos. As possibilidades não são excludentes.

Vejamos agora como o Israel antigo entendia o sacerdócio.

O rei-sacerdote misterioso Melquisedeque tem o seu nome mencionado oito vezes na Epístola aos Hebreus, seis vezes mais do que na *Tanakh*. Em Hebreus, ele tem três funções. A primeira é a de firmar Jesus na linhagem sacerdotal apesar do fato de que, como Hebreus reconhece, Jesus é "filho de Davi" e, portanto, não se encontra na linhagem sacerdotal de Arão ou de Levi.[1] Em segundo lugar, como Hebreus defende que Melquisedeque é superior a Abraão, Jesus, que se encontra na linhagem sacerdotal de Melquisedeque, é superior a qualquer descendente de Abraão, inclusive a todos os sacerdotes judeus. Em terceiro lugar, porque Melquisedeque é um sacerdote eterno, Jesus é eterno também.Todos esses argumentos se baseiam em escolhas exegéticas, especialmente pelo fato de que o capítulo 14 de Gênesis e o salmo 110 são duas das passagens textualmente mais problemáticas das escrituras de Israel.

Entender os argumentos que Hebreus apresenta exige o entendimento do sacerdócio israelita e do sacerdócio judaico posterior. Durante a época de Jesus até os dias atuais, somente os descendentes de Arão podem ser sacerdotes e somente os descendentes de Levi são levitas. Essa função se mantém, apesar do fato de que, desde o ano 70 E.C., não existe mais Templo onde os sacerdotes possam praticar os ritos litúrgicos. Entretanto, essa função hereditária não consiste no modo único que o Israel antigo entendia o seu sacerdócio.

No início da história de Israel, o sacerdócio não exigia que se fizesse parte de nenhuma família nem de nenhuma tribo. Portanto, vários indivíduos, inclusive os filhos primogênitos, serviam como sacerdotes (hebr., *kohanim*, vindo do singular *kohen*).[2] Por exemplo, Davi e os seus filhos pertenciam à tribo de Judá, que não era sacerdotal, mas, de acordo com 2Samuel 8:18, "os filhos de Davi eram sacerdotes", e Salomão age como um sacerdote quando oferece sacrifícios, santifica o Templo e proclama uma festividade religiosa (1Reis 8:63-65).

Em algum momento, bem antes do século 1 E.C., o sacerdócio passou a se restringir aos membros da tribo de Levi. Podemos perceber a mudança em Números 3:12, quando Deus, falando por meio de Moisés, declara: "Eu mesmo escolho os levitas [hebr., *leviyim*; no singular, *levi*] dentre os israelitas em lugar do primeiro filho de cada mulher israelita.[3] Os levitas são meus." O sacerdócio posteriormente foi restringido para um único grupo dentro dessa tribo: os descendentes de Arão, o irmão de Moisés. Embora os levitas — que não eram descendentes de Arão — viessem a servir como oficiais de segunda classe no Templo de Jerusalém, ajudando com os sacrifícios ou servindo no coral, os sacerdotes, que tinham Arão como

---

[1]Veja Eric F. Mason, *"You are a priest forever": Second Temple Jewish Messianism and the priestly Christology of the Epistle to the Hebrews*, Studies on the Texts of the Desert of Judah 74 (Leiden: Brill, 2008).

[2]Sobre a história do sacerdócio israelita, veja Mark Leuchter, *The Levites and the boundaries of Israelite identity* (Oxford: Oxford Univ. Press, 2017).

[3]Veja os comentários sobre sacrifícios humanos nas páginas 203 a 205.

ancestral, tinham funções específicas, como ministrar os sacrifícios propriamente ditos e receber as partes que lhe eram destinadas de várias ofertas (isto é, carne para o jantar). Somente um descendente direto de Arão poderia servir como sumo sacerdote. Só ele poderia entrar na parte mais santa do Templo, o Santo dos Santos — somente depois de uma preparação extensiva e somente uma vez por ano, no Dia da Expiação (Levítico 16). De um modo diferente do cristianismo, onde o sacerdócio é uma vocação, na tradição israelita e na tradição judaica posterior, o sacerdócio passou a ser uma função herdada, passada de pai para filho.

Vemos essa preocupação com a linhagem em Lucas 1:5, que descreve os pais de João Batista: "havia um sacerdote chamado Zacarias, que pertencia ao grupo sacerdotal de Abias; Isabel, sua mulher, também era descendente de Arão." Lucas também relata que Isabel era parente de Maria, mãe de Jesus, então Maria também fazia parte da linhagem sacerdotal. Entretanto, os Evangelhos se concentram na descendência davídica de Jesus. Lemos no primeiro versículo de Mateus (1:1): "Registro da genealogia de Jesus Cristo, filho de Davi, filho de Abraão." Até mesmo Hebreus reconhece: "É bem conhecido que o nosso Senhor descende de Judá, tribo da qual Moisés nada fala quanto a sacerdócio" (Hebreus 7:14). Já que Jesus não tem uma descendência levítica, pelas normas judaicas ele não é um sacerdote.

JESUS, SUMO SACERDOTE SEGUNDO A ORDEM DE MELQUISEDEQUE

Ainda segundo os seus seguidores, Jesus é mais do que somente filho de Davi. Ele também é o Filho único de Deus. O segundo versículo de Hebreus transmite essa ideia: "mas nestes últimos dias falou-nos por meio do Filho, a quem constituiu herdeiro de todas as coisas" (Hebreus 1:2). Alguns versículos depois, o autor confirma a declaração em 1:5 citando Salmos 2:7:"pois a qual dos anjos Deus alguma vez disse: 'Tu és meu Filho; eu hoje te gerei'?"[4] (esse versículo também pode se tratar de uma referência a 2Samuel 7:14: "eu serei seu pai, e ele será meu filho"). Em Hebreus 4:14, existe um reforço do título "Filho de Deus" quando se estabelece um vínculo com a autoridade sacerdotal: "temos um grande sumo sacerdote que adentrou os céus, Jesus, o Filho de Deus."

Para fundamentar o sumo sacerdócio de Jesus, Hebreus repete e comenta a referência no Salmo 110:4 à enigmática "ordem de Melquisedeque". Em primeiro lugar,

[4]Veja Susan Gillingham, *A journey of two psalms: the reception of Psalms 1 and 2 in Jewish and Christian tradition* (Oxford: Oxford University Press, 2013).

"TU ÉS SACERDOTE PARA SEMPRE"

o texto de Hebreus 5:6 cita Salmos 110:4 de modo direto: "E diz noutro lugar: 'tu és sacerdote para sempre, segundo a ordem de Melquisedeque." Nenhum outro texto antigo descreve uma "ordem de Melquisedeque" e nem qualquer descendente que ele possa ter, real ou metafórico. Até mesmo a palavra para "ordem" só é clara no grego. A Septuaginta (Salmos 109:4) usa a palavra *taxis* (de onde temos a palavra "taxonomia") para denotar essa ordem, mas, conforme demonstramos em seguida, a palavra "ordem" não reflete o significado da palavra hebraica original, que é *divrati*.

Quanto à função de Jesus nessa ordem, Hebreus apresenta um floreio retórico: "quanto a isso, temos muito que dizer, coisas difíceis de explicar" (Hebreus 5:11a). Depois de um capítulo de digressão, que deixa os destinatários esperando por evidências que provem a função sacerdotal de Jesus, Hebreus volta a seu argumento sacerdotal. Em uma discussão tanto elegante quanto complexa, o autor afirma em 6:19,20: "temos esta esperança como âncora da alma, firme e segura, a qual adentra o santuário interior, por trás do véu, onde Jesus, que nos precedeu, entrou em nosso lugar, tornando-se sumo sacerdote para sempre, segundo a ordem de Melquisedeque." Desse ponto em diante, as referências ao sumo sacerdote, à eternidade e à ordem de Melquisedeque soam como um refrão.

A referência ao "santuário interior por trás do véu" se refere à arquitetura do tabernáculo utilizado para o culto no deserto antes da construção do Templo de Jerusalém. O véu escondia o lugar santíssimo, em que o sumo sacerdote só entrava no *Yom Kippur*. O mesmo véu passou a fazer parte da arquitetura do Templo. Ao narrar os acontecimentos na crucificação de Jesus, os Evangelhos sinóticos relatam que "o véu do santuário rasgou-se em duas partes, de alto a baixo" (Marcos 15:38; cf. Mateus 27:51; Lucas 23:45) um relato que mais provavelmente prefigura a destruição do Templo na geração seguinte do que reflete fatos históricos. O rasgar também poderia indicar um luto divino, levando-se em conta a tradição de rasgar as vestes com o sentido de luto, como quando Jacó rasgou suas vestes ao ouvir o relato falso de que José, seu filho amado, estaria morto (Gênesis 37:34).

Alguns intérpretes cristãos afirmam que o partir do véu nos relatos sinóticos indica que agora todas as pessoas têm acesso a Deus. Essa interpretação parte de forma incorreta do princípio de que o acesso ao divino era restrito. A adoração ao Deus de Israel nunca foi restrita ao Templo, conforme Gênesis 2:1-3, já indica. Além disso, as partes do Templo eram abertas a todos para o culto, tanto para os gentios quanto para os judeus, tanto para os homens quanto para as mulheres.

Hebreus nunca menciona o Templo de Jerusalém, nem mesmo o "partir" do véu, portanto não sabemos se, a princípio, a carta buscava substituir o Templo. Entretanto, esse texto realmente mostra como Jesus substitui o santuário do deserto. Hebreus sugere que existe um templo melhor e mais verdadeiro no céu, completo e com o véu, onde Jesus serve no altar.

No capítulo seguinte, Hebreus apresenta a letra para seu refrão, combinando as expressões "sumo sacerdote, para sempre, e ordem de Melquisedeque" por meio de uma leitura seletiva do capítulo 14 de Gênesis que, conforme veremos, não fica clara no original hebraico. O capítulo 7 começa apresentando "esse Melquisedeque, rei de Salém e sacerdote do Deus Altíssimo" (7:1a; citando Gênesis 14:18). No hebraico bíblico, que é escrito somente com consoantes, as palavras *shalem* (um lugar — que se traduz tradicionalmente como Salém, como o nome do local nos Estados Unidos em que ocorreu uma infâme caça às bruxas) e *shalom* ("paz") são idênticas. Tendo em vista esse jogo de palavras, Melquisedeque também pode ser entendido, como Hebreus 7:2 nos diz, como "rei de paz".

Já que Salém sugere Jerusalém, Melquisedeque torna-se a razão para o interesse da carta de Hebreus pela cidade. Guardando a coerência com sua apresentação do antigo Israel como sombra ou protótipo, Hebreus vê Salém/Jerusalém terrena como antecipando algo melhor que os seguidores de Jesus terão: "Mas vocês chegaram ao monte Sião, à Jerusalém celestial, à cidade do Deus vivo. Chegaram aos milhares de milhares de anjos em alegre reunião" (Hebreus 12:22). Essa Jerusalém celestial, que se encaixa perfeitamente na ideia platônica de essências ideais e manifestações terrenas contingentes ou "acidentes", aparece nos textos judaicos da época[5], bem como em Apocalipse 21:2. Em Hebreus, tanto o santuário terreno no deserto quanto o Templo de Jerusalém e a própria cidade de Jerusalém são substituídos — ou mesmo superados — pelo Cristo celestial.[6]

O fundamento para a natureza eterna desse altar e do seu sacerdote se encontra em Melquisedeque. De acordo com Hebreus 7:3, Melquisedeque é "sem pai, sem mãe, sem genealogia, sem princípio de dias nem fim de vida, feito semelhante ao Filho de Deus, ele permanece sacerdote para sempre." O autor interpreta a ausência de provas (Gênesis não descreve a arvore genealógica de Melquisedeque nem a sua morte) como prova de ausência (não havia ancestralidade ou morte).

Em seguida, faz-se a explicação da razão pela qual Melquisedeque é superior a Abraão e, consequentemente, qual é o motivo para que Jesus, inserido na ordem sacerdotal de Melquisedeque, seja superior aos descendentes de Abraão. Segundo o capítulo 14 de Gênesis, Melquisedeque se encontra com Abrão (cujo nome será

---

[5]Lorenzo DiTommaso, "New Jerusalem", em *EDEJ*, p. 797-9 (798).

[6]Kevin B. McCruden faz um resumo dessa nova realidade: "A atividade sacrificial de Cristo demonstra ser superior à atividade sacrificial dos sacerdotes comuns, já que acontece naquilo que Hebreus descreve como um tabernáculo autêntico ou um santuário localizado no céu (8.1; 9:11,12), em contraste com um tabernáculo ou santuário terreno (8:5; 9:1, 11)." Veja o seu estudo "The concept of perfection in the epistle to the Hebrews", em *Reading the Epistle to the Hebrews: a resource for students*, ed. Eric F. Mason e Kevin B. McCruden, Resources for Biblical Study 66 (Atlanta: SBL Press, 2011), 209-30 (224).

mudado para Abraão) quando o patriarca estava voltando de sua vitória militar sobre vários reis locais que tinham capturado seu sobrinho, Ló. Lemos em Hebreus 7:1b-2, que faz referência a Gênesis 14:19-20, que Melquisedeque "o abençoou" e que "Abrão lhe deu o dízimo de tudo." Essa é uma leitura plausível de Gênesis — embora, conforme veremos, o hebraico não especifique quem abençoa quem.

Hebreus continua seu argumento extrapolando o dízimo de Abraão a Melquisedeque para explicar o relacionamento entre os descendentes de Abraão e Jesus, o rei-sacerdote da ordem de Melquisedeque. O argumento é complexo e sagaz. Ele observa em primeiro lugar que, enquanto os levitas recolhiam dízimos, Melquisedeque, um homem "que não pertencia à linhagem de Levi" (Hebreus 7:6), recolheu dízimo de Abraão. É nesse ponto que Hebreus começa a levantar a questão da linhagem sacerdotal. Em segundo lugar, já que, "sem dúvida alguma, o inferior é abençoado pelo superior" (7:7), e já que Melquisedeque, de acordo com Hebreus, abençoa Abrão, garante-se a superioridade de Melquisedeque. Ampliando essa ideia para as gerações, Hebreus faz a terceira observação: "Pode-se até dizer que Levi, que recebe os dízimos, entregou-os por meio de Abraão, pois, quando Melquisedeque se encontrou com Abraão, Levi ainda estava no corpo do seu antepassado" (7:9-10). Esta observação coloca Levi, que nasceria três gerações adiante, e todos os seus descendentes em uma posição subordinada a Melquisedeque e, portanto, a Jesus.

Depois de definir a posição de Abrão (e sua família) com relação a Melquisedeque (e Jesus, a pessoa singular em sua linhagem), Hebreus passa a explicar o sacerdócio perfeito e o sacrifício perfeito de Jesus. Em primeiro lugar, afirma que a perfeição não pode ser alcançada mediante a lei (isto é, a Torá), que "não havia aperfeiçoado coisa alguma" (Hebreus 7:19). Essa afirmativa não é controversa. De forma geral, os judeus não achavam que o propósito da Torá era o de "aperfeiçoar" os seres humanos. A nossa própria natureza humana impediria isso. Temos a confirmação disso em Eclesiastes 7:20: "Todavia, não há um só justo na terra, ninguém que pratique o bem e nunca peque." O livro deuterocanônico de Eclesiástico concorda: "Há quem deslize, mas sem intenção / quem nunca pecou com a própria língua?" (Eclesiástico 19:16). Em vez disso, a Torá nada mais é que um guia para nos ajudar a fazer as escolhas certas — "escolher a vida" (Deuteronômio 30:19).

Em seguida se apresenta o argumento de que Jesus "se tornou sacerdote, não por regras relativas à linhagem, mas segundo o poder de uma vida indestrutível" (Hebreus 7:16). Esse é um dos vários versículos que Hebreus usa para demonstrar que os mandamentos da Torá, pelo fato de que não criam um estado permanente e devem ser continuamente repetidos, são imperfeitos.

Pela quarta vez, em 7:17, Hebreus repete o refrão de Salmos 110:4: "Porquanto sobre ele é afirmado: 'Tu és sacerdote para sempre, segundo a ordem de

Melquisedeque." Em Hebreus 7:21, o autor novamente escreve: "Tu és sacerdote para sempre" e podemos imaginar facilmente a congregação respondendo: "segundo a ordem de Melquisedeque."

O argumento a respeito da imperfeição por causa da repetição continua com outra ideia: os sacerdotes antigos (levitas) não podem continuar suas funções porque morrem (Hebreus 7:23). Jesus mantém esse ofício de forma permanente porque ele é eterno, do mesmo modo que Melquisedeque. Além disso, de modo diferente dos sacerdotes levitas, ou de qualquer outro ser humano, Jesus é "santo, inculpável, puro, separado dos pecadores, exaltado acima dos céus" (7:26). Portanto, enquanto os sacerdotes comuns têm que oferecer sacrifícios pelos seus próprios pecados (5:3; veja Levítico 4:3; 16:11), Jesus não precisa disso: Hebreus, de forma única entre os livros do Novo Testamento, afirma claramente que Jesus é "sem pecado". Portanto, o seu sacrifício único, sua própria carne e sangue, é suficiente para gerar expiação para todos.

Além disso, Hebreus afirma que "a aliança da qual ele [Jesus] é mediador é superior à antiga [...] pois se aquela primeira aliança fosse perfeita, não seria necessário procurar lugar para outra" (Hebreus 8:6-7). Nesse ponto o autor cita a famosa passagem de Jeremias a respeito da "nova aliança" (Jeremias 31:31-34):

> Estão chegando os dias, declara o SENHOR,
>> quando farei uma nova aliança com a comunidade de Israel
>> e com a comunidade de Judá.
> Não será como a aliança que fiz com os seus antepassados
>> quando os tomei pela mão para tirá-los do Egito [...]
> Porque eu lhes perdoarei a maldade
>> e não me lembrarei mais dos seus pecados (Hebreus 8:8,9,12).

A citação é concluída da seguinte forma: "chamando 'nova' esta aliança, ele tornou antiquada a primeira; e o que se torna antiquado e envelhecido, está a ponto de desaparecer" (8:13).[7] Do mesmo modo que a permanência substitui a impermanência, e que a perfeição substitui a imperfeição, Cristo substitui a Torá.

Junto com a permanência e a perfeição vem a substituição. Hebreus afirma que Jesus não é somente o sumo sacerdote perfeito: ele é a oferta sacrificial perfeita. O argumento começa com a premissa de que "sem derramamento de sangue não há perdão de pecados" (Hebreus 9:22). Portanto, o sacrifício de Jesus é o único meio para alcançar o perdão depois da cessação dos sacrifícios no Templo (essa

---

[7] Voltaremos ao capítulo 31 de Jeremias em nossa conclusão.

"TU ÉS SACERDOTE PARA SEMPRE"

questão do sacrifício, que é tão importante para entender como os judeus e os cristãos interpretam a Bíblia, receberá uma análise completa no capítulo 7). Aqui, nós nos limitamos a observar que os judeus não afirmam que o sangue é a condição *sine qua non* para restaurar qualquer relacionamento rompido entre Deus e a humanidade.

Nossa análise termina voltando a salmo 110, "Daí [o momento em que ele se "assentou à direita de Deus"] em diante, ele está esperando até que os seus inimigos sejam colocados como estrado dos seus pés" (Hebreus 10:13, citando Salmos 110:1), e à afirmação: "porque, por meio de um único sacrifício, ele aperfeiçoou para sempre os que estão sendo santificados" (Hebreus 10:14). De acordo com Hebreus, Jesus, mediante o seu sacrifício perfeito, santifica e purifica do pecado todo aquele que o segue. A participação em qualquer outro sistema sacrificial seria retrógrada.

Tendo como base esses argumentos, não é de admirar, conforme observa Alan Mitchell, que "a partir do século 2 E.C., os cristãos têm usado [a Epístola aos Hebreus] para promover a visão de que o cristianismo, de acordo com o plano de Deus, substituiu o judaísmo" e que "as palavras de Hebreus e o estilo do seu autor se prestam para esse tipo de interpretação".[8] O hebraico do capítulo 14 de Gênesis e do salmo 110, além da interpretação da época do Segundo Templo e a interpretação rabínica posterior dessas passagens, trazem leituras alternativas. O resultado é que tanto as tradições judaicas quanto as cristãs se baseiam em interpretações seletivas desses textos; além disso, esses dois textos antigos são, por si sós, obscuros e abertos a várias leituras que, muitas vezes, são mutuamente exclusivas.

GÊNESIS 14: PRIMEIRA MENÇÃO DE MELQUISEDEQUE

O capítulo 14 de Gênesis é atípico, e não somente porque esta é a única passagem do Pentateuco em que o rei-sacerdote Melquisedeque é mencionado. O capítulo não pode ser claramente vinculado a nenhuma das fontes bíblicas tradicionais (as fontes J e P, bem como as fontes "Eloísta" [E] e "Deuteronomista" [D]); portanto, não podemos definir a época da sua escrita.[9] Até mesmo sua descrição de Abrão

[8]Alan C. Mitchell, "'Sacrifice of praise': does Hebrews promote supersessionism?", em Mason e McCruden, *Reading the epistle to the Hebrews*, p. 251-68 (251).

[9]Veja Gard Granerød, *Abraham and Melchizedek: scribal activity of Second Temple times in Genesis 14 and Psalm 110*, Beihefte zur Zeitschrift fur die alttestamentliche Wissenschaft 406 (Berlin: de Gruyter, 2010), esp. p. 3-4. Emerton situa sua data no período davídico: J. A. Emerton, "The Riddle of Genesis XIV", *Vetus Testamentum* 21 (1971): 403-39 (412-25). Para uma data posterior mais provável desse material, veja Granerød, *Abraham and Melchizedek*, p. 170.

foge ao padrão, porque é somente nessa passagem que o patriarca surge como um "nobre guerreiro".[10]

Esse capítulo começa descrevendo uma guerra entre vários reis cananeus, alguns conhecidos de outras passagens e outros mencionados somente nesse contexto. Os nomes não interferem na narrativa mais ampla, e essa seção deixa a impressão de que os detalhes foram emendados, de forma um tanto desajeitada, a partir de outra fonte. Posteriormente ficamos sabendo que "o inimigo" (Gênesis 14:11-12) tinha capturado Ló, o sobrinho de Abrão, que estava morando em Sodoma (o famoso relato de Sodoma e Gomorra aparece cinco capítulos depois, no capítulo 19). Abrão entra na batalha, resgata Ló e obtém despojos expressivos em troca de seus esforços. O relato de Gênesis 14:17 diz: "Voltando Abrão da vitória sobre Quedorlaomer e sobre os reis que a ele se haviam aliado, o rei de Sodoma foi ao seu encontro no vale de Savé, isto é, o vale do Rei".

Mais adiante, Gênesis 14:18-20 deixa a referência ao rei de Sodoma e subitamente apresenta Melquisedeque, o rei de Salém. É possível que a palavra Salém tenha sido originalmente "Sodoma", de modo que Melquisedeque na verdade seja "rei de Sodoma"; se não houver este vínculo entre as palavras, a passagem sobre Melquisedeque fica, no mínimo, abrupta:

> Então Melquisedeque, rei de Salém e sacerdote do Deus Altíssimo,
> trouxe pão e vinho e abençoou Abrão, dizendo:
> "Bendito seja Abrão pelo Deus Altíssimo,
> Criador dos céus e da terra.
> E bendito seja o Deus Altíssimo, que entregou seus inimigos em suas mãos".
> E ele ["Abrão" consiste em uma glosa interpretativa] lhe deu o dízimo de tudo.

Neste ponto, o hebraico não deixa claro quem deu o dízimo a quem.

No final desse episódio curto, a narrativa recomeça de onde parou no versículo 17: "O rei de Sodoma disse a Abrão: 'Dê-me as pessoas e pode ficar com os bens'" (Gênesis 14:21). No decorrer do diálogo, Abraão dá os despojos ao rei de Sodoma, jura ao "SENHOR, o Deus Altíssimo [hebr.,*'el 'elyon*], Criador dos céus e da terra, [...] que não aceitarei nada do que lhe pertence, nem mesmo um cordão

---

[10]Veja Yohanan Muffs, "Abraham the noble warrior: patriarchal politics and laws of war in ancient Israel", em *Love and joy: law, language and religion in ancient Israel* (New York: Jewish Theological Seminary of America, 1992), p. 67-95. *Veja tb.* Robert R. Cargill, *Melchizedek, king of Sodom: how scribes invented the biblical priest-king* (New York: Oxford University Press, 2019), com uma bibliografia abrangente. Agradecemos ao professor Cargill por compartilhar as provas do seu livro conosco. Cargill, ao reconstituir uma versão anterior desse capítulo, propõe que *shalem* se constitui em uma alteração de Sodoma e que a passagem de 14:18-20 é original dentro do capítulo.

ou uma correia de sandália, para que você jamais venha a dizer: 'Eu enriqueci Abrão'" (Gênesis 14:22,23). O fato de que a história de Melquisedeque pode ser retirada de Gênesis sem criar nenhuma lacuna na narrativa dá mais razão para a sugestão de que se trata de um acréscimo secundário.[11]

Os problemas continuam com a tradução do nome de Melquisedeque. O hebraico apresenta *malki-zedek*, um nome hebraico parecido com o de Adoni- -Zedeque, rei de Jerusalém (Josué 10:1,3). A Septuaginta lê como uma palavra só, Melquisedeque, do mesmo modo que o livro Gênesis Apócrifo, em aramaico, de Qumran (1QapGen). Como uma palavra, Melquisedeque tem que ser um substantivo próprio, mas lido como duas palavras, *malki* e *zedek*, podemos ter um substantivo seguido por outro substantivo com função adjetiva. Para uma analogia moderna, Rosalinda é um nome pessoal, mas o nome pode ser escrito como duas palavras, o substantivo "rosa" e o adjetivo "linda". Para aumentar ainda mais o mistério, o sentido das duas palavras em hebraico é incerto.[12] O primeiro elemento, *malki*, pode significar tanto "meu rei" ou "rei" (se não traduzirmos a vogal final "i");[13] e o segundo, *zedek*, pode significar o substantivo comum "justiça", compondo com o outro elemento o significado do nome como "meu rei /o rei é justo". Se for assim, o nome hebraico Malkizedek fica idêntico ao nome do rei mesopotâmico Sargão, que vem das palavras *shar* ("rei") e *kenu* ("justo"). Esse nome, que indica legitimidade,[14] é usado em casos em que a sucessão real é questionada. Uma interpretação alternativa é que *zedek* pode se referir a Zedeque, o deus semita ocidental da justiça,[15] fazendo com que a interpretação do nome se torne "meu rei/o rei (divino) é (o deus) Zedeque." Esse nome é conhecido em ordem invertida em fenício.[16]

O nome Melquisedeque ainda pode ser interpretado de outra maneira. O hebraico não inicia os nomes com letra maiúscula, e até hoje o alfabeto hebraico, conforme já vimos, não tem letras maiúsculas nem minúsculas. Portanto, é possível que o hebraico *malki-zedek,* em algumas citações, se trate de uma locução substantiva, e não de um nome pessoal; se for o caso, ele deve ser traduzido como

---

[11]Do mesmo modo, p. ex., Emerton, "Riddle of Genesis XIV", p. 407-12; John Van Seters, *Abraham in history and tradition (New Haven: Yale University Press, 1975),* p. 301-302; Granerød, *Abraham and Melchizedek,* p. 31-3.

[12]Veja Scott C. Layton, *Archaic features of Canaanite personal names in the Hebrew Bible,* Harvard Semitic Monographs 47 (Atlanta: Scholars Press, 1990), p. 139-40.

[13]Robyn C. Vern, "Case: vestiges of case inflections", em *Encyclopedia of Hebrew language and linguistics,* ed. Jeffrey Kahn, http://dx.doi.org/10.1163/2212-4241_ehll_EHLL_COM_00000807, lançado pela primeira vez na Internet em 2013.

[14]E. A. Speiser, *Genesis,* Anchor Yale Bible 1 (New Haven: Yale University Press, 1964), p. 104.

[15]Bernard F. Batto, "Zedeq", *DDD,* p. 929-34.

[16]Ludwig Koehler and Walter Baumgartner, *The Hebrew and Aramaic lexicon of the Old Testament,* ed. M. E. J. Richardson (Leiden: Brill, 2002), s.v. "מַלְכִּי־צֶדֶק".

"oh, meu rei justo!"[17] Isso é improvável para o capítulo 14 de Gênesis, mas pode ser viável para interpretar Salmos 110:4, que analisaremos mais adiante.

Não são apenas a forma e a interpretação do nome que estão abertas a várias interpretações, mas a localização do rei também está. De acordo com Gênesis 14:18, Melquisedeque é rei de Salém, que em hebraico é *shalem*. Além das especulações de que "Salém" era originalmente lido como "Sodoma", achamos que, de acordo com Salmos 76:2 (hebr. 76:3), *shalem* nada mais é que outro nome para Sião (ou Jerusalém): "Sua tenda está em Salém [hebr., *shalem*]; / o lugar da sua habitação está em Sião." O livro *Antiguidades dos judeus* de Flávio Josefo (1.181) e o *Gênesis apócrifo* (22:13) sugerem, de modo parecido, que Salém é uma forma abreviada de Jerusalém.[18] Se o capítulo, ou até mesmo a seção onde ele está inserido, for um acréscimo posterior, seu autor, sabendo que a Torá não menciona Jerusalém em outras passagens, pode ter evitado uma menção explícita.[19]

Existem ainda outras interpretações possíveis do nome e da identificação da cidade. Um pai da igreja, Jerônimo, seguindo a tradição samaritana (p. ex., Pseudo-Eupolemus), identifica a Salém do encontro de Abraão com Melquisedeque como um lugar de Samaria, perto de Citópolis, uma leitura possível que tem base a cidade de Salim ou Salém que é mencionada em Judite 4:4 e na tradução de Gênesis 33:18 da Septuaginta: "e Jacó veio a Salém uma cidade de Secima." Contudo, não se sabe ao certo se Gênesis 33:18 menciona Salém (hebr. *shalem*); esse versículo também poderia ser traduzido: "Jacó chegou a salvo [com a palavra *shalem* funcionando como a locução adverbial "a salvo"] à cidade de Siquém."[20]

Os problemas de interpretação continuam em Gênesis 14:18, que identifica Melquisedeque como sacerdote do "Deus Altíssimo", a expressão hebraica *'el 'elyon*, que Abraão também usará para falar com o rei de Sodoma em 14:22. O fato de Melquisedeque exercer as funções de rei e sacerdote não é incomum; a maioria dois reis no Antigo Oriente Próximo, incluindo Salomão, serviam como patronos do templo e ofereciam sacrifícios. Nossa questão é a identificação desse *'el 'elyon*. El, o deus supremo da religião canaanita, é bem documentado em vários tabletes cuneiformes escavados em Ugarite, uma cidade no litoral da Síria. A função de El na criação é

---

[17]Mais recentemente, veja Cargill, *Melchizedek, King of Sodom*, cap. 8.

[18]Para o argumento mais abrangente de que Salém se trata de Jerusalém, veja J. Emerton, "The site of Salem, the city of Melchizedek (Genesis XIV 18)", em *Studies in the Pentateuch*, Supplements to Vetus Testamentum 41 (Leiden: Brill, 1990), p. 45-72.

[19]Quanto à ausência de uma menção explícita a Jerusalém na Torá, veja Umberto Moses Cassuto, "Jerusalem in the Pentateuch", em *Biblical and Oriental Studies*, 2 vols. (Jerusalem: Magnes, 1973), 1:70-78.

[20]A defesa mais ampla dessa posição é a de John G. Gammie, "Loci of the Melchizedek tradition of Genesis 14:18-20", *Journal of Biblical Literature* 90 (1971): 385-96.

debatida,[21] embora a inscrição de Karatepe, do século 9 A.E.C., o chame de "El, criador da terra", uma forma mais curta do seu epíteto em Gênesis 14:19, "criador do céu e da terra." O epíteto *'elyon*, "Altíssimo", não se encontra no material ugarítico mais antigo, embora possa ter aparecido em um tratado em aramaico do século 8 de Safira, cidade próxima a Alepo, na Síria.[22] Esse testemunho relativamente posterior sugere que o uso bíblico desse epíteto não pertence aos estratos mais comuns das escrituras de Israel. A passagem de Gênesis 14:22, que utiliza a expressão "ao SENHOR [YHWH], Deus Altíssimo [*'el 'elyon*], Criador dos céus e da terra", reivindica esses títulos para o Deus de Israel; os leitores mais antigos que conhecessem o El canaanita reconheceriam, e se alegrariam na reatribuição desse título ao Deus de Israel. Um empréstimo semelhante pode ser a base de Salmos 46:4 (Salmos 45:5 LXX), que se refere a Jerusalém como "a habitação santa do Altíssimo" (hebr., *'elyon*). Assim, somente o contexto bíblico mais amplo, especialmente Gênesis 14:22, onde Abraão jura pelo SENHOR (YHWH), o Deus Altíssimo (*'el 'elyon*), nos diz que Abrão e Melquisedeque adoravam ao mesmo Deus.

O sacerdote Melquisedeque não oferece nenhum sacrifício. Em vez disso, ele oferece a Abrão a hospitalidade típica do "pão e do vinho" (Gênesis 14:18; veja especialmente Juízes 19:19). A palavra hebraica para "pão", *lechem*, também funciona como uma palavra genérica para "comida [*m'chl*] e bebida". O vinho não era nada de tão especial no Mediterrâneo antigo — geralmente ele era bem aguado, usado para acompanhar a maioria das refeições. Para os seguidores de Jesus, que conhecem as práticas eucarísticas das quais "o pão e o vinho" fazem parte, a história do sacerdote Melquisedeque pode ter tido repercussões, embora a Epístola aos Hebreus não as explore. É sempre problemático explicar a ausência de evidências. Conforme R. Williamson escreveu em 1975: "Nunca se chegou a nenhuma conclusão amplamente aceita a respeito da Eucaristia e Hebreus."[23] A única referência a "pão" em Hebreus é 9:2, uma referência ao "pão da proposição" no santuário do deserto. Não há nenhuma referência ao vinho em Hebreus.

Essa pequena unidade textual termina com uma ambiguidade ainda maior. A tradução da última frase: "e Abrão lhe deu" (Gênesis 14:20) não passa de um palpite. Lemos no hebraico: "e ele lhe deu o dízimo de tudo", e tanto o hebraico quanto o grego são ambíguos quanto a quem deu o dízimo. Esse palpite pode estar

---

[21]W. Hermann, "El", *DDD*, 274-80 (275-6).

[22]E. E. Elnes e P. D. Miller, "Elyon", *DDD*, p. 293-9 (294-5).

[23]R. Williamson, "The Eucharist and the epistle to the Hebrews", *New Testament Studies* 21 (1975): 300-12 (300). James Swetnam, "Christology and the eucharist in the epistle to the Hebrews", *Biblica* 70 (1989): 74-95, afirma: "O assunto da Eucaristia na Epístola aos Hebreus é um dos menores pontos de discordância nos estudos contemporâneos do Novo Testamento" (p. 74).

certo: já que os sacerdotes recolhem o dízimo (*maʼaser*, "a décima parte"), faz sentido que Abrão desse o dízimo para o sacerdote Melquisedeque. Se o oposto fosse verdadeiro, ou seja, se Melquisedeque desse o dízimo para Abrão, o texto teria dito de forma clara: "e *Melquisedeque* lhe deu o dízimo de tudo" ou "ele deu *a Abrão* o dízimo de tudo" para indicar a situação atípica.[24] A próxima unidade deixa claro que Abraão deu bens para o rei de Sodoma para preservar sua reputação de ganhar sua riqueza de forma independente. Gênesis também destaca a importância de os patriarcas darem o dízimo em Gênesis 28:22, onde Jacó diz para Deus: "e de tudo o que me deres certamente te darei o dízimo."

Apesar de todas essas ambiguidades, esses versículos têm várias funções já em Gênesis. Em primeiro lugar, o vínculo implícito entre Salém e Jerusalém[25] associa Abraão, o primeiro hebreu, com a capital de Judá e, por sua vez, com o seu Templo.[26] As referências à bênção de Melquisedeque a Abrão elaboram um tema apresentado em Gênesis 12:2-3, que usa a raiz *b-r-ch* ("abençoar") cinco vezes; essa raiz aparece três vezes em 14:19-20. Assim, Abrão é abençoado tanto por Deus quanto por um rei-sacerdote importante. Os versículos também fortalecem a instituição do dízimo.[27] Além disso, eles mostram de que maneira El, o antigo deus dos cananeus, tinha sido absorvido por YHWH, o Deus nacional israelita.[28] Entretanto, com os problemas na tradução e na interpretação, este capítulo demonstrou ser irresistível tanto para o autor de Hebreus quanto para os escritores judaicos posteriores, que encontram nele tanto consequências proféticas quanto argumentos polêmicos.

SALMO 110: SALMO DE REALEZA ENIGMÁTICO

Os sete versículos do salmo 110 não somente recebem bastante atenção em Hebreus, como também aparecem de maneira proeminente em outras passagens do Novo Testamento.[29] Entretanto, essas interpretações do Novo Testamento são tudo menos óbvias.

---

[24]Cargill, *Melchizedek, King of Sodom*, afirma que, em uma versão mais antiga da história, Melquisedeque deu o dízimo a Abrão, do mesmo modo que Victor P. Hamilton, *The Book of Genesis: chapters 1—17*, New International Commentary on the Old Testament (Grand Rapids: Eerdmans, 1990), p. 412-3.

[25]Walter J. Houston, "Between Salem and Mount Gerizim: the context of the formation of the Torah reconsidered", *Journal of Ancient Judaism* 5 (2014): 311-34 (329).

[26]Gerhard von Rad, *Genesis: a Commentary*, tradução para o inglês de John H. Marks, Old Testamen Library (Philadelphia: Westminster, 1972), p. 180-1.

[27]Cassuto, "Jerusalem in the Pentateuch", p. 73.

[28]Van Seters, *Abraham*, p. 307-8

[29]Jared Compton, *Psalm 110 and the logic of Hebrews*, Library of New Testament Studies 537 (London: Bloomsbury T&T Clark, 2015); e, anteriormente, David M. Hay, *Glory at the right hand: Psalm 110 in early Christianity*, Society of Biblical Literature Monograph Series 18 (Nashville: Abingdon, 1973).

"TU ÉS SACERDOTE PARA SEMPRE"

A primeira referência aparece nos relatos dos Evangelhos que retratam Jesus ensinando no Templo. Depois de vencer os argumentos dos seus interlocutores sobre assuntos controversos como pagar impostos a César e a função do casamento na era escatológica, e depois de surpreender um escriba de modo agradável ao enumerar o amor a Deus (Deuteronômio 6:5) e o amor ao próximo (Levítico 19:18) como os maiores mandamentos da Torá, o próprio Jesus apresenta um desafio. Lemos em Marcos 12:35-36 (cf. Mateus 22:42-46; Lucas 20:41-44) o registro da pergunta de Jesus:

> "Como os mestres da lei dizem que o Cristo é filho de Davi?
> O próprio Davi, falando pelo Espírito Santo, disse:
> 'O Senhor disse ao meu Senhor:
> Senta-te à minha direita
> até que eu ponha os teus inimigos debaixo de teus pés.'"

Esse versículo cita Salmos 110:1, que, do mesmo modo que o salmo 22, é atribuído ao rei Davi.

Nesse salmo, o Senhor (hebr., yhwh) se dirige ao rei davídico como "meu senhor" (hebr., *'adoni*); ou seja, Deus (yhwh) está falando ao rei (*'adoni*). A palavra *'adon*, que aparece mais de setecentas vezes nas escrituras de Israel, significa "senhor". Às vezes, ela indica Deus, e, em outras passagens, ela se refere a uma pessoa de posição superior. Por exemplo, quando Sara ouve a notícia de que ela, em seu estado pós-menopausa, ficará grávida, ela pergunta a si mesma: "Depois de já estar velha e meu senhor já idoso, ainda terei esse prazer?" (Gênesis 18:12). Depois de os judeus decidirem, provavelmente nos primeiros séculos A.E.C., que o tetragrama, yhwh, era sagrado demais para ser pronunciado, eles geralmente o substituíam por *'adonai*, "meu senhor", como variante de *'adoni*. Essa tradição está refletida na tradução do tetragrama yhwh como *kyrios*, "senhor", uma palavra que também é usada para senhores humanos, como na tradução grega de Gênesis 18:12 — nessa passagem Sara chama o seu marido de "senhor".

A tradução grega do salmo 110 verte essas diferentes palavras para Senhor/yhwh e meu senhor/*'adoni* com a mesma palavra *kyrios*. Esse vínculo no grego permite que Jesus conclua: "O próprio Davi o chama 'Senhor'. Como pode, então, ser ele seu filho?" (Marcos 12:37). Essa pergunta parte do princípio, seguindo ao que se diz no seu sobrescrito, de que a pessoa que fala é Davi, e não, como é mais provável, um levita, um profeta ou alguém da corte. Ela também supõe que esse segundo "senhor" tem que ser o Messias, porque ninguém poderia se assentar à direita de Deus. Jesus pergunta: como pode o Messias ser um "filho de Davi", porque Davi o chama de "senhor"? A resposta implícita é a seguinte: o Messias, o filho de Davi — Jesus — é maior do que Davi. Marcos encerra essa cena observando: "E a grande multidão o ouvia com prazer" (Marcos 12:37). Os falantes do grego (bem como falantes de português que ouvem a repetição "senhor... senhor") devem ter prazer com esse jogo de palavras; aqueles que observam os textos hebraicos, com as palavras diferentes para "Deus" e "senhor", podem ficar confusos.

O discurso de Pedro no capítulo 2 de Atos encontra uma nuance diferente no salmo 110. Continuando no tema da superioridade de Jesus sobre Davi, Pedro diz:

> Pois Davi não subiu ao céu, mas ele mesmo declarou:
> 'O Senhor disse ao meu Senhor:
> Senta-te à minha direita
>> até que eu ponha os teus inimigos como estrado para os teus pés' (Atos 2:34,35).

A ideia da pregação é mostrar que Jesus está assentado no trono dos céus. Uma declaração parecida a respeito da localização celestial de Jesus aparece em Atos 7:56 em que Estêvão testemunha: "Vejo o céu aberto e o Filho do homem de pé, à direita de Deus!"[30]

Essas leituras messiânicas feitas pelo Novo Testamento, voltadas para o céu e potencialmente escatológicas, se afastam do sentido original do salmo 110. No seu próprio cenário, esse salmo tem consequências terrenas e políticas.

O salmo 110 é um salmo de realeza.[31] Somente a um rei se poderia dizer que se sentasse à direita de Deus (v. 2), e somente um rei poderia ficar à frente de Israel na guerra (v. 1-3, 5-7). No vocabulário e na estrutura, o salmo 110 é parecido com o salmo 2, outro salmo de realeza que o Novo Testamento cita com frequência. Por exemplo, Salmos 2:2 também menciona reis e interesses militares: "Os reis da terra tomam posição / e os governantes conspiram unidos / contra o SENHOR e contra o seu ungido [hebr., *mashi'ach*, de onde vem a palavra "messias"]". Do mesmo modo que o salmo 2, o 110 muda de ponto de vista e cita um oráculo divino. Em Salmos 2:5-6 lemos: "Em sua ira os repreende / e em seu furor os aterroriza, dizendo:...", introduzindo uma citação atribuída a Deus: "Eu mesmo estabeleci o meu rei em Sião, no meu santo monte"; de modo parecido, Salmos 110:4 contém tanto a introdução

---

[30]Veja cap. 13.

[31]Hermann Gunkel, *Introduction to Psalms: the genres of the religious lyric of Israel*, tradução para o inglês de James D. Nogalski (Marcon, GA: Mercer University Press, 1998), p. 99. Nós analisamos os Salmos, com destaque ao Salmo 22, no Capítulo 11.

do oráculo como o seu próprio conteúdo: "O Senhor jurou e não se arrependerá: 'Tu és sacerdote para sempre, segundo a ordem de Melquisedeque.'" Esses dois salmos, usando a mesma palavra, chegam até mesmo a falar do rei como filho de Deus. Lemos a seguinte proclamação em Salmos 2:7b: "Tu és meu filho; / eu hoje te gerei [hebr., *yldtyk*]"; lemos em Salmos 110:3b, embora o texto seja bastante difícil: "desde o romper da alvorada / os teus jovens [hebr., *yldwtyk*] virão como o orvalho." Conforme John J. Collins observa: "A consequência principal dessa declaração é que o rei tinha a promessa do apoio divino, especialmente na guerra."[32]

O enfoque do salmo 110 é tanto no rei em seu papel de comandante em chefe quanto em suas responsabilidades sacerdotais. Os reis construíam, reformavam e serviam como patronos do Templo de Jerusalém; eles faziam orações mesmo enquanto os sacerdotes e peregrinos oravam por eles. Por exemplo, o capítulo 8 de 1Reis retrata Salomão fazendo duas orações na dedicação do Templo (v. 12,13 e 22-53). Também vemos em 1Reis 12:3-33 o relato do rei Jeroboão, do reino do Norte, oferecendo sacrifício em uma festa que, na perspectiva de um autor do reino de Judá, esse rei tinha inventado. Essas conotações monárquicas sugerem três possibilidades para o *Sitz im Leben,* o "contexto vital", do salmo 110: por ocasião de um evento militar; como parte de uma festa de entronização divina; ou como parte de uma coroação real. Essas situações não são mutuamente exclusivas.

A primeira opção interpreta parte do salmo como uma consulta a um profeta antes de iniciar uma campanha militar. Essa consulta pode ser vista, por exemplo, em Juízes 20:18: "Os israelitas subiram a Betel e consultaram a Deus. 'Quem de nós lutará primeiro contra os benjamitas?', perguntaram. O Senhor respondeu: 'Judá irá primeiro.'" O segundo salmo imagina o mesmo cenário: ele começa com os reis conspirando contra o rei de Judá, e depois poeticamente prediz a derrota deles: "Tu as quebrarás com vara de ferro / e as despedaçarás como a um vaso de barro" (Salmos 2:9). De forma parecida, o salmo 110 menciona duas vezes a derrota dos inimigos: "O Senhor estenderá o cetro de teu poder desde Sião, e dominarás sobre os teus inimigos!" (v. 2), e

> Julgará as nações,
>> amontoando os mortos
> e esmagando governantes
>> em toda a extensão da terra.
> No caminho beberá de um ribeiro,
>> e então erguerá a cabeça (Salmos 110:6,7).

---

[32] John J. Collins, "King and Messiah as son of God", em *Reconsidering the concept of revolutionary monotheism,* ed. Beate Pongratz-Leisten (Winona Lake, IN: Eisenbrauns, 2011), p. 291-316 (298).

A simbologia de beber de um ribeiro é bastante conhecida por causa dos textos mesopotâmicos, em que o rei vitorioso bebe da fonte de água do inimigo.[33] Relatando a consulta divina que causou a vitória, os salmos poderiam ser reutilizados para suscitar apoio para campanhas posteriores.

Em contrapartida, a maioria dos especialistas bíblicos visualiza um *Sitz im Leben* pré-exílico para os salmos reais na festa de entronização de YHWH, possivelmente vinculado a uma festa pré-exílica de ano novo.[34] Herman Gunkel sugeriu que o Israel antigo celebrava uma festa anual de outono destacando a reentronização de YHWH, que é comparável à festa mesopotâmica de Akitu, que celebrava o reinado do deus Marduque.[35] O rei, identificado como filho de YHWH e possivelmente saudado com termos divinos, possivelmente tinha um papel importante nessa celebração, de modo que tenhamos nesse salmo tanto uma entronização divina quanto uma coroação ou reafirmação do governo do rei. Por exemplo, em Salmos 45:6 (45:7 hebr.), o salmista diz ao rei: "O teu trono, ó Deus [*elohim*, isto é, o rei], subsiste para todo o sempre."[36]

Em terceiro lugar, embora as escrituras de Israel não apresentem nenhuma evidência da existência de alguma festa de entronização, o salmo 93 e os de 95 a 99 descrevem a entronização de YHWH de um modo que sugere essa festa de forma incisiva. Além disso, uma festa como essa ajuda a explicar uma das características mais surpreendentes do ano novo judaico, o *Rosh Hashaná*: a importância que ele atribui ao *shofar*, ou seja, ao chifre de carneiro. Conforme se demonstra por versículos como 1Reis 1:34: "Ali o sacerdote Zadoque e o profeta Natã o ungirão [a Salomão] rei sobre Israel. Então toquem a trombeta [hebr., *shofar*] e gritem: Viva o rei Salomão!", o *shofar* era fundamental para o ritual de coroação do Israel antigo. A sugestão de que o culto de *Rosh Hashaná* preserva elementos

---

[33]Veja Mordechai Cogan e Hayim Tadmor, *II Kings: A new translation*, Anchor Yale Bible 11 (New Haven: Yale University Press, 1988), 236, sobre 2Reis 19:24; e James B. Pritchard, ed., *Ancient Near Eastern texts relating to the Old Testament*, 3ª ed. (Princeton: Princeton Univ. Press, 1969), p. 292.

[34]Sigmund Mowinckel, *Psalm Studies*, 2 vols., tradução para o inglês de Mark E. Biddle, History of Biblical Studies 2 (Atlanta: SBL Press, 2014), 2:581-5. A sugestão de Gunkel de que esse salmo é pré-exílico (Gunkel, *Introduction to Psalms*, p. 119) é convincente; veja de forma parecida John W. Hilber, *Cultic prophecy in the Psalms*, Beihefte zur Zeitschrift fur die alttestamentliche Wissenschaft 352 (Berlin: de Gruyter, 2005), p. 76-88. Os argumentos de Gianni Barbiero a favor de uma data pós-exílica para o salmo 110, "The non-violent Messiah of Psalm 110", *Biblische Zeitschrift* 58 (2014): 1-20, esp. 8-9, não convencem tanto assim.

[35]Veja Gunkel, *Introduction to Psalms*; veja esp. Benjamin Sommer, "The Babylonian Akitu festival: rectifying the king or renewing the universe", *Journal of the Ancient Near Eastern Society of Columbia Univ.* 27 (2000): p. 81-95.

[36]A respeito dessa ideia, veja Collins, "King and Messiah as son of God"; Antti Laato, *A star is rising: the historical development of the Old Testament royal ideology and the rise of the Jewish messianic expectations*, University of South Florida International Studies in Formative Christianity and Judaism 5 (Atlanta: Scholars Press, 1997), esp. p. 92-3.

"TU ÉS SACERDOTE PARA SEMPRE"

de uma festa de ano novo mais antiga, celebrando o reinado de Deus — em que o rei davídico representa Deus — explica esse uso.[37] Provavelmente, o salmo 110 apresenta elementos dessa festa, durante a qual YHWH, o Deus da nação de Israel, era reentronizado.[38]

Independentemente do contexto original se tratar de uma entronização divina, ou de uma coroação real, ou mesmo de uma consulta militar, o salmo 110 supõe que um profeta teria sido a voz principal. As palavras iniciais são dele: "O SENHOR disse ao meu Senhor", e novamente no versículo 4: "O SENHOR jurou e não se arrependerá." Os especialistas bíblicos chamam esses profetas de "profetas cúlticos" e reconstroem a função deles com base nas analogias do Antigo Oriente Próximo e de muitas pistas espalhadas por toda a Bíblia hebraica.[39] Por exemplo, Lamentações 3:57: "Tu te aproximaste quando a ti clamei, / e disseste: 'Não tenha medo'", sugere que aqueles que consultaram a YHWH puderam receber a resposta "não tenha medo!"

Para complicar ainda mais a questão da origem, o salmo 110 é difícil de traduzir. O hebraico de Salmos 110:3, um dos versículos mais confusos da Bíblia, é "notoriamente corrompido";[40] uma tradução literal do hebraico vocalizado seria: "o seu povo são ofertas voluntárias no dia da sua força; no resplendor da santidade, do ventre da alvorada (?), para ti é o orvalho de sua infância." A tradução da Septuaginta — "Contigo está o governo em um dia do teu poder entre os resplendores dos teus santos. Desde o ventre, antes da estrela da manhã, eu te gerei"[41] — pode estar baseada em um texto hebraico um pouco diferente ou, pelo menos, em uma vocalização diferente das mesmas consoantes.

O tradutor grego entendeu a última palavra do versículo como um verbo, "eu te gerei" (*yeladticha*), e como uma referência ao nascimento divino do rei, de modo parecido com Salmos 2:7: "Tu és o meu filho; / hoje eu te gerei [*yeladticha*]." Em contrapartida, o hebraico (TM) tem um substantivo e um sufixo pronominal: "(desde) a tua juventude [*yaldutecha*]". É possível também que a forma original de

---

[37]Veja Marc Zvi Brettler, "God's coronation on Rosh Hashanah: what kind of king?", TheTorah.com, 5 de setembro de 2014, http://thetorah.com/coronation-on-rosh-hashanah-what-kind-of-king/.

[38]Gunkel, *Introduction to Psalms*, p. 102, já o associava a essa festa. Para uma avaliação recente a respeito dessa suposta festa, veja J. J. M. Roberts, "Mowinckel's enthronement festival: a review", em *The Book of Psalms: composition and reception*, ed. Peter W. Flint e Patrick D. Miller, Supplements to Vetus Testamentum 99 (Leiden: Brill, 2005), p. 97-115.

[39]Veja Hilber, *Cultic prophecy in the Psalms*; e com relação ao salmo 110, John W. Hilber, "Psalm CX in the light of assyrian prophecies", *Vetus Testamentum* 53 (2003): 353-66.

[40]Collins, "King and Messiah as son of God", p. 295.

[41]Análise em Loren T. Stuckenbruck, "Melchizedek in Jewish apocalyptic literature", *Journal for the Study of the New Testament* 41 (2018): 124-8 (127).

Salmos 110:3 tivesse sido *yeladticha*, "eu te gerei", mas os escribas judeus posteriores reformularam suas vogais para evitar uma leitura cristã sugerindo a concepção de um ser divino.[42] Lemos no texto da NRSV:

> O teu povo se apresentará voluntariamente.
>> No dia em que conduzires tuas forças
>> Nos montes sagrados
> Desde o ventre da manhã
>> Como o orvalho, a ti virá a tua juventude.

A NJPS sugere: "O teu povo se apresentará voluntariamente no dia da tua batalha. / Com uma santidade majestosa, desde o ventre, / desde o amanhecer, o orvalho da manhã era teu." As duas versões são viáveis e não passam de palpites. A reconstrução de John Collins traz outra versão plausível: "Em um resplendor sagrado, desde o ventre, desde a alvorada, tens o orvalho com o qual te gerei."[43]

Este versículo impossível é seguido de outro oráculo (paralelo ao v. 1), introduzido pelas palavras: "O SENHOR jurou e não se arrependerá [hebr., *yinachem*, que vem da raiz *n-ch-m*]." Deus realmente muda de ideia em outras partes da Bíblia; por exemplo, em 1Samuel 15:11, Deus afirma: "Arrependo-me [hebr., *nichamti*, a partir da mesma raiz *n-ch-m*] de ter constituído a Saul rei, pois ele me abandonou e não seguiu as minhas instruções"; porém, vários versículos depois, esse mesmo capítulo afirma que Deus *não* muda de ideia: "pois não é homem para se arrepender" (1Samuel 15:29). A ideia do salmo 110 de que Deus não se arrependerá evoca a promessa de Deus a Davi: "Mas nunca retirarei dele o meu amor, como retirei de Saul, a quem tirei do seu caminho. Quanto a você, sua dinastia e seu reino permanecerão para sempre diante de mim; o seu trono será estabelecido para sempre" (2Samuel 7:15,16).

Até agora, tivemos uma confusão textual (Salmos 110:3) e uma confusão teológica (110:4a). O juramento de Deus para o rei no versículo 4b, a passagem citada frequentemente em Hebreus como se fosse um refrão, introduz uma confusão semântica e sintática. Começamos com o hebraico transliterado, seguido da NVI:

'Atah   *kohen*   *le'olam*   *'al-divrati*   *malki-zedek*
Tu [és] sacerdote para sempre segundo a ordem [de] Melquisedeque.

---

[42]Cargill, *Melchizedek, king of Sodom*, cap. 8.
[43]Collins, "King and Messiah as son of God", p. 296.

"TU ÉS SACERDOTE PARA SEMPRE"

Já que a ordem das palavras no nosso idioma segue o hebraico, colocamos espaço entre as palavras: a palavra em português está logo abaixo da sua base hebraica. Embora a tradução seja boa, ela encobre ambiguidades fundamentais deste versículo: a ambiguidade semântica de "para sempre" (*le'olam*) e as ambiguidades sintáticas de "segundo a ordem de" (*'al-divrati*).

Em primeiro lugar, a expressão hebraica *le'olam* não significa tipicamente "para sempre"; na maioria das vezes, ela traz a conotação de "por muito tempo" ou até quando o indivíduo morre em uma idade bem madura. Por exemplo, o escravo hebreu que decidisse ficar com seu mestre depois dos seis anos iniciais de servidão permanece *le'olam*, que é traduzido de forma adequada em Êxodo 21:6 e em Deuteronômio 15:17 como "por toda a vida" e "para o resto da vida", respectivamente. De modo parecido, o autor de Lamentações 3:6 compara sua situação terrível como a daqueles "que há muito morreram", usando novamente *'olam*. Assim, temos a promessa em Salmos 110:4 de que o rei será sacerdote por um período bastante longo; esse versículo implica tanto em um papel sacerdotal constante quanto em uma vida longa, um desejo frequente para os reis, como no comentário de Bate-Seba para o seu marido idoso e enfermo em 1Reis 1:31: "que o rei Davi, meu senhor, viva para sempre [*le'olam*]!" Em seu contexto original, a bênção não sugere uma imortalidade pessoal. Em contrapartida, a passagem de Salmos 110:4 pode não se referir à imortalidade do rei, mas a uma linhagem perpétua de sacerdotes; a mesma palavra aparece em Êxodo 40:15 a respeito dos descendentes de Arão: "A unção deles será para um sacerdócio perpétuo, geração após geração". Mas em nenhuma outra parte dos textos judaicos antigos encontramos uma ordem tão perpétua assim surgindo com Melquisedeque. Além de ele não ter pai nem mãe ou genealogia, Gênesis também não menciona filhos.

Em segundo lugar, a expressão hebraica *'al-divrati*, que é traduzida como "segundo a ordem", é especialmente problemática. A primeira parte dela, a preposição *'al*, significa geralmente "sobre". Já a segunda consiste na problemática palavra *divrah*, que termina com o sufixo comum da primeira pessoa do singular *-i*, "meu ou minha" — o mesmo sufixo que fica no final da palavra *malki* em *malki-zedek*. A palavra *divrah* aparece no aramaico, e, além dessa passagem, só é encontrada em textos bíblicos tardios. Para definir o que as palavras significam, tanto na Bíblia quanto em outras obras, observamos tanto a sua etimologia quanto seu contexto literário. Essa palavra consiste na forma feminina do substantivo comum hebraico *davar*, "coisa, questão, fala"; a qual geralmente é traduzida para o grego como *logos*. Com frequência, como no caso deste versículo, a forma feminina *divrah* é precedida pela preposição *'al*, e essas duas palavras juntas formam uma expressão idiomática. Dessa forma, a NSRV traduz *'al-divrah,* em Eclesiastes 7:14, como "com relação a";

temos também a tradução "porque" em Eclesiastes 8:2. Essa expressão também aparece os capítulos aramaicos de Daniel (Daniel 2:30; 4:17 [4:14 hebr.]), onde sugere a palavra "para" (no sentido de intenção).[44] As expressões idiomáticas têm conotações diferentes, dependendo do contexto literário.

Além da semântica ambígua de *'al-divrati*, a sintaxe de *'al-divrati malki-zedek* ainda cria outro problema.[45] É difícil avaliar qual das conotações de *'al-divrati* faz mais sentido neste versículo. Várias opções são possíveis, dependendo se a expressão se relaciona com o que vem antes, ou seja, se é referente ao sacerdócio, ou se relaciona com o nome Melquisedeque que vem depois. As quatro possibilidades mais prováveis são:

1. "Tu és um sacerdote vitalício por causa do que disse, rei justo", interpretando *divrah* como uma forma variante de *davar*.
2. "palavras de", e interpretar o nome como título, "rei de justiça";
3. "Tu és um sacerdote vitalício por causa do que disse, Melquisedeque!"; ou
4. "Tu és um sacerdote vitalício por causa de/com relação a Melquisedeque."

Esta última interpretação recebe importância a partir dos acentos massoréticos, que dividem a expressão entre as expressões *le'olam* e *'al-divrati*. Entretanto, o Texto Massorético surgiu mais de mil anos depois desse salmo ser escrito. O Novo Testamento, que segue a Septuaginta, também fica mais próximo desse último sentido. Se esse for o sentido original, como a maioria dos comentaristas pensa, o salmista está recorrendo a esse oráculo divino como um arquétipo para os reis davídicos, que são grandes reis-sacerdotes como Melquisedeque.

Resumindo: Não podemos ter certeza nem do contexto original, nem do sentido original do salmo 110. As palavras "de Davi", que se encontram no sobrescrito, não podem ser usadas para demonstrar a autoria de Davi. Provavelmente, esse salmo fazia parte de uma festa de ano novo pré-exílica para celebrar a reentronização de Deus, e, ao mesmo tempo, confirmar o seu representante terreno, que é o rei davídico. Como parte dessa festa, o profeta prometeu ao rei davídico a vitória sobre seus inimigos e reafirmou suas responsabilidades sacerdotais.

O reinado davídico terminou efetivamente depois da vitória babilônica de 586 A.E.C. Ele foi restaurado somente por um período breve quando o povo de Judá começou a retornar do exílio babilônico, em 538. Na época em que o

---

[44]Do mesmo modo, p. ex., Mowinckel, *Psalm studies*, 2:584n139, que essa expressão "não quer dizer 'à maneira de', mas sempre somente 'por causa de, em nome de'".

[45]Um estudo útil desta fase é o de Granerød, *Abraham and Melchizedek*, p. 195-214.

"TU ÉS SACERDOTE PARA SEMPRE"

Segundo Templo foi terminado, por volta do ano 515 A.E.C., a festa da entronização não existia mais pelo fato do enfraquecimento e do posterior desaparecimento da monarquia davídica. Ausente a figura do rei, o salmo 110 passou a ser um forte candidato para reinterpretação. Em razão de sua enigmática (possível) referência a Melquisedeque, acabaria sendo interligado com Gênesis 14:18-20, e esses textos, com suas várias ambiguidades, continuariam a ser explicados e utilizados.

MELQUISEDEQUE NA TRADIÇÃO JUDAICA POSTERIOR

Não há referências claras ao salmo 110 nos textos do judaísmo do Segundo Templo,[46] porém existem alusões a Melquisedeque. De Josefo a Filo bem como dos Manuscritos do Mar Morto aos textos pseudepigráficos, observamos várias tentativas de explicar esse rei-sacerdote misterioso.[47] Aqui começamos a ver a especulação sobre a sua função sacerdotal, o seu cenário enigmático e o seu potencial profético.

Josefo menciona Melquisedeque duas vezes em sua reelaboração da narrativa de Gênesis. O livro *Antiguidades judaicas* explica que seu nome significa "rei justo" e que, por causa disso, "não havia dúvidas quanto a isso, de tal maneira que, nesse relato, ele foi consagrado sacerdote de Deus" (1.180). Ou seja, sua justiça demonstra o motivo pelo qual ele foi escolhido para essa função. Josefo também afirma que Melquisedeque equipou o exército de Abraão de forma generosa antes de ele ter dado o dízimo dos despojos da batalha anterior. Em *Guerra judaica* 6.438, Josefo acrescenta cinco detalhes a respeito de Melquisedeque: ele era um governante cananeu; o seu nome significa "rei justo" (no grego, *basileus dikaios*); ele construiu o primeiro templo em Jerusalém por causa da sua justiça; ele deu o nome Jerusalém para a cidade de Solima; e ele foi o primeiro sacerdote de Deus.[48] Esses acréscimos se encaixam nos interesses de Josefo de retratar os gentios como pessoas que apoiavam as tradições judaicas e eram acolhidas por elas.

Filo analisa Melquisedeque em vários momentos. No livro *Interpretação alegórica*, ele acha Melquisedeque "especialmente digno" de seu sacerdócio por causa do seu amor pela paz e de sua busca por justiça. Ao comentar sobre a sua

---

[46]"Não existem citações formais do texto nos escritos da época do Segundo Templo com a exceção do Novo Testamento, nem nenhuma parte do texto foi preservada entre os fragmentos dos Salmos entre os materiais do Mar Morto". Stuckenbruck, "Melchizedek in Jewish apocalyptic literature", p. 128, cf. p. 126.

[47]Veja o resumo em James Kugel, *The Bible as it was* (Cambridge: Harvard University Press, 1997), p. 151-62.

[48]Veja Louis H. Feldman, *Judaism and hellenism reconsidered*, Supplements to the Journal for the Study of Judaism 107 (Leiden: Brill, 2006), p. 352.

hospitalidade, Filo observa a oferta de "vinho sem mistura, para que ele pudesse se ocupar totalmente com um êxtase divino, que é mais sóbrio que a própria sobriedade." Partindo desse ponto, ele se dedica a uma análise poética sobre o "Deus Altíssimo" (3.79, 82). Em *Sobre o conúbio dos estudos preliminares*, ao comentar sobre o voto que Jacó fez de dar o dízimo (Gênesis 28:22), Filo indica Melquisedeque, um sacerdote "autoinstruído e autodidata", como modelo (99).

O Livro dos Jubileus, ao recontar o capítulo 14 de Gênesis, pode até não mencionar o nome de Melquisedeque,[49] mas certamente menciona a importância do dízimo.[50] O autor deve ter questionado Melquisedeque, que não era levita, recebendo um dízimo e, por isso, deixou esse episódio de lado. Em compensação, 2Enoque (Enoque Eslavo) apresenta o relato da concepção milagrosa de Melquisedeque no ventre da celibatária Sopanim, cunhada de Noé. A tradução grega de Salmos 110:3, que vimos anteriormente, pode muito bem ter levado a isso.

O debate continua a respeito de até que ponto Melquisedeque é mencionado nos Manuscritos do Mar Morto. O seu nome é reconstituído em vários desses manuscritos de forma plausível, porém nada segura.[51] Um manuscrito da gruta 11 de Qumran o menciona com frequência e foi até intitulado 11QMelchizedek. É provável, mas não completamente certo, que Melquisedeque seja um nome pessoal em vez de se tratar de um título, "o rei justo".[52] Nenhuma parte do texto preservado, que é cheio de citações, cita o capítulo 14 de Gênesis, ou mesmo o salmo 110. Os fragmentos não retratam essa figura como um messias terreno[53], mas como um sumo sacerdote celestial que no *eschaton*, ou seja, no fim dos tempos, vencerá o mal, facilitará a volta dos exilados à sua verdadeira "terra natal" (2:6) e "executará a vingança dos juízos de Deus" (2:12a). O texto também fala de uma época em que será feita "expiação por todos os filhos da [luz e pelas] pessoas do quinhão de Melquisedeque" (2:7,8).[54] Brendan Bryne resume: Melquisedeque consiste "totalmente no agente e no instrumento do resgate divino do mundo na era final."[55] Os rabinos não seguem essa interpretação; segundo eles, Melquisedeque é mais silenciado do que exaltado.

---

[49]É bem possível que a versão hebraica do Livro dos Jubileus realmente tenha mencionado o nome de Melquisedeque; veja James C. VanderKam, *Jubilees*, 2 vols., Hermeneia (Minneapolis: Fortress, 2018), 1:481-3.

[50]Annette Steudel, "Melchizedek", *EDSS*, 1:535-7 (535).

[51]Steudel, "Melchizedek", *EDSS*, 1:535-7.

[52]Eric F. Mason, "Melchizedek scroll (11Q13)", em *EDEJ*, 932-4 (933).

[53]Eric F. Mason, "Cosmology, messianism, and Melchizedek: apocalyptic Jewish traditions and Hebrews", em Mason e McCruden, eds., *Reading the epistle to the Hebrews*, p. 53-76 (73).

[54]Brendan Byrne, "The Qumran Melchizedek scroll and the gospel of Mark: coherence and contrast in soteriology", *Pacifia* 27 (2014): 123-48 (129).

[55]Bryne, "Qumran Melchizedek Scroll", p. 131.

"TU ÉS SACERDOTE PARA SEMPRE"

Voltemo-nos agora para os comentários judaicos pós-bíblicos. O uso dos pronomes do texto hebraico traz ambiguidade ao versículo sobre Abraão ser o doador ou aquele que recebe os dízimos. Às vezes, as traduções substituem esses pronomes incertos por substantivos; já vimos antes como essa substituição foi feita em Gênesis 14:20. Assim, no que diz respeito à pergunta sobre a quem os dízimos foram pagos, a Septuaginta, a versão siríaca e os *Targuns* Pseudo-Jonathan e Neofiti repetem a ambiguidade. O *targum Onkelos* indica que foi Abrão quem deu os dízimos, exatamente como Hebreus relata.

A observação de 2Enoque sobre uma concepção milagrosa não é a única explicação a respeito das origens de Melquisedeque. Os *Targuns* Pseudo-Jonathan e Neofiti, junto com outras tradições rabínicas posteriores, identificam Melquisedeque com Sem, o terceiro filho (depois de Caim e Abel) de Adão e Eva.[56] James Kugel explicou isso como uma "domesticação" de Melquisedeque — o ato de torná-lo um personagem claramente humano.[57] Essa tradição, em suas várias formas, também ajuda a explicar por que Gênesis o chama de sacerdote (*kohen*), mesmo ele não sendo da linhagem de Levi e de Arão — isso se deve ao fato de ele pertencer a outra linhagem sacerdotal antiga.[58] O Talmude Babilônico, em *Nedarim* 32b, desenvolve essa abordagem: "O rabino Zekhariya disse em nome do rabino Yishmael: O Santo, bendito seja ele, quis que o sacerdócio viesse de Sem, para que seus filhos também fossem sacerdotes, como se diz: 'Então Melquisedeque, rei de Salém e sacerdote do Deus Altíssimo, trouxe pão e vinho' [Gênesis 14:18]."[59] Nessas leituras, não conseguimos perceber nenhuma polêmica anticristã.

Outras leituras judaicas pós-bíblicas não dão destaque ao sacerdócio de Melquisedeque, e nesse ponto pode haver uma polêmica implícita. O *targum* de Salmos não traduz *kohen* em Salmos 110:3 como "sacerdote", mas como "líder" ou "príncipe" (aram., *rb'*) no "mundo vindouro" (e não como "para sempre"). O *targum* também traduz o final do versículo 4 da seguinte forma: "por causa do mérito de que foste um rei justo", eliminando desta forma qualquer ordem sacerdotal alternativa.[60] Martin McNamara afirma: "As traduções dos *Targuns* parecem

---

[56]Martin McNamara, "Melchizedek: Gen 14,17-20 in the Targums, in rabbinic and early christian literature", *Biblica* 81 (2000): 1-31.

[57]James L. Kugel, *Traditions of the Bible: a guide to the Bible as it was at the start of the common era* (Cambridge: Harvard University Press, 1998), p. 284, 289-91; Kugel, *Bible as it was*, p. 160-1.

[58]Moshe Reiss, "The Melchizedek traditions", *Scandinavian Journal of the Old Testament* 26 (2012): 259-65 (261-2).

[59]*"Nedarim* 32b:1-9", Sefaria, https://www.sefaria.org/Nedarim.32b.1-9?lang=bi.

[60]Cargill, *Melchizedek, king of Sodom*, p. 92.

excluir qualquer interpretação litúrgica ou sacrificial da obra de Melquisedeque."[61] De modo parecido, o *targum Onkelos* e o *targum Pseudo-Jonathan* não mencionam o sacerdócio de Melquisedeque; em vez disso traduzem: "ele ministrou diante do Deus Altíssimo",[62] mantendo o uso da palavra *kohen* somente para os descendentes de Arão. Esses *Targuns* descrevem Melquisedeque como "rei de Jerusalém", "esclarecendo" desse modo o significado de Salém. Outros sacerdotes, como Potifar, no capítulo 41 de Gênesis, e Jetro, no capítulo 46, recebem descrições semelhantes, tornando-se "príncipes" nessas traduções.

A tradição judaica pós-bíblica também explica como Melquisedeque perde o seu sacerdócio. A passagem de *b. Nedarim* 32b, mencionada anteriormente para mostrar o vínculo sacerdotal entre Melquisedeque e Sem, continua com uma citação de Gênesis 14:19-20: "como se afirmou: e o abençoou dizendo: 'Bendito seja Abrão pelo Deus Altíssimo, Criador dos céus e da terra e bendito seja o Deus Altíssimo.'"[63] O problema que os rabinos encontram é que Melquisedeque bendisse a Deus e abençoou a Abrão na ordem invertida, e essa impropriedade leva à transferência da linhagem sacerdotal a Abrão. De modo impressionante, o Talmude dá embasamento a essa declaração recorrendo ao salmo 110: "Já que Melquisedeque colocou a bênção a Abraão na frente da bendição ao Onipresente, Ele [Deus] fez com que o sacerdócio surgisse de Abraão em particular, e não de nenhum outro descendente de Sem." Pelo fato de a bênção de Melquisedeque ter sido equivocada, ele foi repreendido:

> "E será que alguém situa a bênção do servo antes da bênção do seu senhor? Deverias ter louvado a Deus em primeiro lugar". Imediatamente o Santo, bendito seja ele, concedeu o sacerdócio a Abraão, como está declarado: "O Senhor disse ao meu Senhor: 'Senta-te à minha direita até que eu faça dos teus inimigos um estrado para os teus pés' [Salmos 110:1], e, mais adiante, está escrito: "O Senhor jurou e não se arrependerá: 'Tu serás sacerdote para sempre, porque és um rei de justiça'" [*al-divrati malki-tzedek*; Salmos 110:4], que é explicado homileticamente da seguinte forma: Por causa das palavras impróprias [*divrati*] de Melquisedeque, a descendência de Abraão será de sacerdotes de Deus para sempre.

A passagem continua: "Além disso, é como está escrito: 'E ele era sacerdote do Deus Altíssimo', o que destaca que ele, Melquisedeque, é um sacerdote, mas

---

[61]McNamara, "Melchizedek", p. 21; texto entre parênteses fornecido por McNamara.

[62]Bernard Grossfeld, *The Targum Onqelos to Genesis*, Aramaic Bible 6 (Wilmington, DE: Glazier, 1988), p. 68, 69n17; Michael Maher, *Targum Pseudo-Jonathan: Genesis*, Aramaic Bible 1B (Wilmington, DE: Glazier, 1992).

[63] "*Nedarim* 32b:1-9", Sefaria, https://www.sefaria.org/Nedarim.32b.1-9?lang=bi.

seus filhos não serão sacerdotes."[64] Pelo fato de que a linha sacerdotal muda de Melquisedeque para Abraão e depois é delimitada para os descendentes de Arão, esses argumentos rabínicos impedem Jesus de reivindicar qualquer autoridade sacerdotal.

O comentário rabínico apresenta outras interpretações do salmo 110. Os *Targuns* dos Salmos, da mesma maneira que os Evangelhos, entendem o "meu senhor" (*'adoni*) como se referindo a Davi: "Salmo de Davi. O Senhor disse em sua *Memra'*[65] que ele me daria o senhorio, porque me sentei para a instrução da lei: 'Espera à minha direita, até que eu faça dos teus inimigos um estrado para os teus pés.'" Depois, como é comum na literatura rabínica, se apresenta uma alternativa: "Outra tradução: O Senhor disse em sua *Memra'* que ele me faria senhor sobre Israel. Entretanto, ele me disse: 'Volta e espera por Saul, que é da tribo de Benjamim, até que ele morra, porque não estás associado ao reino que está perto [ou, "o reino atual"]; e depois farei de teus inimigos um estrado para os teus pés.'"[66] Essa tradução centra o salmo em Davi, impedindo, desta maneira, referência a qualquer outra pessoa — o que pode ser uma polêmica contra a interpretação cristã.

Justino Mártir (*Diálogo* 33) observa que alguns judeus usaram o salmo 110 com referência ao rei Ezequias, embora nenhuma fonte judaica existente diga isso. Justino pode estar misturando o salmo com as interpretações judaicas de Isaías 7:14, a passagem que ele cita, depois do Evangelho de Mateus, com relação à concepção de Jesus. Quanto a Salmos 110:3, a tradição rabínica não segue a leitura da Septuaginta: "eu te gerei" (Salmos 109:3 LXX), e, portanto, não faz referência ao nascimento do rei. Robert Cargill recentemente sugeriu: "O fato de que tanto a LXX quanto a *Peshita* (cristã) [a tradução siríaca] preservam as referências ao nascimento, mas o *targum* dos Salmos e o TM as descartam, sugerem que as mudanças se deram em reação à apropriação cristã do salmo 110, que é demonstrada pela frequência de referências do NT a ele."[67] Diferentemente de Cargill, nós não temos certeza de que o hebraico de Salmos 110:3 eliminou a referência ao nascimento — o versículo inteiro é problemático — mas concordamos que as várias traduções e interpretações podem ser explicadas como uma polêmica anticristã.

---

[64]"*Nedarim* 32b:1-9", Sefaria, https://www.sefaria.org/Nedarim.32b.7-8?lang=bi. McNamara apresenta uma tradução um pouco diferente de *Nedarim* 32b.

[65]Veja a análise da palavra *memra'* com relação a *logos* nas p. 82-7.

[66]Tradução de McNamara, "Melchizedek", p. 20.

[67]Cargill, *Melchizedek, king of Sodom*, p. 88.

O PROBLEMA DO SUBSTITUCIONISMO
NA EPÍSTOLA AOS HEBREUS

Nem todos os primeiros seguidores de Jesus concordavam com Paulo que os "dons e o chamado de Deus são irrevogáveis" (Romanos 11:29). A Epístola aos Hebreus é substitucionista. Ela vê as escrituras de Israel como cumpridas por Cristo e que elas só podem ser entendidas completamente à luz de Cristo; as promessas dadas a Israel (isto é, os judeus, vistos como descendentes de Abraão, Isaque e Jacó) são transferidas para os seguidores de Jesus. Esses seguidores, que inicialmente eram compostos de judeus e gentios, acabaram se tornando a igreja gentílica, em que as marcas caracteristicamente judaicas, como a circuncisão e as regras dietéticas, não são mais obedecidas.[68]

O ensaio de Jonathan Homrighausen observa esse tipo de substitucionismo ao narrar sua visita à Experiência do Tabernáculo, uma reconstituição interativa do santuário do deserto que visita várias igrejas evangélicas. Homrighausen escreve: "Em determinado momento, [a Experiência] descrevia a mudança do Templo para Jesus, da antiga para a nova aliança, como uma mudança 'da lei para o amor' e 'do ritual para o relacionamento'. Esses boatos antigos pintam os judeus da época de Jesus — e, de forma indireta, os judeus de nossa época — como pessoas mergulhadas na lei e no ritual e destituídas de amor e de relacionamento com Deus."[69]

Mesmo assim, vários exegetas cristãos bem-intencionados afirmam que Hebreus não se encaixa na definição do substitucionismo no sentido de "os cristãos substituírem os judeus."[70] Suas interpretações se baseiam tanto no reconhecimento de que a ética e a exegese devem andar juntas quanto no compromisso de erradicar a teologia cristã substitucionista. Embora sejamos profundamente gratos por suas preocupações, achamos que os vários argumentos de que Hebreus não é substitucionista ou não tem como foco principal esse pensamento não são convincentes. Talvez sejam os teólogos e os especialistas em ética, e não os especialistas bíblicos, as pessoas que deveriam decidir qual deve ser a interpretação "aceitável".

---

[68]Parte do material desta seção vem de Amy-Jill Levine, "Yet his shadow still looms: citations from the 'obsolete covenant' in the epistle to the Hebrews", (tese apresentada na Reunião Anual da Society of Biblical Literature, seção da Epístola aos Hebreus, Denver, CO, novembro de 2018).

[69]Jonathan Homrighausen, "The Jewish Jesus in the California desert: a report from the tabernacle experience", *The Interfaith Observer* (October 2016), http://www.theinterfaithobserver.org/journal-articles/2016/9/23/a-report-from-the-tabernacle-experience.

[70]Jesper Svartvik define o termo como a "influente ideia de que os cristãos (as pessoas da 'nova aliança') substituíram os judeus (as pessoas da 'antiga aliança') como povo de Deus". Ele não cita Hebreus como um exemplo antigo, mas a Epístola de Barnabé. Jesper Svartvik, "Supersessionism", Bible Odyssey, http://www.bibleodyssey.org/passages/related-articles/supersessionism.aspx.

Existem outros textos que muitos rejeitam na atualidade, como "Escravos, obedeçam a seus senhores terrenos com respeito e temor, com sinceridade de coração, como a Cristo (Efésios 6:5)", e "permaneçam as mulheres em silêncio nas igrejas, pois não lhes é permitido falar; antes permaneçam em submissão" (1Coríntios 14:34). Constatar que Hebreus é substitucionista não impede que o leitor cristão atual veja os judeus como pessoas que ainda têm aliança com Deus, porque, como Paulo afirma, "os dons e a vocação de Deus são irrevogáveis" (Romanos 11:29). Aqui estão alguns argumentos que rejeitam a conclusão que Hebreus seja substitucionista, bem como a nossa avaliação desses argumentos.

O primeiro argumento é a declaração de que o texto não transfere a eleição de Israel para a igreja; em vez disso, apresenta um "novo aliancismo"[71] que adota o legado de Israel enquanto também transforma a sua identidade. Nossa impressão é que a ideia de que tudo no texto hebraico, na melhor das hipóteses, não passa de uma sombra, com a verdadeira realidade revelada em Jesus, envolve muito mais do que simplesmente uma transformação de identidade. Classificar Hebreus como uma forma de "novo aliancismo" parece uma tentativa retórica de transformar um "problema" em uma "oportunidade".

Em segundo lugar, temos a afirmação generosa de que esse sermão "é um antídoto para uma atitude triunfalista a respeito do cristianismo, porque não permite que seus destinatários se vejam como radicalmente separados do judaísmo."[72] Vemos aqui dois problemas: o primeiro é com a irritante palavra "radical" — qualquer distinção dos limites entre uma separação "radical" de uma menos radical, ou em que ponto a radicalidade é alcançada, é arbitrária. Podemos imaginar um destinatário antigo, ao ouvir a carta aos Hebreus pela primeira vez em 90 E.C., perguntando: "Vocês acham que estamos falando de uma separação radical ou de uma somente a nível superficial?" O segundo é que não há como definir o "judaísmo" de onde o sermão corta seus laços. Hebreus claramente não descarta as escrituras de Israel; muito pelo contrário, se baseia completamente nelas. Entretanto, o "judaísmo" vai além de suas escrituras, do mesmo modo que o "cristianismo" não se resume às páginas do Novo Testamento. Hebreus não tem nenhum vínculo com a Jerusalém terrena, nem com o povo de Israel, nem com a tradição judaica pós-bíblica. A maioria dos grupos que se identificam como "cristãos" se baseia no "Antigo Testamento", mas esse berço não faz com que eles se tornem judeus.

---

[71]Richard B. Hays, "'Here we have no lasting city': new covenantalism in Hebrews", em *The epistle to the Hebrews and Christian theology*, ed. Richard Bauckham, Daniel R. Driver, Trevor A. Hart, e Nathan MacDonald (Grand Rapids: Eerdmans, 2009), p. 151-73.

[72]Mitchell, "'Sacrifice of praise'", p. 266.

A BÍBLIA COM E SEM JESUS

Alguns intérpretes, com base em formulações retóricas aristotélicas, afirmam que Hebreus não tem a intenção de "denegrir as instituições judaicas"; em vez disso, "o uso da figura de retórica chamada *síncrise* buscava amplificar a honra de uma pessoa ou de um objeto comparando esse sujeito com algum objeto ou pessoa cuja excelência é reconhecida por todos (*Retórica* 1.9.38-39)."[73] Entretanto, a comparação vai além da questão de honrar o original; em Hebreus, o modelo antigo está "desaparecendo" e logo ficará "obsoleto". Além disso, lemos em Hebreus 13:10: "Nós temos um altar do qual não têm direito de comer os que ministram no tabernáculo." Isso é pura exclusão, e não *síncrise*.

Outros afirmam que Hebreus 7:12, "Pois quando há mudança de sacerdócio, é necessário que haja mudança de lei", só se aplica a uma mudança da lei ritual, e não da aliança como um todo", ou que fala de "restringir o culto sacrificial" e "pode não ter em vista a totalidade da aliança do Sinai."[74] Hebreus não menciona a aliança do Sinai; não faz nenhuma referência às questões com as quais Paulo se preocupava tanto, como a circuncisão ou, de forma mais ampla, "as obras da lei". Nem mesmo menciona fariseus, saduceus, ou mesmo a palavra "judeu" (a palavra grega *Ioudaios*). Por outro lado, nem precisa fazer isso: a ausência de evidências não se constitui em evidência de ausência. É questionável que os primeiros a ouvirem a carta perguntassem: "Você acha que a referência à lei (gr., *nomos*) só se referia a um punhado de versículos em Levítico, ou ao pacote todo?"

Essa leitura mínima de substitucionismo vai contra todo o teor de Hebreus, em que a questão não se resume ao culto sacrificial, mas ao lugar da terra de Israel, a função do sacerdócio, o significado do sábado, e vários outros traços judaicos característicos. Para Hebreus, a terra não tem importância, já que o lar verdadeiro é o céu; assim, Hebreus tira dos judeus sua marca étnica. Como afirma Kenneth Schenck, a interpretação "que o autor faz do cenário terreno é intrinsecamente a de um lugar de alienação [...] estamos buscando uma pátria celestial e não possuímos cidade na terra que permanecerá para sempre (13:14)."[75] Os heróis e os leitores são "estrangeiros e forasteiros na terra" (Hebreus 11:13), portanto não têm terra nenhuma. O sábado também não tem importância: "Porque, se Josué lhes tivesse dado descanso, Deus não teria falado posteriormente a respeito de

---

[73]McCruden, "Concept of perfection", p. 217; *Veja tb.* Mitchell, "'Sacrifice of praise'", p. 256.

[74]Hays, "'Here we have no lasting city'", p. 165, citado em Mitchell, "'Sacrifice of 'praise'", p. 266; *Veja tb.* Hays, "'Here we have no lasting city'", p. 154.

[75]Kenneth Schenck, "Hebrews as the re-presentation of a story", em Mason e McCruden, *Reading the epistle to the Hebrews*, p. 171-188 (187); *Veja tb.* James W. Thompson, "What has middle platonism to do with Hebrews?", em Mason e McCruden, *Reading the epistle to the Hebrews*, p. 31-52 (49), que afirma: "De acordo com o capítulo 11 de Hebreus, o conhecimento de que a realidade não se encontra no mundo dos fenômenos faz da pessoa estrangeira neste mundo".

outro dia. Assim, ainda resta um descanso sabático para o povo de Deus" (4:8,9). Para Hebreus, o sábado é empurrado para a era escatológica.

Aqueles que datam Hebreus no período posterior a 70 E.C. tentam ler o texto "menos como uma polêmica contra o templo e mais como um consolo por causa da sua ausência"[76] e, por causa disso, adotando uma postura que não é substitucionista. É verdade que Hebreus traz uma explicação sobre como, uma vez que não há perdão sem o derramamento de sangue, o perdão continua disponível mediante a cruz.[77] Mas temos poucas provas para sugerir que os judeus estivessem preocupados com a falta de perdão depois dos acontecimentos trágicos do ano 70 E.C. Eles já tinham perdido um Templo em 586 A.E.C., quando Nabucodonosor destruiu Jerusalém, mas não pensaram que essa perda cortou seu relacionamento com Deus ou impedia o perdão. Nem fica claro se a comunidade judaica majoritária, ou até mesmo os seguidores gentios de Jesus, sentiam que a destruição do Segundo Templo impedia o perdão dos pecados. Jonathan Klawans questiona, de modo convincente, "se as evidências que temos realmente justificam a afirmação de que a destruição do ano 70 E.C. causou alguma crise teológica."[78] Além disso, depois de observar as abordagens rabínicas com relação à expiação na ausência do Templo, Klawans acrescenta: "quando se descrevia a destruição na literatura apocalíptica, várias questões eram levantadas, mas o problema da expiação não fazia parte delas."[79] Assim, a interpretação de Hebreus como um "consolo" para os judeus, com a ideia de que o sangue de Jesus é o único meio de facilitar a expiação, nos parece generosa demais.

Outras tentativas de evitar leituras substitucionistas são bem menos convincentes. As declarações de que o autor de Hebreus é um judeu e que, por causa disso, o texto não pode ser antijudeu, não se mantém:[80] o autor é desconhecido, os destinatários parecem ser gentios, e não é impossível que um judeu seja capaz de tecer comentários antijudaicos ou substitucionistas cristãos. Afirmar que Hebreus é um tipo de sermão da sinagoga para ser ministrado em *Tisha beAv* (o dia que se relembra a destruição do Templo) ou no *Yom Kippur*, logo depois da leitura da Torá e da *haftará* (leitura profética), são iniciativas interessantes[81], mas bem

---

[76]Schenck, "Hebrews as the re-presentation of a story", p. 177.

[77]Veja as p. 195-201 quanto à função do sangue na expiação.

[78]Veja Jonathan Klawans, "Josephus, the rabbis, and responses to catastrophes ancient and modern", *Jewish Quarterly Review* 100 (2010): 278-309 (283).

[79]Klawans, "Josephus, the rabbi", p. 305.

[80]Conforme foi resumido por Jody A. Barnard, "Anti-Jewish interpretations of Hebrews: some neglected factors", *Melilah* 11 (2014): 25-52 (25).

[81]Gabriella Gelardini, "Hebrews, homiletics, and liturgical scripture interpretation", em Mason e McCruden, *Reading the epistle to the Hebrews*, p. 121-44. *Veja tb.* Gelardini, "Hebrews, an ancient synagogue homily for Tisha be-Av: Its function, its basis, its theological interpretation", em *Hebrews: contemporary methods, new insights*, ed. Gabriella Gelardini, Biblical Interpretation 75 (Leiden: Brill, 2005), p. 107-28. Para o argumento de que a

fracas. A ideia de que esse texto se encaixaria bem em qualquer grupo que não seja um grupo de seguidores de Jesus de origem judaica ou gentílica indeterminada e provavelmente irrelevante não nos parece muito provável.

Enfim, nós pensamos que Hebreus é substitucionista. Na verdade, Hebreus coloniza a tradição judaica — extraindo dela todo o material que sente ser útil e reformula a tradição de um modo que seus próprios seguidores achariam irreconhecível. A partir daí, como uma forma de *"mansplaining"*[82], conta aos guardiões originais da tradição o "verdadeiro" significado dela.

De forma irônica, o judaísmo rabínico também é substitucionista em pelo menos algumas das mesmas questões trazidas por Hebreus: o santuário do deserto e qualquer templo com sacerdotes levitas e sacrifícios de animais. O judaísmo rabínico substitui, em importância, o Templo e o sacerdócio pela oração, pela casa de estudo, e pelos rabinos; por isso, o judaísmo rabínico supera todos os outros tipos de judaísmo (independentemente de como se defina) que existiram durante o período do Segundo Templo. Comentários a respeito do Templo, tais como "nenhuma mulher abortou por causa do mau cheiro da carne das coisas santas" (*Avot* 5:5) não são particularmente favoráveis ao sistema (embora possam inspirar uma coluna de crítica gastronômica memorável).

Existem vários tipos e níveis de substitucionismo: quando Hebreus diz que aqueles que creem em Cristo substituem os judeus que não acreditam nele, acaba denegrindo um grupo de pessoas que ainda estão vivas e ainda reivindicam uma posição dentro da aliança; essa reivindicação é de ordem diferente da proposta rabínica de que a oração substituiu os sacrifícios que hoje são obsoletos. Devemos também traçar uma distinção entre a substituição de uma instituição e de um povo. Por fim, conforme já vimos, os rabinos se envolveram em uma polêmica anticristã com relação ao capítulo 7 de Hebreus.[83]

Seria no mínimo estranho para as pessoas na antiguidade, e até mesmo atualmente, sugerir que sistemas mutuamente exclusivos baseados nos mesmos textos têm interpretações igualmente válidas. Entretanto, desde que tenhamos a noção de que escolhemos uma leitura sobre a outra, podemos voltar ao texto original e ver como todos os sistemas baseados nele têm a sua própria lógica, que é necessariamente limitada.

Epístola aos Hebreus é um sermão para o Yom Kippur, veja, p. ex., C. P. Marz, *Hebräerbrief*, Die Neue Echter Bibel NT 16 (Wurzburg: Echter, 1989); Daniel Stokl Ben Ezra, *The impact of Yom Kippur on early Christianity: the day of atonement from Second Temple Judaism to the fifth century*, Wissenschaftliche Untersuchungen zum Neuen Testament 163 (Tubingen: Mohr Siebeck, 2003), p. 180-7.

[82]*Mansplaining* é uma expressão em inglês formada pela união das palavras homem (*man*) e explicando (*explaining*). É usada para descrever ocasiões em que um homem busca explicar para uma mulher assuntos a respeito dos quais ela tenha mais conhecimento do que ele. (N. E.)

[83]Entre eles Louis Ginzberg, R. Travers Herford, Paul Billerbeck, e Marcel Simon. Veja a análise em McNamara, "Melchizedek", p. 16-7.

Um caminho construtivo seria respeitar as propostas diferentes de cada tradição com relação à expiação. Para os cristãos, a morte de Jesus consiste no mecanismo da expiação, mas isso não tira a necessidade de arrependimento pessoal. O Novo Testamento sinaliza essa importância por todo o seu texto, mas em particular fazendo com que o bordão da missão de Jesus seja: "Arrependam-se, porque o Reino dos céus está próximo" (Mateus 3:2; 4:17; cf. Marcos 1:15). Além disso, os cristãos esperam, em níveis variados, a depender do indivíduo e da denominação, que Jesus voltará.

Para os judeus, a oração, as boas obras, e as doações caridosas substituem o sacrifício do Templo. Essa leitura se encaixa em partes da Torá que não consideram que o sangue seja necessariamente o agente purificador do pecado.[84] Entretanto, essas visões não eliminam certo anseio presente na tradição judaica (novamente, com níveis variados) pela volta do Templo. As orações judaicas diárias incluem o pedido para que Deus reconstrua o Templo de Jerusalém. Por exemplo, esse parágrafo breve aparece no final da *Amidah* ("[oração] de pé"), a oração principal judaica, recitada três vezes ao dia:

> Que seja a Tua Vontade, ó SENHOR, nosso Deus e Deus de nossos antepassados,
> que tu reconstruas o Templo brevemente em nossos dias,
> e concede nossa porção em Tua Torá.
> E lá te serviremos com reverência,
> Como nos dias de outrora e como nos anos passados.
> Então a oferta de Judá e de Jerusalém
> será agradável ao SENHOR
> como nos dias de outrora e como nos anos passados.[85]

Assim, todo judeu que usa esta fórmula litúrgica e recita esta oração com frequência recorda-se da importância do Templo e dos seus sacrifícios.

Tanto os judeus quanto os cristãos são participantes de sistemas inacabados; esses dois grupos reconhecem, embora façam isso de maneiras diferentes, a importância da expiação e do sacrifício, do pecado e do arrependimento. Não há muita razão para propor qual é o sistema que "substitui" o outro ou que consiste em um caminho "melhor". Os dois sistemas têm uma lógica própria e é bom que todos entendam como cada um desses sistemas funcionam. Os judeus e os cristãos têm interpretações plausíveis do capítulo 14 de Gênesis e do salmo 110, e aqui podemos concordar que as escrituras de Israel exigem interpretação.

[84]Veja as p. 207-209.
[85]Jonathan Sacks, *The Koren Siddur for shabbat and hagim* (Jerusalem: Koren, 2013), p. 26.

6

"OLHO POR OLHO" E "DÊ A OUTRA FACE"

ANTÍTESES OU AMPLIAÇÕES?

No Sermão do Monte (Mateus 5—7), Jesus instrui os seus discípulos:

> "Vocês ouviram o que foi dito: 'Olho por olho e dente por dente'. Mas eu lhes digo: Não resistam ao perverso. Se alguém o ferir na face direita, ofereça-lhe também a outra. E se alguém quiser processá-lo e tirar-lhe a túnica, deixe que leve também a capa. Se alguém o forçar a caminhar com ele uma milha, vá com ele duas. Dê a quem lhe pede, e não volte as costas àquele que deseja pedir-lhe algo emprestado" (Mateus 5:38-42).

Esta passagem, que geralmente é resumida a "dê a outra face, dê a túnica que está nas suas costas, e caminhe a segunda milha", está entre as mais conhecidas e altamente consideradas dentre os escritos do Novo Testamento. Ela esta entre as mais prováveis de serem citadas por pessoas que desconhecem a Bíblia Hebraica ou o judaísmo, como se ela demonstrasse um contraste entre os ensinos do "Antigo Testamento", visto como legalista, e os ensinos do "Novo Testamento", tido como misericordioso. Temos ouvido com frequência que o judaísmo promove uma mentalidade "olho por olho", um destaque na vingança e um sistema que, conforme se supõe que Mohandas Gandhi disse, "está cegando o mundo". Temos ouvido também, embora com uma frequência menor, que Jesus era um pacifista que não somente rejeitaria a posse de armas, mas também a própria defesa pessoal. As duas ideias são equivocadas.

"OLHO POR OLHO" E "DÊ A OUTRA FACE"

A declaração de Jesus é mais bem entendida em seu contexto literário e histórico. Em primeiro lugar, o ato de conceder a outra face deve ser colocado no contexto de seus ensinos sobre assassinato, adultério, divórcio, juramentos e o amor ao próximo. Em segundo lugar, se não reconhecermos como as leis anteriores da Torá de Israel funcionavam na sua própria época e nas gerações posteriores, necessariamente entenderemos de forma equivocada o que Jesus está dizendo.

Os ensinos sobre dar a outra face, dar a túnica, e caminhar mais uma milha aparecem dentro de uma coleção de palavras que começam com alguma variante da seguinte fórmula: "Ouviram o que foi dito... mas eu digo a vocês". Elas são comumente chamadas de "antíteses" — ou opostos. Essa classificação cria um problema imediato, porque sugere que Jesus está se opondo, ou dizendo o contrário do que a Torá ensina. Com certeza, esse não é o caso. Uma antítese seria proclamada da seguinte forma: "Vocês ouviram o que foi dito aos seus antepassados: 'Não matarás', e 'quem matar estará sujeito a julgamento'" (Mateus 5:21) — "mas eu digo a vocês, preparem-se pra matar!" Esse entendimento incorreto faz parte da visão mais ampla de que Jesus substitui a lei de vingança do Antigo Testamento pelo evangelho de graça e misericórdia do Novo Testamento. Essas interpretações na verdade violam a Torá, a tradição judaica e a própria mensagem de Jesus.

Ao dar instruções a respeito de como interpretar mandamentos como "olho por olho", além de mandamentos como "não matarás", "não cometerás adultério" e "não darás falso testemunho", Jesus está fazendo duas coisas que os judeus sempre fizeram: (1) interpretando o texto — pelo fato de que o texto bíblico, conforme analisamos no capítulo anterior, sempre precisa de interpretação; e (2) buscando entender como a Torá funciona em sua própria vida e na vida da comunidade.

Os problemas que Jesus aborda nessa passagem não são exclusivos dos judeus ou do judaísmo; na verdade, eles são universais: todos os povos têm se perguntado sobre como reagir à violência e à impropriedade sexual, sobre a honestidade pessoal e sobre o relacionamento com os inimigos. Todas as culturas têm várias normas — legais, culturais, familiares, religiosas — que sugerem e exigem respostas. Entretanto, essas normas também exigem interpretação — raramente elas são amplas e claras o suficiente para abranger qualquer circunstância. Elas igualmente não permanecem estáticas, mas necessariamente mudam de acordo com as circunstâncias. Jesus, do mesmo modo que outros judeus da sua época, bem como antes e depois dela, está interpretando a Torá. Aliás, para Mateus, Jesus consiste em um intérprete proeminente, ao subir uma montanha como um novo Moisés.[1]

---

[1] Veja, p. ex., Dale C. Allison, Jr., *The new Moses: a Matthean typology* (1993; reimpr., Cascade: Wipf & Stock, 2013).

Sua interpretação não se trata de uma substituição de uma Torá por outra: muito pelo contrário (é uma verdadeira antítese!) ele amplia a Torá em vez de revogá-la. Ele torna a lei mais rígida em vez de afrouxá-la. Em vez de descartar a Torá, ele busca determinar como ela poderia ser mais bem entendida e praticada.

Todas as interpretações de que Jesus se opõe à Torá são descartadas pelo início do Sermão do Monte, em que Mateus ressalta tanto a importância quanto a permanência da Torá. Logo antes de apresentar a expressão "ouviram o que foi dito", Jesus insiste que ele não veio para "abolir a lei [gr., *nomos*; o hebraico subjacente seria *torah*, uma palavra que geralmente é traduzida como *nomos* na Septuaginta] ou os profetas [ou seja, os *Nevi'im*]; eu não vim para abolir, mas para cumprir" (Mateus 5:17).

Contrariando a algumas especulações, a palavra "cumprir" nesse texto não significa "cuidar do que precisa ser feito para que vocês não precisem cumprir" ou, de forma mais simples, "dar um fim a ela."[2] Em vez disso, Jesus proclama que a Torá, os Profetas e as práticas que eles ensinam permanecerão pelo menos durante o tempo de vida daqueles que ouvem essas palavras: Digo-lhes a verdade [o texto grego aqui usa a palavra hebraica *amen*]: Enquanto existirem céus e terra, de forma alguma desaparecerá da Lei a menor letra ou o menor traço [um jota ou um til], até que tudo se cumpra" (Mateus 5:18). Nessa passagem, "cumprir" significa "completar" no sentido de traçar todas as consequências da Torá e dos Profetas. O "cumprimento" consiste em um dos temas de Mateus, que é encontrado na maioria de vezes com relação ao "cumprimento" que Jesus realiza daquilo que foi dito por um profeta antigo. Veremos esse assunto no Capítulo 8, em que damos atenção a Mateus 1:22, o qual, ao apresentar a versão grega de Isaías 7:14 para explicar a concepção virginal de Jesus, declara o seguinte: "Tudo isso aconteceu para que se cumprisse o que o Senhor dissera pelo profeta." De acordo com Mateus, Jesus — não somente por causa dos seus ensinos, mas também por causa da sua vida — demonstra o sentido completo das escrituras de Israel.

Jesus também instrui seus discípulos que eles têm que seguir a sua interpretação da Torá: "Todo aquele que desobedecer a um desses mandamentos, ainda que dos menores, e ensinar os outros a fazerem o mesmo, será chamado menor no Reino dos céus; mas todo aquele que praticar e ensinar estes mandamentos será

---

[2] Veja a análise em Eric Huntsman, "The six antitheses: attaining the purpose of the Law through the teachings of Jesus", em *The sermon on the mount in latter-day Scripture*, ed. Gaye Strathearn, Thomas A. Wayment, e Daniel L. Belnap (Provo: Brigham Young University, 2010), p. 93-109, também disponível em https://rsc.byu.edu/sermon-mount-latter-day-scripture/six-antitheses. Ele observa: "Pelo fato de que os aspectos externos e cerimoniais da Lei de Moisés foram cumpridos na morte sacrificial de Jesus Cristo, os cristãos — e especialmente os Santos dos Últimos Dias — têm a tendência de ver a palavra 'cumprir'" nessa passagem como "'finalizar'".

"OLHO POR OLHO" E "DÊ A OUTRA FACE"

chamado grande no Reino dos céus. Pois eu lhes digo que se a justiça de vocês não for muito superior à dos fariseus e mestres da lei, de modo nenhum entrarão no Reino dos céus" (Mateus 5:19-20). Apesar da visão popular de que Jesus se importa primeiramente com o que a pessoa acredita, o Evangelho de Mateus, em vez disso, destaca mais o modo de a pessoa agir ou o que ela faz.

Quando Jesus define que o comportamento dos fariseus é o mínimo que alguém pode fazer, ele não está facilitando as coisas. De acordo com Josefo, os fariseus eram mestres populares conhecidos pela sua amizade mútua (*Guerra* 2.166), "conduta coerente", respeito pelos anciãos, crença no livre-arbítrio e, portanto, que as pessoas escolhem seguir ou não o caminho da virtude, bem como sua visão de que as pessoas serão julgadas pelo seu comportamento (*Antiguidades* 18.12-15). Ele os compara com os estoicos, uma escola filosófica respeitada (*Vida* 12). Em uma referência direta ao Sermão do Monte, Josefo sugere que os fariseus são populares porque suas tradições de interpretação da Torá "aliviaram as exigências mais fortes da Bíblia na lei civil e criminal" (*Antiguidades* 13.294).[3] Que irônico! Jesus promove práticas que têm indicações mais severas do que o que os fariseus orientavam. Quando percebemos que Jesus não está abolindo a Torá ou a substituindo por algum outro código, estamos em uma melhor posição para entender as antíteses, ou melhor, as ampliações.

Mateus apresenta em 5:21-47 seis declarações que começam com alguma variante da seguinte fórmula: "Ouviram o que foi dito... mas eu digo a vocês". Em alguns manuscritos, a primeira e a quarta declarações começam com uma fórmula mais longa: "Ouviram o que foi dito pelos antigos". A maioria delas citam mandamentos, mas algumas fazem uma paráfrase deles. Apesar de o cenário ser um monte, trazendo uma clara referência a Moisés, Jesus não está lendo a partir do texto, e Mateus não imagina Jesus ensinando em uma escola, com os discípulos discutindo a respeito de palavras em algum manuscrito. Na verdade, nenhuma fonte da antiguidade apresenta os fariseus discutindo a respeito de algum texto; essa é a função dos rabinos posteriores. Jesus não precisa citar a Torá palavra por palavra para transmitir, de forma geral, o texto que está sob análise. O sentido que importa está no modo como o ensino deve ser interpretado, não nas palavras exatas.

Mateus prepara o cenário para explicações populares, mas, na verdade, esse evangelista está realmente escrevendo com um amável equilíbrio retórico: as três

---

[3]Steve Mason, "Flavius Josephus and the Pharisees", *The Bible and Interpretation* (abril de 2003), http://www.bibleinterp.com/articles/Flavius_Josephus.shtml.

primeiras antíteses têm 1.131 letras; e a segunda série de três tem 1.130 letras.[4] Trata-se dos seguintes assuntos, em ordem: (1) o assassinato e, por extensão, a ira, (2) o adultério e, por extensão, a cobiça, (3) o divórcio e, por extensão, a ruptura da família, (4) os juramentos e, por extensão, a honestidade pessoal, (5) a justiça distributiva e, por extensão, a retribuição, e (6) amar o próximo e, por extensão, amar os inimigos. O primeiro (assassinato), o segundo (adultério) e o quarto (juramento) se referem ao "Decálogo" ou aos "Dez Mandamentos", relacionando o juramento com o mandamento que proíbe tomar o nome divino em vão (Êxodo 20:7). Em Números 5, encontramos a aplicação de Jesus da famosa expressão "olho por olho". O sentido da explicação que Jesus faz dessa lei só fica claro dentro do contexto como um todo.

MAS EU LHES DIGO...

SOBRE O ASSASSINATO

A primeira ampliação começa da seguinte forma: "Vocês ouviram o que foi dito aos seus antepassados" (Mateus 5:21). A referência é em relação à revelação de Deus a Moisés no Monte Sinai. Em seguida, no mesmo versículo, vem a citação do próprio mandamento: "'Não matarás', e 'quem matar estará sujeito a julgamento.'" As palavras "não matarás" consistem em uma citação de Êxodo 20:13 e de Deuteronômio 5:17, que fazem parte do Decálogo. Já que a raiz hebraica *r-tz-ch* se refere a matar intencionalmente ou o que chamaríamos hoje de assassinato. A tradução mais conhecida, "Não matarás", é ampla demais. A Bíblia contém leis que ordenam a pena de morte e permitem, mesmo em alguns casos, matar em um contexto de guerra.

A segunda frase não se trata de uma citação, mas de uma paráfrase: "quem matar estará sujeito a julgamento." As leis apodíticas, que tomam a forma "não cometerás...", exigem um efeito prático: "Se eu fizer essa coisa errada, quais são as consequências?" Essa ameaça vaga, porém sinistra, provavelmente se refere à visão bíblica bem conhecida que se encontra em Gênesis 9:6, de que o assassinato é um crime passível de pena de morte:

> Quem derramar sangue do homem,
>> pelo homem seu sangue
>> será derramado;

---

[4]Ulrich Luz, *Matthew 1—7*, tradução para o inglês de James E. Crouch, Hermeneia (Minneapolis: Fortress, 2007), 274n1.

> porque à imagem de Deus
> foi o homem criado.

Embora Deus tenha dito a Noé que o assassinato devia ser punido com a morte, essa passagem fica apenas cinco capítulos depois de Gênesis 4, em que Deus protegeu Caim em vez de executá-lo por ter matado seu irmão Abel. De modo parecido, embora Moisés tivesse cometido assassinato (Êxodo 2:12), ele não foi executado. Do mesmo modo que no nosso sistema legal atual, o que a lei determina não é o que necessariamente acontece na prática.

"Os antepassados" e aqueles que ouviram a Jesus tinham conhecimento do Decálogo, além de outras passagens que inequivocamente consideram que o homicídio doloso é uma ofensa capital (veja, especialmente, Números 35:16-18). Então, o intérprete Jesus pergunta: Será que o assassinato premeditado é a única ofensa séria que o mandamento deseja incluir?

Em seguida, ele apresenta a ampliação: "Mas eu lhes digo que qualquer que se irar contra seu irmão [isto é, qualquer membro da comunidade] estará sujeito a julgamento. Também, qualquer que disser a seu irmão: 'Racá', será levado ao tribunal [gr., "sinédrio", referindo-se aqui ao tribunal local; o mesmo uso aparece em Mateus 10:17]. E qualquer que disser: 'Louco!', corre o risco de ir para o fogo do inferno" (Mateus 5:22). Essas ameaças podem se constituir em floreios retóricos. As comunidades que se reuniram em nome de Jesus tinham procedimentos que não exigiam a morte na disciplina de membros recalcitrantes; Mateus 18:15-17 prescreve um processo formal de repreensão, seguido, se necessário, da exclusão da comunidade.

Se a corte terrena não conseguir trazer a punição adequada, Jesus garante que o juiz celestial trará: esse é o motivo da referência ao "inferno" (gr., *gehenna*) em Mateus 5:22.[5] O Talmude apresenta palavras parecidas. O rabino Yehoshua ben Levi propõe que um discípulo poderia ser excomungado por insultar seu mestre: "Aquele que fala de forma depreciativa a respeito dos estudiosos da Torá e fala mal deles depois da sua morte cairá no *Gehenna*, conforme se afirma: 'Mas aos que se desviam por caminhos tortuosos, o Senhor dará o castigo dos malfeitores. Haja paz em Israel! [Salmos 125:5]'" (*b. Berakhot* 19a).[6]

---

[5] Martha Himmelfarb, "Afterlife and resurrection", em *JANT*, p. 691-94, escreve: "Os essênios acreditavam que a alma imortal desfrutaria da recompensa ou padeceria castigo de acordo com suas obras na vida, sem nenhum papel para o corpo (Josefo, *Guerra*, 2.154-58; *Veja tb.* Josefo, *Antiguidades* 18.18) (p. 691), mas os fariseus acreditavam que 'apenas a alma dos justos passam para outro corpo, enquanto a alma dos perversos sofrem condenação eterna' (Josefo, *Guerra*, 2.163; *Veja tb.* Josefo, *Antiguidades* 18.14)". Himmelfarb prossegue documentando as expectativas rabínicas de recompensas e castigos após a morte.

[6] "*Berakhot* 19a:9", Sefaria, https://www.sefaria.org/Berakhot.19a.9?lang=bi.

A ampliação de Jesus, que tinha o propósito de transmitir a seriedade das palavras que demonstram ira, faz o que o judaísmo chama de "construir uma cerca em volta da Torá." Essa expressão vem da *Mishná*. Lemos em Ética dos Pais 1:1: "Moshê recebeu a Torá no Sinai e a transmitiu a Yehoshua; Yehoshua aos anciãos; os anciãos aos profetas; e os profetas transmitiram-na aos homens da Grande Assembleia. Estes disseram três coisas: Sejam prudentes no julgamento; formem muitos discípulos; e ergam uma cerca para a Torá." Do mesmo modo que a cerca ao redor da casa protege o que está dentro dela, a cerca em volta da Torá protege os mandamentos, criando circunstâncias que dificultam ainda mais sua violação. Se a pessoa não se zangar, ela tem uma chance bem menor de cometer assassinato. Alguns escribas, reconhecendo que a ira às vezes é justificada — o que chamaríamos de "ira justa" — acrescentaram aos manuscritos gregos de Mateus as palavras que identificam a exceção: "sem causa".[7]

SOBRE O ADULTÉRIO

Depois de alguns exemplos a respeito da reconciliação com os inimigos, Jesus passa à segunda intensificação. Essa expressão novamente se refere à Torá: "Ouviram o que foi dito...", que é seguido por uma citação direta: "Não adulterarás" (Mateus 5:27). A citação é de Êxodo 20:14 e Deuteronômio 5:18; a pena se encontra em Levítico 20:10: "Se um homem cometer adultério com a mulher de outro homem, com a mulher do seu próximo, tanto o adúltero quanto a adúltera terão que ser executados."

Neste contexto, o adultério — na sociedade israelita os homens podiam ter mais de uma esposa, mas as mulheres só podiam ter um marido — significa relações sexuais entre uma mulher casada ou desposada e um homem com o qual ela não é casada nem desposada. Continua sendo uma questão aberta se os judeus da antiguidade ou do período do Segundo Templo estavam realmente executando pessoas culpadas de adultério ou não. As escrituras de Israel não contêm nenhum exemplo de execução desse tipo, embora o adultério acontecesse. O exemplo mais notável foi o de Davi e Bate-Seba (2Samuel 11), e nenhum dos dois foi executado. Entretanto, o filho deles que foi concebido desse relacionamento adúltero morre (2Samuel 12); portanto, Deus executou uma pena de morte vicária. Oseias (1:2-9) se casou com uma mulher adúltera, mas o relacionamento leva à reconciliação, não

---

[7]Parece-nos mais provável que um escriba tenha acrescentado "sem causa" para dar margem a uma ira justa. Veja a análise em David Alan Black, "Jesus on anger: the text of Matthew 5:22a revisited", *Novum Testamentum* 30 (1988): 1-8.

"OLHO POR OLHO" E "DÊ A OUTRA FACE"

à morte. Na verdade, a metáfora profética de Israel como cônjuge adúltero não leva à morte de todo Israel, mas à vergonha, ao arrependimento e finalmente à reconciliação com Deus. A história de Susana, um apêndice ao livro de Daniel encontrado nos livros deuterocanônicos (apócrifos para os protestantes), e uma das primeiras histórias de detetive do mundo, retrata uma mulher que seria executada debaixo da acusação falsa de adultério. Ela é resgatada quando Daniel prova que os anciãos que a acusaram de relações sexuais inadequadas estavam mentindo. Esse relato fictício foi criado para demonstrar a sabedoria de Daniel, não para apresentar um procedimento jurídico histórico.

A história bastante famosa sobre a "mulher pega em adultério" encontrada no capítulo 8 de João também não presume uma execução. Essa narrativa, que começou a aparecer nos manuscritos do Novo Testamento somente a partir do século 4,[8] não retrata nenhum processo judicial, e os procedimentos que aparecem estão, na verdade, incompletos. Por exemplo, a história não faz qualquer referência ao homem com quem alegava-se que a mulher havia adulterado, e ele sequer aparece. É impossível que a mulher tenha cometido adultério sozinha. Não existem testemunhas oculares; em vez disso, "os escribas e os fariseus" afirmaram: "Esta mulher foi surpreendida em ato de adultério" (João 8:3,4). Destruindo ainda mais a ideia de que a cena retrata um julgamento, o cenário não é um tribunal, mas o Templo de Jerusalém.

A narrativa de João não parte do princípio que as pessoas são executadas por adultério. Pelo contrário, os adversários de Jesus estão tentando colocá-lo em uma armadilha perguntando o que deve ser feito com essa mulher culpada: se ele dissesse que ela deveria ser executada, eles o acusariam de barbarismo ou de não seguir o procedimento do tribunal. Se ele dissesse para soltá-la, eles o condenariam por permitir que uma transgressão da Torá ficasse sem castigo. Jesus se recusa a participar desse jogo. Em vez disso, ele apanha seus adversários deixando de perguntar a respeito do castigo da mulher, mas sobre a qualificação deles para aplicá-lo: "Se algum de vocês estiver sem pecado, seja o primeiro a atirar pedra nela" (João 8:7). Os adversários, condenando a si mesmos, se retiram. Eles não largam as pedras no chão, até porque não estavam com elas nas mãos.

A história que Mateus conta a respeito da natividade confirma a ausência da pena de morte para o adultério no tempo de Jesus. Quando José fica sabendo que

---

[8]Para uma abordagem sobre a originalidade do relato do Evangelho de João, veja David Alan Black e Jacob N. Cerone, eds., *The pericope of the adulteress in contemporary research*, Library of New Testament Studies 551 (London: T&T Clark, 2018); Jennifer Knust and Tommy Wasserman, *To cast the first stone: the transmission of a gospel story* (Princeton: Princeton University Press, 2018).

Maria, a mulher que ele havia desposado, estava grávida, ele decide se divorciar dela sem alarde (Mateus 1:19). Maria não passa por nenhum perigo de apedrejamento, e Mateus não menciona nenhuma vergonha pública.

O judaísmo rabínico se desdobra para fazer com que a execução, por qualquer motivo, seja impossível. O Talmude dedica ao adultério um tratado inteiro, chamado de *Sotah* em referência ao "teste das águas amargas" que era dado a mulher cujo marido suspeitava que tinha sido infiel (Números 5:11-31). Os rabinos não insistem somente que o ato adúltero tenha que ser observado por duas testemunhas (a maioria dos adultérios, até onde sabemos, não é realizada em público), mas também que o casal seja avisado de antemão que suas ações podem levar a consequências fatais. Em vez da execução, de acordo com o judaísmo rabínico, o adultério poderia levar ao divórcio sem nenhuma compensação monetária para a esposa, à vergonha pública e a prejuízos sociais para os filhos nascidos de um relacionamento adúltero.

É possível que os tribunais judaicos realmente aplicassem a pena de morte durante o período rabínico, e o escritor cristão Orígenes sugere que eles tinham essa autoridade (*Carta a Africano* 20.14). O máximo que podemos concluir é que, se na época de Jesus ou de Mateus o adultério era punido com a morte, essa punição acontecia muito raramente.[9] Na verdade, os rabinos construíram uma cerca em volta da pena de morte; eles insistiram em procedimentos legais, e depois fizeram com que os procedimentos nesse caso fossem tão rigorosos que executar a parte culpada passava a ser praticamente impossível. Por exemplo, enquanto Deuteronômio 21:18-21 exigia que o filho rebelde fosse apedrejado, a *Mishná* (*Sanhedrin* 8) torna as regras tão rigorosas para o apedrejamento desse filho que é praticamente impossível cumpri-las. Outra *Mishná* (*Makkot* 1:10) observa como era rara a pena de morte: "O sinédrio que impuser a pena de morte uma vez em sete anos será chamado de assassino. O rabino Eleazar b. Azariah diz: 'uma vez em setenta anos'. R. Tarfon e R. Aquiba dizem: 'Se estivéssemos em um sinédrio, ninguém seria condenado à morte'."[10]

Jesus acha que o adultério é um problema sério, portanto ele aborda suas causas. Ele constrói a cerca igualando a cobiça (masculina) ao adultério e, assim, proíbe-o: "Mas eu lhes digo: qualquer que olhar para uma mulher para desejá-la, já cometeu adultério com ela no seu coração" (Mateus 5:28). A palavra grega para

---

[9]Veja Beth A. Berkowitz, *Execution and invention: death penalty discourse in early rabbinic and Christian cultures* (New York: Oxford University Press, 2006); Michael Satlow, *Tasting the dish: rabbinic rhetorics of sexuality* (Atlanta: Scholars Press, 1995), p. 173-4.

[10] Neusner, *Mishnah*, p. 612.

"OLHO POR OLHO" E "DÊ A OUTRA FACE"

"cobiça" ou "desejo" (*epithymeō*) aparece em outras passagens na versão da Septuaginta dos Dez Mandamentos: ao proibir cobiçar a casa e a esposa do seu vizinho (Êxodo 20:17; Deuteronômio 5:21). Em seguida, Jesus vai além na construção da cerca com a instrução hiperbólica: "Se o seu olho direito o fizer pecar, arranque-o e lance-o fora. É melhor perder uma parte do seu corpo do que ser todo ele lançado no inferno" (Mateus 5:29). Esse versículo nos alerta que os mandamentos em forma de causa e efeito, mesmo este, podem ser tratados como leis cautelares, que seguem mais o padrão de ameaças paternais do que propriamente procedimentos jurídicos. Elas, provavelmente, também colocam um freio nos sentimentos de cobiça que os membros da comunidade possam ter.

SOBRE O DIVÓRCIO

Depois tratar do adultério, Mateus passa a abordar uma preocupação relacionada: o divórcio. A terceira ampliação presume a expressão completa "ouviram o que foi dito" começando com as palavras "Também foi dito: 'Aquele que se divorciar de sua mulher deverá dar-lhe certidão de divórcio'" (Mateus 5:31). A citação faz referência a Deuteronômio 24:1: "Se um homem casar-se com uma mulher e depois não a quiser mais por encontrar nela algo que ele reprova [hebr., *'ervat davar*, alguma questão indecente], dará certidão de divórcio à mulher e a mandará embora." A expressão hebraica *'ervat davar* é vaga, tanto quanto a sua tradução "questão indecente". A palavra *'ervah* (uma forma de *'ervat*) quase sempre se refere à impropriedade sexual, embora essa mesma expressão, *'ervat davar*, apareça em Deuteronômio 23:14 [23:15 hebr.] no sentido de cavar um buraco para servir de latrina, que em nada se relaciona com a sexualidade. Assim, essa palavra indica algo desagradável, até mesmo repulsivo. A lei de divórcio no capítulo 24 de Deuteronômio acrescenta que, se a esposa divorciada se casasse com outra pessoa e essa pessoa se divorciasse dela ou morresse, o primeiro marido era proibido de se casar novamente com ela.

Jesus amplia a proibição contra se casar novamente com a primeira mulher proibindo completamente o divórcio e o novo casamento: "Mas eu lhes digo que todo aquele que se divorciar de sua mulher, exceto por imoralidade sexual [no grego, *logou porneias*; a expressão é vaga, do mesmo modo que a expressão hebraica em Deuteronômio 24:1], faz que ela se torne adúltera, e quem se casar com a mulher divorciada estará cometendo adultério" (Mateus 5:32; cf. 19:1-12). Essa "questão de porneia", de onde vem a palavra "pornografia", pode se referir a um relacionamento incestuoso, a algum relacionamento ilegal (p. ex., a esposa ainda era casada com outra pessoa), a alguma pessoa que persiste em um relacionamento adúltero ou a alguém cujo comportamento sugere lascívia. Do mesmo modo que no hebraico, o grego passa a ser assunto para mentes inclinadas ao estudo da leis.

Na versão mais antiga desta ampliação, presente em Marcos 10:2-12, e também em Lucas (16:18), não aparece nenhuma exceção para *porneia*, embora Marcos inclua a possibilidade de que uma mulher queria divorciar-se de seu marido (Marcos 10:12), uma possibilidade disponível para algumas mulheres judias no século 1.[11] Paulo menciona essa possibilidade para os membros gentios da igreja de Corinto: "Aos casados dou este mandamento, não eu, mas o Senhor: que a esposa não se separe do seu marido. Mas, se o fizer, que permaneça sem se casar ou, então, reconcilie-se com o seu marido. E o marido não se divorcie da sua mulher" (1Coríntios 7:10-11).

A proibição que Jesus faz do divórcio o torna ainda mais conservador do que os Manuscritos do Mar Morto. Falando especificamente ao rei, lemos no Rolo do Templo (11QT^a 57:17-19): "E ele não pode desposar outra mulher além dela, mas só ela estará com ele por todos os dias da sua vida. E se ela morrer, ele tomará para si outra esposa da casa de seu pai, do seu clã."[12] Essa posição também coloca Jesus bem à direita dos rabinos posteriores, para quem o divórcio consistia em uma possibilidade legal. Os rabinos não debatiam a legalidade do divórcio; em vez disso, eles debatiam os fundamentos apropriados para sua realização:

A casa de Shammai diz: "O homem deve divorciar sua mulher somente com base na falta de castidade, já que foi dito: *Porque encontrou nela algo indecente* [isto é, algo questionável] (Deuteronômio 24:1)". E a casa de Hillel diz: "Mesmo que ela tenha feito alguma comida desagradável, já que foi dito: *Porque encontrou nela algo indecente* [isto é, algo questionável]". R. Aqiba diz: "Mesmo se ele encontrou

---

[11]Josefo (*Antiguidades* 15.259-60) sugere que Salomé, irmã de Herodes (o Grande), se divorciou do seu marido, Costóbaro, embora isto "não estivesse de acordo com a lei judaica, porque (somente) ao homem nós permitimos fazer tal coisa." Josefo também afirma que as mulheres divorciadas tinham que obter a permissão do ex-marido para se casarem novamente, uma lei que não se encontra em nenhuma parte das fontes judaicas e provavelmente tinha o propósito de destacar as práticas patriarcais do judaísmo (que também são tipicamente "romanas"). O papiro *Se'elim 13* do deserto de Judeia (do início do século 2) consiste em um manuscrito enviado por "Shelamzion, filha de José Qebshan de Ein-Gedi" ao seu marido "Eleazar, filho de Hananias"; o manuscrito afirma: "É dela para ti este documento de divórcio e de liberação." Veja David Instone-Brewer, "Jewish women divorcing their husbands in early Judaism: the background to Papyrus *Se'elim 13*", *Harvard Theological Review* 92 (1999): 349-57; Tal Ilan, "Notes and observations on a newly published divorce bill from the judean desert", *Harvard Theological Review* 89 (1996): 195-202; Adiel Schremer, "Divorce in Papyrus *Se'elim 13* once again: a reply to Tal Ilan", *Harvard Theological Review* 91 (1998): 193-202.

[12]Confira a análise em Raymond Collins, *Divorce in the New Testament* (Collegeville: Liturgical Press, 1992), p. 81.

"OLHO POR OLHO" E "DÊ A OUTRA FACE"

alguma mulher mais bonita do que ela, já que foi dito: *E se ela não achar graça em seus olhos* (Deuteronômio 24:1)" (*m. Git.* 9.10; cf. *Sifre Deut.* 269; *y. Sota* 1:2, 16b; transliteração alterada para ajudar na leitura).

A casa de Shammai interpreta a expressão hebraica *'ervat davar* com referência ao adultério (indicando por meio disso que ninguém será apedrejado) e só aceita o divórcio com base nisso. Em compensação, a casa de Hillel permite que os homens se divorciem de suas mulheres por qualquer ofensa, seguindo um entendimento mais amplo de *'ervat davar*. Entretanto, a casa de Hillel ainda teria exigido que o marido compensasse sua esposa de acordo com a *ketubah*, o contrato de casamento, para que ela não seja expulsa de casa sem ter nenhum recurso. As afirmativas de que a versão de Hillel tinha o propósito de *proteger* as mulheres divorciadas das acusações de adultério (isto é, se ela puder se divorciar por qualquer motivo, não há razão para sugerir que ela tenha pecado) não passam de apologética moderna para uma interpretação que atualmente parece bem severa.

Ao contrário de alguns ensinos populares, a proibição que Jesus faz do divórcio não tem o propósito de proteger as mulheres dos maridos que escrevem cartas arbitrárias de divórcio, uma questão que deveria ser óbvia a partir da proibição encontrada em Marcos de que a mulher se divorcie de seu marido (Marcos 10:12). Jesus não baseia o seu ensino na reforma social, mas em Gênesis. Ele explica primeiramente que, embora Deuteronômio permita o divórcio, ele só faz isso por causa de uma concessão: "Moisés escreveu essa lei por causa da dureza de coração de vocês [a respeito do divórcio]" (Marcos 10:5). Em seguida, ele, de uma maneira bem judaica, coloca Deuteronômio em diálogo com Gênesis, a leitura anterior, e conclui que Gênesis apresenta o modelo melhor: "Mas no princípio da criação Deus 'os fez homem e mulher'. 'Por esta razão, o homem deixará pai e mãe e se unirá à sua mulher, e os dois se tornarão uma só carne'. Assim, eles já não são dois, mas, sim, uma só carne" (Marcos 10:6-8). Por ser tirada do corpo do homem, a mulher retorna ao homem e o completa (veja cap. 4). Fazendo uma extrapolação a partir da narrativa do jardim do Éden, Jesus conclui que qualquer relacionamento entre marido e mulher é sancionado por Deus e, por isso, ele é permanente: "Portanto, o que Deus uniu, ninguém o separe" (Marcos 10:9).

Entretanto, para Jesus, os laços conjugais permanentes não exigem que o marido e a mulher morem juntos. Seu movimento consiste em alguns seguidores cujas esposas não os acompanham. Em Lucas 14:26, Jesus aconselha seus seguidores a "odiar" os membros da sua família, incluindo "esposa e filhos" (esse comentário parte da ideia de que todos os seguidores que estão ouvindo são homens), e em Lucas 18:29-30 ele afirma: "Digo-lhes a verdade: Ninguém que tenha deixado casa, mulher, irmãos, pai ou filhos por causa do Reino de Deus deixará de receber, na presente era, muitas vezes mais, e, na era futura, a vida eterna." Não existe divórcio na missão de Jesus, mas também não existe procriação para criar herdeiros para terem as propriedades, nem coabitação. Isso se deve ao fato de que o fim dos tempos como nós o conhecemos está próximo.

Em linguagem antropológica, para Jesus não existem "laços conjugais", porque a lealdade e o amor devem se centrar em Jesus e depois serem igualmente distribuídos entre os membros da comunidade reunida em seu nome. O amor é espiritual, não carnal. O judaísmo, que teve correntes celibatárias no século 1,[13] iria além para rejeitar tanto o pensamento apocalíptico quanto o celibato. Entretanto, para o período do Segundo Templo, tanto Josefo (*Antiguidades* 18.21; *Guerra* 2.120-121) quanto Filo (*Hypothetica* 11) descrevem os essênios celibatários. Filo também descreve os terapeutas e os terapeutridas, uma comunidade utópica de homens e mulheres judeus celibatários (*Sobre a vida contemplativa* 8.68-90).

Os comentários de Jesus proibindo o divórcio não se encaixam nas outras correntes do judaísmo antigo, embora a cláusula de *porneia* da frase de Mateus pareça com o ensino da Casa de Shammai, que achava que o adultério se constituía na única razão viável para terminar um casamento. O seu ensino sobre celibato, que reaparece em Paulo (1Coríntios 7:7) e em Apocalipse (14:4), com o passar do tempo se tornou uma marca característica entre os cristãos, que promoviam a virgindade e a continência, em distinção à tradição rabínica, que promovia o casamento, as relações conjugais e os filhos.

SOBRE OS JURAMENTOS

A quarta ampliação trata dos juramentos. Jesus começa da seguinte forma: "Vocês também ouviram o que foi dito aos seus antepassados: 'Não jure falsamente, mas cumpra os juramentos que você fez diante do Senhor'" (Mateus 5:33). Não existe uma correspondência exata na Torá para essas palavras, em parte porque a declaração lida com duas questões diferentes: o falso juramento e o voto (positivo). O perjúrio consiste em insistir na verdade das palavras mesmo sendo falsas. O voto nesse contexto indica fazer alguma promessa a Deus. Por exemplo, alguém poderia

---

[13]Veja, p.ex., Pieter W. van der Horst, "Celibacy in early Judaism", em *Japheth in the tents of Shem: studies on Jewish Hellenism in antiquity*, Contributions to Biblical Exegesis & Theology 32 (Leuven: Peeters, 2002); Adiel Schremer, "Celibacy in second temple Judaism", em *EDEJ*, p. 466-7. *Veja tb.* a cópia do Documento de Damasco (CD) 6.11—7.9 da Geniza do Cairo e Filo, *Sobre a vida contemplativa*, 8.68-90, a respeito dos terapeutridas.

"OLHO POR OLHO" E "DÊ A OUTRA FACE"

fazer um voto de nazireu para viver uma vida de santidade e pureza ímpares (veja Números 6). Vemos Paulo debaixo de um voto como esse em Atos 18:18 e remindo as pessoas no final de seu período de nazireado em Atos 21:23-26.

As escrituras de Israel aconselham contra fazer votos. Lemos em Deuteronômio 23:22: "Mas se você não fizer o voto, de nada será culpado", ou seja, já que o voto pode não ser pago, essa passagem sugere fugir desse risco. A ideia de Eclesiastes 5:4-5 é parecida: já que Deus "não tem prazer em tolos", pague rapidamente o voto que fez, embora seja "melhor não fazer voto do que fazer e não cumprir." Jesus proíbe o juramento, apesar de ele ser permitido na Torá: "Mas eu lhes digo: Não jurem de forma alguma: nem pelo céu, porque é o trono de Deus; nem pela terra, porque é o estrado de seus pés; nem por Jerusalém, porque é a cidade do grande Rei" (Mateus 5:34,35). Lemos o mesmo princípio em Mateus 23:22: "E aquele que jurar pelo céu, jura pelo trono de Deus e por aquele que nele se assenta." Todos os juramentos como esses acabam tomando o nome de Deus em vão; "céu", "terra" e "Jerusalém" são circunlóquios para o nome de Deus, que naquela época era considerado santo demais para ser pronunciado.[14] Nos bastidores da declaração de Jesus se encontra o cuidado da Torá para que não se use o nome divino de forma equivocada. Lemos na passagem de Êxodo 20:7: "Não usarás o nome do Senhor teu Deus de forma equivocada, pois o Senhor não deixará impune quem tomar o seu nome em vão", traduzido de forma menos exata pela KJV da seguinte maneira: "Não tomarás em vão o nome do Senhor teu Deus" (Deuteronômio 5:11; veja também Levítico 19:12: "Não jurem falsamente pelo meu nome, profanando assim o nome do seu Deus. Eu sou o Senhor"[NRSV]).

Apesar de os estudiosos cristãos sugerirem uma vez ou outra que Jesus estava se opondo a visões judaicas a respeito do juramento, que tinham evoluído em "um casuísmo tão grande, do qual a *Mishná* apresenta vários exemplos",[15] essa crítica não passa de um exagero. A *Mishná* está falando a respeito da responsabilidade legal; isso nos remete a jurarmos perante uma instituição do governo, ou em um tribunal, ou mesmo na assinatura de um contrato de negócios. As palavras que a pessoa diz são formais e expressam compromisso, e o juramento, ou a assinatura do contrato, mostra a seriedade da questão. Além disso, em vez de se

---

[14]David L. Turner, *Matthew*, Baker Exegetical Commentary on the New Testament (Grand Rapids: Baker Academic, 2008), p. 173.

[15]R. T. France, *Matthew*, New International Commentary on the New Testament (Grand Rapids: Eerdmans, 2007), citando m. *Shevuo*t 4:13; m. *Nedarin* 1:3; m. *Sanhedrin* 3:2. *Veja tb.* Douglas R. A. Hare, *Matthew*, Interpretation (Louisville: Westminster John Knox, 1993), p. 45, sobre o "falso casuísmo que diferencia de forma sutil entre juramentos válidos e inválidos."

envolver em "casuística", o rabino Meir, do mesmo modo que Jesus, observa que é melhor não fazer nenhum voto, uma opinião que os outros rabinos endossam (*b. Nedarim* 22a, 77b).

Jesus continua dizendo o seguinte: "E não jure pela sua cabeça, pois você não pode tornar branco ou preto nem um fio de cabelo" (Mateus 5:36): já que ninguém pode mudar o que acontece de forma natural, todo juramento é inútil. Ele conclui no versículo posterior: "Seja o seu 'sim', 'sim', e o seu 'não', 'não'; o que passar disso vem do Maligno." O Maligno nada mais é que um eufemismo para "Satanás"; em uma ironia maravilhosa, esse é o mesmo tipo de eufemismo que ele condena ao falar sobre Deus usando palavras como "céu" ou "Jerusalém".

Ao proibir o falso testemunho, Jesus ordena a honestidade em todo o tempo. Desde a proibição dos juramentos até garantir que a pessoa cumprirá sua promessa, Jesus insiste que as promessas — mesmo que não sejam acompanhadas de juramentos em nome de Deus — sejam cumpridas. A ideia dessas duas ampliações é que não é preciso jurar nem fazer votos quando a regra é a honestidade.

SOBRE AMAR AO PRÓXIMO

Pulamos os comentários de Jesus sobre "olho por olho" para partir para a sexta e última ampliação, em Mateus 5:43-48. Jesus começa dizendo: "Vocês ouviram o que foi dito: 'Ame o seu próximo.'" Essa é uma citação direta de uma boa parte da segunda metade de Levítico 19:18, "Não procurem vingança, nem guardem rancor contra alguém do seu povo, mas ame cada um o seu próximo como a si mesmo. Eu sou o SENHOR." A omissão das palavras "como a si mesmo" pode ter o propósito de criar um paralelo retórico com aquilo que será dito posteriormente em relação aos inimigos.

A preocupação de Levítico sobre guardar rancor compartilha da mesma intenção de criar uma cerca que o comentário anterior de Jesus a respeito de "qualquer que se irar contra seu irmão estará sujeito a julgamento" (Mateus 5:22). Em Levítico, o "próximo" indica um israelita ou judeu, uma ideia que fica bem clara na ordem de Levítico 19:34: "O estrangeiro residente que viver com vocês será tratado como o natural da terra. Amem-no como a si mesmos, pois vocês foram estrangeiros no Egito." A Torá faz distinção entre os israelitas e os estrangeiros (podemos pensar na distinção entre um cidadão e alguém que é naturalizado), mas Levítico insiste que ambos devem ser amados.

Em seguida, Jesus continua a frase "Vocês ouviram [...] 'Ame o seu próximo'" com as palavras "e odeie o seu inimigo" (Mateus 5:43). A preocupação a respeito de odiar o inimigo não aparece na Torá, embora esteja presente nos Manuscrito do

"OLHO POR OLHO" E "DÊ A OUTRA FACE"

Mar Morto. Por exemplo, na *Regra da comunidade* (1QS 1:3,4) lemos o conselho: "Ele deve ensiná-los a amar tudo (ou todos). Ele escolheu amar tudo (ou todos) que ele rejeitou."[16]

Geralmente, cita-se como exemplo do ódio aos inimigos presente no "Antigo Testamento" o último versículo do salmo 137, que parece ser mais famoso pelo seu versículo inicial: "Junto aos rios da Babilônia / nós nos sentamos e choramos com saudade de Sião." Falando dos edomitas que participaram da destruição de Jerusalém, encontramos o seguinte em Salmos 137:9: "Feliz aquele que pegar os seus filhos e os despedaçar contra a rocha!" Essa rocha (hebr., *hasala'*) nada mais é que outro nome para uma cidade de Edom (2Reis 14:7), possivelmente onde Petra (cujo nome vem da palavra "rocha" no grego), que hoje se encontra na Jordânia, foi construída; o senso retributivo, que é bem comum nos Salmos, consiste em uma emoção extremamente honesta. O salmista não está encorajando as pessoas a matar crianças; essa retribuição, do mesmo modo que em Êxodo 23:22, pertence a Deus. Nas escrituras de Israel, Deus afirma: "A mim pertence a vingança e a retribuição" (Deuteronômio 32:35), um princípio ecoado por Paulo (Romanos 12:19) e pelo autor de Hebreus (10:30). Vemos essa preocupação com a justiça divina em outras passagens, por exemplo, em Êxodo 23:22: "Se vocês ouvirem atentamente o que ele disser [isto é, o anjo do SENHOR] e fizerem tudo o que lhes ordeno, serei inimigo dos seus inimigos, e adversário dos seus adversários."

Em contrapartida, as escrituras de Israel realmente contêm leis que previnem que se cometam abusos contra inimigos. Por exemplo, a atitude de rir da desgraça alheia é condenada em Provérbios 24:17: "Não se alegre quando o seu inimigo cair, nem exulte o seu coração quando ele tropeçar." A justificativa não é a de evitar piorar ainda mais as coisas, mas para que "o SENHOR não veja isso, e se desagrade, e desvie dele a sua ira" (Provérbios 24:18). Uma instrução indireta que é parecida com essa aparece em Provérbios 25:21: "Se o seu inimigo tiver fome, dê-lhe de comer; se tiver sede, dê-lhe de beber." A razão para isso não é para que eles se tornem amigos, mas porque "fazendo isso, você amontoará brasas vivas sobre a cabeça dele, e o SENHOR recompensará você" (Provérbios 25:22; Paulo cita esse par de versículos em Romanos 12:20). A Torá ordena a resgatar o boi ou o burro que pertence a seu inimigo: "Se você encontrar perdido o boi ou o jumento que pertence ao seu inimigo, leve-o de volta a ele" (Êxodo 23:4). Outra atitude bastante positiva com relação aos inimigos é o apelo que Jeremias dirigiu aos exilados judeus na Babilônia: "Busquem a prosperidade da cidade para a qual

---

[16]Tradução para o inglês do aplicativo *Accordance Bible Software*, levemente modificada

eu os deportei e orem ao Senhor em favor dela, porque a prosperidade de vocês depende da prosperidade dela" (Jeremias 29:7).

Jesus amplia as ordens bíblicas de que não se deve cometer abuso contra os inimigos e que se deve até mesmo orar pelo bem-estar do império conquistador. Ele não se limita a rejeitar a ideia de odiar os inimigos, ele afirma: "Mas eu lhes digo: Amem os seus inimigos e orem por aqueles que os perseguem" (Mateus 5:44). A justificativa se encaixa na visão teológica de que as pessoas devem agir como Deus age "para que vocês venham a ser filhos de seu Pai que está nos céus" que se preocupa com os justos e com os injustos indistintamente (Mateus 5:45). Ser filhos do Pai significa agir como o Pai agiria. Encontramos um ensino parecido na literatura rabínica: "Do mesmo modo que Ele é compassivo e misericordioso, também deves ser compassivo e misericordioso" (*b. Shabbat* 133b).

Essa seção termina com a exigência: "Portanto, sejam perfeitos como perfeito é o Pai celestial de vocês" (Mateus 5:48). A palavra grega para "perfeito", que é *teleios*, não quer dizer nesse contexto uma pessoa "que nunca pecou" ou "que nunca cometeu nenhum erro". Lemos em Eclesiástico 44:17 que "Noé foi reconhecido como o perfeito [*teleios*] justo", sem dar a entender que Noé nunca tivesse pecado. A palavra hebraica *tamim*, que às vezes é traduzida como "íntegro" (p. ex., em Gênesis 17:1, em que Deus diz a Abraão: "ande segundo a minha vontade e seja *íntegro*"), transmite um significado parecido.[17] Portanto, a palavra "perfeito" em Mateus 5:48 sugere agir completamente de acordo com a vontade divina, como Jesus a entende.

Essas ampliações mostram como a Torá deve ser seguida, construindo cercas ao redor da lei para a sua aplicação mais extensa: da proibição ao assassinato para a proibição à ira; da proibição ao adultério para a proibição da cobiça; da proibição do juramento falso ou violado para proibir qualquer juramento; de não ser violento com o inimigo e orar por ele para amar o inimigo. Nosso exemplo final segue o mesmo formato — mas, nesse caso, não se trata de uma ampliação.

A RESPEITO DO "OLHO POR OLHO"

Os outros exemplos são profiláticos: para evitar o assassinato, evite a ira; para evitar o adultério, evite a cobiça, e assim por diante. O que está em jogo com "olho por olho" é a justiça *depois* que o crime foi cometido ou *depois* que houve

---

[17]K. Koch, "ממת", em Ernst Jenni, ed., com a ajuda de Claus Westermann, *Theological Lexicon of the Old Testament*, tradução para o inglês de Mark E. Biddle, 3 vols. (Peabody: Hendrickson, 1997), 2:1424-8 (1424), explica esse uso de *tamim* como ter "um relacionamento humano sem problemas com Deus."

"OLHO POR OLHO" E "DÊ A OUTRA FACE"

um acidente. Em Mateus 5:38, Jesus afirma: "Vocês ouviram o que foi dito: 'Olho por olho e dente por dente'." Essas palavras aparecem em três passagens da Torá: em Êxodo 21:23-25, Levítico 24:19-20, e Deuteronômio 19:21. Cada passagem explica, de maneiras diferentes, a compensação pelo dano a qualquer parte do corpo. Além disso, muitos leitores citam esta lei como um indício da barbárie do Antigo Testamento. O que está em foco aqui não é a barbárie, mas a justiça no caso de um ferimento físico; a ironia é que a Torá não está falando da prática em si, mas de um princípio legal.

Esse princípio era conhecido na lei romana como *lex talionis*, "a lei dos iguais", ou, de forma mais simples, como talião.[18] Esta lei aparece na tábua 7, lei 2, de um código de leis romana chamado Lei das Doze Tábuas, que estipula: "Se um homem quebrar alguma parte do corpo de outra pessoa, a vítima pode infligir o mesmo ferimento sobre o transgressor [talião], mas somente se não se fizer nenhum acordo."[19] Tanto os judeus quanto os gentios reconheceriam a lei de talião, seja mediante a Torá, seja pela Lei das Doze Tábuas.

Se Jesus tivesse ampliado a lei, seguindo o mesmo método que vimos nas outras passagens desse contexto, ele teria exigido uma perda maior: "Ouviram o que foi dito: 'Olho por olho', mas eu digo a vocês: 'uma cabeça por um olho'." Ele também não diz: "Não se preocupe se perder um olho", ou, "Se você perder um olho, dê o outro ao agressor." A primeira abordagem, que exige um dano corporal maior, seria realmente uma barbaridade; já a segunda, que consistiria em ignorar o dano, seria ridícula.

Em vez de contestar ou ampliar a lei de talião, Jesus muda de assunto. A retaliação fala de mutilação física, mas Jesus fala da humilhação pública: "Mas eu lhes digo: Não resistam ao perverso. Se alguém o ferir na face direita, ofereça-lhe também a outra. E se alguém quiser processá-lo e tirar-lhe a túnica, deixe que leve também a capa. Se alguém o forçar a caminhar com ele uma milha, vá com ele duas" (Mateus 5:39-41). Existe uma diferença fundamental entre perder um olho e ser ferido na face. Os três exemplos que Jesus dá, com relação ao tapa, a túnica e a subjugação, quando vistos em conjunto, revelam seu sentido: não deixe a violência

---

[18]Veja Trevor W. Thompson, "Punishment and restitution", em *The Oxford Encyclopedia of Bible and Law*, ed. Brent A. Strawn (Oxford: Oxford University Press, 2015), 2:183-93, esp. 183-4 sobre o talião; James F. Davis, *Lex talionis in early Judaism and the exhortation of Jesus in Matthew 5.38-43*, Journal for the Study of the New Testament Supplement Series 281 (London: T&T Clark, 2005); entretanto, a análise desse livro a respeito da lei bíblica e rabínica precisa ser usada com imensa cautela.

[19]Veja M. Floriana Cursi, "The scope and function of civil wrongs in roman society", em *The Oxford Handbook of roman law and society*, ed. Paul J. du Plessis, Clifford Ando, e Kaius Tuori (Oxford: Oxford University Press, 2016), p. 596-606 (597-8; a citação é da página 597).

aumentar; não abra mão de sua agência pessoal; envergonhe aquele que o ataca e preserve a sua honra. Do mesmo modo que os outros mandamentos desta seção, a sua preocupação é corrigir as relações dentro da comunidade, rejeitando a violência, sendo honesto com o próximo e agindo de forma misericordiosa e justa, seguindo o exemplo de Deus.

Essas expressões — dar a outra face, dar a túnica que está usando, caminhar a segunda milha — se tornaram tão comuns em nossa cultura que é difícil dar o devido valor a sua mensagem original. "Dar a outra face" pede mais que "ignorar o problema"; dar a túnica não quer dizer "ser generoso"; "caminhar a segunda milha" exige muito mais do que se "esforçar mais". Quando ouvimos estes mandamentos no contexto do século 1, todos eles servem para evitar a escalada do conflito, o que não é nada além do que a legislação original, "olho por olho", faz.

Ser ferido na face direita presume, caso o agressor seja destro, um tapa com as costas da mão (você pode colocar isto em prática, cuidadosamente, brincando de bater na face direita de um amigo corajoso). Trata-se do tapa que seria dado por um senhor em um escravo, ou por um soldado em um camponês. O tapa das costas da mão era dado para humilhar, não para machucar; não traria tanto dano quanto um soco de direita. Essa temática aparece em Lamentações 3:30, que fala em oferecer "o rosto a quem o quer ferir / e engula a desonra" (a palavra hebraica para "desonra", *cherpah*, tem a conotação de reprovação, desgraça, escárnio e vergonha), e em 2Coríntios 11:20, em que Paulo fala sobre a humilhação de receber um tapa no rosto.[20]

Ao receber esse golpe, a vítima tem algumas opções, e nenhuma delas é boa. Revidar faz a violência aumentar, que em situações de desigualdade social pode levar a consequências mortais. Entretanto, acovardar-se também não ajuda; só funciona como uma medida de autoproteção a curto prazo, além de criar a possibilidade de gestos do mesmo tipo, ou ainda mais violentos, da parte do agressor.

Jesus apresenta o que o estudioso bíblico Walter Wink classificou como "a terceira via": em vez de aumentar a violência, ou de aceitar a perda da dignidade pessoal, confronte a violência.[21] Lemos em Mateus 5:39: "Não resistam ao perverso. Se alguém o ferir na face direita, ofereça-lhe também a outra." A situação de humilhação — de receber um tapa, de ser despido, de carregar a bagagem — passa a ser

---

[20]Veja Catherine Hezser, "Paul's 'Fool's Speech' (2 Cor. 11:16-32) in the context of ancient Jewish and graeco-roman culture", em *Second Corinthians in the perspective of late second temple Judaism*, ed. Peter Tomson, Compendia Rerum Iudaicarum ad Novum Testamentum 14 (Leiden: Brill, 2014), p. 221-44.

[21]Walter Wink, *Naming the powers: the language of power in the New Testament* (Minneapolis: Fortress, 1984); Wink, *Engaging the powers: discernment and resistance in a world of domination* (Minneapolis: Fortress, 1992); e Wink, *Jesus and nonviolence: a third way* (Minneapolis: Fortress, 2003).

"OLHO POR OLHO" E "DÊ A OUTRA FACE"

a oportunidade de expressar iniciativa. Warren Carter explica que a palavra traduzida como "resistir" (no grego, *anthistēmi*) pode se referir à "resistência armada em encontros militares" ou a "lutas violentas".[22] Portanto, este versículo se refere ao *tipo* de resistência que é praticada. Ao oferecer a outra face, a vítima resiste à humilhação demonstrando iniciativa e coragem. Além disso, dar a outra face dá ocasião para um soco de direita, um golpe de maior violência. Revela ao agressor que o tapa, por si só, é um gesto violento; isto mostra que um tapa de rejeição não diminui a dignidade da vítima.

Superada a violência física, Jesus trata da violência jurídica. O cenário passa a ser o tribunal: alguém quer processar você e levar a sua túnica. Por trás dessa preocupação está Êxodo 22:26,27: "Se tomarem como garantia o manto do seu próximo, devolvam-no até o pôr do sol, porque o manto é a única coberta que ele tem para o corpo. Em que mais se deitaria? Quando ele clamar a mim, eu o ouvirei, pois sou misericordioso." A vítima novamente tem poucas opções, e nenhuma delas é boa. Uma delas é a de aceitar o veredito e passar frio naquela noite. A outra seria fugir do tribunal, mas isso poderia resultar em prisão, ou até em uma situação pior. A terceira via, que seria "dê também a túnica", indicaria tirar mais uma vestimenta no tribunal para demonstrar, de forma literal, a injustiça da situação. Nesse cenário, quem passa vergonha é quem processa.

Por fim, a questão da segunda milha se refere à violência militar, um sistema de coação, ou, como diz a NVI, "forçar a caminhar". Vemos esse recrutamento em Mateus 27:32 e Marcos 15:21, em que os soldados romanos "forçam" (usando a mesma palavra grega, *aggareuō*) Simão de Cirene a carregar a cruz de Jesus. Se ele recusasse, arriscaria ser castigado. Se ele consentisse, seria humilhado e, pior que isso, seria considerado como um animal de carga. A terceira via seria que a vítima aceitasse o inevitável, carregasse a bagagem, mas, ao final da milha, acrescentasse: "Caminharei outra milha." Em outras palavras: "Você tentou me tratar como alguém sub-humano. Eu me recuso a permiti-lo que me trate assim — é por minha própria iniciativa que levarei essa bagagem mais longe."

Mateus encerra essa seção com uma ordem potencialmente impraticável: "Dê a quem lhe pede, e não volte as costas àquele que deseja pedir-lhe algo emprestado" (Mateus 5:42). O versículo poderia ser uma intensificação de Deuteronômio 15:9, que fala a respeito de se recusar a dar recursos por causa da aproximação do ano sabático, quando as dívidas deviam ser perdoadas: "Cuidado! Que nenhum de vocês alimente este pensamento ímpio: 'O sétimo ano, o ano do cancelamento das

---

[22]Warren Carter, "Sanctioned violence in the New Testament", *Interpretation: A Journal of Bible and Theology* 71 (2017): 284-97 (288-9).

dívidas, está se aproximando, e não quero ajudar o meu irmão pobre'. Ele poderá apelar para o SENHOR contra você, e você será culpado pelo pecado."[23] Também é possível que Jesus esteja ampliando o mandamento da Torá que está no versículo anterior: "Tenham mão aberta e emprestem-lhe liberalmente o que ele precisar" (Deuteronômio 15:8); e a justificativa é a seguinte: "Sempre haverá pobres na terra. Portanto, eu ordeno a você que abra o coração para o seu irmão israelita, tanto para o pobre como para o necessitado de sua terra" (Deuteronômio 15:11). Ou ele poderia estar mesmo usando uma hipérbole, como faz em outros momentos, para destacar um compromisso integral no que diz respeito a um comportamento ético.

Indo além do que a Torá diz a respeito de fazer caridade, Jesus exige uma generosidade sem limites no ato de dar. Esse versículo combina com o chamado daquele homem que, embora fosse fiel à Torá, ainda mantinha seus vínculos com as riquezas deste mundo: "Venda tudo o que você tem e dê o dinheiro aos pobres, e você terá um tesouro nos céus. Depois venha e siga-me" (Lucas 18:22; cf. Mateus 19:21; Marcos 10:21). Essa instrução funciona no caso de os discípulos não possuírem responsabilidades familiares. A *Mishná* afirma que fazem parte das "coisas para as quais nenhuma medida é prescrita" (*m. Peah* 1:1) a generosidade de não colher até as extremidades da lavoura para que os pobres possam ter o que colher (cf. Levítico 19:9; 23:22), ofertas como as primícias, gestos de bondade, e o estudo da Torá. O *Yerushalmi* (Talmude de Jerusalém) afirma que a caridade sem limites "abrange obras realizadas em benefício de alguém (como visitar os doentes ou sepultar os mortos)."[24] Mas não se permite que a pessoa dê tudo o que tem, porque a *Mishná* pressupõe que seus leitores têm famílias para sustentar.

Com cinco ampliações e uma mudança de assunto, o Sermão do Monte confirma a afirmativa inicial em Mateus 5:17: "Não pensem que vim abolir a Lei ou os Profetas; não vim abolir, mas cumprir." Nenhuma prática da Torá é abolida; em vez disso, Jesus reforça várias delas. Está na hora de deixar de chamar essas passagens de "antíteses". Uma vez que isto seja feito, passaremos a ver como, a princípio, funcionava a lei de talião na Torá.

---

[23]Veja Sharon H. Ringe, *Jesus, liberation, and the biblical jubilee: images for ethics and christology* (Eugene: Wipf & Stock, 2004).

[24]Veja Gary Anderson, *Sin: A History* (New Haven: Yale Univ. Press, 2010), 171-3; Amy-Jill Levine, "'This poor widow . . .' (Mark 12:43): from donation to diatribe", in *Jews and Christians in the Greco-Roman world: essays in honor of Ross Shepard Kraemer*, ed. Susan Ashbrook Harvey, Nathaniel P. DesRosiers, Shira L. Lander, Jacqueline Z. Pastis, e Daniel Ullucci (Providence: Brown University Press, 2015), p. 183-94.

"OLHO POR OLHO" E "DÊ A OUTRA FACE"

O CONTEXTO DA BÍBLIA HEBRAICA

Poderíamos interpretar literalmente a ordem "olho por olho", do mesmo modo que entendemos leis como "motoristas que forem pegos dirigindo com velocidade excessiva em zonas escolares ou de construção receberão uma multa de dois mil reais". Entretanto, as leis bíblicas são diferentes dos códigos legais modernos em vários aspectos.

Em primeiro lugar, a Torá não consiste em um código legal no sentido de um conjunto abrangente de leis com o propósito de ser usado em um tribunal. Em vários casos, sendo o Decálogo um deles, não se sabe ao certo como e quem fazia com que essas leis fossem cumpridas. A segunda diferença é que ela contém várias coleções de leis[25], que refletem períodos, autores e destinatários diferentes. Os estudiosos bíblicos chamam a coleção mais antiga, Êxodo 20:22—23:33, de a Coleção da Aliança (veja Êxodo 24:7, "o Livro da Aliança"). Ela foi compilada em Judá durante o período pré-exílico e foi influenciada pelo Código de Hamurabi, rei da Babilônia, do século 18 A.E.C. Também durante esse período, os autores da Coleção Deuteronômica de Leis (cas. de 12 a 26 de Deuteronômio) modificaram e complementaram a Coleção da Aliança. A coleção de leis mais recente da Torá se encontra nos capítulos de 17 a 26 de Levítico, a Coleção da Santidade, que recebe esse nome por causa de sua ordem: "Sejam santos porque eu, o SENHOR, o Deus de vocês, sou santo" (Levítico 19:2). Embora possua suas raízes no período pré-exílico e seja relacionada à fonte Sacerdotal (P), a sua forma atual é pós-exílica. Outras leis, como a lei da circuncisão no oitavo dia (Gênesis 17) estão intercaladas nas narrativas da Torá.

Pelo fato de a Torá conter essas coleções e também outras leis, é melhor falar de leis bíblicas em vez de simplesmente "a lei". Também é útil perceber de que maneiras elas costumam se contradizer ou trazer diferenças significativas. Por exemplo, a Coleção da Aliança e a Coleção Deuteronômica de Leis permitem que os israelitas sejam escravos, em situações normais, por até seis anos (Êxodo 21:2-6; Deuteronômio 15:12-18), enquanto Levítico 25:39,40 legisla o seguinte: "Se alguém do seu povo empobrecer e se vender a algum de vocês, não o façam trabalhar como escravo. Ele deverá ser tratado como trabalhador contratado ou como residente temporário; trabalhará para quem o comprou até o ano do jubileu" em vez de ser até o início do sétimo ano. Desse modo, Levítico abole a escravidão; aqueles que são empobrecidos recebem uma condição mais alta, como

---

[25]Quanto ao uso do termo "coleções" em vez de "códigos", veja Martha T. Roth, *Law collections from Mesopotamia and Asia Minor*, 2. ed., Writings from the Ancient World (Atlanta: SBL Press, 1997).

"trabalhadores contratados ou residentes temporários." Deuteronômio 15:13-14 afirma que o escravo que sair livre no sétimo ano não pode sair "de mãos vazias", mas, em vez disso, seu antigo senhor tem que dar provisões "com generosidade dos animais do seu rebanho, do produto da sua eira e do seu lagar" — leis que não existem na Coleção da Aliança.

Várias leis são teóricas ou ideais; elas refletem aspirações sociais e não normas legais.[26] Por exemplo, é improvável que Levítico 25:8-12, que sugere que a cada cinquenta anos "será jubileu; não semeiem e não ceifem o que cresce por si mesmo nem colham das vinhas não podadas [...] comam apenas o que a terra produzir" (v. 11,12), tenha sido seguida, já que isso implicaria deixar os interesses da agricultura por dois anos seguidos — durante o ano sabático (um a cada sete anos) e o ano seguinte, do jubileu. Na verdade, "não há nenhuma prova de que o jubileu tenha sido obedecido uma única vez."[27] Um exemplo comparável e mais antigo de legislação teórica é a lei 218 do Código de Hamurabi: "Se um médico fizer alguma cirurgia mais delicada com uma lanceta de bronze em um *awīlu* [uma pessoa livre de classe alta] e isso fizer com que esse *awīlu* morra, ou fizer uma incisão na testa de um *awīlu* com uma lanceta de bronze e fizer com que seu olho fique cego, ele terá sua mão cortada."[28] Essa pode não ter sido uma lei de fato — ninguém optaria ser médico numa sociedade dessas. Entretanto, na ausência de mais evidências, não existem critérios claros para discernir entre leis ideais e reais.

Tendo em vista tudo isso, agora é possível abordar a formulação "olho por olho" para ver como essa frase é mais humana e sensível do que os seus detratores conseguem perceber. Em primeiro lugar, a comparação entre as práticas de retaliação da Torá com os textos anteriores revela uma mudança na formulação. A mesma preocupação, embora com algumas variantes, aparece no Código de Hamurabi:[29]

> §196 Se um *awīlu* cegar o olho de outro *awīlu*, eles cegarão o olho dele.
>
> §197 Se ele quebrar o osso de outro *awīlu*, eles quebrarão seu osso.

---

[26]Bruce Wells, "What is biblical law? A look at pentateuchal rules and Near Eastern practice", *Catholic Biblical Quarterly* 70 (2008): 223-43. Bernard M. Levinson, *Legal revision and religious renewal in Ancient Israel* (Cambridge: Cambridge University Press, 2008), observa: "Muitos estudiosos considerariam as leis do Código da Aliança como não possuíndo [...] força estatutária [promulgado como uma lei ou como um estatuto de fato] mas, em vez disso, de forma análoga às coleções literárias da lei cuneiforme [p. ex., o Código de Hamurabi], para representar algo próximo das reflexões ideias sobre a ordem social e a ética" (p. 105).

[27]Jacob Milgrom, *Leviticus 23—27*, Anchor Yale Bible 3B (New Haven: Yale University. Press, 2001), p. 247.

[28]Martha Roth, "The laws of Hammurabi," em *The context of Scripture*, vol. 2, ed. William W. Hallo (Leiden: Brill, 2000), 2.131.

[29]David P. Wright, *Inventing God's Law: how the covenant code of the Bible used and revised the laws of Hammurabi* (New York: Oxford University Press, 2009), p. 182. *Veja tb.* Wright, "How Exodus revises the laws of Hammurabi", TheTorah.com, 27 de fevereiro de 2019, https://thetorah.com/how-exodus-revises-the-laws-of-hammurabi/.

"OLHO POR OLHO" E "DÊ A OUTRA FACE"

§198 Se ele cegar o olho de um plebeu ou quebrar o osso de um plebeu, ele deverá pesar e pagar 60 siclos de prata.[30]

§199 Se ele cegar o olho do escravo de um *awīlu* ou quebrar o osso do escravo de um *awīlu*, ele deverá pesar e pagar metade do seu valor (em prata).

§200 Se um *awīlu* quebrar o dente de outro *awīlu* da sua casta, eles quebrarão o seu dente.

§201 Se ele quebrar o dente de um plebeu, ele pesará e pagará 20 siclos de prata.[31]

Esses castigos fazem distinção entre cidadãos de classe alta, plebeus e escravos; os plebeus são compensados em prata, enquanto a retaliação é aplicada ao dano corporal de um *awīlu* para o outro. A Bíblia não tem essas gradações.[32] O tratamento igual diante da lei fica claro em Deuteronômio 1:17: "Não sejam parciais no julgamento! Atendam tanto o pequeno como o grande." Essa abolição de classes sociais, esse tratamento igualitário de pessoas de classes diferentes, possivelmente baseado na noção bíblica de que todos são criados à imagem de Deus (razão de ser do capítulo 1 de Gênesis),[33] é um exemplo claro de como a Bíblia vai além do sistema legal que ela herdou.

Em segundo lugar, a prática de retaliação da Torá contrasta com Gênesis 4:24, em que o personagem pré-diluviano Lameque insiste: "Se Caim é vingado sete vezes, / Lameque o será setenta e sete." Portanto, o princípio do "olho por olho e dente por dente" representa "um esforço decisivo de impor limites na vingança: somente *um* olho por *um* olho, e somente *um* dente por *um* dente."[34]

Podemos perceber que a ideia do talião age como um princípio ao notar que a lista de partes do corpo é exemplificativa, e não exaustiva. A lista de retaliação mais antiga se encontra em Êxodo 21:22-25:

> Se homens brigarem e ferirem uma mulher grávida, e ela der à luz prematuramente [lit., "de modo que seu filho saia"[35]] não havendo, porém, nenhum dano sério, o ofensor pagará a indenização que o marido daquela mulher exigir, conforme a

---

[30]Essa era uma quantia substancial; a lei 116 sugere que o valor de um escravo era de 20 siclos de prata.

[31]Roth, "Laws of Hammurabi".

[32]A Bíblia faz distinções entre escravos e livres em contextos relativos à perda econômica do dono de escravos; veja Êxodo 21:26-27.

[33]Do mesmo modo Moshe Greenberg, "Some postulates of biblical criminal law", em *Studies in Bible and Jewish Religion dedicated to Yehezkel Kaufman on the occasion of his seventieth birthday*, ed. Menahem Haran (Jerusalem: Hebrew University Press, 1960), p. 5-28.

[34] Douglas A. Knight, *Law, power and justice in ancient Israel* (Louisville: Westminster John Knox, 2011), p. 48.

[35]O hebraico está no plural "os filhos dela", enquanto o texto samaritano e a Septuaginta têm um pronome singular, "o filho dela".

determinação dos juízes. Mas, se houver danos graves, a pena será vida por vida, olho por olho, dente por dente, mão por mão, pé por pé, queimadura por queimadura, ferida por ferida, contusão por contusão.[36]

A mesma fórmula aparece em Levítico 24:17-20, em que se anexa ao episódio a descrição do apedrejamento de um homem por blasfêmia: "Se alguém ferir uma pessoa a ponto de matá-la[37], terá que ser executado. (Quem matar um animal fará restituição: vida por vida).[38] Se alguém ferir seu próximo, deixando-o defeituoso, assim como fez lhe será feito: fratura por fratura, olho por olho, dente por dente. Assim como feriu o outro, deixando-o defeituoso, assim também será ferido." A última vez que a retaliação aparece é em Deuteronômio 19:21, logo depois da lei a respeito de uma testemunha falsa: "Não tenham piedade. Exijam vida por vida, olho por olho, dente por dente, mão por mão, pé por pé." O livro de Êxodo apresenta a versão mais longa, começando com "vida" e indo do olho ao pé, terminando com três tipos de ferimento: queimadura, ferida e contusão. Deuteronômio reproduz somente a primeira parte da lista de Êxodo, enquanto Levítico começa com o "ferimento" em geral e uma pequena lista de partes do corpo: cabeça, olhos e dente.

A leitura cuidadosa desses textos sugere que a lista, em suas várias formas, circulou de forma independente das leis às quais estão vinculadas atualmente.[39] Elas poderiam ser acrescentadas a outras leis a respeito da pena de morte, já que a lista começa com "vida por vida". Isso é claramente secundário no caso do feto: dois homens brigando não têm como prejudicar o olho — muito menos o dente — de

[36]O texto hebraico não fica tão claro quanto ao dano ser para a mãe, para o feto ou para os dois. A Septuaginta diz: "se seu filho for deformado" existe uma compensação monetária, mas se "nascer em forma perfeita", se executa o talião. Filo (*Sobre as Leis Especiais* 3:108) segue a Septuaginta. Josefo interpreta o capítulo 21 de Êxodo como falando de um pagamento monetário em casos de aborto causado por agressão (*Antiguidades* 4.278), mas ele também considera as mulheres que abortam seus fetos culpadas de assassinato (*Ápion* 2.202). A *Mishná* (*Oholot* 7:6) permite o desmembramento de um feto no parto para salvar a vida da mãe, e, apesar de algumas opiniões minoritárias em contrário, a tradição judaica afirma que, já que o feto não tem a condição de uma *nephesh*, um ser vivo, sua morte não deve ser considerada um assassinato. Veja Tirzah Meacham, "Abortion", *Jewish women: a comprehensive historical encyclopedia*, Jewish Women's Archive, 27 de fevereiro de 2009, https://jwa.org/encyclopedia/article/abortion; Judith R. Baskin, "Abortion: II. Judaism", *EBR*, 1:140-2. Para a interpretação cristã primitiva que proíbe o aborto, veja, p. ex., Matthew Flannagan, "Feticide, the Masoretic Text and the Septuagint", *Westminster Theological Journal* 74, n. 1 (2012): 59-84.

[37]O Texto Massorético diz "ferir", que nesta passagem quer dizer "ferir até a morte"; a Septuaginta diz "e ela morre". A Septuaginta se constitui ou em uma explicação, ou ela reflete alguma palavra que se perdeu no Texto Massorético.

[38]Inserimos os parênteses; este trecho, que muda o foco de pessoas para animais, é invasivo.

[39]Veja, p. ex., Sophie Lafont, "Ancient Near Eastern laws: continuity and pluralism", em *Theory and method in biblical and cuneiform law: revision, interpolation and development*, ed. Bernard M. Levinson, Journal for the Study of the Old Testament Supplement Series 181 (Sheffield: Sheffield Academic Press, 1994), 91-118 (118).

"OLHO POR OLHO" E "DÊ A OUTRA FACE"

um feto.[40] De modo parecido, a lei em Levítico não tem nenhuma relação com o contexto a respeito da blasfêmia, que era punida com a morte. Além disso, a lista interrompe a continuação de Levítico 24:16: "Quem blasfemar o nome do Senhor terá que ser executado. A comunidade toda o apedrejará. Seja estrangeiro, seja natural da terra, se blasfemar o Nome, terá que ser morto". A lista de retaliação de Levítico se encontra na passagem atual porque a lista começa com a pena de morte, a punição que é cumprida sobre o blasfemo.[41] No contexto de Deuteronômio, que trata do falso testemunho, essa lei se encaixa: a testemunha é punida com a pena que queria infligir no acusado.

Somente uma vez em todas as escrituras de Israel é que acontece um caso de retaliação. De acordo com o livro de Juízes, os israelitas que estavam entrando em Canaã apanharam um rei inimigo chamado de Adoni-bezeque "e lhe cortaram os polegares das mãos e dos pés" (Juízes 1:6). O versículo seguinte relata: "Setenta reis com os polegares das mãos e dos pés cortados apanhavam migalhas debaixo da minha mesa. Agora Deus me retribuiu por aquilo que lhes fiz." Esse texto apresenta um caso excepcional que tratava de um rei estrangeiro.

Os estudiosos judeus em particular destacaram que a lei de um olho por um olho era teórica, ou do campo das ideias. Por exemplo, um historiador britânico do direito antigo, Bernard Jackson, sugere: "Não havia *lex talionis*, mas havia uma *ius talionis*"[42], com a palavra *lex* indicando a lei conforme ela é aplicada e a palavra *ius* sinalizando um princípio legal mais abstrato. O estudioso americano de literatura bíblica sacerdotal, Jacob Milgrom, concorda afirmando que "é difícil acreditar que uma retaliação severa (exceto pelo assassinato) saísse da esfera da teoria do direito."[43] Por causa disso, a expressão "olho por olho" pode ser vista como expressando um ideal — do mesmo modo que arrancar um olho deveria ser punido com o arrancar do olho do ofensor, indicando a severidade da ofensa e servindo como inibidor, pelo menos a nível filosófico.

Outros estudiosos também têm argumentado que a lei de talião não tinha o propósito de ser aplicada de modo literal. David Wright observa que Êxodo 21:23 utiliza o verbo *n-t-n*, "dar", para orientar o castigo retaliatório, e que, em outras passagens, a Coleção da Aliança usa o verbo para compensação monetária, como

---

[40]Para argumentos adicionais que indiquem que essa passagem é secundária, veja Bernard S. Jackson, *Essays in Jewish and comparative legal history*, Studies in Judaism in Late Antiquity 10 (Leiden: Brill, 1975), p. 74-82, 100-6.

[41]Veja, p. ex. Baruch Levine, *Leviticus*, JPS Torah Commentary (Philadelphia: Jewish Publication Society, 1989), p. 167.

[42]Jackson, *Essays in Jewish and comparative legal history*, p. 85.

[43]Jacob Milgrom, "Lex talionis and the rabbis", *Bible Review* 12, n. 2 (1996): 16, 48 (16).

em 21:32: "Se o boi chifrar um escravo ou escrava, o dono do animal terá que pagar [*n-t-n*] trezentos e sessenta gramas de prata ao dono do escravo, e o boi será apedrejado."[44] Entretanto, embora a compensação monetária fosse um sentido possível de *n-t-n*, a Torá usa tipicamente uma expressão diferente para "fazer restituição por", que é *sh-l-m... tachat*, como em Levítico 24:18: "Quem matar um animal fará restituição: vida por vida."

Continua sendo possível que arrancar os olhos e outras formas de retaliação tivessem algum significado literal,[45] apesar da ausência de provas de isso ser realizado e da falta de clareza a respeito de quem aplicaria esse castigo. Embora o princípio apareça três vezes na Torá, não temos certeza se foi implementado por um tribunal, interpretado de forma literal por algum de seus leitores, se serviu como uma lei teórica ou ideal, ou mesmo se foi interpretado na prática como compensação monetária.

O CONFLITO ENTRE A JUSTIÇA E A MISERICÓRDIA

Não sabemos se a lei de talião foi realmente praticada no antigo Israel, mas temos amplas evidências de intérpretes judaicos pós-bíblicos negando de uma forma cada vez mais veemente a sua prática desde a época helenística até o presente.[46]

A interpretação mais antiga de que temos notícia é a do Livro dos Jubileus 4:31-32, que indiretamente fala da retribuição ao descrever o castigo de Caim por matar seu irmão:

> Sua casa caiu sobre ele e ele morreu dentro dela, e ele foi morto pelas suas [da casa] pedras; porque com uma pedra ele havia matado Abel, e por uma pedra foi ele morto em justo julgamento. Por essa razão foi ordenado nas tábuas celestes: "Com o instrumento com o qual um homem matou seu vizinho, com o mesmo ele deve ser morto; do modo como ele feriu, do mesmo modo deve ser ferido."

Entretanto, esse texto não fala a respeito de como algum tribunal poderia implementar o princípio "olho por olho". Além disso, o castigo foi estabelecido por Deus, não por algum juiz humano.

---

[44]Wright, *Inventing God's law*, p. 182. *Veja tb.* Wright, "How Exodus revises".

[45]Sandra Jacobs, *The body as property: physical disfigurement in biblical law*, Library of Hebrew Bible/Old Testament Studies 582 (London: Bloomsbury, 2014), p. 145.

[46]As fontes primárias, a menos que seja indicado de forma diferente, nessa seção e na seguinte, são retiradas de Davis, *Lex Talionis*, p. 55-104.

"OLHO POR OLHO" E "DÊ A OUTRA FACE"

A Septuaginta e o *Targum de Onkelos*, a tradução mais literal, não esclarece se a retaliação era literal ou monetária, enquanto os *Targuns Pseudo-Jonathan* e *Neofiti*, como é costume deles, fazem acréscimos ao texto, deixando claro que a compensação é monetária.[47] Josefo, escrevendo com enfoque nos leitores gentios, sugere que a retaliação física só é executada quando a vítima não está disposta a aceitar a compensação monetária: "Quem ferir alguém, que passe pela mesma coisa que a pessoa ferida passou, e seja destituído do mesmo membro que retirou do outro, a menos que o ferido aceite dinheiro em vez disso; porque a lei faculta a vítima a avaliação do valor daquilo que sofreu, e permite essa avaliação, caso contrário ele será mais severo" (*Antiguidades* 4.280).

Filo começa confirmando a retaliação: "A nossa lei, que consiste no intérprete e mestre de qualidade, ordena que os agressores devem passar por um castigo parecido com a ofensa que cometeram", seja essa ofensa à sua pessoa ou à sua propriedade (*Leis Especiais* 3.182). Em seguida, ele explica melhor a ideia levando em consideração as circunstâncias extenuantes: se a vítima era um membro da família ou um estrangeiro, um governante ou um cidadão, o momento da ofensa, e assim por diante. A Torá não sugere essas qualificações.

Filo, então, passa a se dedicar à circunstância especial de um senhor ferindo um escravo, como a Torá faz logo depois de enunciar a lei de talião (Êxodo 21:26,27). Enquanto Filo promove a retaliação no caso em que um homem livre arranca o olho ou o dente de outro homem livre, quando um homem livre fere um escravo, ele aconselha que se coloque o escravo em liberdade, seguindo o livro de Êxodo. Sua justificativa é tanto prática quanto moral. Em primeiro lugar, ele reflete que, se seu senhor for "mutilado na retaliação", ele tornaria insuportável a vida do escravo; o escravo seria "tão oprimido que ele estaria disposto a morrer" (*Leis Especiais* 3.195). Em segundo lugar, ele enxerga justiça na alforria do escravo ferido, já que esse senhor não somente seria destituído do valor de seu escravo e dos seus serviços, como também seria "constrangido a fazer o bem para o seu inimigo nas questões mais importantes, com relação às quais muito provavelmente ele gostaria de maltratar para sempre" (*Leis Especiais* 3.197). Não é a mesma coisa que Jesus defende ao dizer que devemos "amar os inimigos", mas realmente demonstra o impacto prático desse mandamento.

Embora algumas evidências possam sugerir que os saduceus ou algum grupo relacionado a eles entendiam a lei como uma retaliação corporal,[48] quase todos

---

[47]Davis, *Lex talionis*, p. 77-81.

[48]A análise de Davis (*Lex talionis*, p. 86) a respeito da *Megillat Ta'anit* está equivocada. *Megillat Ta'anit* não está vinculada a essa questão, mas o talião é discutido em algumas versões do scholion, ou o texto de comentário da *Megillat Ta'anit*, que associa a retaliação literal com os boetusianos; veja Vered Noam, *Megillat Ta'anit: versions,*

os textos rabínicos sobre o assunto refletem a "inquietação rabínica com a retaliação."[49] A *Mishná* (*m. Bava Qamma* 8:1) presume que o talião só se aplica com sentido monetário: "Quem fere seu companheiro é obrigado a [compensá-lo] em cinco aspectos: (1) dano físico, (2) dor, (3) custos médicos, (4) perda de renda [lit., "perda de tempo"], e (5) indignidade."[50] A *Mishná* continua citando o costume de avaliar um escravo ao definir como um "dano físico" pode ser avaliado monetariamente: "Para o dano físico: Como pode ser? [Se] alguém lhe cegou a vista, cortou sua mão, quebrou sua perna, considerem-no como um escravo à venda no mercado e façam uma avaliação de quanto ele valia antes [quando estava bem], e de quanto vale agora." O Talmude Babilônico (*Bava Qamma* 84a) realmente cita, em nome do rabino Eliezer do final do século 1, que a expressão "olho por olho" se refere a um olho de verdade",[51] mas sua opinião era minoritária.

Os *midrash*im posteriores ampliam essa preferência contrária à violência física formulando provas textuais diferentes.[52] Por exemplo, o Talmude Babilônico (*Bava Qamma* 83b-84a) começa questionando se "olho por olho" se refere ao dano corporal ou à restituição financeira. Para responder a essa pergunta, os sábios elaboram hipóteses:

> Pode haver algum caso em que havia uma pessoa cega e ela tenha tirado a visão de outra, ou alguém destituído de algum membro do corpo que cortou esse mesmo membro de outra pessoa, ou de alguém aleijado que tenha aleijado a outrem. Nesse caso, como posso cumprir literalmente o "olho por olho", quando ele já não tem o membro que tem que ser ferido? Se alguém sugerir que, nesse caso, deve-se impor uma pena monetária, isso pode ser refutado, mas a Torá afirmou: "Vocês terão a mesma lei" (Levítico 24:22), que ensina que a lei deve ser igual para todos vocês.[53]

Eles não podem ter uma *lex talionis* para um homem com visão e outra para um cego. Portanto, seguindo o raciocínio dos sábios, a reciprocidade da punição não deve consistir em infligir lesão corporal, mas em pagar uma compensação financeira. Em termos práticos, a compensação financeira ajudará a vítima muito mais que a mutilação física do agressor.

---

interpretation, history [em hebraico] (Jerusalem: Yad Ben-Zvi, 2003), p. 78-9. Para a identificação possível dos boetusianos com os saduceus, veja Eyal Regev, "Boethusians", em *EDEJ*, p. 445-7.

[49]Davis, *Lex talionis*, p. 16.

[50]Isso e o que vem a seguir se baseia em Neusner, *Mishnah*.

[51]Veja "Bava Kamma 84a:19", Sefaria, https://www.sefaria.org/Bava_Kamma.84a.19?lang=bi&with=all&lang2=en.

[52]Davis, *Lex talionis*, p. 81-6.

[53]Davis, *Lex talionis*, p. 77-81.

"OLHO POR OLHO" E "DÊ A OUTRA FACE"

O entendimento rabínico de todas as referências sobre a retaliação quanto à compensação monetária está consagrado na glosa de Êxodo 21:24 formulada por Rashi: "Se alguém cegou a vista de seu companheiro, ele tem que pagar o valor do seu olho, isto é, ele paga quanto seu valor diminuiria se ele fosse vendido como escravo no mercado. Deve-se fazer assim em todos os outros casos, mas isso equivale ao corte real do membro do agressor — é assim que nossos rabinos explicaram (*Bava Qamma* 84a)".

Os caraítas, judeus que não aceitavam a interpretação rabínica, ficaram divididos quanto a essas leis dizerem respeito a compensação monetária ou não. Portanto, eles desenvolveram quatro opções diferentes: a retaliação, a compensação monetária, a determinação da pena dependendo da intencionalidade do dano, e deixar a decisão da pena, da retaliação ou da compensação monetária para o tribunal.[54]

Um pequeno número de estudiosos da idade média reconheceu que o significado simples da passagem se refere à retaliação. No *Guia dos perplexos*, Maimônides observa: "'Aquele que privou alguém de um de seus membros, será privado de um membro parecido: se mutilou alguém, será mutilado' [Levítico 24:20]. Você não deve se envolver em cogitações a respeito do fato de que nesse caso punimos com a cobrança de uma multa, porque no momento o meu propósito é dar razão aos textos bíblicos, e não aos pronunciamentos do direito (3:14)."[55] Maimônides reconhece que o sentido claro do versículo consiste no talião, mas ele afirma, juntamente com outros estudiosos judeus do período medieval, que a compensação seja monetária.

É difícil saber se o entendimento judaico medieval de que esses versículos se referem à compensação monetária venha das fontes rabínicas, se está baseado em uma polêmica contra a interpretação caraíta,[56] se é uma reação a entendimentos antijudaicos desses versículos presentes em alguns grupos cristãos, ou se é uma combinação desses fatores.

Avaliar o talião não é uma tarefa fácil. Na verdade, a questão sobre o que é mais justo (a compensação monetária ou física) é difícil de responder. A compensação monetária favorece os ricos, que podem pagar mais facilmente, enquanto a

---

[54]David Werner Amram, "Retaliation and compensation", *Jewish Quarterly Review* 2 (1911-1912), p. 191-211 (210-11n15). Agradecemos ao professor Barry Walfish por essa referência.

[55]Maimônides, *The guide of the perplexed*, tradução para o inglês de Shlomo Pines (Chicago: University of Chicago Press, 1963), 2:558. Agradecemos ao professor Marty Lockshin por essa referência. Para saber mais sobre essa passagem de Maimônides, veja Mordechai Z. Cohen, "A talmudist's Halakhic hermeneutics: a new understanding of Maimonides' principle of *Peshat* primacy", *Jewish Studies: An Internet Journal* 10 (2012): 257-359 (298-9), http://www.biu.ac.il/JS/JSIJ/10-2012/Cohen.pdf.

[56]Veja a citação de ben Zita', no debate com Saadia, no comentário longo de Êxodo 21:24, https://www.sefaria.org/Ibn_Ezra_on_Exodus?lang=bi.

retaliação física desencorajaria até mesmo os mais ricos a ferir alguém.[57] Mesmo com a Torá depondo a seu favor, não é tão fácil avaliar se essa visão é fundamentalmente injusta.

Além dessas reflexões, é fundamental lembrar que a lei judaica pós-bíblica pode nunca ter implementado a lei de talião. A cultura cristã geralmente presume que sim, e ainda faz isso. Quando Jesus aconselha a "dar a outra face", muitos leitores ainda concluem que ele está rejeitando o que é realizado naquela época. Conforme resume o crítico literário Adam Kirsch: "Para o cristianismo, a expressão 'olho por olho' representava todo o equívoco do judaísmo, uma religião que pensava na lei em lugar do amor."[58] Além disso, como Kirsch diz ao prosseguir, essa visão recebe o apoio da peça *O mercador de Veneza*, de Shakespeare, onde o judeu Shylock busca uma compensação no valor de "meio quilo da carne do corpo" do mercador titular, Antônio. É comum nos contextos cristãos ouvir que o ensino de Jesus ao falar de dar a outra face em vez de promover o dano físico é chocante por causa do seu repúdio à Torá.[59]

Os comentários de Jesus não são formulados como antíteses, já que ele não rejeita as escrituras de Israel em favor de uma nova lei. Ele não veio abolir a Torá, como ele mesmo afirma, de acordo com o Evangelho de Mateus. Jesus está aplicando a lei da mesma maneira que os rabinos, que afirmam que "olho por olho" nada mais é que um princípio legal, não uma sentença judicial. No caso da frase "olho por olho", ele muda o assunto do dano físico para a humilhação. Portanto, não há como avaliar como ele decidiria a respeito desse dano físico. A ironia é que, apesar da afirmativa cristã frequente que os judeus leem esse texto de forma literal enquanto os cristãos entendem o seu valor espiritual, aqui são os cristãos que estão lendo a Torá literalmente e impondo esta leitura literal ao judaísmo.

Achamos que é útil abordar de que maneira a lei — e especialmente a lei de talião — deve ser entendida hoje. Uma enquete de 2014 do grupo Gallup relatou que "americanos que são a favor da pena de morte citam 'olho por olho' como a razão pela qual eles são a favor dela, com 35% dos entrevistadosmencionando este princípio."[60] Em um distante segundo lugar se encontram as justificativas de

---

[57]William H. C. Propp, *Exodus 19—40*, Anchor Yale Bible 2A (New Haven: Yale University Press, 2006), p. 229.

[58]Adam Kirsch, "Is an 'eye for an eye' really an eye for an eye?", *Tablet*, 29 de agosto de 2016, https://www.tabletmag.com/jewish-life-and-religion/211938/daf-yomi-176.

[59]Veja, p. ex., Donald Hagner, *Matthew 1—13*, Word Biblical Commentary (Dallas: Word Books, 1993), p. 180. Luz, *Matthew 1—7*, p. 277-9, apresenta um estudo breve de várias interpretações cristãs com mais detalhes.

[60]Art Swift, "Americans: 'eye for an eye' top reason for death penalty", *Gallup*, 23 de outubro de 2014, https://news.gallup.com/poll/178799/americans-eye-eye-top-reason-death-penalty.aspx.

"OLHO POR OLHO" E "DÊ A OUTRA FACE"

"economizar o dinheiro dos contribuintes" e que "eles merecem". As pessoas que usam a Bíblia para apoiar a pena de morte deveriam notar que na citação que Jesus faz da lei de talião, ele não menciona a frase "vida por vida". Assim, a declaração de que o próprio Jesus aprovaria a pena de morte tem um apoio minúsculo, e somente por aquilo que não foi dito.

O debate sobre o que se deve interpretar literalmente e o que se deve ler como hipérbole também se aplica às palavras de Jesus. Jesus não fala de retaliação, mas mesmo assim, para muitos de seus seguidores, a expressão "louve a Deus, e passe a munição" ainda tem seu lugar sagrado. É sobre questões como a recusa em retaliar a violência que Martin Luther King Jr. afirmou, corretamente, a respeito do ensino de Jesus: "Ele não estava brincando".[61]

Nós concordamos com isso. A justiça sem a misericórdia, que se reflete na frase "olho por olho" interpretada literalmente, é intolerável. Entretanto, a misericórdia sem justiça — um dano físico permanente que não recebe nenhuma compensação, ou recebe uma compensação injusta baseada no nível econômico do agressor — acaba sendo a mesma coisa. Quando situamos Jesus dentro de sua tradição judaica, percebemos que essas duas preocupações com relação à justiça e à misericórdia permanecem. É preciso tomar muito cuidado ao usar a Bíblia para questões de direito — especialmente quando o material bíblico não fica tão claro como se pensa.

---

[61] Martin Luther King, Jr., "Loving your enemies", em *the papers of Martin Luther King Jr.*, vol. 4, *Symbol of the movement: January 1957-December 1958*, ed. Clayborne Carson (Berkeley: University of California Press, 2000), p. 316; agradecemos a Kevin McCruden por essa referência.

7

"BEBAM MEU SANGUE": SACRIFÍCIO E EXPIAÇÃO

O CORDEIRO SACRIFICIAL

A crucificação mata por asfixia, exaustão, falência dos órgãos, exposição às condições climáticas, ataque cardíaco e embolia pulmonar — mas, em geral, não mata por sangrar até a morte. Entretanto, a linguagem do Novo Testamento sobre a morte de Jesus fala muito sobre o sangue. Na verdade, é um texto banhado no sangue. Jesus dá a seus discípulos uma taça de vinho e proclama: "Isto é o meu sangue da aliança, que é derramado em favor de muitos, para perdão de pecados" (Mateus 26:28; cf. Marcos 14:24); ao apresentar seu relato da Última Ceia, Lucas muda um pouco as palavras: "Da mesma forma, depois da ceia, tomou o cálice, dizendo: 'Este cálice é a nova aliança no meu sangue'" (Lucas 22:20). O Evangelho de João torna o mandamento de beber sangue ainda mais visceral:

> Jesus lhes disse: "Eu lhes digo a verdade: Se vocês não comerem a carne do Filho do homem e não beberem o seu sangue, não terão vida em si mesmos. Todo o que come a minha carne e bebe o meu sangue tem a vida eterna, e eu o ressuscitarei no último dia. Pois a minha carne é verdadeira comida e o meu sangue é verdadeira bebida. Todo o que come a minha carne e bebe o meu sangue permanece em mim e eu nele" (João 6:53,56).

"BEBAM MEU SANGUE": SACRIFÍCIO E EXPIAÇÃO

Em Atos 20:28, Paulo aconselha: "Cuidem de vocês mesmos e de todo o rebanho sobre o qual o Espírito Santo os designou como bispos, para pastorearem a igreja de Deus, que ele comprou com o seu próprio sangue", e em suas próprias cartas, ele insiste que Jesus é aquele que "Deus ofereceu como sacrifício para propiciação mediante a fé, pelo seu sangue" (Romanos 3:25). Por sinal, ele proclama: "Como agora fomos justificados por seu sangue, muito mais ainda seremos salvos da ira de Deus por meio dele!" (Romanos 5:9).

Paulo também recorda aos coríntios: "Não é verdade que o cálice da bênção que abençoamos é a participação no sangue de Cristo, e que o pão que partimos é a participação no corpo de Cristo?" — porque "da mesma forma, depois da ceia ele tomou o cálice e disse: 'Este cálice é a nova aliança no meu sangue; façam isto, sempre que o beberem, em memória de mim'" (1Coríntios 10:16; 11:25).

A carta aos Efésios, que é atribuída a Paulo, mas que provavelmente foi escrita por um de seus seguidores, faz do sangue um agente de reconciliação entre judeus e gentios ao dizer a seus destinatários gentios: "Mas agora, em Cristo Jesus, vocês, que antes estavam longe, foram aproximados mediante o sangue de Cristo" (Efésios 2:13). Além disso, na carta aos Colossenses, que pertence à mesma coleção e também é atribuída a Paulo, tendo, no entanto, indícios mais fortes de autoria paulina, propõe que Deus, por meio de Jesus, reconciliou "consigo todas as coisas, tanto as que estão na terra quanto as que estão no céu, estabelecendo a paz pelo seu sangue derramado na cruz" (Colossenses 1:20).

A Epístola aos Hebreus, conforme já vimos, afirma que o sangue é necessário para selar uma aliança (Hebreus 9:18), que "sem derramamento de sangue não há perdão" (9:22), e que o único sacrifício de sangue eficaz é o de Jesus, que ofereceu a si mesmo. O sangue de Jesus, que com sua participação na carne se define como humano (Hebreus 2:14), é de valor único porque

> se o sangue de bodes e touros e as cinzas de uma novilha espalhadas sobre os que estão cerimonialmente impuros os santificam de forma que se tornam exterior-mente puros, quanto mais, então, o sangue de Cristo, que pelo Espírito eterno se ofereceu de forma imaculada a Deus, purificará a nossa consciência de atos que levam à morte, de modo que sirvamos ao Deus vivo! (Hebreus 9:13,14).

Recorrendo a uma linguagem sacrificial parecida, a Primeira Epístola de Pedro fala sobre o "precioso sangue de Cristo, como de um cordeiro sem mancha e sem defeito" (1Pedro 1:19). A Primeira Epístola de João proclama que o sangue de Jesus purifica de todo o pecado (1João 1:7; cf. 5:6,8), e o Apocalipse, que também afirma "pois foste morto, e com teu sangue compraste para Deus" (Apocalipse 5:9; cf. 12:11), fala até mesmo sobre as propriedades purificadoras do "sangue do Cordeiro" (7:14).

Esses textos não explicam como o sangue sela uma aliança ou faz expiação do pecado, e nem precisam fazê-lo. O mundo de Jesus e dos seus seguidores primitivos consistia em um mundo no qual o sacrifício era comum a todas as religiões; todos sabiam disso e reconheciam o seu valor. O sacrifício não era normativo somente para os judeus, mas também para os pagãos, conforme vemos na preocupação de Paulo para que seus seguidores tenham cuidado com respeito a comer carne sacrificada a ídolos (veja 1Coríntios 8), a fim de que outros crentes não pensem que aquele que está se alimentando está participando de algum culto idólatra. Seria muito estranho se os seguidores de Jesus, diante da cruz, não desenvolvessem a categoria do sacrifício, e é totalmente compreensível que esse desenvolvimento se baseasse de forma substancial nas escrituras de Israel.

Os Evangelhos e Paulo vinculam a morte de Jesus a um sacrifício específico, o da Páscoa. Para os Evangelhos sinóticos, a Última Ceia de Jesus não passa de uma celebração da Páscoa, uma refeição que se desenvolveu na tradição pós-bíblica para uma *seder*, uma palavra hebraica que significa "ordem". Vários elementos dessa refeição coreografada já estavam presentes enquanto o Templo de Jerusalém ainda estava de pé, entre eles comer alguns tipos de comida, como o *matsá* (o pão sem fermento) e ervas amargas.

Na época de Jesus, também fazia parte dessa ceia um cordeiro, sacrificado no Templo no Dia da Preparação, e o feriado começava no pôr do sol. O cordeiro servia para lembrar as pessoas como os israelitas no Egito sacrificaram cordeiros e depois pintaram os umbrais das portas com o sangue deles. Deus instrui: "O sangue será um sinal para indicar as casas em que vocês estiverem; quando eu vir o sangue, passarei adiante. A praga de destruição não os atingirá quando eu ferir o Egito" (Êxodo 12:13). O sangue tinha uma função apotropaica, isto é, ele protegia as pessoas. Lemos a descrição em Êxodo 12:27; "É o sacrifício da Páscoa [hebr., *pessach*] ao SENHOR, que passou sobre [hebr., *pasach*, melhor traduzido por "protegeu"] as casas dos israelitas no Egito e poupou nossas casas quando matou os egípcios".[1] Os cordeiros que eram sacrificados no Templo e depois servidos nas mesas dos judeus em Jerusalém na primeira noite da Páscoa relembravam a libertação dos israelitas da escravidão no Egito.

No Evangelho de João, a Última Ceia não se trata de uma refeição da Páscoa. Em vez disso, Jesus morre no dia anterior, quando os sacerdotes matam os cordeiros da Páscoa. A descrição se encontra em João 19:14: "Era o Dia da Preparação

---

[1] Quanto ao significado provável da raiz hebraica p-s-ch como "protegido", veja Barry Dov Walfish, "Why 'Passover'? On the true meaning of Pesah. - פ חסם", TheTorah.com, 20 de abril de 2016, https://thetorah.com/why-passover-on-the-true-meaning-of-pesah/.

"BEBAM MEU SANGUE": SACRIFÍCIO E EXPIAÇÃO

da semana da Páscoa [a Páscoa propriamente dita refere-se ao sacrifício pascal, ao cordeiro, e, por extensão, ao jantar em que ele é comido], por volta das seis horas da manhã. 'Eis o rei de vocês', disse Pilatos aos judeus". Assim, nesse Evangelho, Jesus passa a ser a nova "Páscoa", cujo sangue protegerá seus seguidores da morte (eterna). João amplia esse vínculo entre Jesus e o cordeiro pascal mencionando que as pessoas que estão ao lado da cruz quando Jesus foi entregue à morte "embeberam de vinagre uma esponja e, fixando-a num caniço de hissopo, aproximaram a esponja da boca de Jesus" (João 19:29, NAA). De acordo com Êxodo 12:22, os israelitas usavam ramos de hissopo para pintar os umbrais das portas com sangue.

Mesmo escrevendo antes do Evangelho de João, Paulo já tinha estabelecido esse vínculo entre Jesus, os rituais da Páscoa e o sacrifício pascal: em 1Coríntios 5:7, ele exorta à assembleia: "Livrem-se do fermento velho, para que sejam massa nova e sem fermento, como realmente são. Pois Cristo, nosso Cordeiro pascal, foi sacrificado." Conforme o capítulo 12 de Êxodo descreve, os israelitas comeram pães asmos pelo fato de estarem fugindo do Egito e não disporem de tempo para que o fermento fosse levedado. Na época de Paulo, e até os dias de hoje, os judeus tradicionalmente comem *matsá* na celebração entre o sétimo e o oitavo dia da Páscoa.

Eventualmente, descrever Jesus como o "cordeiro" sacrificial tornou-se parte do vocabulário comum. Em João 1:29 (cf. 1:36), João Batista proclama: "Eis o Cordeiro de Deus que tira o pecado do mundo!" A linguagem sacrificial está implícita: o cordeiro só é eficaz para tirar os pecados quando seu sangue é derramado em sacrifício. Como a Epístola aos Hebreus afirma, Jesus passa a ser o sacrifício perfeito, cujo sangue cria uma nova aliança, salva da morte e purifica os pecados. Lemos em 1Pedro 1:19 a respeito do "precioso sangue de Cristo, como de um cordeiro sem mancha e sem defeito", e o livro de Apocalipse consistentemente refere-se a Cristo por meio do simbolismo do cordeiro que foi morto. Toda essa preparação conceitual de Jesus como oferta pascal que tira o pecado consiste em um entendimento específico da Páscoa que não se encontra fora do grupo de seguidores de Jesus.

Conforme veremos, a oferta da Páscoa nunca foi considerada pela comunidade judaica como uma oferta pelo pecado. Josefo relata:

> No mês de Xântico, chamado por nós de Nisã e com o qual começa o ano, no décimo quarto dia do mês lunar, quando o sol está na linha de Áries, que é o tempo em que os nossos pais saíram do Egito e do cativeiro juntamente, a Lei nos obriga a renovar o sacrifício que então fizeram e ao qual se dá o nome de Páscoa. E celebramos essa festa segundo as nossas tribos, sem nada reservar para o dia seguinte (*Antiguidades* 3.248).

Ele não destaca o sangue, nem faz nenhuma referência ao pecado. Filo encontra um sentido alegórico em vez de encontrar um sentido expiatório nas celebrações da festa: "A Páscoa é quando a alma está ansiosa para desaprender a sua sujeição às paixões irracionais e se submete voluntariamente a um domínio razoável sobre elas" (*Quem é o herdeiro das coisas divinas,* 192).

No Novo Testamento, todos os sacrifícios antigos são misturados em um: Jesus é o Cordeiro de Deus, associado com a oferta pascal, que passa a ser uma oferta pelo pecado. Por isso, já que Jesus passa a ser o sacrifício por excelência, não é necessária mais nenhuma oferta. Seus seguidores, especialmente depois da destruição do Templo, justificavam essa rejeição dos outros sacrifícios recorrendo a textos proféticos que destacam o arrependimento sobre o sacrifício. Por exemplo, em Mateus 9:13 e novamente em 12:7, Jesus cita Oseias 6:6a: "Pois desejo misericórdia [hebr., *chesed*; gr., *eleos*, "misericórdia"], não sacrifícios"; a próxima linha repete a ideia em paralelismo poético: "e conhecimento de Deus em vez de holocaustos". Temos uma pergunta parecida em Isaías 1:11:

> Para que me oferecem tantos sacrifícios?
> pergunta o SENHOR;
> Para mim, chega de holocaustos de carneiros
> e da gordura de novilhos gordos;
> não tenho nenhum prazer no sangue de novilhos,
> de cordeiros e de bodes!

Esses textos, em seus contextos históricos, não fazem nenhum apelo a favor da abolição de sacrifícios. Essa poesia hebraica não prescreve uma eliminação, mas uma ênfase, conforme observamos também em 1Samuel 15:22b: "A obediência é melhor do que o sacrifício, e a submissão é melhor do que a gordura de carneiros." No capítulo seguinte, Samuel convida Jessé, o pai de Davi, para um sacrifício. Esses textos, com seu cunho polêmico, mostram como a ideia do sacrifício estava arraigada. O retrato que se faz da "religião profética" nos tempos modernos como sendo a favor da ética e totalmente contra o sacrifício está equivocado.[2] De modo ideal, a ética pessoal e a atividade litúrgica e cúltica devem reforçar uma à outra. Para ver como esse sistema funciona, passaremos a explicar a função do sacrifício dentro das escrituras de Israel.

---

[2]Veja Ziony Zevit, "The prophet versus priest antagonism hypothesis: its history and origin", em *The priests in the prophets: the portrayal of priests, prophets and other religious specialists in the latter prophets,* ed. Lester L. Grabbe e Alice Ogden Bellis, Journal For The Study of The Old Testament Supplement Series 408 (London: T&T Clark, 2004), p. 189-217.

"BEBAM MEU SANGUE": SACRIFÍCIO E EXPIAÇÃO

OS SACRIFÍCIOS NO ANTIGO ISRAEL

O sacrifício, em suas variadas formas, era fundamental na vida do Oriente Próximo — os sacrifícios representavam um retorno a Deus (ou aos deuses) das dádivas que as pessoas achavam que Deus (ou os deuses) tinham concedido a elas. O sacrifício também refletia a confiança de que Deus/os deuses recompensariam o adorador com mais animais ou com uma colheita mais farta.

O sistema sacrificial do antigo Israel — suas ofertas a Deus — se desenvolveu com o passar do tempo e consistia em ofertas tanto de animais quanto de produtos agrícolas. O autor Javista (J) retrata Abel ofertando "as partes gordas das primeiras crias do seu rebanho", enquanto o seu irmão Caim "trouxe do fruto da terra uma oferta ao SENHOR" (4:3). A preferência divina pelo sacrifício de Abel sobre o do seu irmão pode sugerir que este autor deu mais valor no sacrifício de animais, embora o capítulo 4 de Gênesis nunca especifique a razão dessa preferência divina. Provavelmente ela reflita o preço mais alto de um sacrifício animal, bem como uma preferência divina imaginária por uma carne mais "saborosa" e com um aroma melhor, em lugar de grãos e vegetais. Noé construiu um altar depois do dilúvio (Gênesis 8:20), e, por causa do "aroma agradável" da oferta, Deus promete nunca mais destruir os seres vivos com água (8:21).

Passando da história primitiva para a época dos patriarcas, Gênesis relata como Abraão, Isaque e Jacó construíram altares (Gênesis 12:7; 26:25; 33:20). Essa construção de altares mostra a centralidade das ofertas de animais: *mizbe'ach*, a palavra hebraica para altar, vem da raiz *z-b-ch*, "abater", e, portanto, significa "abatedouro".

De acordo com Deuteronômio 12:6, mais antiga que a fonte Javista (J), Deus ordena as pessoas de Israel para que ofereçam "holocaustos e sacrifícios, dízimos e dádivas especiais, o que em voto tiverem prometido, as suas ofertas voluntárias e a primeira cria de todos os rebanhos". Deuteronômio apresenta alguns detalhes sobre como os vários animais devem ser sacrificados, mas somente os capítulos finais do início de Levítico, que vêm da fonte Sacerdotal (P), estabelecem os rituais específicos com relação aos sacrifícios.

O amplo sistema sacrificial sacerdotal, em que se baseiam os textos do Novo Testamento que se preocupam com sacrifício, sangue e expiação, faz distinção entre os vários tipos de sacrifício. O holocausto (hebr., *'olah*; gr., *holokautōma*, que é a origem da palavra "holocausto") é totalmente consumido por Deus (Levítico 1), e o sacrifício de comunhão (*shelamim*, Levítico 3)[3] é repartido

---

[3]A tradução precisa de muitos desses tipos de sacrifícios é discutível; tocaremos neste debate abaixo, quando for relevante ao nosso argumento. Do contrário, manteremos a tradução da NRSV

entre o ofertante e Deus, com Deus ficando com as melhores partes. Esse compartilhamento indica a comunhão do homem com Deus. Nessas ofertas, o sangue não tem nenhuma função, exceto o fato de que as pessoas não o consomem.

Em contrapartida, os rituais que envolvem a manipulação de sangue têm uma função central naquilo que a maioria das traduções chamam de "oferta pelo pecado", que em hebraico se diz *chata't* — a oferta mais relevante para que se entenda a função da cruz. A palavra *chata't* é usada tanto para "pecado", como em Gênesis 4:7 em que Deus diz a Caim que o "pecado [*chata't*] o ameaça à porta", quanto para os sacrifícios que aplacam o pecado. Essa oferta não é tipificada pela fórmula "aroma agradável ao SENHOR"[4] porque o seu sangue é que era importante, não a abstinência de consumo no altar. Para essa oferta, quase sempre se faz uso de um animal — afinal, são os animas, e não as plantas, que tem sangue.[5]

O capítulo 4 de Levítico estabelece cinco tipos de ofertas de *chata't*: as que são trazidas pelo sumo sacerdote (v. 3-12), por toda a comunidade (v. 13-21), pelo governante (v. 22-26), por um indivíduo que traz uma cabra (v. 27-31), e por um indivíduo que traz uma ovelha (v. 32-35). O ofertante não come nenhuma parte do sacrifício, embora parte da carne seja concedida aos sacerdotes (Levítico 6:26,29; 6:19,22 hebr.). O capítulo termina com uma nota que explica o objetivo dessas ofertas (Levítico 4:35): "Assim o sacerdote fará em favor dele expiação [hebr., *k-p-r*, como em *Yom Kippur*, o Dia da Expiação] pelo pecado que cometeu, e ele será perdoado." Conforme veremos, é especificamente o sangue que faz a expiação.

O sangue está presente em cada uma das ofertas no capítulo 4 de Levítico. Por exemplo, na primeira oferta, o texto determina:

> O sacerdote molhará o dedo no sangue e o aspergirá sete vezes perante o SENHOR, diante do véu do santuário. O sacerdote porá um pouco do sangue nas pontas do altar do incenso aromático que está perante o SENHOR na Tenda do Encontro. Derramará todo o restante do sangue do novilho na base do altar do holocausto, na entrada da Tenda do Encontro (Levítico 4:6,7).

Os rituais de sangue também são descritos em Levítico 4:17,18,25,30,34. Nos dois primeiros casos, relacionados aos pecados do sumo sacerdote ou de toda a comunidade (v. 3-21), que por isso são especialmente graves, o sacerdote asperge

---

[4]Veja Naphtali Meshel, "Which sacrificial offerings require libations?", TheTorah.com, 5 de julho de 2018, https://thetorah.com/which-sacrificial-offerings-require-libations/.

[5]Para acompanhar um estudo sobre essa oferta, veja William K. Gilders, *Blood ritual in the Hebrew Bible: meaning and power* (Baltimore: Johns Hopkins University Press, 2004), p. 109-41.

"BEBAM MEU SANGUE": SACRIFÍCIO E EXPIAÇÃO

o sangue sobre o véu que impedia que se visse o lugar santíssimo. Desse modo, o sangue chega o mais perto possível da arca e da presença divina que, conforme se pensava, habitava além do véu. Nesse caso e em outros, o sacerdote "coloca o sangue sobre as pontas do altar do holocausto, e derrama o restante do sangue na base do altar." Essas "pontas" eram protuberâncias de pedra em forma de um quarto de esfera que foram encontradas em vários altares escavados em Israel — provavelmente com função utilitária, feitas para manter o sacrifício sobre o altar plano. Em suma, o *chata't* levava muito sangue.[6]

O ritual do *Yom Kippur* (Dia da Expiação) no capítulo 16 de Levítico apresenta a descrição mais detalhada de um *chata't*, com seus sub-rituais. A complexidade dessas práticas mostra como era central a ideia do sangue como o meio de tirar o pecado para o antigo Israel. A passagem de Levítico 16:14-20a, que descreve primeiro a oferta que o sumo sacerdote faz por si mesmo e por sua família e depois a oferta pela nação, destaca a centralidade do sangue: a palavra "sangue" (hebr., *dam*) aparece várias vezes:

> Ele pegará um pouco do sangue do novilho [seu *chata't*], e com o dedo o aspergirá sobre a parte da frente da tampa [ou propiciatório; hebr., *kapporet*; gr., *hilastērion*]; depois, com o dedo aspergirá o sangue sete vezes, diante da tampa. Então sacrificará o bode da oferta pelo pecado, em favor do povo, e trará o sangue para trás do véu; fará com o sangue o que fez com o sangue do novilho; ele o aspergirá sobre a tampa e na frente dela [...] Depois irá ao altar que está perante o SENHOR e pelo altar fará propiciação. Pegará um pouco do sangue do novilho e do sangue do bode e o porá em todas as pontas do altar. Com o dedo aspergirá o sangue sete vezes sobre o altar para purificá-lo e santificá-lo das impurezas dos israelitas (Levítico 16:14-15,18-19).

No início deste capítulo, citamos Romanos 3:25, em que Paulo fala de Cristo como "sacrifício para propiciação mediante a fé, pelo seu sangue." A palavra grega traduzida como "propiciação" é *hilastērion*. Paulo está se referindo a Levítico 16:13-15.

Vários versículos posteriores explicam a natureza expiatória do sangue:

> Levítico 16:30: "Porquanto nesse dia se fará expiação por vocês, para purificá-los. Então, perante o SENHOR, vocês estarão puros de todos os seus pecados" (NRSV).

---

[6] *Veja tb.* Levítico 6:27 (6:20 hebr.).

Levítico 16:33: "E fará expiação pelo Lugar Santíssimo, pela Tenda do Encontro, pelo altar, por todos os sacerdotes e por todo o povo da assembleia" (NRSV).

Conforme esses versículos testificam, a expiação, de acordo com Levítico, não se alcança por oração, contrição, nem mediante o jejum, mas precisamente seguindo rituais que envolvem sangue.

Entretanto, não fica tão claro quem (ou o que) recebe a expiação (*kiper*) — as pessoas (v.30), ou os vários espaços físicos, como o santuário (v.33a). A questão fundamental a respeito do objeto que recebe a expiação está relacionada de forma intrínseca com a tradução adequada de *chata't*, portanto, isso traz consequências para o entendimento sobre como Jesus serviu como um *chata't*.

Até 1976, os tradutores geralmente vertiam *chata't* como "oferta pelo pecado" (como acontece na NRSV e na versão original da NJPS) e entendia essa palavra como indicando um sacrifício para desfazer o pecado e/ou tirar as consequências do pecado, ou seja, o castigo do pecador. Em 1976, Jacob Milgrom publicou um artigo intitulado "Israel's sanctuary: the priestly 'picture of Dorian Gray'" [O santuário de Israel: a versão sacerdotal do retrato de Dorian Gray].[7] No romance de Oscar Wilde, *O retrato de Dorian Gray*, o retrato de Dorian Gray absorve os crimes do personagem e fica horrível, enquanto ele continua jovem e saudável. Milgrom afirma: "mantendo a analogia do romance de Oscar Wilde, os escritores sacerdotais fariam a seguinte proposta: o pecado pode não deixar sua marca no rosto do pecador, mas com certeza marcaria o rosto do santuário [com impureza ritual ou "imundícia"], e, se ela não fosse rapidamente expurgada, a presença de Deus se afastaria dele."[8] Milgrom observa que alguns pecados criam impurezas que são atraídas para partes específicas do santuário; essa atração se deve à "noção Sacerdotal (P) da impureza como uma força ativa, magnética e maléfica à esfera do sagrado, que não o ataca somente com o contato direto, mas mesmo à distância."[9] Essa tese explica o início de Levítico 16:33, que acabamos de citar: "E fará expiação pelo Lugar Santíssimo, pela Tenda do Encontro e pelo altar"[10] — em outras palavras, o *chata't* não purifica somente o pecador, mas também as impurezas que os vários pecados criaram, impurezas que passam a residir no santuário, na Tenda do Encontro e no altar.

---

[7]Jacob Milgrom, "Israel's sanctuary: the priestly 'picture of Dorian Gray'", *Revue Biblique* 83 (1976): 390-399; Milgrom apresentou partes dessa tese em sua obra anterior "Sin-offering or purification-offering", *Vetus Testamentum* 21 (1971): 237-9.

[8]Milgrom, "Israel's sanctuary", p. 398.

[9]Milgrom, "Israel's sanctuary", p. 394.

[10]Jacob Milgrom, *Leviticus 1—16*, Anchor Yale Bible 3 (New Haven: Yale University Press, 2009), p. 1011.

"BEBAM MEU SANGUE": SACRIFÍCIO E EXPIAÇÃO

O que é fundamental no argumento de Milgrom é o seu entendimento da raiz *k-p-r* como "purificar", no sentido da mesma palavra em acádio, que tem a conotação de "tornar puro", "limpar".[11] Milgrom traduz Levítico 16:33 da seguinte forma: "Ele purificará [NRSV: fará propiciação] a parte mais santa do santuário, e ele purificará [NRSV: fará propiciação] a Tenda do Encontro e o altar." Essa purificação é necessária, porque as impurezas podem fazer com que a presença de Deus, que gosta de habitar em um ambiente de pouco pecado, saia rapidamente do santuário. Os capítulos iniciais de Ezequiel demonstram essa preocupação (p. ex., Ezequiel 11:23: "a glória do SENHOR subiu da cidade"). Milgrom traduz "*Yom Kippur*" como "Dia da Purificação" e, desse modo, mantém o destaque nos rituais de sangue que eram praticados enquanto o santuário ainda estava de pé.

Milgrom também cunhou uma expressão brilhante, "detergente ritual", para explicar a função do sangue sacrificial do *chata't*.[12] Do mesmo modo que o detergente limpa a sujeira das roupas, o sangue — quando é aplicado de maneira adequada — limpa (ou purifica) o pecado do santuário. Essa limpeza pode ser feita em qualquer época do ano, conforme se observa no capítulo 4 de Levítico, e o *Yom Kippur* consiste em uma purificação anual especial no início do outono — comparável à limpeza semanal da casa e a uma grande faxina anual, que leva o dia todo. Além disso, essa purificação é eficaz sem nenhum arrependimento pessoal.

Alguns estudiosos reagiram contra o entendimento de Milgrom a respeito da raiz *k-p-r* e da função do *chata't*. Yitzhaq Feder, observando que "o sangue é usado como meio de expiação, purificação e consagração" nos rituais hititas dos séculos 14 a 13 A.E.C. (onde hoje se situa a Turquia moderna),[13] sugere que a *chata't* só purifica o pecador, não o tabernáculo. Ele cita Levítico 16:30, que observa que no *Yom Kippur* "se fará expiação por vocês, para purificá-los. Então, perante o SENHOR, vocês estarão puros de todos os seus pecados"; de modo parecido, Levítico 16:33 afirma que o sumo sacerdote "fará expiação por todos os sacerdotes e por todo o povo da assembleia." O sangue não cumpria essa função na antiga Mesopotâmia,[14] portanto, os versículos que se referem à purificação dos pecados das pessoas parecem ser mais marcantes.

De acordo com Feder, o sangue purifica os pecadores; em contrapartida, Milgrom sugere que o sangue purifica o templo ou as áreas do tabernáculo que

---

[11]Milgrom, *Leviticus 1—16*, p. 1079-84.

[12]Veja, p. ex., Milgrom, *Leviticus 1—16*, p. 239.

[13]Yitzhaq Feder, *Blood expiation in hittite and biblical ritual: origins, context, and meaning*, Writings from the Ancient World (Atlanta: SBL Press, 2014), p. 1.

[14]Pamela Barmash, *Homicide in the biblical world* (Cambridge: Cambridge University Press, 2005), p. 111.

tinham se tornado ritualmente impuras mediante os pecados do povo. As duas posições têm algum respaldo nas passagens do capítulo 16 de Levítico. As duas podem estar certas, e, de acordo com as duas interpretações, o sangue tem uma função indispensável nesse *kiper*, ou seja, nessa ação de expiação e/ou de limpeza.

De modo parecido, em outras passagens da Bíblia, o sangue é superpoderoso.[15] Na proibição aos israelitas de consumir qualquer tipo de sangue em Levítico 17:11 há a explicação: "Pois a vida da carne está no sangue, e eu o dei a vocês para fazerem expiação [hebr., *k-p-r*] por si mesmos no altar; é o sangue que faz expiação [*k-p-r*] pela vida." O mais provável é que este versículo indique que o "sangue animal esteja identificado com a vida desse animal, e a aplicação da vida animal no altar traz um impacto positivo na vida do ofertante: a vida do animal, no seu sangue, serve como resgate para a vida do ofertante."[16] Ao sacrificar o animal e cumprir alguns rituais de sangue, os pecadores podem ter vida, porque a vida deles é resgatada. Temos aqui a origem de citações como Apocalipse 5:9, que diz: "com teu sangue compraste para Deus." A ideia da morte de Jesus como um "resgate" aparece também em Mateus 20:28 (cf. Marcos 10:45), em que Jesus afirma que "o Filho do homem não veio para ser servido, mas para servir e dar a sua vida em resgate por muitos" (veja também 1Timóteo 2:6; 1Pedro 1:18).[17]

Entretanto, o conceito de uma vida animal substituindo a vida humana só aparece em Levítico 17:11,[18] e o sentido exato, bem como a tradução do versículo, são incertos.[19] Além disso, o capítulo 17 de Levítico vem de um autor (ou fonte) posterior aos textos dos capítulos 4, 6 e 16, e pode não refletir as noções desses textos a respeito de como o sangue funciona. A tese do resgate, de que a vida do animal é sacrificada para que o humano possa viver, não parece se sustentar em relação às várias outras descrições do sacrifício israelita antigo.

A análise até agora se relaciona ao entendimento original de *chata't* e das suas possíveis funções. A Septuaginta traduz *chata't* como *hamartia*, "pecado", e seus leitores podem muito bem ter entendido essa purificação como que se aplicando às pessoas, não ao templo. Para os judeus do período helenístico que moravam longe do Templo, havia uma preocupação maior com a pessoa em si do que com as superfícies da construção.

---

[15]Para estudos sobre a importância do sangue na Bíblia hebraica, veja B. Kedar- *Kopfstein*, "דָּם", TDOT, 3:234-50; Christian Eberhart, "Blood: I. Ancient Near East and Hebrew Bible/Old Testament", *EBR*, 4:202-12.

[16]Gilders, *Blood ritual*, p. 178-9.

[17]Quanto à linguagem do resgate no Novo Testamento, veja Nathan Eubank, *Wages of cross-bearing and debt of sin: the economy of heaven in Matthew's gospel*, Beihefte zur Zeitschrift fur die neutestamentliche Wissenschaft und die Kunde der alteren Kirche 196 (Berlin: de Gruyter, 2013).

[18]Gilders, *Blood ritual*, p. 178-9.

[19]Veja Gilders, *Blood ritual*, p. 22, 169.

Em alguns casos, a tradução da Septuaginta também influencia os entendimentos cristãos a respeito do sacrifício. Por exemplo, a Epístola aos Hebreus usa o texto grego de Salmos 40:6a (40:7a hebr.; 39:7 LXX) para embasar seu argumento a respeito da superioridade do sacrifício de Cristo. O texto hebraico diz: "Sacrifício [*zevach*] e oferta [*minchah*] não pediste, mas abriste os meus ouvidos [lit., "ouvidos que perfuraste ou escavaste" a partir do verbo *k-r-h*, "escavar"]." Vários manuscritos antigos (p. ex. Códice Vaticano, Alexandrino e Sinaítico) traduzem da seguinte forma: "Sacrifício e oferta não pediste, mas um corpo preparaste [hebr., *b-r-h*] para mim." É possível que os tradutores tenham lido de forma equivocada uma letra em hebraico, de modo que *barah* ("escolher") se tornou *karah* ("escavar") — nas letras hebraicas as letras "k" (כ) e "b" (ב) são visualmente parecidas. Isso explicaria a diferença entre "escolher" ou "preparar" e "escavar". Não fica claro, no entanto, como alguns manuscritos da Septuaginta vieram a ler a palavra "corpo" (gr., *sōma*) e não a palavra "ouvido". É possível que os escribas que prepararam os manuscritos da Septuaginta tenham projetado a palavra de Hebreus para o salmo; também é possível que houvesse versões diferentes do original hebraico. Uma terceira possibilidade é que os copistas gregos interpretaram "ouvido" como uma metonímia para todo o corpo.[20]

Em outros casos, o grego inclui novos rituais que não são mencionados em nenhuma fonte hebraica existente. Lemos em Levítico 24:7, que fala a respeito dos pães da proposição, ou dos "pães da presença": "Junto a cada fileira coloque um pouco de incenso puro como porção memorial para representar o pão e ser uma oferta ao SENHOR preparada no fogo."[21] A essa mistura os tradutores gregos acrescentaram "sal". Como acontece com muitas variantes, a diferença se trata literalmente de uma questão de gosto.

A PÁSCOA

A narrativa da Paixão, a história dos últimos dias de Jesus em Jerusalém, está intimamente relacionada com a Páscoa e com o sacrifício pascal. A descrição inicial da oferta da Páscoa aparece em Êxodo 12:1-28, embora o quanto deste ritual tenha

---

[20]Com referência a vários argumentos, veja a análise em Craig R. Koester, *Hebrews*, Anchor Yale Bible 36 (New Haven: Yale University Press, 2001), p. 432-3.

[21]Para outros exemplos de leituras divergentes da Septuaginta, junto com as respectivas análises em Jan Joosten, veja "Divergent cultic practices in the Septuagint: the 'shoulder' (βραχίων) of the priest", *Journal of Septuagint and Cognate Studies* 48 (2015): 27-38.

continuado no período do Segundo Templo seja, assim como tantas outras coisas, discutível. Entretanto, ainda que as práticas não fossem realizadas conforme foram descritas, o capítulo 12 de Êxodo continua sendo a fonte à qual os seguidores primitivos de Jesus recorreram para entender a sua morte.

O capítulo 12 de Êxodo descreve rituais de sangue duas vezes, no versículo 13 e nos versículos 22-23, cada uma delas refletindo uma fonte diferente: os versículos 1 a 20 vêm da fonte Sacerdotal (P) e os versículos 21 a 27 vêm da fonte Eloísta (E), do norte de Israel. O versículo 13 (da fonte P) afirma: "O sangue será um sinal para indicar as casas em que vocês estiverem; quando eu vir o sangue, passarei adiante. A praga de destruição não os atingirá quando eu ferir o Egito." Nos versículos 21-23 (da fonte E), lemos o seguinte:

> Então Moisés convocou todas as autoridades de Israel e lhes disse: "Escolham um cordeiro ou um cabrito para cada família. Sacrifiquem-no para celebrar a Páscoa! Molhem um feixe de hissopo [como um pincel] no sangue que estiver na bacia e passem o sangue na viga superior e nas laterais das portas. Nenhum de vocês poderá sair de casa até o amanhecer. Quando o SENHOR passar pela terra para matar os egípcios, verá o sangue na viga superior e nas laterais da porta e passará sobre aquela porta; e não permitirá que o destruidor entre na casa de vocês para matá-los."

O uso do sangue nessa passagem é bem diferente do sangue de *chata't* porque o cordeiro pascal não se trata de uma oferta de *chata't*. De modo diferente da *chata't*, esse cordeiro não é ofertado primeiramente para Deus e para os sacerdotes, mas se trata de uma oferta familiar, de participação leiga. Nas duas fontes, o sangue sacrificial da Páscoa consiste em "um sinal" (de forma bem clara em Êxodo 12:13), um modo de dizer "há israelitas dentro da casa", para que eles não sejam mortos. O sangue é apotropaico — isto é, protege em vez de fazer expiação. Além disso, esse ritual de sangue é algo que acontece somente uma vez. O sangue não tem uma função importante nas ofertas posteriores da Páscoa porque foi somente no Egito que Israel precisou ser protegida do "destruidor".

Porém, outro fator pode ter vinculado o sangue às ofertas posteriores do cordeiro pascal. Em geral, os "sinais" do texto P, como o sábado e a circuncisão, são perpétuos,[22] e o sangue de Êxodo 12:13 também é chamado de "sinal". Isso pode ter feito com que alguns leitores vissem o sangue do cordeiro pascal no Egito como

---

[22]William H. C. Propp, *Exodus 1—18*, Anchor Yale Bible 2 (New Haven: Yale University Press, 1999), p. 400-1.

"BEBAM MEU SANGUE": SACRIFÍCIO E EXPIAÇÃO

tendo importância perpétua, mesmo se o ritual não fosse praticado de maneira perpétua. Entretanto, não dá para saber o que ele "significava", já que os israelitas não pintavam os umbrais da porta com sangue todos os anos.

Para os seguidores de Jesus, esse sinal passa a ser o afastamento da morte. Jesus, que foi sacrificado como o cordeiro pascal, protege seus seguidores da morte ou da condenação eterna por meio do seu sangue.

O SACRIFÍCIO HUMANO NA BÍBLIA HEBRAICA

A ideia do sacrifício humano, como é descrita nas escrituras de Israel, também dá base para a narrativa da paixão. O capítulo 22 de Gênesis é chamado na tradição judaica de "*Akedah*", o "sacrifício" de Isaque. Deus manda Abraão oferecer seu filho como "holocausto", e Abraão obedece, levando Isaque ao Monte Moriá, amarrando-o firmemente e levantando a faca para imolá-lo; ele só para quando "um anjo do SENHOR" o chama. Abraão identifica um carneiro imobilizado pelos seus chifres em um arbusto próximo e, em lugar do filho, oferece esse carneiro. Muitos leitores, adotando uma interpretação posterior, veem esse capítulo como uma polêmica contra o sacrifício humano. Mas para as escrituras de Israel, o capítulo 22 de Gênesis não consiste em uma polêmica contra o sacrifício humano.[23] No final do capítulo, o anjo aparece a Abraão e repete a promessa de descendência, de terra e de bênção (v. 17-18). Esse anjo *não* diz: "Porque você demonstrou sua disposição em sacrificar seu filho, agora farei com que o sacrifício humano seja detestável entre os seus descendentes (ou para todos os povos)."

Vários textos podem sugerir que, sob certas circunstâncias, o sacrifício humano é esperado, além de ser eficaz. A passagem de Êxodo 22:29-30 (22:28-29 hebr.), na coleção de leis mais antiga da Bíblia, contém a seguinte legislação: "Não retenham as ofertas de suas colheitas. Consagrem-me o primeiro filho de vocês e a primeira cria das vacas, das ovelhas e das cabras. Durante sete dias a cria ficará com a mãe, mas, no oitavo dia, entreguem-na a mim." A oferta das colheitas e dos lagares é entregue a Deus, supostamente como sacrifícios; o mandamento de consagrar o primeiro filho pode ser lido da mesma forma. O texto pode sugerir a época em que os primeiros filhos serviam com autoridade sacerdotal, já que não existem indicações de que Êxodo admitisse o sacrifício humano. De modo parecido, lemos em Miqueias 6:7:

---

[23]Jon D. Levenson, *The death and resurrection of the beloved son: the transformation of child sacrifice in Judaism and Christianity* (New Haven: Yale Univ. Press, 1993).

> Ficaria o SENHOR satisfeito com milhares de carneiros,
>> com dez mil ribeiros de azeite?
> Devo oferecer o meu filho mais velho por causa da minha transgressão,
>> o fruto do meu corpo por causa do meu próprio pecado?

A citação sugere que oferecer o "filho mais velho", "o fruto do meu corpo", poderia acontecer em alguns momentos. Isso consistia em uma oferta de algo de grande valor, como "milhares de carneiros", ou "dez mil ribeiros de azeite". Por outro lado, esses versículos podem dar a entender novamente que o filho único era doado para servir no templo local, como se ilustra na dedicação que Ana faz de seu filho Samuel no templo de Siló (1Samuel 1:24). Esses filhos primogênitos podem ter sido substituídos por levitas.

As escrituras de Israel retratam sacrifícios humanos com uma frequência muito rara. De acordo com o capítulo 11 de Juízes, Jefté sacrificou sua filha para cumprir um voto: se Deus lhe concedesse uma vitória militar, ele ofertaria o primeiro ser que saísse da casa (a proposta que geralmente se ouve de que ele estava pensando no cachorro da família é improvável, tanto quanto abominável). Indicando de forma inconfundível que não só o sacrifício humano tinha sido realizado, mas que ele também foi eficaz, vemos a explicação em 2Reis 3:27 sobre como o rei moabita "pegou seu filho mais velho, que devia sucedê-lo como rei, e o sacrificou sobre o muro da cidade." A continuação desse versículo, escrita por um autor israelita, é digna de nota: "Isso trouxe grande ira contra Israel, de modo que eles se retiraram e voltaram para sua própria terra." Em outras palavras, a partir da perspectiva do autor, o sacrifício humano funcionou. Existe uma referência ao sacrifício de crianças em Ezequiel 20:25-26: "Também os abandonei a decretos que não eram bons e a leis pelas quais não conseguiam viver; deixei que se contaminassem por meio de suas ofertas, isto é, pelo sacrifício de cada filho mais velho, para que eu os enchesse de pavor e para que eles soubessem que eu sou o SENHOR."[24]

Não estamos dizendo que o sacrifício humano era difundido ou até mesmo praticado com frequência no antigo Israel. Entretanto, as evidências textuais sugerem que algumas pessoas acreditavam que ele tinha eficácia para expiar os pecados (Miqueias 6:7) ou para impedir uma grande tragédia (2Reis 3:27). Entretanto, nenhum desses textos da Bíblia hebraica que retratam sacrifícios humanos sugere que o sangue em particular da vítima humana sacrificial tenha alguma função

---

[24]Gili Kugler, "The cruel theology of Ezekiel 20", *Zeitschrift für die alttestamentliche Wissenschaft* 129 (2017): p. 47-58.

"BEBAM MEU SANGUE": SACRIFÍCIO E EXPIAÇÃO

especial na expiação. Na Bíblia hebraica, somente o sangue do animal da oferta animal *chata't* faz expiação, enquanto o sangue humano não pode fazer isso.

A EXPIAÇÃO SEM SACRIFÍCIO

O antigo Israel não realizava a expiação somente por meio do sangue. Os textos *chata't*, que destacam o tabernáculo, e por extensão o Templo, vêm todos da fonte Sacerdotal (P). Deuteronômio e as obras relacionadas, que não destacam o sacrifício, mas o "arrependimento", usam a raiz hebraica *sh-u-v*, "voltar, retornar" (nesse caso, para Deus).

O primeiro uso de *sh-u-v* em referência a (re)tornar para Deus é Deuteronômio 4:29-30, dirigido ao povo de Israel que está no exílio. O cenário é fundamental, já que se supõe que Israel não tinha acesso a Jerusalém, muito menos ao Templo: "E lá procurarão o Senhor, o seu Deus, e o acharão, se o procurarem de todo o seu coração e de toda a sua alma. Quando vocês estiverem sofrendo e todas essas coisas tiverem acontecido com vocês, então, em dias futuros, vocês voltarão *[sh-u-v]* para o Senhor, o seu Deus, e lhe obedecerão." Essa raiz reaparece várias vezes para dar forma a Deuteronômio 30:1-10, que fala a respeito dos resultados de deixar o pecado e estar em um relacionamento correto com Deus:

> Quando todas essas bênçãos e maldições que coloquei diante de vocês [conforme a descrição de Deuteronômio 28] lhes sobrevierem, e elas os atingirem onde quer que o Senhor, o seu Deus, os dispersar entre as nações, e quando vocês e os seus filhos voltarem *[sh-u-v]* para o Senhor, para o seu Deus, e lhe obedecerem de todo o coração e de toda a alma, de acordo com tudo o que hoje lhes ordeno, então o Senhor, o seu Deus, lhes trará restauração *[sh-u-v]* e terá compaixão de vocês e os reunirá novamente de todas as nações por onde os tiver espalhado [...] O Senhor se alegrará novamente *[sh-u-v]* em vocês e os tornará prósperos, como se alegrou em seus antepassados, se vocês obedecerem ao Senhor, ao seu Deus, e guardarem os seus mandamentos e decretos que estão escritos neste Livro da Lei, e se se voltarem *[sh-u-v]* para o Senhor, para o seu Deus, de todo o coração e de toda a alma (Deuteronômio 30:1-3,9-10).

A ideia de *sh-u-v*, usada tanto com relação a Deus quanto com relação a Israel nessa passagem, é simples: se vocês voltarem (*sh-u-v*) para Deus, Deus voltará (sh-u-v) para vocês. Esta ênfase no voltar é diferente da linguagem do perdão (hebr., *s-l-ch*) estabelecida pelos sacrifícios, os quais tipificam a fonte Sacerdotal (P). Retorno, aqui, em nada se relaciona com animais ou sangue.

Mesmo em passagens que poderíamos esperar alguma ênfase nos sacrifícios, encontramos a promoção de uma mudança no modo de agir. O texto exílico de 1Reis 8, que é relacionado com Deuteronômio, atribui a Salomão uma oração na inauguração de seu Templo.[25] O texto menciona de forma breve uma oferta gigantesca (1Reis 8:63), mas o capítulo, em vez disso, destaca a eficácia da oração em várias situações:

> Quando [os israelitas] pecarem contra ti, pois não há ninguém que não peque, e ficares irado com eles e os entregares ao inimigo, que os leve prisioneiros para a sua terra, distante ou próxima; se eles caírem em si [lit., "voltarem", *sh-u-v*], na terra para a qual foram deportados, e se arrependerem [*sh-u-v*] e lá orarem: 'Pecamos, praticamos o mal e fomos rebeldes'; e se lá eles se voltarem [*sh-u-v*] para ti de todo o coração e de toda a sua alma, na terra dos inimigos que os levaram como prisioneiros, e orarem voltados para a terra que deste aos seus antepassados, para a cidade que escolheste e para o templo que construí em honra do teu nome, então, desde os céus, o lugar da tua habitação, ouve a sua oração e a sua súplica, e defende a sua causa. Perdoa o teu povo, que pecou contra ti; perdoa todas as transgressões que cometeram contra ti, e faze com que os seus conquistadores tenham misericórdia deles... (1Reis 8:46-50).

É a prática do *shuv*, e não os sacrifícios de sangue, que promove a reconciliação. Essa oração não somente repete a raiz, mas também apresenta raízes que têm som semelhante como *veshavum shovehem* (da raiz *sh-v-h*), a frase "que os leve prisioneiros" do versículo 46, ou *nishbu... shovehem*, "que os levaram como prisioneiros" no versículo seguinte. Esses jogos de palavras são difíceis de reproduzir em nosso idioma.

Essa é uma ideia fundamental dos textos proféticos: a prática do *shuv*. Jeremias 4:1 diz que Deus falou as seguintes palavras:

> Se você voltar [*sh-u-v*], ó Israel,
> > volte [*sh-u-v*] para mim",
> > diz o SENHOR.
> Se você afastar para longe de minha vista os seus ídolos detestáveis,
> > e não se desviar...

---

[25]Veja Marc Zvi Brettler, "Interpretation and prayer: notes on the composition of 1 Kings 8.15-53", em *Minhah le-Nahum: Biblical and other studies presented to Nahum M. Sarna in honour of his 70th birthday*, ed. Marc Zvi Brettler e Michael Fishbane, Journal for the Study of the Old Testament Supplement Series 154 (Sheffield: Sheffield Academic Press, 1993), p. 17-35.

"BEBAM MEU SANGUE": SACRIFÍCIO E EXPIAÇÃO

Uma passagem que é lida no sábado antes do *Yom Kippur*, Oseias 14:1-2 (14:2,3 hebr.), exige claramente que esse retorno seja praticado com palavras (isto é, orações), e não sacrifícios:

> Volte [*sh-u-v*], ó Israel,
>> para o Senhor, para o seu Deus.
> Seus pecados causaram sua queda!
> Preparem o que vão dizer
>> e voltem [*sh-u-v*] para o Senhor.
> Peçam-lhe:
> "Perdoa todos os nossos pecados,
> Em vez de novilhos pagaremos
>> [o fruto dos] nossos lábios."[26]

Mais uma vez, não se exige nem animais, nem sangue, muito menos oferta de *chata't*.

O SACRIFÍCIO NO JUDAÍSMO PÓS-BÍBLICO

A insistência de que restaurar o relacionamento com Deus é possível sem que se faça sacrifícios continua depois da destruição do Templo, em 70 E.C. Na verdade, *nenhum único texto* em todo o gigantesco *corpus* do judaísmo rabínico sugere que, depois que o Templo foi destruído, a expiação é impossível, ou mesmo que o sangue é essencial para a expiação. Quando os textos rabínicos falam sobre o poder do sangue para realizar a expiação, eles se referem aos rituais do Templo no passado, não sobre a realidade posterior à destruição dele.

Vários textos rabínicos, imaginando que os sacrifícios estavam sendo realizados, citam Levítico 17:11: "Pois a vida da carne está no sangue, e eu o dei a vocês para fazerem propiciação por si mesmos no altar; é o sangue que faz expiação pela vida", para expressar a ideia de que é pelo sangue sacrificial que se efetua essa expiação. Dentro do Talmude Babilônico, *Zevachim* 6a começa com Levítico 1:4: "e porá a mão sobre a cabeça do animal do holocausto para que seja aceito como expiação em seu lugar", que pode sugerir que a imposição de mãos sobre o animal sacrificial faz expiação pela pessoa que oferece o sacrifício. A passagem talmúdica passa a sugerir que somente o sangue faz essa expiação: "Será que a imposição de

---

[26]A citação do final deste versículo é da NJPS.

mãos faz expiação pelos pecados de alguém? Será que a expiação não acontece somente pelo derramamento de sangue, conforme se afirma: 'pois é o sangue que faz propiciação pela vida (Levítico 17:11)'?"[27] Os autores rabínicos reconhecem que, enquanto o Templo existia, o sangue consistia no detergente ritual típico, mas até mesmo ali ele não era mais necessário.[28] Além disso, depois de o Templo ser destruído, as alternativas à expiação pelo sangue continuariam a se desenvolver.

Ao avaliar que o sacrifício de sangue não é necessário, alguns textos rabínicos seguem um precedente na literatura sacerdotal, que em determinado caso permite uma oferta de cereal para fazer expiação. Lemos em Levítico 5:11-13:

> Se, contudo, não tiver recursos para oferecer duas rolinhas ou dois pombinhos, trará como oferta pelo pecado um jarro da melhor farinha como oferta pelo pecado. Mas sobre ela não derramará óleo nem colocará incenso, porquanto é oferta pelo pecado. Ele a trará ao sacerdote, que apanhará um punhado dela como porção memorial e queimará essa porção no altar, em cima das ofertas dedicadas ao Senhor, preparadas no fogo. É oferta pelo pecado. Assim o sacerdote fará propiciação em favor dele por qualquer desses pecados que tiver cometido, e ele será perdoado.

A partir da perspectiva bíblica, não se pode explorar muito essa única exceção.

A tradição rabínica considera o arrependimento sem sacrifícios de sangue como totalmente eficaz. Embora as escrituras de Israel falem de *shuv*, retornar, no sentido de uma ação, o material rabínico destaca a eficiência da *teshuvah* no sentido da contrição interior[29] e do arrependimento. Como o grande especialista em pensamento rabínico, Ephraim Urbach, resume a respeito da ideia de arrependimento no Talmude de Jerusalém (ou *Yerushalmi*): "O Santo, bendito seja ele, foi perguntado: 'Qual é o castigo do pecador? E ele os respondeu: 'Que ele se arrependa e eu o aceitarei', porque está escrito: 'Bom e justo é o Senhor" [Salmos 25:8]. Obviamente, o pregador queria atribuir a Deus que o poder de arrependimento era absoluto, transcendendo a expiação mediante sacrifícios."[30] Alguns rabinos antigos afirmam

---

[27]"*Zevachim* 6a:15", Sefaria, https://www.sefaria.org/Zevachim.6a.15?lang=bi&with=all&lang2=en. Para consultar textos rabínicos parecidos, veja Feder, *Blood expiation*, p. 167n4.

[28]Feder, *Blood expiation*, p. 167n4.

[29]David A. Lambert, *How repentance became biblical: Judaism, Christianity, and the interpretation of Scripture* (New York: Oxford University Press, 2016).

[30]Ephraim E. Urbach, *The sages: their concepts and beliefs*, tradução para o inglês de Israel Abrahams (Jerusalem: Magnes, 1975), p. 464, e, de forma mais ampla, p. 462-71. Contra a declaração de Urbach, não fica claro se os rabinos criaram a expressão *teshuvah;* observe seu uso na cópia do Documento de Damasco (CD) da Geniza do Cairo 19:16.

que as orações diárias, junto com o arrependimento e a caridade, substituem os sacrifícios da manhã e da tarde no Templo.[31] A ideia continua na liturgia judaica, por exemplo, na resposta congregacional à oração *Unetaneh Tokef*, uma das principais orações do *Rosh Hashanah* e do *Yom Kippur*: "Mas o arrependimento [hebr., *teshuvah*], a oração [*tefillah*] e a caridade (ou: "boas obras") [*tzedakah*] cancelam o decreto severo."[32] Em outros textos rabínicos clássicos, o jejum ou o estudo da Torá faz expiação.[33] E em outros textos, a morte do justo faz expiação pelo pecado.[34] Em *Levítico Rabbah* 20:12, os rabinos antecipam essa ideia para o antigo Israel: "Do mesmo modo que o Dia da Expiação traz perdão, assim faz a morte do justo. Mas onde se mostra que [...] a morte do justo faz expiação? Onde se afirma: 'E eles sepultaram os ossos de Saul [...] Depois disso, Deus respondeu às orações da terra" (uma citação de 2Samuel 21:14). Aqui, podemos ver uma resposta à proclamação cristã.

O SANGUE DA CIRCUNCISÃO

Embora a circuncisão já seja mencionada em Gênesis, a sua importância foi aumentando com o passar do tempo. Entre suas várias interpretações está a associação pós-bíblica entre a expiação e o sangue da circuncisão. Embora o sangue sacrificial tenha perdido sua função no judaísmo, o sangue continua intimamente ligado à expiação no *brit* ou *bris* (pronúncia do leste europeu) *milah*, a cerimônia da circuncisão que é realizada nos bebês judeus de oito dias do sexo masculino. Logo depois do ato físico da circuncisão, como parte da cerimônia de dar nome ao filho, a pessoa que a realiza (o pai, ou, de forma mais comum, o circuncidador [hebr., *mohel*]) diz:

> Nosso Deus e Deus de nossos pais preservou esse filho para o seu pai e para a sua mãe, e deixou que seu filho fosse chamado em Israel de ([nome do filho], filho de [nome do pai]). Que seu pai possa se alegrar com relação ao seu corpo, e sua mãe se alegrar com o fruto do seu ventre, como está escrito: "Bom será que se alegrem seu pai e sua mãe e que exulte a mulher que o deu à luz!" [Provérbios 23:25] E se diz:

---

[31]Guy Stroumsa, *The end of sacrifice: religious transformations in late antiquity* (Chicago: University of Chicago Press, 2009), p. 64-5. Essa ideia tem precedentes em Qumran.

[32]Veja Jeff Hoffman, "A linguistic analysis of the phrase *ma'avirin et ro'a hagezeirah*", TheTorah.com, setembro de 2014, https://thetorah.com/linguistic-analysis-of-maavirin-et-roa-hagezeirah/.

[33]David Biale, *Blood and belief: the circulation of a symbol between Jews and Christians* (Berkeley: University of California Press, 2007), p. 65; Stroumsa, *End of sacrifice*, p. 68.

[34]P. ex., *Moed Katan* 28a; *Midrash Tanchuma (Buber), Acharei Mot* 7:1; 10:1.

"'Então, passando por perto, vi você se esperneando em seu sangue, e, enquanto você jazia ali, eu lhe disse: por causa do seu sangue, viva!; eu lhe disse: por causa do seu sangue, viva!".[35]

.Esse último versículo é do capítulo 16 de Ezequiel, um dos capítulos mais problemáticos das escrituras de Israel, beirando o pornográfico. Ele descreve a adoção de Deus da (mulher) abandonada Israel, com quem ele acaba se casando e depois castiga com palavras sinistras quando ela o deixa. Lemos a descrição em Ezequiel 16:6 de que o bebê recém-nascido foi "desprezado e jogado fora"[36] — ele nem mesmo tinha sido limpo do sangue do nascimento. A expressão de Ezequiel, *bedamayich chayi,* significa "em seu [estado de] sangue, viva!" — palavras de encorajamento para a criança abandonada. Entretanto, a oração de circuncisão entende a preposição *be-* como "por causa disso" (e não "em", conforme o sentido mais comum), outro sentido que esta preposição tem no hebraico bíblico. Assim, essa oração afirma que o sangue da circuncisão transmite vida.

A ideia de que o sangue da circuncisão transmite vida só se encontra na interpretação rabínica do capítulo 16 de Ezequiel, não no próprio livro de Ezequiel. Entretanto, de acordo com Êxodo 4:24-26, no contexto do retorno de Moisés de Midiã para o Egito, o sangue da circuncisão na verdade preserva a vida: "Numa hospedaria ao longo do caminho, o Senhor foi ao encontro de Moisés e procurou matá-lo. Mas Zípora pegou uma pedra afiada, cortou o prepúcio de seu filho e tocou os pés de Moisés. E disse: 'Você é para mim um marido de sangue! Ela disse "marido de sangue", referindo-se à circuncisão." Essa frase é "terrivelmente misteriosa";[37] no hebraico, não fica claro sequer quem Deus buscou matar: Moisés ou seu filho. O relato encaixa nos padrões de contos populares sobre demônios que atacam as pessoas nos quais usa-se sangue para afastar o mal (magia apotropaica), como vemos também no sangue do cordeiro pascal colocado nos umbrais das portas das casas dos israelitas. Embora a história tenha alguma relação com uma preocupação antiga de que Moisés, que tinha sido criado em uma casa egípcia, não tenha sido circuncidado, não tem nenhuma relação com o pecado, nem com o arrependimento.[38]

Os autores judeus pós-bíblicos provavelmente sabiam que os cristãos gentios não circuncidavam os seus filhos. Na verdade, Paulo argumenta de forma tão forte

---

[35]Jonathan Sacks, *The Koren Siddur* (Jerusalem: Koren, 2015), p. 1018, levemente modificado.
[36]Moshe Greenberg, *Ezekiel 1—20*, Anchor Yale Bible 22 (New Haven: Yale University Press, 1983), p. 275.
[37]Propp, *Exodus 1—18*, p. 233.
[38]A sugestão de Propp (*Exodus 1—18*, p. 234-8) de que Moisés está sendo castigado nessa passagem por matar o egípcio (Êxodo 2:12) é pura imaginação.

"BEBAM MEU SANGUE": SACRIFÍCIO E EXPIAÇÃO

contra essa prática na sua Epístola aos Gálatas que ele diz o seguinte a respeito daqueles que pregam a circuncisão aos gentios: "Quanto a esses que os perturbam, quem dera que se castrassem!" (Gálatas 5:12). Para Paulo, os gentios deviam continuar sendo gentios, mas deviam abandonar as suas práticas religiosas pagãs, como o sacrifício aos deuses do estado. Os judeus continuam sendo judeus, mas devem acolher os seguidores gentios de Cristo como membros que fazem parte da mesma comunidade messiânica. Portanto, para Paulo e especialmente para os judeus que não seguiam Jesus, a circuncisão funcionava como um marco importante de divisão. O ato da circuncisão passou a representar o conjunto mais amplo das leis e rituais da Torá; deste modo, a circuncisão poderia exemplificar, em uma perspectiva judaica, ser colocado em um relacionamento adequado com Deus por meio de obras e não de fé.[39]

O capítulo 29 de *Pirkei de-Rabbi Eliezer*, que é dedicado à circuncisão, observa: "Então saiba que Abraão, nosso pai, foi circuncidado no Dia da Expiação. Todo ano o Santo, bendito seja ele, vê o sangue da circuncisão de nosso pai Abraão e perdoa todos os pecados de Israel, como se diz: 'Porquanto *nesse dia* se fará propiciação por vocês, para purificá-los' (Levítico 16:30)." Não é somente a expiação, que é o tema do *Yom Kippur*, que é alcançada pelo sangue da circuncisão. O mesmo capítulo observa que "todo aquele que traz seu filho para a circuncisão age como (se fosse um) sumo sacerdote trazendo sua oferta e a sua libação diante do altar." Esse versículo pode ser uma polêmica a respeito das declarações de que Jesus, que é da linhagem de Melquisedeque (veja cap. 5), é o único sumo sacerdote eficaz. A insinuação anticristã é confirmada pela próxima linha: "o rabino [Judá, o príncipe] disse: Isaque circuncidou Jacó e Esaú; e Esaú desprezou a aliança da circuncisão do mesmo modo que ele desprezou o seu direito de primogenitura." Provavelmente, esse seja um dos muitos casos na literatura rabínica onde "Esaú" se constitui em um código para o "cristianismo". O abandono deste ritual pelo cristianismo é projetado neste versículo, de forma crítica, a tempos bem remotos.

Esse capítulo também vincula o sangue da circuncisão ao sangue usado no ritual da Páscoa.

> Os israelitas levaram o sangue da aliança da circuncisão, e (o) colocaram sobre os umbrais de suas casa, e quando o Santo, bendito seja ele, passou para assolar os egípcios, ele viu o sangue da aliança da circuncisão sobre o umbral de suas casas e o sangue do cordeiro pascal, ele encheu-se de compaixão por Israel, como se

---

[39]Lawrence A. Hoffman, *Covenant of blood: circumcision and gender in rabbinic Judaism* (Chicago: University of Chicago Press, 1996), p. 113-4.

diz: "Então, passando por perto, vi você se esperneando [envolta] em seu sangue (duplo), e, enquanto você jazia ali, eu lhe disse: por causa do seu sangue (duplo), viva!; eu lhe disse: por causa do seu sangue (duplo), viva!" (Ezequiel 16:6).

Aqui, pode haver uma polêmica contra entender Jesus como uma oferta pascal. A base para essa explicação é Ezequiel 16:6: "em seu (estado de) sangue, viva!" — ou "em/por causa do seu sangue, viva!".

Depois de explicar que a menção dupla do sangue se refere ao sangue da circuncisão e ao sangue do cordeiro pascal, o *midrash* continua:

> O rabino Eliezer disse: Por que o texto diz duas vezes: "eu lhe disse: por causa do seu sangue, viva!; eu lhe disse: por causa do seu sangue, viva!"? Mas o Santo, bendito seja ele, disse: Pelo mérito do sangue da aliança da circuncisão e do sangue do cordeiro pascal sereis remidos do Egito, e pelo mérito da aliança da circuncisão e pelo mérito da aliança da Páscoa no futuro sereis remidos no final do quarto reino; portanto se diz: "eu lhe disse: por causa do seu sangue, viva!; por causa do seu sangue, viva!".

Esse vínculo rabínico entre a circuncisão, o sangue e a Páscoa novamente parece uma polêmica anticristã: é o sangue da Páscoa, não o sangue de Cristo, que faz a expiação.

O SANGUE DA ALIANÇA

O Novo Testamento estabelece uma associação entre sangue, expiação e aliança. Apenas dois textos das escrituras de Israel associam, de forma clara, o sangue e a aliança.

O capítulo 24 de Êxodo, um capítulo multifacetado elaborado por várias fontes, descreve os acontecimentos que se deram depois da revelação no Monte Sinai/Horebe. Ele começa com a descrição da fonte Eloísta (E) de um ritual incomum que pode ter alguma base na religião israelita do norte. Ao falar de Moisés, lemos nos versículos 4b-8:

> Na manhã seguinte Moisés levantou-se, construiu um altar ao pé do monte e ergueu doze colunas de pedra, representando as doze tribos de Israel. Em seguida enviou jovens israelitas, que ofereceram holocaustos e novilhos como sacrifícios de comunhão ao SENHOR. Moisés colocou metade do sangue em tigelas e a outra metade derramou sobre o altar. Em seguida, leu o Livro da Aliança para o povo,

"BEBAM MEU SANGUE": SACRIFÍCIO E EXPIAÇÃO

e eles disseram: "Faremos fielmente tudo o que o SENHOR ordenou". Depois Moisés aspergiu o sangue sobre o povo, dizendo: "Este é o sangue da aliança que o SENHOR fez com vocês de acordo com todas essas palavras".

É mais provável que o sangue compartilhado "estabeleça um vínculo entre as partes",[40] ou seja, entre Deus e Israel. Em contrapartida, ou além disso, o sangue do animal pode refletir a "mutilação que sobrevirá caso alguma parte não seja fiel."[41]

O único outro texto da Bíblia hebraica que associa sangue com aliança é o texto pós-exílico de Zacarias 9:11, que provavelmente faz referência ao texto de Êxodo 24.[42] Desse modo, sangue e aliança não estão fortemente conectados nas escrituras de Israel; essa conexão só é desenvolvida no pensamento judaico pós-bíblico no que diz respeito ao *brit milah*, a aliança da circuncisão. Esse é outro caso em que algo periférico nos textos antigos torna-se central no Novo Testamento e depois reaparece no pensamento judaico.

O sangue permanece uma imagem poderosa nos dois testamentos da Bíblia. No pensamento cristão, o sangue de Cristo faz expiação pelo pecado, e o vinho da Eucaristia consiste, tanto de modo literal quanto metafórico, no seu sangue. Para os judeus, a circuncisão do homem — e o sangue da circuncisão — continua sendo um ritual fundamental para a identidade judaica.

Não é incomum que os cristãos digam aos judeus que eles estão condenados ao inferno porque não aceitam o sangue expiatório de Jesus para salvá-los de seus pecados ou resgatá-los do inferno. Esses comentários refletem uma falta de conhecimento das visões judaicas a respeito da expiação, incluindo a ênfase rabínica ao arrependimento, o voltar (a prática do *shuv*) do pecado para Deus. Ao mesmo tempo, seria produtivo que os judeus entendessem o cenário *judaico* das afirmações cristãs a respeito do sangue de Jesus. O desenvolvimento dos rituais judaicos e cristãos, que, em especial, não contam com o sacrifício de animais, mostram quanto essas duas tradições estão profundamente interligadas.

---

[40]Gilders, *Blood ritual*, p. 39.

[41]William H. C. Propp, *Exodus 19—40*, Anchor Yale Bible 2A (New Haven: Yale University Press, 2006), p. 295. Veja Gênesis 15:10; Jeremias 34:18.

[42]Do mesmo modo, p. ex., Carol L. Meyers e Eric M. Meyers, *Zechariah 9—14*, Anchor Yale Bible 25C (New Haven: Yale University Press, 1993), p. 139.

8

"A VIRGEM CONCEBERÁ E DARÁ À LUZ UM FILHO"

"PARA CUMPRIR O QUE FOI DITO"

Depois de uma genealogia que começa com Abraão e vai até "Jacó, pai de José" (Mateus 1:16), o Evangelho de Mateus registra que José tinha descoberto que Maria, a mulher que tinha desposado, estava grávida. Ele sabia que o filho não era dele, já que ele e Maria não tinham consumado seu relacionamento. Em vez de criar um escândalo, José, a quem Mateus chama de "homem justo", resolveu se divorciar de Maria secretamente. Não há menção, e nem é preciso, de nenhum julgamento público, muito menos de apedrejamento.

O leitor que conhece as escrituras de Israel pode muito bem imaginar o que acontece em seguida. A referência a um José, filho de Jacó, o faria lembrar-se de José, filho de Jacó, do livro de Gênesis. Esse José antigo, mais conhecido hoje por ter uma "túnica supercolorida" também teve sonhos premonitórios e salvou sua família da fome providenciando que houvesse comida armazenada no Egito (veja Gênesis 37; 39—49).

O José de Mateus tem um sonho e, nesse sonho, um anjo lhe diz:

> "José, filho de Davi, não tema receber Maria como sua esposa, pois o que nela foi gerado procede do Espírito Santo. Ela dará à luz um filho, e você deverá dar-lhe o nome de Jesus, porque ele salvará o seu povo dos seus pecados." Tudo isso aconteceu para que se cumprisse o que o Senhor dissera pelo profeta:

"A virgem ficará grávida e dará à luz um filho,
   e lhe chamarão Emanuel",
   que significa "Deus conosco" (Mateus 1:20-23).[1]

"O que o Senhor dissera pelo profeta" se refere a Isaías 7:14. Essa é a primeira das várias "citações de cumprimento" de Mateus (2:15,17,23; 4:14; 8:17; 12:17; 13:35; 21:4; 26:56; 27:9; isso sem se mencionar a fórmula de "cumprimento": 2:5; 3:3; 13:14).[2] Ao marcar os acontecimentos e as frases com uma referência aos textos sagrados, Mateus reforça o vínculo de Jesus com Abraão e Davi, Moisés e Israel. A primeira citação de cumprimento também fornece parte da estrutura desse Evangelho: o primeiro capítulo de Mateus contém a promessa "'A virgem ficará grávida e dará à luz um filho, e o chamarão Emanuel' que significa 'Deus conosco'", e o Evangelho termina com a promessa de Jesus aos seus discípulos, estendida aos leitores de Mateus: "E eu estarei sempre *com vocês*, até o fim dos tempos" (Mateus 28:20, destaque nosso).

Em seguida, o anjo informa a José que Maria "dará à luz um filho, e você deverá dar-lhe o nome de Jesus, porque ele salvará o seu povo dos seus pecados" (Mateus 1:21). Essa associação entre o nome e a vocação é evidente no hebraico, mas não no português, nem no grego. O nome Jesus, que vem da palavra hebraica *yeshua'*, vem da raiz *y-sh-'*, que significa "libertação" ou "salvação" e se refere ao poder salvador de Deus. "Jesus" consiste em uma forma abreviada do nome Josué (hebr., *yehoshua'*), um nome relacionado com Oseias (hebr., *hoshea'*), Isaías (hebr., *yesha'ayah[u]*), e à palavra *hosanna* (hebr., *hoshi'ah na'*), que significa "salva-nos!" A "salvação" nas escrituras de Israel tipicamente significa ser salvo por Deus da opressão, da guerra ou dos inimigos. Mateus muda o foco para falar da salvação do pecado.

O Evangelho de Mateus é o único texto do Novo Testamento a citar Isaías 7:14 com relação a Jesus ou afirmar de forma clara que Maria era virgem na época em que Jesus foi concebido. Lucas pode dar a entender essas ideias quando o anjo Gabriel diz a Maria:

> "Você ficará grávida e dará à luz um filho, e lhe porá o nome de Jesus. Ele será grande e será chamado Filho do Altíssimo. O Senhor Deus lhe dará o trono de seu pai Davi, e ele reinará para sempre sobre o povo de Jacó; seu Reino jamais terá fim." Perguntou Maria ao anjo: "Como acontecerá isso, se sou virgem?" O anjo respondeu:

---

[1]A respeito do capítulo 7 de Isaías, veja H. G. M. Williamson, *Isaiah 6—12* (London: Bloomsbury T&T Clark, 2018); John J. Collins, "The sign of Immanuel", em *Prophecy and prophets in ancient Israel*, ed. John Day (New York: T&T Clark, 2010), p. 225-44.

[2]Ruth Sheridan, "Scripture fulfillment", em *JANT*, 727-30.

"O Espírito Santo virá sobre você, e o poder do Altíssimo a cobrirá com a sua sombra. Assim, aquele que há de nascer será chamado santo, Filho de Deus" (Lucas 1:31-35).

Embora Lucas concorde com Mateus que a gravidez de Maria seja fruto da atividade do Espírito Santo, não fica claro nessa passagem se Lucas considera que Maria era virgem no momento da concepção. Ela era virgem no momento da anunciação de Gabriel, mas o anjo não lhe disse que ela continuaria assim no momento da concepção de Jesus.

Lemos em Mateus 1:25 que José "não teve relações com ela enquanto ela não deu à luz um filho. E ele lhe pôs o nome de Jesus", e esse versículo pode sugerir que a virgindade de Maria terminou depois de Jesus nascer. Os quatro Evangelhos e as cartas de Paulo mencionam que Jesus tinha irmãos (p. ex., Mateus 12:46; Marcos 6:3; Lucas 8:19-20; João 2:12; 1Coríntios 9:5; Gálatas 1:19).

Os textos apócrifos posteriores ampliaram o uso da citação de Isaías 7:14 para apresentar um aviso da virgindade perpétua de Maria. De acordo com um livro chamado *Protoevangelho de Tiago* (ou seja, um "pré-evangelho"), atribuído a Tiago, "irmão" de Jesus (entendido aqui como o filho de José de um casamento anterior), Maria não somente permanece virgem antes do parto, mas também durante o trabalho de parto e depois dele. Esse *Protoevangelho* descreve como Salomé (um nome comum para as mulheres do primeiro século) se recusou a acreditar que Maria, que tinha acabado de dar à luz, poderia permanecer virgem:

> E Salomé disse: "Vive o Senhor, que a menos que insira meu dedo e a investigue, não acreditarei que uma virgem deu à luz", e a parteira entrou e disse: "Maria, prepare-se, porque passarás por um teste nada pequeno." Quando Maria ouviu essas coisas, ela se posicionou. Salomé, então, inseriu o dedo no interior de seu corpo. Depois disso, Salomé, disse aos gritos: "Ai de mim por causa da minha iniquidade e incredulidade que me fez tentar o Deus vivo. Veja, minha mão está caindo e sendo consumida pelo fogo".

Então, um anjo aconselha Salomé a tocar a criança, e sua mão fica curada.

Para alguns leitores, Mateus registra tanto o cumprimento da profecia quanto a concepção virginal. Outros, que são menos abertos a acreditar em declarações a respeito da atividade divina, sugerem que Maria foi estuprada ou se envolveu com outra pessoa além de José[3] e que Mateus buscou dar alguma explicação para a

---

[3] O estudo clássico é o de Jane Schaberg, *The illegitimacy of Jesus: a feminist theological interpretation of the infancy narratives*, ed. ampliada (Sheffield: Sheffield Phoenix, 2006).

concepção de Jesus fora do casamento. Outros ainda sugerem que José era o pai e o relato de uma concepção virginal se desenvolveu para competir com as narrativas dos deuses gregos e romanos tendo filhos, ou com outros contos judaicos de concepções milagrosas. Os irmãos de Jesus são identificados de várias maneiras: como irmãos e irmãs mais novos, ou até mesmo como primos de primeiro grau, com o próprio José também permanecendo virgem.

Os historiadores não conseguem identificar todos os detalhes da concepção e do nascimento de Jesus. O que podemos fazer é explicar como Mateus passa a proclamar uma concepção miraculosa apesar de as escrituras de Israel não falarem nada sobre isso. Isaías não fala sobre uma virgem, mas a respeito de uma jovem grávida.

ISAÍAS EM SEU CONTEXTO

Do mesmo modo que a maioria dos livros proféticos, Isaías tem uma história longa e complicada, e nenhum desses livros se constitui em um autógrafo das palavras originais de um profeta. Todos passaram por algum processo de edição. A maioria dos estudiosos atribui boa parte, se não todo o texto dos capítulos de 1 a 39 de Isaías, ao profeta mencionado no cabeçalho: "Visão que Isaías, filho de Amoz, teve a respeito de Judá e Jerusalém durante os reinados de Uzias, Jotão, Acaz e Ezequias, reis de Judá." Esse "Primeiro Isaías" surgiu na segunda metade do século 8 e na primeira metade do início do século 7 A.E.C. Isaías também aparece em 2Reis 19:2—20:19, e em uma bula (um selo impresso) encontrada em uma escavação em Jerusalém que parece preservar parcialmente a inscrição "Isaías, o profeta".[4]

Os capítulos de 40 a 55 (incluindo as referências ao famoso "Servo Sofredor" que analisaremos no próximo capítulo) e os capítulos de 56 a 66 têm cenários e autores diferentes. O "Segundo Isaías" (40—55) foi escrito durante o exílio babilônico e nos primeiros anos da restauração da comunidade na terra de Israel. Já ao "Terceiro Isaías" foram designados os capítulos de 56 a 66, vindo da geração seguinte ao retorno do exílio.

Restringindo o cenário da profecia a respeito da mulher, Isaías 7:1 situa a predição na época em que "Acaz, filho de Jotão, e neto de Uzias, era rei de Judá." A situação era política: "o rei Rezim, da Síria, e Peca, filho de Remalias, rei de Israel, atacaram Jerusalém, mas não puderam vencê-la." Esse momento é o que os

---

[4]Veja Brigit Katz, "Is this the seal of the prophet Isaiah?", Smithsonian SmartNews, 26 de fevereiro de 2018, https://www.smithsonianmag.com/smart-news/seal-prophet-isaiah-180968255/.

estudiosos chamam de "guerra siro-efraimita", que ocorreu de 734 a 732 A.E.C., quando o reino do Norte de Israel se uniu com a cidade-estado arameia de Damasco para enfrentar o Império Assírio. Israel e Harã (Damasco) queriam que Judá, o reino do Sul, se juntasse a essa coalizão, mas Acaz, o rei de Judá, não quis fazer isso. Acreditando que os assírios, cujo território ocupava boa parte do Iraque atual e do sudeste da Turquia, não poderiam ser derrotados, Acaz sujeitou sua nação a Assíria.

Isaías não se agradou disso. Ele tinha aconselhado ao rei anteriormente: "Tenha cuidado, acalme-se e não tenha medo. Que o seu coração não se desanime" (Isaías 7:4). O profeta insiste para que Judá confie em seu Deus em vez de confiar na aliança militar. Os capítulos de 1 a 39 de Isaías prosseguem em seus dois temas: a importância de confiar em Deus e a inviolabilidade de Jerusalém; pelo fato de que Deus protegerá a cidade, Judá não precisa ter medo da derrota.

Para transmitir sua mensagem, o profeta procura, ou até mesmo encurrala, o rei. Na primeira parte do capítulo 7, Deus instrui a Isaías: "Saiam, você e seu filho Sear-Jasube, e vão encontrar-se com Acaz no final do aqueduto do açude Superior, na estrada que vai para o campo do Lavandeiro" (Isaías 7:3). Sear-Jasube significa literalmente "um remanescente voltará [do exílio]". Isaías não descreve de que modo ele deu nome ao seu filho, mas seu nome realmente antecipa sua profecia a respeito do exílio e da repatriação: "Um remanescente voltará, sim, o remanescente de Jacó voltará para o Deus Poderoso. Embora o seu povo, ó Israel, seja como a areia do mar, apenas um remanescente voltará" (Isaías 10:21-22a). Esses nomes simbólicos aparecem em outras passagens das escrituras de Israel. Por exemplo, o profeta Oseias, do reino do norte (Oseias 1:4-9), dá o nome a seus filhos de Jezreel ("Deus plantará"), Lo-ruama ("não perdoado") e Lo-Ami ("não meu povo").

As instruções continuam em 7:4, onde Deus diz a Isaías para anunciar ao rei: "Tenha cuidado, acalme-se e não tenha medo. Que o seu coração não se desanime." A mensagem do profeta era: não tenha medo e não faça nenhuma aliança. Ainda assim, Isaías também alerta Acaz: "Se vocês não ficarem firmes na fé, com certeza não resistirão!" (Isaías 7:9), que, em hebraico, consiste em uma declaração que faz uso de aliteração: *'im lo' ta'aminu ki lo' te'amenu*. Apesar de toda essa retórica inteligente, o rei não foi convencido. Assim, Isaías tenta novamente.

Na sequência, Deus diz a Isaías para que proclame ao rei: "Peça ao SENHOR, ao seu Deus, um sinal miraculoso, seja das maiores profundezas, seja das alturas mais elevadas" (Isaías 7:11). Na Bíblia, um "sinal" pode apontar para um acontecimento sobrenatural, como os "sinais e maravilhas" realizados por Deus no êxodo do Egito (p. ex., Êxodo 7:3), ou os "sinais" (gr., *sēmeia*, de onde vem a palavra "semiótica") presentes no Evangelho de João, como quando Jesus transformou

"A VIRGEM CONCEBERÁ E DARÁ À LUZ UM FILHO"

água em vinho (2:6-11) e ressuscitou Lázaro dentre os mortos (11:1-44). Entretanto, nem todos os sinais indicam milagres. A circuncisão consiste em um "sinal" da aliança (Gênesis 17:11); o Êxodo manda que os israelitas utilizem uma bandana (que posteriormente foi chamada de tefilin ou filactério): "Isto será como sinal em sua mão e marca em sua testa" (Êxodo 13:16). Os sinais bíblicos geralmente também são impressionantes, no sentido que as pessoas os notariam. Por exemplo, Deus afirma, em Isaías 20:3: "meu servo Isaías andou nu e descalço durante três anos, como sinal e advertência contra o Egito e contra a Etiópia." Do mesmo modo que acontece com a palavra *'ot*, nem toda ocorrência da palavra *sēmeion* no Novo Testamento reflete algum acontecimento sobrenatural. O bebê envolto em panos e deitado numa manjedoura (Lucas 2:12) se constitui em um "sinal" para os pastores de que o Messias nasceu. O beijo de Judas é um "sinal" para os soldados de que Jesus é a pessoa que eles deveriam prender (Mateus 26:48).

Acaz se recusa a pedir um sinal: "Não pedirei; não porei o SENHOR à prova" (Isaías 7:12). Isaías, irritado com a rejeição da instrução de Deus, responde: "Ouçam agora, descendentes de Davi! Não basta abusarem da paciência dos homens? Também vão abusar da paciência do meu Deus?" (7:13). A questão de ser ou não adequado pedir um sinal depende do contexto. Em geral, nas escrituras de Israel, esse pedido é adequado. O juiz Gideão pede vários sinais a Deus, e Deus ouve (Juízes 6:36-40); quando o rei Ezequias pede um sinal a Isaías, o profeta concorda com isso (2Reis 20:8-11). Em compensação, o Evangelho de Marcos apresenta Jesus se recusando a dar um sinal para as pessoas que duvidavam da sua autoridade; Mateus e Lucas trazem o enigmático "sinal de Jonas" (veja cap. 10).

Mesmo com o rei se negando a pedir um sinal, Isaías lhe diz que o sinal surgirá da mesma forma: "Por isso o SENHOR mesmo lhes dará um sinal" (Isaías 7:14). A palavra hebraica que começa a frase, que é *lachen*, "por isso", aparece com frequência na profecia bíblica para dar início a uma resposta a comentários anteriores. Na maioria dos casos, essa palavra apresenta um castigo, mas esse não é o caso. A palavra *lachen* é retoricamente eficiente, já que um castigo seria a resposta esperada à recusa de Acaz em pedir um sinal. Em vez de um castigo, Isaías apresenta um sinal de esperança:

> Veja [*hineh*], a virgem ficará grávida e dará à luz um filho, e o chamará Emanuel. Ele comerá coalhada e mel até a idade em que saiba rejeitar o erro e escolher o que é certo. Mas antes que o menino saiba rejeitar o erro e escolher o que é certo, a terra dos dois reis que você teme ficará deserta. O SENHOR trará o rei da Assíria sobre você e sobre o seu povo e sobre a descendência de seu pai. Serão dias como nunca houve, desde que Efraim se separou de Judá" (Isaías 7:14b-17).

A profecia continua observando (no v. 17 — provavelmente um acréscimo) que a Assíria posteriormente será o instrumento do castigo de Judá por seus pecados, porque no ano 701 A.E.C., o rei assírio Senaqueribe assolou o interior de Judá e cercou Jerusalém.

No seu contexto original, a passagem de Isaías 7:14 trata de acontecimentos políticos na última terça parte do século 8 A.E.C. O curto período de tempo é padrão para profetas bíblicos. Tanto Jeremias quanto Ezequiel, que começaram a profetizar pouco depois da destruição de Jerusalém em 586, se concentram nesse acontecimento. Os profetas bíblicos não apresentam predições a respeito de longínquos "últimos dias". Quando a NAA traduz Jeremias 23:20 como:

> A ira do SENHOR não se desviará
> até que ele execute e cumpra
> os desígnios do seu coração.
> Nos últimos dias [*acharit hayamim*], vocês entenderão isso claramente.

a tradução não corresponde exatamente à expressão hebraica *'acharit hayamim*. Ela simplesmente quer dizer "(em algum tempo) no futuro" — e não dá a entender nenhuma era escatológica. A mesma ideia se encaixa para o seu uso pela NVI em Miqueias 4:1, onde vemos:

> Nos últimos dias [*'acharit hayamim*]
> acontecerá que o monte do templo do SENHOR
> será estabelecido como o principal entre os montes;
> e se elevará acima das colinas,
> e os povos a ele acorrerão.

Uma profecia que declarasse: "Se você não der atenção ao pobre, à viúva, ao órfão e ao estrangeiro, você será destruído em setecentos anos" não faria medo a ninguém. E algo como "em setecentos anos, a redenção virá" não seria bem uma promessa para o povo daquela época.

O sinal de Isaías é dado "a eles" — plural no hebraico bíblico. Os reis eram tipicamente rodeados pelos seus conselheiros, portanto Isaías está abordando tanto o rei Acaz quanto a sua corte. Entretanto, o plural facilita ler o sinal como algo que não é direcionado somente ao rei, mas a qualquer pessoa de qualquer época.

A palavra que inicia a declaração do sinal, *hineh*, geralmente é traduzida como "veja!" (em algumas traduções como "eis que"), embora etimologicamente a palavra hebraica não tenha nenhuma relação com o verbo ver. A palavra *hineh*, que

"A VIRGEM CONCEBERÁ E DARÁ À LUZ UM FILHO"

aparece mais de mil vezes na *Tanakh*, funciona como algo para chamar a atenção. O profeta pode estar atraindo a atenção para a gravidez da jovem, para o nascimento, para o nome da criança, ou ainda para o progresso da criança ao ingerir comida sólida — ou talvez a palavra chame a atenção para tudo isso ao mesmo tempo. Naquele momento, os olhares se voltariam para a jovem.

Aqui chegamos aos versículos que estão presentes na citação de Mateus: "a virgem ficará grávida". As palavras hebraicas são *ha'almah harah*. *Ha-* nada mais é que o artigo definido "o/a", como vemos em *ha'adam*, o terráqueo. A palavra *'almah* se constitui na forma feminina de *'elem*, é usada duas vezes para indicar "um jovem" (1Samuel 17:56; 20:22). Em todas as suas nove ocorrências, a palavra *'almah* se refere a uma jovem com idade para se casar. Essas jovens mulheres podem ser virgens, mas a ausência de experiência sexual não equivale à principal conotação desse substantivo. Na primeira aparição dele, que é em Gênesis 24:43-44, o servo de Abraão afirma: "Aqui estou em pé diante desta fonte; se uma moça [*'almah*] vier tirar água e eu lhe disser: 'Por favor, dê-me de beber um pouco de seu cântaro' [...] 'seja essa a que o SENHOR escolheu para o filho do meu senhor'." Essa mulher será a matriarca Rebeca. Em Êxodo 2:8, a palavra se refere à irmã de Moisés: "A moça [*'almah*] foi chamar a mãe do menino." Lemos em Cântico dos Cânticos 1:3 (cf. Cânticos 6:8) a respeito das *'alamot* apaixonadas (traduzido como "virgens"). Por fim, a passagem de Provérbios 30:18-19 anuncia:

> Há três coisas misteriosas demais para mim,
>> quatro que não consigo entender:
> O caminho do abutre no céu,
>> o caminho da serpente sobre a rocha,
> o caminho do navio em alto mar,
>> e o caminho do homem com uma moça [*'almah*].

Essa citação, que se relaciona a acontecimentos para os quais não existe nenhum sinal duradouro, tem conotações sexuais, mas, como deveria ser, os detalhes são vagos. A palavra hebraica utilizada para indicar uma mulher que não teve relações sexuais é *betulah*; como, por exemplo, em Êxodo 22:16, que fala a respeito da sedução de uma "virgem [*betulah*] que ainda não tenha compromisso de casamento."

A palavra seguinte no texto hebraico *ha'almah harah* é *harah*, um adjetivo que significa "está grávida". Não há como isso ser traduzido como "conceberá", que seria expresso com a forma imperfeita do futuro *tehereh*. Portanto, Isaías diz: "veja a jovem grávida!" Se Isaías quisesse predizer algum nascimento virginal, ele teria dito *habetulah tehereh*. Nada na fraseologia do versículo sugere algum tipo de milagre.

Isaías nunca identifica essa *'almah*, embora sua identidade possa ser conhecida por aqueles que estão presentes na época da profecia. Já que a esposa de Isaías, que tinha anteriormente dado à luz a Sear-Jasube, provavelmente não seria vista como uma *'almah,* as candidatas mais prováveis seriam ou uma esposa ou uma concubina de Acaz.[5] Apesar da sugestão feita por várias fontes desde a antiguidade até o presente, o bebê não se trata do rei Ezequias, já que, na época da profecia de Isaías, Ezequias já tinha nascido.

Uma parte importante de Isaías 7:14 é o fato de dar um nome à criança: "Emanuel". Isaías revela um gosto por nomes simbólicos, conforme se indica pela referência anterior a Sear-Jasube, "o remanescente voltará" (Isaías 7:3). No capítulo seguinte, depois de a esposa de Isaías "engravidar e dar à luz a um filho", o profeta declara: "Dê-lhe o nome de Maher-Shalal-Hash-Baz" (8:3). Esse nome composto que significa "o despojo se apressa e o saque corre", deve ter se destacado em Judá do mesmo modo que se destacaria hoje em dia — nenhum outro nome compostos de quatro partes é encontrado em toda a Bíblia. O versículo seguinte explica que ele se refere à conquista iminente de Israel e Damasco por parte da Assíria. Para que fique bem clara a associação, vale dizer que os assírios eram conhecidos como saqueadores.

As próximas duas palavras no capítulo 7 de Isaías, *veyoledet ben*, um verbo seguido de um substantivo, significa "ela está dando à luz a um filho". Essas duas primeiras ações, "estar grávida e dar à luz", geralmente estão interligadas na Bíblia, com sua primeira menção sendo a respeito de Eva ficando grávida e dando à luz a Caim (Gênesis 4:1). Geralmente, em seguida se faz o relato dos pais dando o nome ao bebê. Toda essa sequência em Isaías 7:14 — gravidez, nascimento e nomeação — aparece em Gênesis 16:11, na descrição de Hagar e de seu filho que está para nascer, que é Ismael:

> Disse-lhe ainda o Anjo do SENHOR:
> "Você está grávida [hebr., *harah*]
>   e terá um filho,
> e lhe dará o nome de Ismael,
>   porque o SENHOR a ouviu em seu sofrimento".

Observamos a mesma linguagem em Juízes 13:3, e as frases parecidas de um texto ugarítico pré-israelita (sírio) sugere que se tratava de uma expressão bastante comum.

Com relação a quem deu o nome ao bebê, as consoantes desse verbo no Texto Massorético são *qr't*. Esse verbo pode ser lido como "ela dará o nome" ou "você

---

[5]Veja S. A. Irvine, *Isaiah, Ahaz, and the syro-ephraimitic crisis* (Atlanta: Scholars Press, 1990), p. 159-71.

"A VIRGEM CONCEBERÁ E DARÁ À LUZ UM FILHO"

dará o nome", dependendo das vogais que forem colocadas no texto consonantal. A tradição judaica que vem pelo menos do início da Idade Média lê esse verbo como *qara't*, "ela dará o nome". Na *Tanakh*, as mães geralmente dão nome aos filhos: Raquel e Lia deram nome a seus filhos e aos filhos das esposas secundárias de Jacó, e Lia também deu nome à sua filha Diná (conforme está escrito em Gênesis 29:32-35; 30:6-13, 18-21); em 1Samuel 1:20, Ana dá ao seu filho o nome de Samuel. Se forem colocadas vogais levemente diferentes (*qara'ta*) teremos "você [masculino singular] dará o nome". O grande rolo de Isaías dos Manuscritos do Mar Morto apresenta as consoantes *qr'*, "ele dará o nome", que também pode ser entendido na voz passiva como "ele será chamado".

Este versículo não tem nenhuma importância especial nos Manuscritos do Mar Morto, nem em nenhum livro da época do Segundo Templo. Do mesmo modo que o Servo Sofredor de Isaías 52:13—53:12 (veja cap. 9), é somente nos textos cristãos que essa profecia se reveste de um sentido especial — relacionado a acontecimentos bem posteriores à crise da invasão assíria.

Dispomos de algumas informações específicas sobre o bebê. O nome Emanuel se trata de um nome composto: *immanu* (conosco) + *'el* ([está] Deus). Este nome, escrito com duas palavras no Texto Massorético, mas grafado como uma única palavra no Grande Rolo de Isaías de Qumran, expressa a presença de Deus. Ele tem um significado parecido com o nome *'amadyahu*, "YHWH está em pé (com você)", que foi encontrado em um óstraco (ou pedaço quebrado de cerâmica) do século 7 A.E.C., e com o nome aramaico *'amenayah* (hebr., *'immanuyah*), "Yah [uma forma abreviada de YHWH] está conosco", que foi encontrado em um papiro do século 5 A.E.C. Essa mesma ideia da presença de Deus se encontra na famosa passagem de Salmo 23:4: "não temerei perigo algum, pois tu estás comigo." Contudo, o nome "Deus [*'el*] está conosco" em lugar de "YHWH está conosco" é surpreendente, porque fora de Isaías 7:14, e do texto relacionado em 8:8, Isaías nunca chama Deus de *'el*.

O versículo seguinte, Isaías 7:15, continua a trazer informações a respeito desta criança: "até a idade em que saiba rejeitar o erro e escolher o que é certo", refere-se, provavelmente, à juventude do filho, quando "ele comerá coalhada e mel", provavelmente referindo-se a uma criança que cresceu o suficiente para ingerir alimentos sólidos.

O sinal que Isaías apresenta não se trata de um milagre, mas de uma certeza. Quando Acaz e sua corte vissem essa mulher grávida, eles seriam lembrados dos avisos de Isaías contra as alianças internacionais e das garantias de proteção divina. Depois de nascer e de receber seu nome, a criança passa a ser um lembrete de que Deus está com o povo de Judá e de que eles não devem ter medo.

A BÍBLIA COM E SEM JESUS

Apesar da clareza do hebraico, as traduções demonstram ser controversas. Os protestantes conservadores queimaram cópias da *Revised Standard Version* de 1952 porque ela traduziu a palavra *'almah* de forma correta em Isaías 7:14 por "jovem" e não "virgem". Alguns bispos católicos insistiram que, para a New American Bible (NAB, 2002), Isaías 7:14 fosse traduzido como "virgem", e assim foi.[6] Na New American Bible Revised Edition (NABRE) (que foi promovida com o slogan "Love your NABRE" [ame sua NABRE], em que a pronúncia inglesa da sigla NABRE se assemelha à palavra neighbor ["próximo"], o que torna o slogan um trocadilho com "Love your neighbor" [ame seu próximo]), o versículo apresenta a palavra "mulher jovem".[7]

Já que Isaías falou claramente a respeito de uma jovem grávida, e já que o sinal claramente atendia à crise política que se aproximava, como surgiu a ideia da concepção virginal? Para isso, precisamos observar a tradução grega de Isaías 7:14.

DE "JOVEM" A "VIRGEM"

Em vez de traduzir *'almah* como "uma jovem com idade para se casar" utilizando a palavra grega *neanis*, como era de esperar, a Septuaginta apresenta a palavra *parthenos*. Por causa dessa palavra em particular, têm início séculos de debates entre judeus e cristãos e testes de ortodoxia internos entre os próprios cristãos.

Parthenos é a palavra que está por trás de "Parthenon", o nome do templo grego dedicado à deusa (virgem) Atenas; também está na origem da palavra "partenogênese", que significa a reprodução por meio de um óvulo não fertilizado, isto é, uma concepção que não exige espermatozoide (masculino).

Entretanto, nem todo uso de *parthenos* denota uma pessoa virgem no sentido de uma pessoa que não tem experiência sexual. A palavra também pode significar "jovem", conforme vemos na história de Diná, a filha do casal Jacó e Lia. Em Gênesis 34:3, o texto hebraico descreve Diná duas vezes como *na'arah*, uma "moça", e ela tinha acabado de se envolver em um ato sexual. Ainda assim, a Septuaginta usa *parthenos* nos dois casos.

---

[6] New American Bible, disponível na Internet no site do Vaticano, http://www.vatican.va/archive/ENG0839/__PNQ.HTM. A nota de rodapé desse versículo diz: "A Igreja tem sempre seguido São Mateus ao perceber o cumprimento transcendente deste versículo em Cristo e em sua Virgem Mãe. O profeta não precisa ter conhecido todo o potencial latente em suas próprias palavras; e alguns escritores católicos têm buscado um cumprimento parcial e preliminar na concepção e no nascimento do futuro rei Ezequias, cuja mãe, na época em que Isaías falou, seria uma mulher jovem e solteira (hebr., *'almah*). Entretanto, o Espírito Santo estava preparando outra Natividade que poderia cumprir de forma exclusiva os termos concedidos por Deus da missão do Emanuel, e no qual a virgindade perpétua da Mãe de Deus também deveria cumprir as palavras desta profecia no sentido integral desejado pela Sabedoria divina."

[7] Veja "Isaiah, Chapter 7: The Syro-Ephraimite War", United States Conference of Catholic Bishops, http://www.usccb.org/bible/isaiah/7. Agradecemos a Jonathan Homrighausen por esta referência.

224

"A VIRGEM CONCEBERÁ E DARÁ À LUZ UM FILHO"

Quando se faz uma comparação com a palavra inglesa "maid", temos uma demonstração de como a palavra *parthenos* assume conotações diferentes dependendo do contexto histórico e literário. A palavra "maid" surge no século 12 na Inglaterra, onde aparece como abreviação de "maiden", isto é, significando tanto "virgem" quanto "moça solteira" (naquela época, "moça solteira" e "virgem" eram sinônimos). Uma "maid" era uma mulher com um "maidenhead", isto é, um hímen. Portanto, supunha-se que as "bridesmaids" (damas de honra) fossem virgens, como a namorada do Robin Hood, "Maid Marian". Posteriormente, a palavra "maid" deixou de se referir a uma virgem (que supostamente se tratava de uma jovem moça) para se referir a uma moça jovem (supostamente virgem), começando a aparecer em nomes compostos como "milkmaid" [ordenhadora] e, posteriormente, "barmaid" [garçonete] e "meter maid" [guarda feminina de estacionamento]). Com o passar do tempo, a conotação de virgindade se perdeu. Ainda hoje temos damas de honra, mas tanto a vida sexual delas quanto a vida sexual da noiva estão fora de questão.

É possível que o escriba que traduziu *'almah* como *parthenos* tenha tido a intenção de sugerir que a mulher em questão era virgem. A palavra seguinte, que se constitui no adjetivo *harah* em hebraico, com o sentido de "está grávida", é traduzida para o grego como *en gastri eksei*, "em (seu) ventre terá". O verbo está no futuro, o que indica que a mulher ainda não está grávida. Portanto, o texto grego diz que "a virgem conceberá". Ele não propõe um milagre de forma clara, ou pelo menos não indica nenhum milagre maior do que qualquer outra concepção. Assim, no grego, Isaías aponta para uma moça que ainda é virgem e prediz que em breve ela ficará grávida. Assim, na versão grega de Isaías, o rei tem mais tempo para confiar na segurança de Judá. A mulher, que ainda não está grávida, primeiramente terá que conceber a criança (deixando de ser virgem nesse momento), e só depois o seu filho, Emanuel, nascerá, receberá seu nome e finalmente ingerirá alimento sólido.

Por fim, enquanto o texto hebraico afirma que ela dará nome ao filho, o texto grego retrata que Isaías diz ao rei: "Você [singular] chamará o seu nome de Emanuel". Então, Mateus apresenta mais uma troca nessa predição: em vez de dizer "ela chamará o seu nome" (TM) ou "você chamará o seu nome", Mateus diz "[eles] o chamarão" (1:23). A referência de Mateus não é a Maria e José, mas aos seguidores de Jesus, que o identificarão como Deus. Para os escritores dos Evangelhos, do mesmo modo que para os rabinos antigos, pode-se tomar liberdades com a citação do texto.

Nem o hebraico nem a Septuaginta apresentam algum sinal milagroso; também não antecipam o cumprimento do sinal séculos depois de ter sido concedido. Antes de Mateus, nenhuma das versões foi citada com relação a alguma figura messiânica. Somente quando os seguidores de Jesus começaram a proclamar que o seu nascimento foi milagroso, o texto de Isaías 7:14 foi apresentado, de forma retrospectiva, como um texto fora de contexto.

A maioria dos judeus da época em que Mateus estava escrevendo, próximo ao final do século 1 E.C., não ficaria atordoado em ouvir falar de seres humanos e divinos tendo relações sexuais e tendo filhos. Na diáspora, ou até mesmo nas cidades da Judeia e da Galileia, os judeus tinham contato com os relatos gregos e romanos a respeito de nascimentos divinos: de Enéias, filho da deusa Afrodite e com o ser humano Anquises (Homero, *Ilíada* 2.819, 5.247-248; Ovídio, *Metamorfoses* 14.581-608), e Hércules, o filho do deus Zeus com a humana Alcmena (Homero, *Ilíada*, 14.315-328). Eles ouviram falar que vários imperadores, filósofos e heróis militares tinham pais divinos: Alexandre, o Grande, era filho de Zeus; Apolo era pai de Esculápio e Augusto.[8] A atribuição da concepção divina geralmente funcionava de forma retroativa: um homem de destreza ou de inteligência extraordinários tinha que ser filho de um deus; nada mais poderia explicar os feitos extraordinários desse homem (era sempre um homem).

As concepções divinas também aparecem nas escrituras de Israel. Antes de detalhar a história de Noé, o livro de Gênesis registra como os "filhos de Deus" (hebr., *benei ha'elohim*; gr., *huioi tou theou*), os seres divinos da corte celestial, tiveram relações com as "filhas dos homens", que depois geraram uma raça de gigantes (Gênesis 6:2-4). Esse relato é desenvolvido em textos da época do Segundo Templo encontrados entre os Manuscritos do Mar Morto, entre eles 1Enoque (106 e 107) e o *Gênesis apócrifo*. A história de Sansão, no capítulo 13 de Juízes, também dá a entender, de um modo decisivo, que a mãe de Sansão, a esposa de Manoá, obteve alguma ajuda angelical para conceber seu filho.[9] Alguns textos da época do Segundo Templo falam sobre o nascimento milagroso de Melquisedeque, o misterioso rei-sacerdote de Gênesis 14:18-20 (veja p. 148). Em um relato de 2Enoque, um texto judaico preservado somente na antiga igreja eslava, o irmão de Noé, o sacerdote Nir, tinha parado de ter relações sexuais com sua esposa, Sopanim, a fim de se manter em uma condição de pureza ritual. Quando Sopanim ficou grávida, Nir a acusou de ser adúltera. Envergonhada por suas palavras, porém inocente quanto a qualquer relação extraconjugal, ela morreu e, ao morrer, deu à luz a Melquisedeque. George Nickelsburg pergunta: "Será que essa

---

[8]Para detalhes sobre essas e outras concepções milagrosas, com relação às narrativas de infância de Mateus e Lucas, veja Charles H. Talbert, "Miraculous conceptions and births in Mediterranean antiquity", em *The historical Jesus in context*, ed. Amy-Jill Levine, Dale C. Allison, Jr., e John Dominic Crossan (Princeton: Princeton University Press, 2006), p. 79-86.

[9]Veja Marc Zvi Brettler, "Who was Samson's real father?", TheTorah.com, 29 de maio de 2017, https://thetorah.com/who-was-samsons-real-father/.

história não consiste em uma criação cristã que reflete o conhecimento de Mateus e de Hebreus, ou será que um autor judeu preocupado com a sucessão e a autoridade sacerdotais, que conhece as histórias de Noé, especulou sobre a possibilidade de uma concepção divina?"[10]

O filósofo judeu Filo sugere que tanto Abraão quanto Isaque receberam alguma ajuda sobrenatural na concepção de seus filhos.[11] É possível que Paulo esteja recorrendo a alguma tradição a esse respeito em sua Epístola aos Gálatas, onde ele contrastou a carnalidade de Ismael (e, em consequência, dos seguidores gentios de Jesus que queriam seguir as práticas judaicas como a circuncisão) e a espiritualidade de Isaque (e, portanto, dos seguidores gentios que passam a fazer parte da família de Abraão sem praticar os rituais próprios dos judeus): "O filho da escrava nasceu de modo natural, mas o filho da livre [Sara] nasceu mediante promessa" (Gálatas 4:23).

O que pode ter surpreendido os judeus não era a proposta da concepção miraculosa de Jesus; era a citação de Isaías 7:14 para a legitimar. Os seguidores de Jesus liam as escrituras de Israel à luz do seu entendimento dele como Messias e Senhor ressurreto. Deste modo, enxergavam referências a ele que pessoas de fora não reconheceriam. Mateus, que cita as escrituras de Israel (geralmente na versão da Septuaginta) mais de sessenta vezes, encontra em Isaías o modelo para o nascimento de Jesus. Para Mateus, as escrituras de Israel geralmente funcionam como predições que Jesus cumpre. Para outros judeus, especialmente aqueles que seguem a versão hebraica em lugar das versões gregas, as declarações de Mateus seriam estranhas ou até mesmo ilegítimas. Não se trata de uma questão de dizer qual leitura está certa ou errada; trata-se mais de constatar que se alguém parte da premissa de que existe a predição de Cristo naquilo que se convencionou chamar de "Antigo Testamento", acabará encontrando-o nesse texto.

DA PREDIÇÃO À POLÊMICA

Embora no Novo Testamento somente o evangelho de Mateus cite Isaías 7:14, os autores posteriores utilizaram esse versículo em seus debates contra os judeus que não eram messiânicos, bem como contra outros seguidores de Jesus cuja cristologia eles achavam deficiente. A próxima citação de Isaías 7:14 com relação a

---

[10]George W. E. Nickelsburg, "First and second Enoch: A cry against oppression and the promise of deliverance", in Levine, Allison, and Crossan, *Historical Jesus*, p. 87-109 (93).

[11]Filo, *Interpretação alegórica*, 3.219.

Jesus que temos à disposição aparece no livro de Justino Mártir intitulado *Diálogo com Trifão* (de cerca de 160 E.C.). Justino, que viveu de cerca de 100 até 165, nasceu em Samaria e tinha pais pagãos. Ele foi um dos principais apologistas cristãos e buscou demonstrar ao Império Romano que o cristianismo não se tratava de uma seita subversiva ou depravada, mas de um movimento filosoficamente lógico e moralmente ético. Recebeu o título de "mártir" quando ele e seus discípulos se recusaram a renunciar a fé.

No livro *Diálogo com Trifão*, Justino e Trifão discutem assuntos que continuam a ser os mais importantes no diálogo entre judeus e cristãos: o valor permanente da aliança com Moisés, o substitucionismo, a identidade messiânica de Jesus com relação às escrituras de Israel, a relação entre o pensamento trinitário e o monoteísmo judaico, o papel do *Logos*, e a redação distinta das escrituras hebraicas em contraste com suas traduções gregas. Embora não seja possível confirmar a especulação de que o Trifão retratado neste livro se baseie no rabino Tarfon, um companheiro do famoso rabino Akiva do início do século 2, James E. Kiefer observa de forma habilidosa que o diálogo "provavelmente consistiu em uma conversa de fato com um rabino de verdade (embora se suspeite que Justino, ao escrevê-lo, acrescentou algumas falas que ele gostaria de ter falado na época), que ele encontrou enquanto passeava em Éfeso, logo depois do saque de Jerusalém em 135."[12] Já que o imperador Adriano, ao destruir a cidade, destruiu com ela qualquer esperança de que o Templo que fora derrubado pelas tropas romanas em 70 E.C. seria reconstruído, os seguidores de Jesus cada vez mais se convenceram de que a aliança de Deus tinha passado dos judeus para eles.

Em *Diálogo* 67, Trifão e Justino abordam a questão da concepção de Jesus. Como era de se esperar, Trifão afirma que Isaías não descreve uma "virgem", mas uma "jovem" e acrescenta: "Mas toda a profecia se refere a Ezequias e está provado que ela se cumpriu nele, segundo os termos dessa profecia."[13] Conforme já vimos, a sua datação para o nascimento de Ezequias está equivocada. Apesar disso, Trifão cita o hebraico de forma correta.

Trifão prossegue citando algumas histórias de nascimento milagroso daquilo que chamaríamos hoje de "mitologia grega": Está escrito que Perseu foi gerado em Dânae, que era virgem; aquele que era chamado entre os demais pelo nome Zeus, desceu sobre ela em forma de uma chuva dourada. Além disso, você deveria se envergonhar ao fazer afirmações parecidas como as deles [...] Mas não se

---

[12]James E. Kiefer, "Justin Martyr, philosophy, apologist, and martyr", Biographical sketches of memorable Christians of the past, http://justus.anglican.org/resources/bio/175.html.

[13]Justino Mártir, *Diálogo com Trifão* 67, em *ANF*, 1:232.

"A VIRGEM CONCEBERÁ E DARÁ À LUZ UM FILHO"

arrisque a contar fenômenos monstruosos, para que não caia no erro de falar de modo tolo como os gregos." Justino teve que se resguardar diante da frente pagã, um movimento que via Jesus como outro deus, como Hércules ou Mitra, Dionísio ou Pitágoras. Colocando os exemplos mitológicos nos lábios de Trifão, Justino teve como negar a acusação de que os cristãos estavam copiando histórias pagãs. Ele prossegue afirmando de modo contrário que todos esses relatos paralelos a respeito de nascimentos milagrosos não passavam de obra de Satanás.

Então Justino, partindo para o ataque, passa para a versão grega de Isaías 7:14. Ele acusa o judeu: "Aqui também você ousa distorcer a tradução dessa passagem que foi escrita por seus anciãos na corte de Ptolomeu, rei do Egito, afirmando que o significado verdadeiro da Escritura não é como eles traduziram, mas deve dizer: 'Eis que a jovem conceberá.'" Ele prossegue afirmando que uma mulher grávida por meios normais não tem como se constituir em um sinal, já que um sinal precisa ter um conteúdo sobrenatural. Entretanto, conforme já vimos, essa definição de "sinal" não se sustenta nem mesmo se considerarmos apenas o Novo Testamento.

Trifão, sem achar que a investida de Justino tinha sido convincente, provoca seu interlocutor cristão: "Por favor, mostre-nos como essa passagem [Isaías 7:14] se refere ao seu Cristo e não a Ezequias, do modo que nós, judeus, acreditamos" (*Diálogo* 77). Justino responde citando outros versículos da Septuaginta, em que ele efetua mudanças sutis para dar base a sua proposta. Por exemplo, ele cita Isaías 8:4: "pois antes que o menino saiba dizer 'papai' ou 'mamãe', a riqueza de Damasco e os bens de Samaria serão levados pelo rei da Assíria", e conclui: "Você não tem como provar que isso aconteceu com qualquer um de vocês, judeus, mas nós, cristãos, podemos demonstrar que isso na verdade aconteceu com o nosso Cristo" (*Diálogo* 77). O seu texto fora de contexto consiste nos presentes dos magos descritos no capítulo 2 de Mateus. É irrelevante para Justino o fato de que os magos são astrólogos caldeus (babilônios), em vez de virem de Damasco na Síria ou de Samaria. Trifão responde: "Na verdade, as palavras de Deus são santas, mas suas interpretações são artificiais" (*Diálogo* 79). O Diálogo termina quando os dois homens se despedem com palavras incrivelmente educadas. Trifão afirma:

> Veja que não foi de propósito que nos envolvemos nesse debate sobre essas questões. Além disso, reconheço que fiquei extraordinariamente encantado com nosso diálogo, e acho que são da mesma opinião. Porque encontramos mais do que esperávamos, ou do que seria possível que esperássemos. Digo mais ainda: se pudéssemos fazer isso com uma frequência maior, seríamos ainda mais beneficiados enquanto examinamos as palavras exatas [das Escrituras] por nós mesmos (*Diálogo* 142).

Depois de Justino, o pai da igreja Tertuliano, que era do norte da África, percebeu de forma parecida que o texto adequado de Isaías 7:14 consistia em um divisor de águas entre os judeus e os cristãos: enquanto os judeus têm um texto hebraico que não menciona uma virgem, mas uma jovem, e enquanto eles puderem explicar a profecia de Isaías como sendo cumprida pelo nascimento do rei Ezequias, eles podem classificar o projeto cristão como ilegítimo. Tertuliano escreve: "De forma adequada, os judeus dizem: 'Questionemos as predições de Isaías, e estabeleçamos uma comparação sobre se, no caso de Cristo que já veio, seriam aplicáveis a Ele, primeiro, o nome que Isaías predisse, e (segundo) os sinais que ele anunciou a respeito dele.'" (*Em resposta aos judeus* 9).

Na época em que chegamos à tradução latina de Jerônimo no início do século 5, a "jovem" de Isaías se torna "virgem": *ecce virgo concipient*. Apesar de ter vivido na terra de Israel e afirmar que estava traduzindo seu texto do hebraico, Jerônimo até acrescenta um significado no texto de Mateus: para Jerônimo, a jovem de Isaías não se tratava somente de uma virgem, mas uma "virgem em clausura", garantindo a sua virgindade.[14] Esse jogo de palavras era de conhecimento dos rabinos de sua época, que também associavam *'almah*, "jovem" a *'elem*, "escondida", embora isso não se refira ao contexto da sexualidade (em hebr., a raiz *'-l-m* é homônima, dando a entender tanto uma "jovem" como "alguém escondido"). Ao explicar o motivo pelo qual Êxodo 2:8 se refere à irmã de Moisés, que aborda a filha de Faraó com a oferta de providenciar uma babá hebreia, como uma *'almah*, o rabino Samuel declara: "porque ela escondeu suas palavras [isto é, a sua identidade e a sua intenção]."[15]

A passagem de Isaías 7:14 não tem nenhuma função importante no judaísmo. Ela não aparece na liturgia, nem nunca é recitada como uma *haftarah* (leitura profética). Ela aparece principalmente nas contendas anticristãs.[16] Pode-se perceber essa polêmica desde as versões da *Tanakh* para o grego escritas em meados do século 2 E.C. por Teodócio e Áquila, que traduzem *'almah* para *neanis*, "jovem". A tradução grega que é atribuída a Símaco, a quem o pai da igreja Eusébio (*Demonstração do Evangelho* 7.1, de cerca do ano 320) identificou como ebionita (grupo cristão que aderiu aos costumes judaicos ou, como Eusébio afirma, "uma heresia de pessoas que se autointitulam judias que afirmam crer em Cristo"), traduz de forma parecida a palavra *'almah* para *neanis*. Essa mesma palavra grega aparece na descrição que a Septuaginta faz da concubina do levita (que claramente

---

[14]Jerônimo, *Comentário de Isaías*, e análise em Adam Kamesar, "The virgin of isaiah 7:14: the philological argument from the second to the fifth century", *Journal of Theological Studies* 41, n. 1 (1990): 51-75 (62-75).

[15]Kamesar, "Virgin of Isaiah 7:14", p. 64, citando *Êxodo Rabbah* 1.25, "*Shemot Rabbah 1*", Sefaria, https://www.sefaria.org/Shemot_Rabbah.1.25?lang=bi&with=all&lang2=en.

[16]O lugar dessa profecia no judaísmo é resumido em Gerold Necker, "Immanuel (Emmanuel)", *EBR*, 12.994-7.

"A VIRGEM CONCEBERÁ E DARÁ À LUZ UM FILHO"

não se trata de uma virgem) no capítulo 19 de Juízes; ela descreve a viúva Rute, que também não era virgem, em Rute 2:5.

A literatura rabínica clássica raramente se refere a Isaías 7:14, e suas poucas citações não têm nenhum significado messiânico. Muito pelo contrário, embora as leituras clássicas e medievais geralmente interpretem as passagens proféticas como se referindo ao futuro distante, essa passagem é lida no seu contexto histórico. *Êxodo Rabbah* 18:5, sem saber a respeito dos problemas cronológicos que está criando, sugere que Emanuel se trata de Ezequias, filho de Acaz, em cujo reinado os assírios não conseguiram conquistar Jerusalém, já que o cronista (2Crônicas 32:8) afirma que "com ele [isto é, Senaqueribe, o rei da Assíria] está o braço da carne; mas conosco [hebr., *'immanu* — que faz parte do nome Emanuel] está o braço do SENHOR nosso Deus".

Na Idade Média, à medida que os judeus tomaram conhecimento das propostas relativas à virgindade perpétua de Maria, eles começaram a polemizar contra a interpretação cristã de Isaías 7:14, seja de forma velada, seja de forma bastante clara. O exegeta medieval francês Rashi afirmava que a mãe de Emanuel era a esposa do profeta Isaías, e que essa profecia tinha o propósito de se cumprir em um curto prazo (nas palavras de Rashi, "no mesmo ano"). Para Rashi, Ezequias não podia ser esse filho, já que ele nasceu antes de Acaz ser entronizado (veja 2Reis 16:2; 18:2). Dada a enorme reputação de Rashi entre muitos judeus europeus, essa interpretação passou a ser bastante conhecida e acolhida.

Alguns judeus messiânicos afirmam que Rashi reconheceu que Isaías estava realmente falando sobre uma virgem. A Bíblia judaico-messiânica *Complete Jewish study Bible* [Bíblia de Estudo Judaica Completa] afirma com relação a Isaías 7:14: "Até mesmo Rashi é citado em *Mikraoth Gedaloth* [A Bíblia rabínica] a respeito dessa passagem: 'Eis que a *'almah* conceberá e terá um filho e seu nome será chamado de Emanuel'. Isso significa que o nosso Criador estará conosco. E esse é o sinal: quem conceberá será uma moça que nunca teve relações sexuais com homem algum. Sobre essa pessoa o Espírito Santo terá poder" (destaque nosso).[17] Entretanto, esses autores citam Rashi de forma equivocada. Rashi não acreditava em uma concepção "virginal".

Abraham ibn Ezra (1089-1167), um comentarista judeu e poeta nascido na Espanha muçulmana, mas que posteriormente viajou pela Europa cristã, explica com detalhes mais polêmicos o motivo pelo qual Isaías não poderia estar se referindo a Jesus:

---

[17] Barry Rubin, ed., *The complete Jewish study Bible* (Peabody, MA: Hendrikson, 2016), p. 497.

Para mim é motivo de surpresa que existam pessoas que digam que o profeta se refira a Jesus nessa passagem, já que o sinal foi concedido a Acaz, e Jesus nasceu muitos anos depois; além disso, o profeta diz: "Porque antes que a criança saiba recusar o mal e escolher o que é bom, a terra será desolada"; mas os países Efraim e Síria foram desolados no sexto ano de Ezequias, e se diz claramente "desses dois reis" etc. Sabemos que o filho homem é identificado como *na'ar*, já a filha mulher é identificada como *na'arah* ou *'almah* — o feminino de *'elem* — seja ela virgem ou não; porque *'almah* denota uma pessoa de certa idade, do mesmo modo que a palavra masculina *'elem*; e na frase *derekh gever be'almah*, que quer dizer "o caminho do homem com uma jovem" (Provérbios 30:19), com certeza a palavra *'almah* não se refere a uma virgem; porque no início da passagem se diz: "que eu não conheço" (v.18).[18]

Embora ibn Enzra não se refira à Septuaginta — ele não conhecia o grego —, ele está claramente polemizando contra a tradução que a Septuaginta faz da palavra *'almah* como *parthenos*.

Essa forte polêmica anticristã repercute em Maria, já que alguns comentaristas judaicos antigos questionavam as declarações da sua virgindade com declarações a respeito da sua promiscuidade. Por exemplo, a *Toseftá* (de cerca de 250 E.C.) sugere que ela teve um caso com um soldado romano chamado de Ben Panthera (*t. Hullin* 2.22-24); a mesma história correu em círculos pagãos, conforme encontramos no livro de Orígenes intitulado *Contra Celso* em 1.69. O nome Ben Panthera ("filho de Panthera") pode ser um trocadilho com a palavra *parthenos*.[19]

Por outro lado, nem todas as interpretações judaicas de Isaías 7:14 são polêmicas. Um acréscimo posterior ao *Zôhar* (2:212b), a principal obra mística do século 13, entende a profecia de Isaías como se referindo, de forma alegórica, ao auxílio divino a Israel no exílio. Alguns judeus medievais, especialmente na Itália, deram o nome de Emanuel a seus filhos; o mais famoso deles é o poeta e estudioso Emanuel de Roma (1261-1328).

Na época em que Mateus estava escrevendo, por volta do ano 90 E.C., mais de sete séculos depois da época de Isaías, houve uma reinterpretação e uma recontextualização de Isaías 7:14. Os leitores posteriores de Isaías, entre os quais os que faziam parte da comunidade dos Manuscritos do Mar Morto e a comunidade primitiva dos que criam em Jesus, sabiam pouca coisa e não se importavam com a

---

[18]M. Friedlander, *The commentary of Ibn Ezra on Isaiah* (London: Society of Hebrew Literature, 1873), 1:41-2.
[19]Para saber mais a respeito de Panthera, veja Daniel J. Lasker, "Mary in Jewish tradition", em *JANT*, 744-7.

"A VIRGEM CONCEBERÁ E DARÁ À LUZ UM FILHO"

guerra siro-efraimita. Eles também consideravam suas escrituras como uma obra divinamente inspirada que contém sabedoria para as gerações futuras. Portanto, nada mais natural para eles do que ver a profecia antiga de Isaías como algo importante para suas próprias comunidades.

Os leitores cristãos de hoje, que sabem muito bem que a concepção virginal não existe no texto hebraico de Isaías 7:14, em muitos momentos afirmarão que enquanto Isaías *na sua própria época* se referiu ao nascimento de Ezequias ou de algum outro indivíduo, ele *também* estava se referindo a Jesus. Esse argumento geralmente se baseia na referência ao plural "vocês" em Isaías 7:14 ("o SENHOR mesmo dará a vocês [pl.] um sinal"), que não é entendido como se referindo a Acaz e sua corte, mas a Acaz e algumas pessoas indeterminadas no futuro. Essa leitura se encaixa naquilo que a Igreja Católica classifica como *sensus plenior*, o "sentido mais completo". O especialista jesuíta Daniel Harrington no livro *The Bible and the believer* [A Bíblia e o fiel] descreve esse processo com relação a Isaías 7:14:

> Esse é o sentido mais profundo de um texto que foi planejado por Deus, mas que não foi transmitido de forma consciente ou clara pelo autor bíblico [...] Enquanto Isaías e aqueles que o ouviam na corte real em Jerusalém podem ter suposto que ele estivesse falando a respeito de um filho homem (quem sabe Ezequias) que nasceria de uma das esposas do rei Acaz, no sentido mais completo, o Espírito Santo, falando mediante o profeta, estava realmente apontando para séculos depois, para a concepção virginal de Jesus no ventre de Maria, que era uma *parthenos* de acordo com o grego de Mateus 1:18-25. É claro que esse sentido se trata de uma acomodação teológica.[20]

Outros estudiosos partem da premissa de que a concepção virginal foi um acontecimento histórico relatado por Maria. O estudioso metodista Ben Witherington apresenta a seguinte explicação retrospectiva:

> Já que o texto hebraico de Isaías 7:14, ou mesmo na LXX, não dá necessariamente a entender uma concepção miraculosa, deve ter sido a própria concepção miraculosa na vida de Maria que apontou para a releitura do texto do Antigo Testamento dessa maneira. Em outras palavras, não se trata de um exemplo de uma história fictícia sobre Maria gerada por uma profecia anterior sobre um milagre. Pelo contrário,

---

[20]Marc Zvi Brettler, Peter Enns, e Daniel J. Harrington, *The Bible and the believer: how to read the Bible critically and religiously* (New York: Oxford Univ. Press, 2012), p. 101.

trata-se de uma reinterpretação de uma profecia multivalente à luz do que realmente aconteceu com Maria.[21]

A visão de Witherington levanta a questão a respeito de como fazemos história. Para ele e muitos outros, a ideia de que Deus violaria as leis da natureza, não somente criando um "sinal", mas fazendo um milagre, é um dado histórico. Nós lemos a história de maneiras diferentes: buscamos interpretações que fazem sentido para os fiéis — sejam cristãos, judeus, muçulmanos, e assim por diante —, bem como para as pessoas que não têm uma fé em uma pessoa divina e sobrenatural.

Do mesmo modo que em todos os textos bíblicos, a profecia de Isaías está aberta a várias interpretações, e será produtivo percebermos como as interpretações, as traduções e os contextos históricos levaram a essas diferenças, bem como reconhecermos que a nossa preferência pessoal não deve definir como as outras pessoas, que pertencem a outras comunidades religiosas, têm que ler o texto. Nem mesmo a comunidade judaica deve fazer concessões de alguma escritura em particular ao cristianismo. Em vez de se envolver em outro *Diálogo com Trifão* e examinar os problemas potenciais com relação às várias interpretações, achamos mais prudente conversar sobre o que podemos fazer atualmente com Isaías 7:14. Quais são as questões subjacentes que esse texto pode levantar?

Hoje em dia, enfatiza-se demais a fé cega. Entretanto, todas as leituras desse texto sugerem que não somente é adequado, mas também importante para o nosso tempo, questionar, pedir que Deus conceda sinais sobre os acontecimentos futuros. Isaías fala sobre um sinal concedido a Acaz, um rei que se recusou a acreditar na mensagem original do profeta e se recusou a pedir um sinal: quais são os sinais concedidos às pessoas que se recusam a acreditar nos sinais dos tempos?

Devemos também dar atenção a qual seria o sinal da mulher grávida para os dias de hoje. Veja, a mulher está grávida: o que acontecerá antes que o seu filho cresça o suficiente para ingerir comida sólida? Será que haverá comida para alimentá-lo, ou assistência médica para ela sobreviver?

A história da interpretação desse capítulo também nos deve ensinar um pouco de humildade. De vez em quando, podemos declarar que temos certeza sobre o significado de algum texto. As várias interpretações de Isaías 7:14 por parte dos vários grupos religiosos com o passar do tempo deve nos prevenir contra qualquer sentido raso ou limitado.

---

[21]Ben Witherington III, *Isaiah old and new: exegesis, intertextuality, and hermeneutics* (Minneapolis: Fortress, 2017), p. 79.

"A VIRGEM CONCEBERÁ E DARÁ À LUZ UM FILHO"

Por fim, o fato de que uma ideia tão importante para o cristianismo como a concepção virginal só é mencionada uma vez no Novo Testamento apresenta uma lição importante sobre como todas as religiões baseadas em escrituras se desenvolvem com o passar do tempo: às vezes, uma noção que quase não é mencionada nas escrituras passa a ser importante com o passar do tempo; em outras ocasiões, uma ideia que alguma escritura destaca várias vezes vai perdendo a sua importância, ou até cai no esquecimento. Portanto, a história da interpretação do sinal do Emanuel nos ensina muito a respeito de como todas as religiões podem mudar, e como elas acabam mudando com o passar dos anos.

9

O SERVO SOFREDOR DE ISAÍAS

PELAS SUAS FERIDAS SOMOS SARADOS

No capítulo anterior, analisamos o papel de Isaías 7:14 nos entendimentos cristãos a respeito da virgindade de Maria. Uma passagem bem mais extensa em Isaías, com muito mais citações e referências no Novo Testamento, vem do Segundo Isaías, que foi escrito durante o exílio babilônico.[1] Nas sete vezes que cita claramente passagens de Isaías 52:13—53:12 (Mateus 8:17; Lucas 22:37; João 12:38; Atos 8:32-33; Romanos 10:16; 15:21; e 1Pedro 2:22), o Novo Testamento encontra nelas a confirmação de que o sofrimento e a morte de Jesus pela humanidade, seguida por sua exaltação e aclamação universal, faziam parte do plano redentor de Deus. Essa perícope, a quarta daquilo que chamamos de as quatro Canções do Servo no livro de Isaías, é um exemplo claro de como uma passagem da Bíblia hebraica pode assumir significados diferentes nos vários contextos históricos e religiosos.

Parte da razão pela qual o texto de Isaías 52:13—53:12 é passível de várias interpretações se deve ao fato de se tratar de um texto difícil. A estrutura poética dos capítulos de 40 a 55 de Isaías, onde essa passagem se encontra, é uma das mais

---

[1]Boa parte do material neste capítulo se baseia em Marc Zvi Brettler e Amy-Jill Levine, "Isaiah's suffering servant: before and after Christianity", Interpretation 73 (2019): 158-73. Esse artigo contém uma análise mais completa da literatura acadêmica. *Veja tb.* Bernd Janowski e Peter Stuhlmacher, eds., *The suffering servant: Isaiah 53 in Jewish and Christian sources*, tradução para o inglês de Daniel P. Bailey (Grand Rapids: Eerdmans, 2004); Darrell L. Bock e Mitch Glaser, eds., *The gospel according to Isaiah 53: encountering the suffering servant in Jewish and Christian theology* (Grand Rapids: Kregel, 2012).

O SERVO SOFREDOR DE ISAÍAS

complexas e multifacetadas de toda a Bíblia, e o sentido de praticamente todos os versículos difere, às vezes de maneira significativa, entre as variadas traduções. Exemplificamos isso comparando dois versículos nas traduções NRSV e NJPS. Cada uma traduz o texto de forma um pouco diferente, bem como entende as palavras e as formas gramaticais de forma diferente. Embora muitas diferenças pareçam pequenas, elas acabam apresentando, no geral, uma imagem bem diferente do Servo. A primeira é Isaías 53:8:

NRSV	**NJPS**

Pela perversão da justiça
  ele foi levado.
E quem poderia ter imaginado
  seu futuro?
Pois ele foi eliminado
  da terra dos viventes;
golpeado por causa da transgressão
  do meu povo.
	Ele foi levado
	  pelo julgamento opressivo,
	Quem pode descrever
	  sua habitação?
	Porque ele foi cortado da terra dos
	  viventes por causa do pecado
	do meu povo que mereceu
	  o castigo

A diferença entre "seu futuro" (NRSV) e "sua habitação" (NJPS) depende do significado da palavra hebraica homônima *dor*. Essas versões também traduzem a última frase de forma diferente por causa das diferenças entre o texto hebraico (TM), os Manuscritos do Mar Morto e a Septuaginta. A última palavra de Isaías 53:8 no Texto Massorético e em três manuscritos do Mar Morto é *lmw*, "a ele", mas o texto da Septuaginta traduz como "à morte".

> Seu juízo foi levado em sua humilhação.
>> Quem descreverá essa geração?
> Porque sua vida é retirada da terra,
>> Ele foi levado à morte por causa das transgressões
>> do meu povo.

A Septuaginta pressupõe um texto hebraico com a palavra *lmwt* — com a diferença de apenas uma letra. Entretanto, a diferença entre "(a) ele" (que a NJPS parafraseia como "que mereceu") e "morte" (que na NRSV é traduzido como "golpeado") é substancial — a NRSV destaca a morte do Servo, que é bem importante na interpretação cristã, mas os Manuscritos do Mar Morto e o Texto Massorético não trazem essa ênfase.

A BÍBLIA COM E SEM JESUS

Outro exemplo se encontra em 53:11:

NRSV	NJPS

A partir do seu sofrimento
  ele verá a luz
ele ficará satisfeito
  pelo seu conhecimento.
O justo, que é meu servo,
  justificará a muitos,
e levará a
  iniquidade deles.
	A partir do seu sofrimento
	  ele verá isso;
	Ele o sentirá ao máximo
	  por sua devoção.
	"Meu servo justo
	  justifica a muitos,
	É o castigo deles que
	  ele carrega".

A terceira palavra no texto hebraico padrão (TM) é *yr'h*, "ele verá", e a NJPS traduz como "ele verá isso", que, conforme uma nota explica, os editores entendem como "o braço do Senhor"; três manuscritos do Mar Morto apresentam a palavra *yr'h* seguida da palavra *'wr*, "luz", que não se encontra no Texto Massorético (essas duas palavras têm grafia e som parecidos no hebraico, portanto é fácil perceber como a palavra *'wr* pode ter se perdido no processo de transmissão do texto). A Septuaginta também tem o acréscimo da palavra "luz", e a NRSV segue essa interpretação com as palavras seguintes: "a partir do seu sofrimento ele verá a luz."[2]

Dependendo do texto e da tradução, o servo vê ou o poder de Deus, ou a luz de Deus. Vários problemas gramaticais insolúveis ajudam a compreender as outras diferenças entre as duas traduções. O texto hebraico antigo não tem aspas, portanto cada tradutor deve decidir se deve usá-las e o lugar onde deve colocá-las no texto; a NJPS entende a última parte do texto como uma fala divina (até o final do versículo 12) e, por causa disso, insere aspas enquanto a NRSV não faz isso.[3] Por fim, não se sabe ao certo qual tempo verbal deve ser usado, com a NJPS traduzindo no presente os verbos "justifica" e "carrega", enquanto a NRSV aplica os verbos "justificará" e "carregará" no futuro, que se encaixam melhor em uma interpretação cristológica. Esses problemas textuais e gramaticais caracterizam todos os versículos de Isaías 52:13 a 53:12.

Para os cristãos, o versículo principal da passagem do Servo Sofredor é Isaías 53:5:

---

[2]Para as múltiplas variações textuais, veja Eugene Ulrich, ed., *The biblical Qumran scrolls*, vol. 2, *Isaiah-twelve minor prophets* (Leiden: Brill, 2013), p. 434-5.

[3]A referência a Deus se encontra na terceira pessoa no v. 10 ("Contudo foi da vontade do Senhor..."), mas Deus fala do servo na primeira pessoa começando de 11b ("meu servo, o Justo"). Essa mudança de pessoa pode sugerir que o profeta está citando Deus em 11b e, por isso, deve-se colocar aspas nessa metade do versículo.

O SERVO SOFREDOR DE ISAÍAS

Mas ele foi transpassado por causa das nossas transgressões,
foi esmagado por causa de nossas iniquidades;
o castigo que nos trouxe paz estava sobre ele,
e pelas suas feridas fomos curados.

Esse versículo resume a declaração principal referente ao sofrimento salvífico de Jesus. Lido à luz da cruz, o Servo Sofredor de Isaías não poderia ser ninguém senão Jesus de Nazaré. Na verdade, o próprio Jesus deve ter se colocado na função deste servo.

A figura do Servo Sofredor perpassa todo Novo Testamento. Quando Paulo afirma em 1Coríntios 15:3: "Pois o que primeiramente lhes transmiti foi o que recebi: que Cristo morreu pelos nossos pecados, segundo as Escrituras", o texto de Isaías 52:13—53:12 é seu pano de fundo. A proclamação de Paulo de que Jesus "foi entregue à morte por nossos pecados e ressuscitado para nossa justificação" (Romanos 4:25) tem como base Isaías 53:12:

porquanto ele derramou sua vida até à morte,
e foi contado entre os transgressores.
Pois ele carregou o pecado de muitos,
e intercedeu pelos transgressores.

As predições da Paixão presentes nos evangelhos sinóticos, com seus avisos de que "era necessário que o Filho do homem sofresse muitas coisas e fosse rejeitado pelos líderes religiosos [...] fosse morto e três dias depois ressuscitasse" (Marcos 8:31; cf. Mateus 16:21; Lucas 9:22), demonstram um conhecimento do Servo de Isaías, que sofre, é rejeitado, (entendido como tendo sido) morto, e (entendido como tendo) ressuscitado.

Os primeiros seguidores de Jesus identificaram de forma coerente o servo de Isaías 52:13—53:12 como seu Senhor, aquele que sofreu e morreu, mas eles não se limitaram a esse enfoque. Citaremos cinco outras maneiras pelas quais eles entendiam esse Servo Sofredor, como eles viam Jesus como o cumprimento dessa passagem, e como eles viam a si mesmos em relação a isso.

Em primeiro lugar, Mateus recorre a Isaías 52:13—53:12 no contexto de uma cura. Depois de observar que Jesus "expulsou os espíritos com uma palavra e curou todos os doentes" (Mateus 8:16), ele acrescenta: "E assim se cumpriu o que fora dito pelo profeta Isaías: 'Ele tomou sobre si as nossas enfermidades e sobre si levou as nossas doenças'" (8:17). Mateus faz referência à primeira parte do texto de Isaías 53:4: "Certamente ele tomou sobre si as nossas enfermidades e sobre si levou as nossas doenças." De modo surpreendente, Mateus segue a leitura hebraica para "nossas enfermidades" ou "nossas fraquezas" (*cholayenu*), em lugar da Septuaginta, que traduz para o grego *tas hamartias hemōn pherei*, "ele levou nossos pecados". É possível que Mateus esperasse que os leitores, que conheciam a tradução grega, entendessem que a frase "levou nossas enfermidades" era sinônima de "levou os nossos pecados".[4]

Em segundo lugar, vários textos do Novo Testamento aplicam essa Canção do Servo tanto à recusa de muitos judeus de aceitarem a Jesus como Senhor quanto a sua aceitação pelos gentios. Depois do aviso de que as multidões não criam em Jesus apesar dos seus muitos sinais (João 12:37), João cita Isaías 53:1: "Isso aconteceu para se cumprir a palavra do profeta Isaías, que disse: 'Senhor, quem creu em nossa mensagem, e a quem foi revelado o braço do Senhor'?" (12:38). Lemos uma paráfrase em João 12:40 do texto de Isaías 6:10 falando a respeito de como as pessoas olham, mas não veem. Assim, João destaca a falha das multidões em perceber como suas próprias escrituras apontam para Jesus. De modo parecido, preocupado porque a maioria de seus companheiros judeus não respondeu à proclamação de Jesus, Paulo cita o mesmo versículo: "No entanto, nem todos os israelitas aceitaram as boas novas. Pois Isaías diz: 'Senhor, quem creu em nossa mensagem'?" (Romanos 10:16). Ainda em Romanos, Paulo fala sobre o Servo Sofredor de Isaías com relação a sua própria missão de levar a mensagem de Jesus aos gentios: "Mas antes, como está escrito: 'Hão de vê-lo aqueles que não tinham ouvido falar dele, e o entenderão aqueles que não o haviam escutado'" (15:21). A referência é ao texto de Isaías 52:15b: "Pois aquilo que não lhes foi dito verão, e o que não ouviram compreenderão." Em terceiro lugar, o sofrimento de Jesus passa a ser para seus seguidores, especialmente para os escravos, um paradigma a ser seguido. A Primeira Epístola de Pedro fala diretamente aos escravos:

> Para isso vocês foram chamados, pois também Cristo sofreu no lugar de vocês, deixando-lhes exemplo, para que sigam os seus passos.
> "Ele não cometeu pecado algum,
> e nenhum engano foi encontrado em sua boca".

---

[4]Mateus, do mesmo modo que os outros Evangelhos, usa a palavra grega "salvar" (*sōzō*) de duas maneiras. A primeira é com referência às curas de enfermidades físicas. Por exemplo, Jesus disse para a mulher curada da hemorragia vaginal ou uterina: "Ânimo, filha, a sua fé a curou!", e Mateus registra, "desde aquele instante a mulher ficou curada" (Mateus 9:22). A tradução "ficou curada" encobre o grego *sōzō*, que quer dizer "salvou". O segundo significado consiste no uso mais conhecido no que se refere a "salvar do pecado". Lemos em Mateus 1:21 a mensagem de José a respeito de Maria: "Ela dará à luz um filho, e você deverá dar-lhe o nome de Jesus, porque ele salvará [*sōzō*] o seu povo dos seus pecados".

O SERVO SOFREDOR DE ISAÍAS

Quando insultado, não revidava; quando sofria, não fazia ameaças, mas entregava-se àquele que julga com justiça. Ele mesmo levou em seu corpo os nossos pecados sobre o madeiro, a fim de que morrêssemos para os pecados e vivêssemos para a justiça; por suas feridas vocês foram curados. Pois vocês eram como ovelhas desgarradas, mas agora se converteram ao Pastor e Bispo de suas almas. (1Pedro 2:21-25)

O versículo 22 nada mais é que uma citação de Isaías 53:9b. O autor não destaca a morte salvífica de Jesus, mas o exemplo que ele dá ao sofrer em silêncio: *os que à época eram escravos* tinham que suportar tratamento abusivo porque Jesus, o "escravo de Deus", também sofreu desse modo.

Em quarto lugar, os autores do Novo Testamento estão cientes de que essa passagem do Servo exige interpretação. Lemos em Atos 8:32-33 a descrição de um oficial da corte da Etiópia, um eunuco, que está lendo Isaías 53:7-8:

> O eunuco estava lendo esta passagem da Escritura:
> "Ele foi levado como ovelha para o matadouro,
> e como cordeiro mudo diante do tosquiador,
>   ele não abriu a sua boca.
> Em sua humilhação foi privado de justiça.
> Quem pode falar dos seus descendentes?
>   Pois a sua vida foi tirada da terra".

O oficial pergunta a Filipe: "De quem o profeta está falando? De si próprio ou de outro?" (Atos 8:34) e Filipe responde com instruções a respeito de Jesus. O destaque de Lucas sobre a humilhação do servo pode ser de importância específica para o eunuco,[5] levando em consideração a predição de Isaías que está bem próxima no contexto:

> Pois assim diz o SENHOR:
> "Aos eunucos que guardarem os meus sábados,
> que escolherem o que me agrada
> e se apegarem à minha aliança,
> a eles darei, dentro de meu templo e dos seus muros,
> um memorial e um nome (Isaías 56:4,5).

Em quinto lugar, Lucas cita o capítulo 53 de Isaías como um texto fora de contexto que prediz a prisão de Jesus, que diz aos seus discípulos: "Se não têm espada, vendam a sua capa e comprem uma" e depois cita Isaías 53:12: "Está escrito:

[5]Veja Richard I. Pervo, *Acts*, Hermeneia (Minneapolis: Fortress, 2008), p. 225-6.

'E ele foi contado com os transgressores'; e eu lhes digo que isto precisa cumprir-se em mim. Sim, o que está escrito a meu respeito está para se cumprir" (Lucas 22:36,37). Essa predição não se cumpre somente em Lucas 23:32-33, quando Jesus é crucificado entre dois malfeitores, mas também na prisão de Jesus, quando ele é "contado" entre pessoas que carregam a espada que, por causa disso, são discípulos rebeldes.[6]

A presença da Canção do Servo de Isaías 52:13—53:12 é tão significativa no Novo Testamento que Ben Witherington III intitula o primeiro capítulo do seu livro *Isaiah Old and New: exegesis, intertextuality, and hermeneutics* [Antigo e novo Isaías: exegese, intertextualidade e hermenêutica] como "impressões digitais de Isaías por todo lado".[7] Richard Hays acredita que a Epístola aos Romanos está "temperada com várias citações e alusões aos capítulos de 40 a 55 de Isaías, incluindo várias passagens que parecem refletir o tema do Servo Sofredor do capítulo 53 (p. ex., Romanos 4:24-25, 5:15,19, 10:16, 15:21)".[8] Dale Allison faz o seguinte resumo: "Por outro lado, as narrativas da Paixão encontradas nos sinóticos equiparam Jesus de forma implícita com o Servo Sofredor de Isaías", e aponta vários exemplos em todos os quatro Evangelhos, entre eles o "sangue derramado por muitos", o "silêncio diante dos acusadores", Jesus/o servo sendo esbofeteado e cuspido, o "espanto do governante gentio", o tema do "criminoso que é salvo e do inocente que é morto", a "associação com os criminosos na sua morte", o "sepultamento por um homem rico", o "destino compartilhado com os transgressores", e os "açoites".[9]

Os leitores cristãos identificaram de forma coerente o servo de Isaías 52:13—53:12 como Jesus, que curava, que sofreu e morreu e que foi rejeitado "pelos judeus". Eles também indicaram que o servo de Isaías necessitava ser interpretado: não havia como ele ser identificado fora da instrução cristã, tanto porque sua identidade não é clara por si só, quanto porque existem outros candidatos para essa função.

Essas ideias e outras semelhantes recebem apoio dos pais da igreja. Para 1Clemente 16:1-14 (de cerca do ano 90 E.C.), o Servo tem a função de incentivar a humildade entre os seguidores de Jesus; para a Epístola de Barnabé, que é da

---

[6]Christopher R. Hutson propõe que Jesus está se engajando em uma "performance improvisada de fim de noite" ao alertar seus discípulos para carregar espadas: Hutson, "Enough for what? Playacting Isaiah 53 in Luke 22:35-38", *Restoration Quarterly* 55 (2013): 35-51 (43).

[7]Ben Witherington III, *Isaiah Old and New: exegesis, intertextuality, and hermeneutics* (Minneapolis: Fortress, 2017).

[8]Richard B. Hays, *Echoes of scripture in the letters of Paul* (New Haven: Yale University Press, 1989), p. 63.

[9]Dale C. Allison, Jr., *Constructing Jesus: Memory, imagination, history* (Grand Rapids: Baker Academic, 2010), p. 414n98. Em contrapartida, Hays, *Echoes of Scripture*, afirma: "É bem difícil defender que os textos de Isaías a respeito do Servo Sofredor possuam qualquer função importante no relato de Marcos a respeito da morte de Jesus — pelo menos a nível da produção do texto de Marcos" (p. 87).

mesma época, Isaías 53:5 e 53:7 provam tanto que Jesus é Senhor quanto que o seu sangue proporciona a redenção do pecado.

Pouparemos o leitor de acompanhar mais listas. Em vez disso, destacaremos como o Servo de Isaías seria entendido no contexto do exílio babilônico, e depois explicaremos o modo pelo qual a comunidade judaica tem entendido esse Servo ao longo do tempo.

O "SERVO SOFREDOR" EM SEU CONTEXTO HISTÓRICO

O Servo Sofredor é encontrado somente no livro de Isaías, e, dentro desse livro, somente nos capítulos de 40 a 55, que muito provavelmente foram escritos durante o exílio babilônico (597/586-538 A.E.C.) ou pouco tempo depois. Os estudiosos têm debatido, e continuam a debater a sua posição, a sua morte e até mesmo as maneiras de identificá-lo.

A expressão "Servo Sofredor", embora amplamente usada, não se encontra em nenhuma passagem da Bíblia. Trata-se de um conceito moderno, apresentado nos estudos bíblicos em 1892 por um acadêmico luterano da Alemanha chamado Bernhard L. Duhm (1847-1928) para classificar quatro passagens em separado: Isaías 42:1-4; 49:1-6; 50:4-11 e 52:13—53:12. Todas elas mencionam um "servo" (hebr., *'eved*) e vários versículos descrevem o seu sofrimento e a sua morte, como esses a seguir:

> Isaías 42:2 Não gritará nem clamará,
> nem erguerá a voz nas ruas.

> Isaías 50:6 Ofereci minhas costas para aqueles que me batiam,
> meu rosto para aqueles que arrancavam minha barba;
> não escondi a face
> da zombaria e da cuspida.

A rubrica "Canções do Servo" conecta essas quatro passagens em um único quadro ou em um único indivíduo.

Entretanto, esse título pode ser enganoso. Tryggve N. D. Mettinger sugere que os estudiosos "excluam a teoria de Duhm do arsenal das ferramentas exegéticas aceitáveis e, em vez disso, a coloquem na prateleira das hipóteses curiosas e obsoletas."[10] Entretanto, a classificação "Servo Sofredor" continua a ser usada, em

---

[10]Tryggve N. D. Mettinger, *A farewell to the servant songs* (Lund: CWK Gleerup, 1983), p. 45.

A BÍBLIA COM E SEM JESUS

parte porque um termo já estabelecido é difícil de descartar e, conforme suspeitamos, em parte porque o termo se encaixa nas propostas cristológicas. Em vez de observar as quatro canções em conjunto, o nosso enfoque aqui se concentrará em Isaías 52:13—53:12, a mais longa das Canções do Servo, e aquela que o Novo Testamento cita explicitamente.

Porém, quem é esse servo? Alguns estudiosos sugerem que o servo representa a comunidade de Israel; eles observam que os capítulos de 40 a 55 de Isaías chamam a comunidade de Israel várias vezes de 'eved (servo) de Deus. Por exemplo, lemos em Isaías 44:1-2:

> Mas escute agora, Jacó, meu servo,
> Israel, a quem escolhi...
> Não tenha medo, ó Jacó, meu servo,
> Jesurum, a quem escolhi.

O movimento antimissionário Judeus para o Judaísmo (que se opõe aos "Judeus para Jesus") propõe tanto que o servo equivale a Israel, quanto apoia essa declaração, sugerindo que o narrador assume o papel das nações gentias que testemunham o sofrimento do servo no exílio (ou seja, Israel) e seu glorioso retorno: "vemos o relato claro em 52:15 de que são as nações do mundo, os gentios, que estão falando no capítulo 53 de Isaías. Veja, também, Miqueias 7:12-17, que relata o espanto das nações quando o povo judeu volta a florescer na era messiânica."[11] Uma posição semelhante é encontrada na obra do comentarista judeu medieval Abraham ibn Ezra sobre Isaías 53:11. A redenção ou a cura das nações acontece quando elas reconhecem o poder do Deus de Israel. Realmente, nessa leitura, a passagem de Isaías 53:6b: "o SENHOR fez cair sobre ele / a iniquidade de nós todos", significa que o sofrimento de Israel foi em favor das nações gentias. De modo semelhante, o movimento antimissionário insiste que o servo sempre se refere a Israel.[12]

Essa interpretação é possível e não deve ser descartada, considerando a dificuldade do texto. O seguinte depõe contra ela: os gentios não se acham presentes em outras partes das Canções do Servo, e essas canções, e o seu contexto mais amplo, não sugerem que os gentios precisam reconhecer o poder de Deus ou que Israel está sofrendo por eles. Na verdade, essa ideia não aparece em nenhum lugar das escrituras de Israel.

---

[11]Bentzion Kravitz, "Isaiah 53", Jews for Judaism, https://jewsforjudaism.org/knowledge/articles/isaiah-53-the-jewish-perspective.

[12]Veja, p.ex., Tovia Singer, "Who is God's Suffering Servant? The rabbinic interpretation of Isaiah 53", Outreach Judaism, https://outreachjudaism.org/gods-suffering-servant-isaiah-53/.

O SERVO SOFREDOR DE ISAÍAS

Os capítulos de 40 a 55 de Isaías usam a palavra "servo" em referência a várias pessoas e grupos diferentes. Por exemplo, em Isaías 49:3, Deus chama o profeta de "meu servo".[13] De modo parecido, em 52:13—53:12, essa palavra se refere a um indivíduo — embora não se trate necessariamente do profeta. Em Isaías 53:6b, em que o povo de Israel fala, diz: "o SENHOR fez cair sobre ele / a iniquidade de nós todos." Quando interpretado de forma coletiva, como todo o Israel, o versículo daria a entender que o servo Israel está sendo punido pelos pecados do próprio Israel ("nós todos"), o que não faz o mínimo sentido. Portanto, as evidências internas de 52:13—53:12, que devem ser o critério inicial para a identificação desse servo, sugere que esse personagem se trata de um indivíduo. Suas debilidades, que foram causadas pelo pecado de Israel, trazem o perdão para um grupo referido na primeira pessoa do plural, "nós", ou seja, Israel. A aplicação do servo a Jesus é coerente com esse entendimento do servo como um indivíduo.

A palavra hebraica *'eved*, geralmente traduzida como "servo" e usada duas vezes nessa canção na forma *'avdi*, "meu *'eved*" (52:13;53:11), merece uma análise em separado. Dependendo do contexto, esse substantivo é traduzido como "escravo, criado, súdito, oficial, vassalo, 'servo' ou seguidor de algum deus em particular."[14] O sufixo pronominal -i ("meu") em *'avdi*, se refere a Deus, portanto a palavra nessa passagem quer dizer "meu servo". Essa designação aparece em outras passagens da Bíblia: Moisés (Josué 1:2; cf. Êxodo 4:10), Calebe (Números 14:24), Jó (Jó 1:8), Davi (1Reis 11:32-38; cf. 1Samuel 23:10), e outros. Nove indivíduos na Bíblia, entre eles um profeta menor, são chamados de Obadias, "o servo de Já(vé)"; o nome Abdiel, "o servo de Deus", tem o mesmo significado. Essa mesma identificação de "servo" ou "escravo" aparece no Novo Testamento com referência a Maria, mãe de Jesus (Lucas 1:48, *doulē*), Paulo (Romanos 1:1, *doulos*) e Jesus (Filipenses 2:7).

Para o contexto de Isaías 52:13—53:12, escolhemos traduzir tanto o grego quando o hebraico por "servo" e não por "escravo". Isaías não está descrevendo uma escravidão completa do tipo descrito em Êxodo 21:2-6 ("Se você comprar um escravo hebreu, ele o servirá por seis anos. Mas no sétimo ano será liberto, sem precisar pagar nada", v. 2) ou em Deuteronômio 15:15-17 ("lembre-se de que você foi escravo no Egito", v. 15). Quando é usado com o pronome pessoal "meu" com referência a Deus em Isaías 52:13 e 53:11, *'eved* expressa o relacionamento próximo e a dependência de Deus. O servo pertence a Deus.

---

[13]Veja John Goldingay e David Payne, *A critical and exegetical commentary on Isaiah 40—55*, International Critical Commentary (London: T&T Clark, 2006), 2:159.

[14]H. Simian-Yofre, "עבד", *TDOT*, 10:387.

Esse personagem central nunca é chamado de "Messias" (hebr., *mashiach*), uma palavra que designa um salvador escatológico que passou a ser popular depois do início da Era Comum. Dentro de Segundo Isaías (40—55), em que todas as quatro canções aparecem, somente Ciro é chamado do "messias" do Senhor, com o seu significado mais básico de "ungido" (Isaías 45:1). Esses capítulos (Isaías 40—55) não apresentam a ideia de um rei davídico ideal; em vez disso, Isaías 55:3b-5 sugere que o reinado eterno prometido por aliança à casa de Davi está prestes a ser transferido para todo o Israel. Portanto, dentro do Segundo Isaías, o servo não é uma figura messiânica — nem pode ser.

O servo tampouco morre pelas outras pessoas. A linguagem de morte da canção é simbólica, já que a passagem claramente afirma que o servo continua vivo no decorrer do texto (veja mais adiante). Temos a observação em Isaías 53:7 que o servo é "como um cordeiro foi levado para o matadouro", mas esse símile não sugere que ele morre de fato. Ser levado ao matadouro conjura imagens que vão da inocência ao temor e à renúncia, mas o texto não diz que o cordeiro morreu. Os versículos 8 a 9, que falam do servo ser "levado" e "eliminado da terra dos viventes", e que observam que "foi-lhe dado um túmulo com os ímpios, / e com os ricos em sua morte", também são metafóricos.

O mesmo uso simbólico da morte por doença grave se encontra no versículo 12: "ele derramou sua vida [ou "se esvaziou"] até à morte." Existem outras passagens da Bíblia que utilizam a linguagem da "morte" para representar um perigo extremo. Por exemplo, Jonas 2:6 (2:7 hebr.) diz: "afundei até os fundamentos dos montes; à terra cujas trancas estavam me aprisionando para sempre. Mas tu [YHWH] trouxeste a minha vida de volta da cova [hebr., *shachat*, um sinônimo para *Sheol*, o mundo subterrâneo]." De modo parecido, em Salmos 86:13, o salmista, que está bem vivo, diz: "Pois grande é o teu amor para comigo; tu me livraste das profundezas do Sheol."

Esses versículos de Isaías, Jonas e Salmos não se referem à morte nem à ressurreição: com raras exceções, que são todas posteriores ao Segundo Isaías, a *Tanakh* não aborda o conceito da ressurreição, nem promove uma vida beatífica após a morte. O mais próximo que a literatura bíblica da época de Isaías 40 a 55 chega da ideia de ressurreição se encontra no capítulo 37 de Ezequiel. Esse capítulo retrata Israel como "um vale de ossos secos" (37:1) que milagrosamente recebem carne, e passam a ser corpos vivos, mas esse capítulo aponta para o reavivamento da nação e não para a ressurreição individual. Portanto, Isaías 52:13—53:12 é melhor entendido como um tipo de provação terrível experimentada por um indivíduo que sobrevive a ela.

Em vez de morrer, o servo não somente viverá, mas também "será levantado e erguido / e muitíssimo exaltado" (Isaías 52:13). O texto de Isaías 53:10b observa

O SERVO SOFREDOR DE ISAÍAS

que "ele verá sua prole e prolongará seus dias." A promessa de Deus é que "lhe darei uma porção entre os grandes, e ele dividirá os despojos com os fortes" (53:12). Esses versículos confirmam o fato de que as várias referências à morte ao longo do texto são metafóricas.

Já que não será morto, o servo também não terá uma função sacrificial, apesar da interpretação popular existente. A tradução de 53:10a que diz: "contudo foi da vontade do Senhor esmagá-lo e fazê-lo sofrer, e, embora o Senhor faça da vida dele uma oferta pela culpa" é possível, mas, ao se levar em conta o contexto do capítulo, é bastante improvável. A palavra hebraica que é traduzida como "oferta pela culpa" é *'asham*, que pode se referir, especialmente em Levítico, a uma oferta sacrificial. Entretanto, nem essa passagem nem os capítulos de 40 a 55 de Isaías como um todo têm linguagem sacerdotal: os textos não usam outros termos sacrificiais como "altar" e "sangue". Conforme Jeremy Schipper corretamente observa: "as comparações entre o servo e um cordeiro sem mancha que passa por uma morte sacrificial só fazem sentido quando se ignora e minimiza a linguagem frequente de doença ou enfermidade por todo o capítulo 53 de Isaías."[15]Assim, a palavra *'asham* nesse contexto é melhor entendida em seu sentido comum de "culpa" ou "compensação pela culpa". Esses significados são bastante recorrentes; por exemplo, o primeiro uso dessa palavra na Bíblia se encontra em Gênesis 26:10, quando Abimeleque repreende Abraão, que tinha tentado fazer com que sua esposa fosse vista como sua irmã: "Tens ideia do que nos fizeste? Qualquer homem bem poderia ter-se deitado com tua mulher, e terias trazido culpa [*'asham*] sobre nós." No capítulo 53 de Isaías, o servo está doente por causa da culpa dos outros, mas essa doença não é retratada como um sacrifício.

A figura central não é descrita como o Messias, não está morta, nem é oferecida como sacrifício. Mesmo assim, podemos tecer algumas observações bem definidas sobre ele. Em primeiro lugar, o servo passa por sofrimentos físicos terríveis que têm consequências sociais: "sua aparência estava tão desfigurada, que ele se tornou irreconhecível como homem; não parecia um ser humano" (Isaías 52:14); essa tradução pode sugerir que o servo se trata de alguém sobre-humano, "além [...] dos mortais", mas o hebraico simplesmente significa que essa aparência é bem pior do que o normal. Além disso, ele "não tinha qualquer beleza ou majestade que nos atraísse, nada em sua aparência para que o desejássemos" (53:2); ele foi "desprezado e rejeitado pelos homens, / um homem de

---

[15]Jeremy Schipper resume de forma útil os argumentos a favor e contra a leitura do capítulo 53 de Isaías em termos sacrificiais em "Interpreting the lamb imagery in Isaiah 53", *Journal of Biblical Literature* 132 (2013): 315-25 (325).

tristeza [ARC: "homem de dores"] e familiarizado com o sofrimento. / Como alguém de quem os homens escondem o rosto" (v. 3), "traspassado" e "ferido" (v.5), "oprimido" e "afligido" (v. 7), "esmag[ado] [...] com dor" (v. 10). O servo está tão gravemente incapacitado, em uma condição tão terrível, que as pessoas não querem olhar para ele. Devemos nos deter nessas descrições, já que elas nos forçam a olhar o que não queremos ver. Ao nos atermos aos detalhes que o profeta nos impõe, somos levados a sentir seu sofrimento em vez de nos acostumarmos com ele.

Temos a acrescentar que o profeta acredita que esse servo sofre injustamente. Vemos a descrição de sua aflição em Isaías 53:8 como "uma perversão da justiça", além da afirmação em 53:9 de que o servo passa por tudo isso "embora não tivesse cometido qualquer violência / nem houvesse qualquer mentira em sua boca." Esse versículo desconstrói a visão comum de que o antigo Israel entendia todo sofrimento como algo vinculado ao pecado e que via a saúde e a riqueza como sinais de justiça. O livro de Jó igualmente desconstrói esse tipo pensamento.

Esse sofrimento tem efeitos vicários: o servo foi "golpeado por causa da transgressão do meu povo", que é Israel (Isaías 53:8); e

> Mas ele foi ferido [hebr., *chalal*, que também pode significar "transpassado"; gr., *traumatizō*, de onde vem a palavra "trauma"] pelas nossas transgressões, foi esmagado pelas [hebr., *min*; gr., *dia*, "por causa de"] nossas iniquidades; o castigo que nos trouxe paz estava sobre ele, e pelas suas feridas fomos curados (53:5a).

Observamos nessa passagem a importância das preposições *min* no hebraico e *dia* no grego. No hebraico de Isaías, o servo foi ferido *pelas* transgressões do povo, mas não *por causa* delas. Os pecados de Israel levam o servo a ser ferido, mas essa frase não afirma que esse ferimento tem o propósito de fazer alguma espécie de expiação. Trata-se de um sintoma, não de uma salvação. A natureza vicária de seu castigo também é reforçada mais para o final da profecia: "meu servo justo justificará a muitos,/ e levará a iniquidade deles" (53:11).

A ideia do castigo vicário pode ser encontrada em outras passagens da Bíblia hebraica, mas ela é rara.[16] O Decálogo estipula que quando Deus castiga aqueles que adoram outros deuses, ele também castiga "os filhos pelos pecados de seus pais até a terceira e quarta geração daqueles que me desprezam"

---

[16]O castigo vicário por várias gerações se encontra nas seguintes fontes, entre outras: Êxodo 20:5; 34:7; Deuteronômio 5:9; 2Samuel 12; Lamentações 5:7. Ele é rejeitado em Deuteronômio 7:10; Jeremias 31:29-30 (para o futuro); e Ezequiel 18:1-20.

(Êxodo 20:5; Deuteronômio 5:9; cf. Êxodo 34:7). Vemos a descrição em 2Samuel 12:13 das consequências do caso de adultério de Davi com Bate-Seba: "Natã disse a Davi: 'Agora o Senhor transferiu seu pecado; você não morrerá'" (tradução dos autores) — e, de fato, alguns versículos depois, a criança inocente nascida de adultério morre. O capítulo 53 de Isaías é exclusivo na Bíblia hebraica em sua sugestão de que um indivíduo em particular absorve o pecado de muitas pessoas.

É fácil imaginar como a comunidade, que se encontra no exílio de sua terra natal, sem Templo nem rei, sentiria um excesso de culpa. Sem estar disposta a acreditar que seu Deus era injusto, tendo consigo uma coleção de leis que ordena um comportamento justo e uma história profética que alertava contra a injustiça, a comunidade exilada logicamente culpava a si mesma por suas perdas.

Logo, concluíram que tinham cumprido o castigo pelos seus pecados — talvez até mais do que deviam. Lemos em Isaías 40:2 a declaração de que Israel "recebeu da mão do Senhor em dobro por todos os seus pecados." Nesse momento, os exilados expressam seus sentimentos de abandono; o poeta exílico de Lamentações 5:20 clama a Deus: "Por que motivo então te esquecerias de nós? Por que haverias de desamparar-nos por tanto tempo?" O versículo seguinte mostra que o poeta tem certeza de que o arrependimento do povo é insuficiente, e que Deus tem que dar o primeiro passo para restaurar Israel: "Restaura-nos para ti, Senhor, para que voltemos; / renova os nossos dias como os de antigamente." Somente depois dessa providência extraordinária é que Israel pode ser restaurado.

Esse é o ambiente do profeta anônimo cujas palavras foram compiladas nos capítulos de 40 a 55 de Isaías. Mergulhada no exílio e destituída do Templo — um *lócus* importante de expiação até ter sido destruído em 586 A.E.C. — a comunidade precisava encontrar novas maneiras de sentir que merecia o perdão. O servo sofredor de Isaías 52:13—53:12 atende a essa necessidade.

Gostaríamos muito de saber quem era esse servo — se de fato o profeta queria identificá-lo com alguma pessoa em particular. É impossível identificar essa pessoa, ou até mesmo definir se trata-se do mesmo servo em todas as suas ocorrências nos capítulos de 40 a 55. Tryggve N. D. Mettinger recapitula uma típica lista de candidatos em potencial, incluindo o próprio Isaías, Moisés (*b. Sotah* 14a), Jeremias (Saadia Gaon e Ibn Ezra; cf. Jeremias 10:18-24; 11:19), Ezequias, o rei davídico no exílio, ou Zorobabel, o povo de Israel (*b. Sanhedrin* 98a; *Números Rabbah* 13.2), os justos em todas as gerações (*b. Berakhot* 5a), Ciro, o messias (*b. Sanhedrin* 98b; *Rute Rabbah* 5.6; cf. Isaías 45:1), o remanescente fiel mencionado em Isaías 10:20-22 (David Kimchi), o sumo sacerdote Onias, e outros.

Mettinger acha que essas várias sugestões "parecem fazer parte de uma caçada bem-sucedida na savana exegética."[17]

A referência de Isaías 52:13—53:12 originalmente se dirigia a um dos contemporâneos exílicos do profeta, que ele via como trazendo expiação de forma vicária para a comunidade exílica (ou do início do pós-exílio) que sentia um peso de culpa muito grande. Não sabemos nem o nome desse indivíduo, nem nada sobre ele além do que essa passagem difícil diz. Ou quem sabe esse tenha sido um personagem imaginado pelo profeta. Mas, dada à vivacidade dessa pessoa e a sua descrição incomum, fica fácil perceber a razão pela qual até mesmo os leitores mais antigos dessa passagem buscaram identificar esse servo.

A HISTÓRIA DO SERVO NAS TRADIÇÕES JUDAICAS E CRISTÃS POSTERIORES

Embora os escritores da época do Segundo Templo não abordassem a Canção do Servo de Isaías 52:13—53:12 com frequência, as interpretações que encontramos são variadas. A alusão ou a identificação do servo mais antiga que temos até hoje está em Daniel 12:3, um texto que foi escrito em meados do século 2 A.E.C., na época da opressão de Antíoco IV Epifânio, que criou leis que se opunham à prática judaica. O autor afirma, com relação aos fiéis: "Aqueles que são sábios reluzirão como o brilho do céu, e aqueles que conduzem *muitos à justiça* serão como as estrelas, para todo o sempre" (destaque nosso), isto é, viverão para sempre. O capítulo 12 de Daniel dá um novo propósito para Isaías 53:11b: "meu servo justo *justificará a muitos*" (destaque nosso).

O texto de Isaías 53:11b muito provavelmente serve como base a Daniel 11:33: "Aqueles que são sábios instruirão a *muitos*, mas por certo período cairão pela espada e serão queimados, capturados e saqueados" (destaque nosso); e outros versículos de Daniel também podem se referir a Isaías 52:13—53:12 ao descrever cenários de perseguição. O autor entende que o servo representa uma coletividade de pessoas justas que resistiu aos decretos de Antíoco IV, como a proibição de os judeus guardarem o sábado e circuncidarem os bebês do sexo masculino (veja 1Macabeus 1:44-50 e o Capítulo 12 a seguir). Entretanto, Daniel não recicla todos os elementos de Isaías 52:13—53:12, nem devemos esperar que ele fizesse isso; por exemplo, em nenhum momento se menciona de forma clara algum castigo vicário.

---

[17]Mettinger, *Farewell to the servant songs*, p. 45. Para um resumo útil das identificações do servo por parte dos especialistas cristãos, veja Kenneth D. Litwack, "The use of quotations from Isaiah 52:13—53:12 in the New Testament", *Journal of the Evangelical Theological Society* 26 (1983): 385-94.

O SERVO SOFREDOR DE ISAÍAS

Outros autores do Segundo Templo, incluindo a figura central do Pergaminho de Ação de Graças, ou *Hodayot*, demonstram algum interesse no cântico que estamos estudando e é possível que o Mestre de Justiça se autoidentificasse com o "servo" desprezado que foi justificado.[18] Entretanto, ao contrário do que se diz por aí, nenhum Manuscrito do Mar Morto que tenha base em Isaías 52:13—53:12 se refere a algum "messias" sofredor que morre.[19] A respeito do *Sefer Hamilḥamah*, o Livro da Guerra (4Q285), que geralmente é citado como prova de um messias que sofre e morre em meio aos Manuscritos do Mar Morto, o eminente especialista em manuscritos, James VanderKam, escreve: "A quarta linha — que é controvertida — deve ser traduzida: 'e o príncipe da congregação [outro título para o Messias davídico] [...] o matará [ou: matou]'" e conclui que esse versículo se refere a Isaías 11:4, que descreve como o filho de Davi "matará os ímpios".[20] Conforme James Charlesworth observa: "A comunidade de Qumran não desenvolveu o conceito de um messias-servo que sofreria de forma vicária por muitos e os salvaria".[21]

Começamos a encontrar um interesse maior nesse servo no século 2 E.C., principalmente para se opor às propostas cristãs. As fontes iniciais desse interesse são cristãs. Em seu *Diálogo com Trifão* (de cerca do ano 160),[22] Justino Mártir fez uso do Servo Sofredor de Isaías para mostrar como Jesus vai além do ritual judaico. Por exemplo, depois de citar toda a passagem de Isaías 52:10 a 54:6 (LXX) em *Diálogo* 13.2-5 (cf. 40.1), Justino contrasta a imersão ritual judaica com a purificação do sangue de Cristo, o "cordeiro levado ao matadouro" (Isaías 53:7). O debate fica ainda mais polêmico quando Justino conclui que os judeus torturaram esse cordeiro inocente de propósito (Diálogo 72.1), aquele que Isaías proclama como "sem pecado" porque "não cometeu iniquidade" (Isaías 53:9). Diante da resistência de Trifão à ideia de um Messias crucificado, Justino cita, entre outras coisas,

---

[18]Veja, p.ex., John J. Collins, "A messiah before Jesus", em *Christian beginnings and the Dead Sea Scrolls*, ed. John J. Collins e Craig A. Evans (Grand Rapids: Baker Academic, 2006), p. 15-36 (21-3).

[19]Contra Israel Knohl, *The messiah before Jesus: the suffering servant of the Dead Sea Scrolls*, tradução para o inglês de David Maisel (Berkeley: University of California Press, 2000); veja os questionamentos de John J. Collins, *The scepter and the star: the messiahs of the Dead Sea Scrolls and other ancient literature*, 2ª ed. (Grand Rapids: Eerdmans, 2010), esp. p. 164-70; Collins, "The suffering servant at Qumran?", *Bible Review* 9, n. 6 (1993): 25-7, 63; e Torleif Elgvin, "Eschatology and messianism in the Gabriel inscription", *Journal of the Jesus Movement in its Jewish Setting From the First to the Seventh Century* 1 (2014): 5-24. *Veja tb*. James Tabor, "A pierced or piercing messiah? — the verdict is still out", *Biblical Archaeology Review* 18 (1992): 58-9.

[20]James C. VanderKam, *The Dead Sea Scrolls today*, 2. ed. (Grand Rapids: Eerdmans, 1994), p. 219.

[21]James H. Charlesworth, "Suffering Servant", *EDSS*, 2:901.

[22]A análise em seguida se baseia de forma substancial em D. Jeffrey Bingham, "Justin and Isaiah 53", *Vigiliae Christianae* 53 (2000): 248-61. *Veja tb*. Daniel Bailey, "Our suffering and crucified messiah (*Dial.* 111.2): Justin Martyr's allusions to Isaiah 53 in his dialogue with Trypho, with special reference to the new edition of M. Marcovich", em Janowski and Stuhlmacher, *Suffering Servant*, p. 324-417.

Isaías 53:3 quando fala sobre o "homem de sofrimento." Quanto à pergunta de Isaías, "quem creu em nossa mensagem?" (Isaías 53:1), Justino responde: a igreja gentia (Diálogo 8.3; 118.3). Conforme Jeffrey Bingham afirma: "Esses vínculos podem ser vistos como inacreditáveis fora da comunidade, mas eles formam a trama da fé cristã."[23]

Orígenes registra outro debate:

> Agora me lembro que, certa vez, em um debate com alguns judeus que eram considerados homens sábios, citei essas profecias, às quais meu rival judeu respondeu que essas predições se referiam a todo o povo, considerado como uma só pessoa, e como estando em uma situação de dispersão e sofrimento, para que muitos prosélitos pudessem ser ganhos entre eles, por causa da dispersão dos judeus entre as várias nações gentias.[24]

Embora os pais da igreja estivessem declarando que Jesus era a única leitura possível a respeito do servo de Isaías, os judeus pós-bíblicos promulgaram a interpretação comunal. Entretanto, esse pensamento judaico em particular não passava de uma das várias opções disponíveis.

Apesar da sugestão de Orígenes, a maioria das interpretações judaicas antigas a respeito do servo em Isaías 52:13—53:12 sugere que ele se tratava de um indivíduo; por exemplo, o *Targum Jonathan* de Isaías 52:13—53:12, que provavelmente foi escrito em algum momento anterior à revolta judaica de Bar Kochba (132 a 135 E.C.), interpreta o texto hebraico de 52:13, "vejam, o meu servo", como "vejam, o meu servo, o Messias."[25] Assim, essa figura serve como um intercessor a favor de Israel. Não dá para saber se essa referência se trata de uma reação à leitura cristã, embora seja a referência mais antiga onde judeus que não creem em Jesus entendem o servo como o Messias.

Os textos rabínicos antigos também entendem geralmente o servo como uma pessoa e não como o Israel coletivo.[26] Alguns concordam com o *Targum Jonathan* que esses versículos se referem ao Messias — que, com certeza, na visão deles, não

---

[23]Bingham, "Justin and Isaiah 53", p. 251.

[24]Orígenes, *Contra Celso* 1.55, em *ANF*, 4:420.

[25]Bruce D. Chilton, *The Isaiah Targum*, Aramaic Bible 11 (Wilmington, DE: Glazier, 1987), p. 103.

[26]Muitos exemplos nessa seção vêm de S. R. Driver e A. Neubauer, *The fifty-third chapter of Isaiah according to Jewish interpreters*, 2 vols. (1876; reimpr., New York: Ktav, 1969). Para uma visão geral, veja Elliott Horowitz, "Isaiah's suffering servant and the Jews: from the nineteenth century to the ninth", em *New perspectives in Jewish-Christian relations: in honor of David Berger*, ed. Elisheva Carlebach e Jacob J. Schacter, Brill Reference Library of Ancient Judaism 33 (Leiden: Brill, 2012), p. 429-36; Michael L. Brown, "Jewish interpretations of Isaiah 53", em Bock e Glaser, *Gospel according to Isaiah 53*, p. 61-83.

é Jesus de Nazaré. Por exemplo, *b. Sanhedrin* 98b registra: "O Messias: qual o seu nome? Os rabinos dizem: 'o intelectual leproso', como se diz: 'Certamente ele tomou sobre si as nossas enfermidades e sobre si levou as nossas doenças, contudo nós o consideramos castigado por Deus, por ele atingido e afligido.'" Essa passagem vem depois de um debate em que o profeta Elias informa o rabino Joshua ben Levi que o Messias "se assenta fazendo curativos em suas feridas de lepra uma de cada vez, de modo diferente dos outros enfermos, que fazem um curativo para todas elas. Por quê? Porque elas podem ser necessárias a qualquer momento e não devem ser deixadas para depois". A passagem pode se tratar de uma polêmica anticristã: se o Messias tivesse vindo, ela sugere que ninguém estaria passando por dores ou sofrimentos. Ao mesmo tempo, os rabinos que eram responsáveis por essa passagem destacam que o Messias não consiste em uma figura militar nem em um anjo, mas de um intelectual que sofre de uma doença debilitante. Por fim, a passagem pode ser lida como dizendo que o Messias pode ser encontrado no meio daqueles que sofrem.

Outra imagem rabínica de um Messias sofredor, embora não se baseie em Isaías 52:13—53:12, aparece em *Pesiqta Rabbati*, cujo conteúdo principal provavelmente foi escrito do século 5 ao 6. Nas tradições que utiliza, que possivelmente datam de 2 ou 3 séculos antes, esse texto discute Messias ben Efraim.[27] Essa figura, que aparece em várias fontes antigas e medievais, geralmente é retratada como um guerreiro que precede a chegada do "Messias ben David", o Messias davídico, e que às vezes morre na batalha.[28] Naquilo que parece uma reação às propostas cristãs, esse livro registra um sofrimento voluntário e vicário, mas nunca a morte, do Messias ben Efraim:

> [O Santo, bendito seja ele], começou a falar sobre as palavras com ele [Messias Efraim], dizendo-lhe:
>
> No futuro, os pecados daqueles que se esconderam junto contigo [Messias Efraim] os colocarão debaixo de um jugo de ferro. Eles o farão como um bezerro que vai perdendo a visão; e eles sufocarão seu espírito com [seu] jugo; e, por causa dos pecados deles, sua língua se apegará ao céu da boca (Salmos 22:16). Será que você está disposto a suportar isso?
>
> O Messias disse na presença [de Deus]: Será que esse sofrimento [durará] por muitos anos?

---

[27]A descrição desse *midrash* e a sua análise do messianismo se baseia em Rivka Ulmer, "The contours of the messiah in *Pesiqta Rabbati*", *Harvard Theological Review* 106 (2013): 115-44. *Veja tb.* p. 375-7.

[28]Ulmer, "Contours of the messiah", p. 118; Ephraim E. Urbach, *The Sages: their concepts and beliefs*, tradução para o inglês de Israel Abrahams (Jerusalem: Magnes, 1975), p. 687-8.

O Santo lhe disse: Pela tua vida e pela vida da minha cabeça! Decretei para ti uma semana [sete anos].

Se tua alma estiver triste, os banirei imediatamente [as almas pecaminosas escondidas contigo debaixo do Trono de Deus].

[O Messias] disse em sua presença: Senhor do universo, levarei isso sobre mim com uma alma contente e um coração alegre, desde que ninguém em Israel pereça; não somente aqueles que estão vivos devem ser salvos nos meus dias, mas também aqueles que já morreram, que morreram desde [os dias] do primeiro homem até agora devem ser salvos [leitura preferida: mas também os abortados]; [mesmo] aqueles que tu pensaste em criar, mas ainda não o foram. Essas [são as coisas] que desejo, e por isso estou pronto para levar [tudo isso] sobre mim (36).

O texto fora de contexto para esse *midrash* é Isaías 60:1: "Levante-se, refulja! Porque chegou a sua luz, / e a glória do SENHOR raia sobre você", um dos *haftarot* (textos proféticos) de consolo lido nas semanas que se seguem ao dia 9 do mês Av, o dia onde os judeus lamentam a destruição do Primeiro Templo e do Segundo Templo em Jerusalém. O Messias ben Efraim que sofre nesse texto judaico não é Jesus, o sofrimento não consiste na crucificação, e esse Messias não morre. O seu sofrimento nem mesmo se baseia nas passagens do Servo Sofredor de Isaías.

Outros textos judaicos destacam o sofrimento do Messias em Isaías 52:13—53:12. Uma passagem do Talmude (*b. Sukkah* 52a) observa de modo específico que o Messias, filho de José, é traspassado; embora cite Zacarias 12:10: "Olharão para mim, aquele a quem traspassaram", provavelmente também se refere a Isaías 53:5, que poderia ser traduzido de modo diferente da NRSV, que diz: "ele foi ferido por nossas transgressões", mas, de acordo com o hebraico, "ele foi traspassado".[29] Ao explicar o texto de Rute 2:14: "Venha cá! Pegue um pedaço de pão e molhe-o no vinho [ou "vinagre"]", o *midrash Rute Rabbah* 5:6 também interpreta Isaías 53:5 de forma messiânica: "Ele está falando do Rei Messias:'Venha cá', venha para perto do trono; 'pegue um pedaço de pão', ou seja, esse é o pão do reino; 'e molhe-o no vinagre', isso se refere às torturas, como se diz: 'Mas ele foi transpassado por causa das nossas transgressões, foi esmagado por causa de nossas iniquidades'." Essas interpretações mostram que alguns judeus entendiam que esse servo fosse o Messias, embora para eles esse Messias não fosse Jesus.

---

[29]Veja Raymond Brown, *Death of the Messiah: from Gethsemane to the grave-a commentary on the passion narratives in the four Gospels*, vol. 2 (New York: Doubleday, 1994), p. 1458.

O SERVO SOFREDOR DE ISAÍAS

Outros textos talmúdicos, que são difíceis de datar, entendem o servo como uma pessoa diferente do Messias (*b. Berakhot* 5a), assim como Moisés (*b. Sotah* 14a). O tratado *Berakhot* alude a Isaías 53:10:

> Contudo foi da vontade do Senhor esmagá-lo com dor,
> e, embora tu faças da vida dele uma oferta pelo pecado,
> ele verá sua prole e prolongará seus dias,
> e a vontade do Senhor prosperará por meio dele.

Ao fazer isso, esse escritor do Talmude diz que Deus pode afligir com doenças qualquer pessoa "da qual o Senhor se agrada". Essa declaração não glorifica o sofrimento. Em vez disso, sugere que o sofrimento não é arbitrário, mas que pode refletir o amor de Deus (veja a referência de Provérbios 3:12), e deve ser aceito com amor por Deus, e que os próprios rabinos também sofrem.

A maioria dos intérpretes judeus da época medieval, que conheciam muito bem o uso das passagens a respeito do servo com referência a Jesus, entendiam o servo como alguém que representa todo o Israel. Para Rashi, o servo explicava a perseguição dos judeus diante da devastação que a Primeira Cruzada causou nas comunidades judaicas na Renânia de 1096 a 1099 e os prometeu uma recompensa por sua fidelidade. Como Joel Rembaum afirma: "É exatamente por causa da ideia de um sacrifício humano inocente pagando pela expiação universal e pela reconciliação da humanidade com Deus ter se tornado tão proeminente na França do início do século 12 que Rashi foi levado a incorporá-la a sua exegese do capítulo 53 de Isaías."[30]

Os comentários de Rashi se tornaram o padrão dentro das comunidades judaicas, e a maioria dos escritores o seguiram no entendimento que o servo se tratava do povo de Israel que foi castigado no exílio e restaurado a sua terra. Muitos desses comentaristas assumem uma postura claramente polêmica. Por exemplo, Ibn Ezra observa: "Nossos rivais dizem que se refere ao Deus deles [...] isso, no entanto, não é possível", porque uma pessoa morta não pode "ver sua prole" (Isaías 53:10). A ênfase da interpretação coletiva também respondeu às declarações cristãs antijudaicas de que o exílio de Israel consistia em um sinal do abandono de Deus. Os judeus as rebateram dizendo que a diminuição do status de Israel reflete, na verdade, o seu papel como o servo escolhido de Deus — e não o papel da igreja, que afirmava ser o novo Israel.

---

[30]Veja Joel E. Rembaum, "The development of a Jewish exegetical tradition regarding Isaiah 53", *Harvard Theological Review* 75 (1982): 289-311 (299).

Mesmo assim, as interpretações pessoais e até mesmo messiânicas de Isaías 52:13—53:12 continuaram, embora de forma mais fraca, na Idade Média. Elas podem ser encontradas, por exemplo, nos comentários caraítas (que não são rabínicos), mesmo na obra do comentarista caraíta mais importante, Yefet, filho de Eli (que viveu no Iraque e em Israel no século 10). Citando o antigo caraíta Benjamin ben Moses Nahawandi, ele afirma que essa passagem "está falando do Messias".

Os intérpretes judeus modernos, seguindo a linha de Rashi, geralmente entendem o servo como Israel, ou pelo menos como um personagem não messiânico. Entretanto, muitos judeus atualmente, a menos que tenham encontrado missionários cristãos ou tenham estudado o "homem de sofrimento" na história da arte, provavelmente não conheçam a passagem de Isaías 52:13—53:12, já que ela não se encontra na liturgia judaica. Quem sabe esses versículos saíram das leituras litúrgicas judaicas por causa da pressão cristã; ou quem sabe elas nunca tenham feito parte delas. Por outro lado, os cristãos que seguem lecionários terão ouvido falar do servo de Isaías com frequência, tanto de forma implícita, como duas vezes de forma clara. No *Lecionário Comum Revisado*, proclama-se Isaías 52:13—53:12 anualmente na Sexta-feira Santa, a data em que se comemora a crucificação de Jesus. Essa leitura é acompanhada do salmo 22, um salmo que é frequentemente interpretado de forma cristológica que é citado por Jesus na cruz (veja cap. 11); com a análise em Hebreus 10:16-25 sobre Jesus como o sumo sacerdote da nova aliança (veja cap. 5); e com uma porção da narrativa que João faz da Paixão (João 18:1—19:42). Lê-se Isaías 53:4-12 no vigésimo segundo domingo depois de Pentecostes no Ciclo B, juntamente com Hebreus 5:1-10, que fala sobre Jesus como sumo sacerdote, e Marcos 10:35-45, em que Jesus diz a seus discípulos que "nem mesmo o Filho do homem veio para ser servido, mas para servir e dar a sua vida em resgate por muitos" (Marcos 10:45).[31]

O texto de Isaías 52:13—53:12 tem rendido várias interpretações, algumas sugeridas por aspectos do grego e do hebraico, algumas polêmicas, e outras pastorais. Essa diversidade de interpretações nos alerta contra ler o texto de uma única maneira ou às custas de alguém. Talvez os judeus, que negam que Jesus é o Servo de Isaías, possam reconhecer como os cristãos, lendo de forma tipológica, adotaram essa interpretação. Talvez os cristãos possam reconhecer que os judeus têm seus entendimentos próprios e, portanto, podem não ler essa passagem somente como

---

[31]The *Revised Common Lectionary* é seguido por várias denominações protestantes tradicionais. Esse ciclo de três anos aparece na versão da Vanderbilt University no site: https://lectionary.library.vanderbilt.edu/.

o sofrimento do servo, mas também quanto à sua exaltação, trazendo esperança àqueles que sofrem em todos os lugares.

Essa passagem força os judeus a lidar com noções da expiação vicária, especialmente quando é utilizada para explicar ou justificar acontecimentos terríveis que não têm nenhum significado. Não é adequado sugerir, por exemplo, que a *Shoah* (o Holocausto) acabou se tornando algo bom, já que contribuiu para a existência do estado moderno de Israel. Os fins não justificam os meios.

Em contrapartida, temos que reconhecer que algumas pessoas vivendo debaixo de circunstâncias opressoras se agarram na certeza de que Deus entende o seu sofrimento, e que, por esse motivo, o seu sofrimento tem algum valor, algum significado. Também não devemos descartar muito rapidamente o fato de que a palavra traduzida como "servo", tanto no grego quanto no hebraico, também pode significar "escravo"; vemos como essa tradução leva à exortação de 1Pedro para que os escravos sofram do mesmo modo que Cristo sofreu, uma passagem com um passado sórdido na justificação da escravidão dos africanos e dos seus descendentes na história dos Estados Unidos. Todos os textos assumem novos sentidos com o passar do tempo, alinhado com o nosso conhecimento sobre a escravidão no nosso passado mais recente, bem como sobre o problema atual do tráfico humano, temos que garantir que os textos bíblicos não sejam usados para apoiar práticas opressoras. Para alguns leitores, qualquer aprovação a uma "linguagem escravagista" não passa de anátema. Para outros, o título "escravo de Deus" indica que, já que Deus é o Senhor único e verdadeiro a quem se deve lealdade, nenhum ser humano pode, no fim das contas, ser dono de ninguém.

Podemos também usar o Servo Sofredor para mobilizar os judeus e os cristãos de forma conjunta para apoiar novas leituras de Isaías. Em 1978, o sacerdote jesuíta Ignacio Ellacuría, reitor da Universidade Centro-americana (UCA) em El Salvador, afirmou que a leitura tradicional a respeito do servo como "prefigurando" a paixão de Jesus "não deve fechar nossos olhos" ao poder das palavras como "uma descrição factual da [...] grande maioria da humanidade" em nosso tempo. Para ele, o Servo Sofredor atualmente "é todo aquele que cumpre a missão descrita nessas Canções — toda pessoa que é crucificada de forma injusta e cujo sofrimento produz algum tipo de 'expiação' mediante sua busca de um retorno 'público' e 'histórico' à justiça ou à retidão."[32] A freira Mary Francis Reis pergunta

---

[32]Robert Lassalle-Klein, "Voice of the suffering servant, cry of the crucified people", *Explore Journal* 18 (2015): 32-35, disponível no Centro Inaciano de Educação Jesuíta, https://www.scu.edu/ic/media--publications/explore-journal/spring-2015-stories/voice-of-the-suffering-servant-cry-of-the-crucified-people.html, citando Ignacio Ellacuría, reitor da Universidade Centro-americana (UCA) em El Salvador.

de modo parecido: "Onde se pode encontrar o Servo Sofredor nos dias de hoje? Em Flint, Michigan? Nos adolescentes afrodescendentes com medo de receberem tiros da polícia? Nos imigrantes que vivem com medo de serem deportados? Nos sem-teto ou nos famintos?"[33] Todos podemos, independentemente de nossa filiação religiosa, propor essas questões motivadas por Isaías.

[33] Mary Frances Reis, "Good Friday reflection by S. Mary Frances Reis", Visitation Monastery of Minneapolis (blog), março de 2016, http://www.visitationmonasteryminneapolis.org/2016/03/good-friday-reflection-by--s-mary-frances-reis/.

10

O SINAL DE JONAS

JESUS E O SINAL DE JONAS

O livro de Jonas é difícil de encontrar na Bíblia hebraica. Ele está enterrado dentro da coleção conhecida como os doze Profetas Menores — um grupo de livros curtos ("menores" somente nesse sentido) que na antiguidade foram copiados em um único manuscrito, chamado por esse motivo de "Livro dos Doze". Na maioria dos ordenamentos desses livros, Jonas é o quinto livro na sequência, depois de Obadias, o menor livro da Bíblia hebraica, e antes de Miqueias.[1]

Entre os profetas, Jonas também é peculiar. Embora seja um profeta hebreu, ele foi comissionado a pregar aos gentios; além disso, sua história se constitui no único livro profético *sobre* um profeta em vez de conter palavras *atribuídas* a ele. Nem mesmo a palavra "profeta" (hebr., *navi'*) aparece nessa obra. Enquanto os profetas, tanto aqueles que são descritos em 1 e 2Reis, como Elias e Eliseu, quanto aqueles cujas palavras foram preservadas nos livros que levam seus nomes, tipicamente descobrem que suas mensagens não foram ouvidas, a proclamação breve de Jonas leva a um arrependimento imediato e completo — claramente um relato ficcional. Além disso, o livro de Jonas não somente apresenta uma mensagem profunda a respeito

---

[1]Fazem parte das fontes consultadas para este capítulo: Fay Elanor Ellwood, "Jonah (book and person)", *EBR*, 14:568-580; Yvonne Sherwood, "Jonah", em *The Oxford encyclopedia of the books of the Bible*, ed. Michael D. Coogan (Oxford: Oxford University Press, 2011), 1:477-81; Jack M. Sasson, *Jonah*, Anchor Yale Bible 24B (New Haven: Yale University Press, 1990); e Uriel Simon, *Jonah*, JPS Bible Commentary (Philadelphia: Jewish Publication Society, 1999). Para a história da recepção cristã, veja, entre outros, A. K. M. Adam, "The sign of Jonah: a fish-eye view", *Semeia* 51 (1990): 177-91; S. Chow, *The sign of Jonah reconsidered: a study of its meaning in the gospel traditions* (Stockholm: Almqvist & Wiksell, 1995); e especialmente Yvonne Sherwood, *A biblical text and its afterlives: the survival of Jonah in western culture* (Cambridge: Cambridge University Press, 2000).

do arrependimento, mas também consiste em uma história jovialmente engraçada.[2] Não se pode dizer o mesmo a respeito de Jeremias ou sobre Amós.

O livro de Jonas é conhecido popularmente como "Jonas e a baleia" — mas essa não é uma descrição exata. O texto hebraico menciona um grande peixe, mas nunca uma baleia. Uma vez que o capítulo 2 aborda o profeta orando do ventre do peixe, o livro geralmente é tratado como uma história de criança, uma versão bíblica de Pinóquio. As crianças são capazes de entender Jonas, mas considerá-lo como um livro escrito somente para crianças consiste em uma confusão de gênero. Igualmente se trata de uma confusão de gênero considerar esse livro como histórico. Em alguns círculos, a história de Jonas tem sido um teste de ortodoxia quanto a fidelidade bíblica: pelo fato de "a Bíblia contar isso", algumas pessoas acreditam que essa história equivale necessariamente a um fato. Outras, incluindo nós, os autores, achamos que, apesar da referência popular à baleia, a avaliação de Ira Gershwin a respeito da veracidade histórica em sua ópera *Porgy and Bess* vai direto ao ponto: apesar da insistência dessa história em dizer que Jonas "fez sua casa / no ventre do peixe" , a música *Sportin' life* atesta o bom exegeta com o seu refrão "Não é bem assim".

Embora a historicidade dessa história "não seja bem assim", o seu valor literário é magnífico e suas lições éticas são essenciais. Do mesmo modo que as fábulas de Esopo e as várias parábolas de Jesus, a história de Jonas nos dá uma lição que não queremos, mas precisamos ouvir. O livro de Jonas se constitui em um conto moral: provocativo, divertido e aberto a várias interpretações, a maioria delas interrogando a respeito do nosso senso de justiça, lembrando-nos da importância do arrependimento, da proclamação da graça de Deus, da afirmação da moralidade potencial dos pecadores e promove o valor da empatia. O livro veio a significar, principalmente em contextos cristãos, a certeza da ressurreição e do juízo final e uma prefiguração da missão para os gentios. Diante de um mundo contemporâneo onde os estereótipos, o nacionalismo, as ameaças de destruição violenta e uma falta de humor proposital marcam a nossa cultura, a leitura de Jonas se reveste de especial importância, juntamente com a descoberta do significado que esse texto ainda tem.

Perdemos muito ao deixar Jonas para as crianças, mas ler Jonas somente como uma criança leria consiste em uma perda ainda maior. O gênero literário do livro, seja ele factual ou ficcional, não deveria ser tão relevante nem para os judeus, nem para os cristãos. A ficção, em histórias curtas, em parábolas ou em *midrashim*, geralmente ensina melhor do que histórias reais.

---

[2]J. William Whedbee, "Jonah as joke: a comedy of contradictions, caricature, and compassion", em *The Bible and the comic vision*, ed. J. William Whedbee (Cambridge: University Press, 1998), p. 191-220; Mark Biddle, *A time to laugh: humor in the Bible* (Macon, GA: Smyth & Helwys, 2013), p. 57-72.

O SINAL DE JONAS

Para muitos leitores cristãos, desde a antiguidade até o presente, o sentido principal do livro se refere ao sepultamento e a ressurreição de Jesus. Encontramos a primeira referência e a primeira explicação do "sinal de Jonas" em Mateus 12:38-40. Quando Jesus foi abordado por alguns escribas e fariseus que o perguntaram: "Mestre, queremos ver um sinal miraculoso feito por ti", ele responde: "Uma geração perversa e adúltera pede um sinal miraculoso! Mas nenhum sinal lhe será dado, exceto o sinal do profeta Jonas. Pois assim como Jonas esteve três dias e três noites no ventre de um grande peixe, assim o Filho do homem ficará três dias e três noites no coração da terra". Essa citação se refere a Jonas 1:17 (2:1 hebr.): "Então o SENHOR fez com que um grande peixe engolisse Jonas, e ele ficou dentro do peixe três dias e três noites". Entre os exemplos mais antigos que temos da arte cristã estão sarcófagos do século 3 que retratam Jonas, lido à luz dessas palavras, como símbolo da ressurreição e do descanso no paraíso.[3]

Os versículos seguintes em Mateus e Lucas acenam para duas outras interpretações do sinal de Jonas: a conversão dos gentios e o juízo final onde os judeus que não seguem a Jesus são condenados por representantes do mundo judeu. Leiamos a versão de Lucas (11:29-32; veja também Mateus 12:38-42):

> Aumentando a multidão, Jesus começou a dizer: "Esta é uma geração perversa. Ela pede um sinal miraculoso, mas nenhum sinal lhe será dado, exceto o sinal de Jonas. Pois assim como Jonas foi um sinal para os ninivitas, o Filho do homem também o será para esta geração. A rainha do Sul se levantará no juízo com os homens desta geração e os condenará, pois ela veio dos confins da terra para ouvir a sabedoria de Salomão, e agora está aqui o que é maior do que Salomão. Os homens de Nínive se levantarão no juízo com esta geração e a condenarão; pois eles se arrependeram com a pregação de Jonas, e agora está aqui o que é maior do que Jonas".

A "rainha do Sul" não é outra senão a rainha de Sabá, que, de acordo com o capítulo 10 de 1Reis, ficou maravilhada com a sabedoria do rei Salomão. O povo de Nínive se arrepende diante das cinco palavras de alerta proferidas por Jonas. Esses gentios cedem, respectivamente, ao rei de Israel (Salomão) e ao profeta (Jonas). O escritor do Evangelho transmite a mensagem da seguinte forma: todos aqueles que o ouvem devem se submeter a Jesus, porque ele é o herdeiro do trono de Davi e maior do que um profeta.

---

[3]Stephen J. Davis, "Jonah in early Christian art: allegorical exegesis and the Roman funerary context", *Australian Religion Studies Review* 13 (2000): 72-83; de modo mais amplo, veja Robert C. Gregg, *Shared stories, rival tellings: early encounters of Jews, Christians, and Muslims* (Oxford: Oxford University Press, 2015), p. 369-407. *Veja tb.* Scott B. Noegel, "Jonah and Leviathan: inner-biblical allusions and the problem with dragons", *Henoch* 37 (2015): 236-60.

É possível que Jesus tenha falado de forma enigmática a respeito do sinal de Jonas, sem nenhuma explicação a respeito de seu destino ou da missão aos gentios. Segundo o Evangelho de Marcos, que não faz nenhuma menção a Jonas, os contemporâneos de Jesus lhe pedem um sinal: eles querem algum tipo de evidência de que ele é o Messias. Curas, ressurreições, e milagres da natureza não provavam o status messiânico, porque os profetas antigos como Elias e Eliseu, e as figuras contemporâneas carismáticas judaicas como Hanina ben Dosa e Honi Desenhador de Círculos, faziam a mesma coisa. Ensino revestido de sabedoria também não prova a condição de Messias, como mostram as histórias de Salomão e a literatura bíblica sapiencial. Como alguém pode "provar" que é o Messias? As pessoas estavam esperando mudanças universais: uma ressurreição geral dos mortos onde todos retornassem à vida, um juízo final e paz na terra. O pedido é compreensível: qualquer afirmação precisa ser comprovada com ação.

Diante desse pedido de um sinal, Jesus, de acordo com Marcos, "suspirou profundamente e disse: 'Por que esta geração pede um sinal miraculoso? Eu lhes afirmo que nenhum sinal lhe será dado'" (Marcos 8:12). Marcos diz que Jesus afirmou que não daria "nenhum sinal"; Mateus e Lucas apresentam um sinal com várias interpretações. Esses dois Evangelhos posteriores podem estar refletindo ou interpretando o comentário curto e mais original de Marcos. À luz de sua proclamação da ressurreição de Jesus e de sua promoção de missão aos gentios, os seguidores de Jesus fizeram uma releitura de suas escrituras. Eles começaram a ver coisas novas, e a interpretar os textos que eles consideravam sagrados de novas maneiras — alguma forma do que se tornou para eles o "Antigo Testamento". Em Jonas, eles encontraram confirmação para as suas crenças e para as suas experiências.

Entretanto, o sinal e o livro de Jonas não devem se limitar às interpretações dos Evangelhos. O livro ainda tem muito a nos ensinar. Exploramos neste capítulo o que o livro dava a entender em seu contexto hebraico antigo, como sua linguagem foi reutilizada nas escrituras posteriores, e como os judeus e os cristãos através dos séculos entendem esses quatro pequenos capítulos.

A HISTÓRIA DE JONAS EM SEU CONTEXTO HISTÓRICO ANTIGO

Os primeiros leitores de Jonas, que provavelmente viveram logo depois do exílio babilônico e da repatriação de muitos judeus que retornaram a sua terra natal no século 6 A.E.C., encontrariam nesses 48 versículos mensagens sobre a compaixão divina, a natureza da profecia, da universalidade de Deus, a importância

O SINAL DE JONAS

do arrependimento, e a necessidade de reconhecer o próprio chamado. O livro, de um modo comparável ao livro de Rute, também com quatro capítulos, responde às vozes mais nacionalistas que buscaram preservar a identidade da comunidade repatriada se distanciando dos forasteiros. Observamos essa preocupação com o universalismo[4] desde que ouvimos de nossos estudantes cristãos que o judaísmo (que é o modo pelo qual eles identificam o "Antigo Testamento") é xenofóbico e que Jesus, por sua vez, inventou o universalismo. Pelo contrário, para a *Tanakh*, o Deus de Israel é o Deus de todo o mundo, e as pessoas não são julgadas de acordo com sua etnia, mas por seu comportamento ético.[5] Jonas está inserido na mesma tradição universalista presente no primeiro capítulo de Gênesis, segundo o qual todas as pessoas são criadas à imagem de Deus. O livro do profeta também segue Deuteronômio 10:19, que ordena: "Amem os estrangeiros, pois vocês mesmos foram estrangeiros no Egito". O livro de Rute retrata a recepção da moabita Rute na comunidade de Israel, e ela se torna a bisavó do Rei Davi. O livro aponta para o Templo de Jerusalém e para as sinagogas desde a Antiguidade até os dias de hoje, nos quais os gentios eram e ainda são bem-vindos. O livro começa com Deus ordenando a Jonas para que fale contra a "grande cidade" de Nínive, a capital assíria do século 7 A.E.C. O profeta, que tem bons antecedentes, não está com vontade de assumir a tarefa. Os profetas geralmente não querem ser profetas; a maioria resiste ao seu chamado. Moisés tenta se esquivar de sua comissão para libertar o seu povo da escravidão egípcia reclamando de sua falta de eloquência (Êxodo 4:10). Jeremias insiste: "Ah, Soberano SENHOR! Eu não sei falar, pois ainda sou muito jovem" (Jeremias 1:6). Os profetas nos dizem o que não queremos ouvir; quem quer esse tipo de trabalho? Os profetas antigos tentavam argumentar contra seu comissionamento; Jonas, em um gesto extremo, põe-se em fuga.

Em vez de se dirigir para o nordeste em direção a Nínive, Jonas tenta "fugir da presença do SENHOR rumo a Társis" (1:3). Társis geralmente é vista como uma cidade na Espanha. A semelhança no som entre Társis e Tarso, a terra de Paulo, será uma das várias associações entre o profeta e o apóstolo, mas ainda não chegamos nesse ponto.

---

[4] Universalismo é empregado aqui como o oposto de nacionalismo. O termo é usado para argumentar contra a acusação de que o judaísmo ou a *Tanakh* são nacionalistas ou etnicistas. No entanto, na soteriologia cristã, universalismo geralmente se refere a uma visão teológica não conservadora sobre o destino final de todos os seres humanos, que afirma que todos serão salvos, sejam crentes ou ímpios. O contexto deixa claro que não é essa análise soteriológica que os autores têm em mente. (N. E.)

[5] Anna L. Grant-Henderson, *Inclusive voices in post-exilic Judah* (Collegeville, MN: Liturgical Press, 2002), esp. p. 85-107.

De modo alternativo, Jonas pode saber desde o princípio que o Deus de Israel também é o Deus do mundo. Então, do que será que ele está fugindo? O livro de Jonas pode ser entendido como transmitindo "a temática de uma pessoa fugindo da sua missão, do seu destino, ou até de si mesmo (Jonas 1:1-3)."[6] O seu encargo é levar os ninivitas ao arrependimento, e não consiste exatamente em uma tarefa que ele deseja porque ele sabe que, se os ninivitas se arrependessem, Deus teria misericórdia deles. Conforme ele afirma em 4:2, ao explicar suas preocupações: "Foi por isso que me apressei em fugir para Társis. Eu sabia que tu és Deus misericordioso e compassivo." Jonas não quer que os violentos assírios, que não eram nada mais nada menos que os arqui-inimigos de Israel, sejam resgatados; ele quer que eles sejam eliminados.

Para convencer Jonas de que ele não tinha escolha quanto à sua comissão, Deus levanta uma "grande tempestade" (NRSV: "tempestade poderosa"). Tudo em Jonas é "grande": a palavra hebraica *gadol* (grande, poderosa) aparece catorze vezes nesses quatro capítulos: grande cidade (1:2; 3:2,3; 4:11), grande vento (1:4), grande temor (1:10,16), grande tempestade (1:12), grande peixe (1:17 [2:1 hebr.]), grandes (isto é, nobres) pessoas (3:5,7), grande mal (4:1, indicando a ira de Jonas), grande alegria (4:6), e até o grande [rápido] crescimento de uma planta (4:10). Trata-se de uma história exagerada, claramente fictícia. A palavra "grande" é tão grande nessa história que podemos imaginar as pessoas (geralmente iletradas) dizendo a palavra "grande" quando instigadas pelo contador de histórias.

Os marinheiros, apesar de sua habilidade marítima, entram em pânico. O capítulo 1 faz um jogo de palavras com a raiz hebraica *y-r-'*, que significa tanto "ter medo" quanto "reverenciar": Em 1:5, por causa da tempestade, "os marinheiros estavam com medo"; em 1:10, eles ficam "com mais medo ainda"; e em 1:16, "os homens temeram ao SENHOR ainda mais [lit., "eles tiveram um grande medo"]" — as expressões ficam cada vez maiores, refletindo assim um medo crescente. A mesma raiz *y-r-'*, "temer", descreve Jonas em 1:9, quando ele diz aos marinheiros: "Temo [a maioria das traduções substitui "temer" por "adorar"] ao SENHOR, Deus do céu".

Apesar dessa tempestade perfeita, Jonas não entra em pânico. Pelo contrário, ele dorme no porão do navio (a Septuaginta acrescenta que ele chega a roncar).

---

[6]Gabriel H. Cohn, "Flight from himself — the book of Jonah", Universidade Bar Ilan, Parashat Hashavua Study Center, Parashat Ha'azinu-Shabbat Teshuva 5770 / 26 de setembro de 2009, https://www.biu.ac.il/JH/Parasha/eng/haazinu/cohn.html.

O SINAL DE JONAS

Os autores do Evangelho fazem uma paródia dessa paródia (Marcos 4:35-41; Mateus 8:23-27; Lucas 8:22-25). Em uma cena conhecida como "Cristo acalmando a tempestade", Marcos relata: "Levantou-se um forte vendaval, e as ondas se lançavam sobre o barco, de forma que este foi se enchendo de água", mas "Jesus estava na popa, dormindo com a cabeça sobre um travesseiro" (Marcos 4:37-38). Os discípulos, alguns dos quais eram pescadores e, portanto, sabiam como proceder em um barco, assumem o papel dos marinheiros: eles ficam com medo de morrer afogados e percebem que Jesus, que está dormindo, é a chave para o seu resgate. Jesus acalma a água e o vento, e então repreende os discípulos pela sua falta de fé. Posteriormente, Jesus acaba andando sobre as águas (Mateus 14:26; Marcos 6:48,49; João 6:19) em vez de afundar como Jonas até as profundezas.[7] Quanto mais conhecemos a respeito das escrituras de Israel, mais significativo se torna o Novo Testamento

Ao ser acordado pelos marinheiros, que descobrem ao lançar sortes que Jonas é a causa da tempestade, Jonas se identifica: "Eu sou hebreu" (1:9, a palavra hebraica é *'ivri*). Já a Septuaginta diz: "Eu sou um servo do SENHOR".[8] É fácil explicar como surgiu essa divergência. A palavra hebraica para "servo" é *'eved*, que é a mesma palavra usada para o "Servo Sofredor" de Isaías. Embora *'ivri* e *'eved* sejam completamente diferentes em nosso alfabeto, em hebraico a letra "r" (ר) é bem parecida com a letra "d" (ד), conforme observamos na página 34. Em seguida, a palavra traduzida como "SENHOR" consiste, em hebraico, nas famosas quatro letras do nome de Deus, que é transliterado como YHWH. A primeira letra desse nome divino, o Y, que em sua forma hebraica se parece com uma apóstrofe, também se constitui em uma abreviatura do nome YHWH.[9] Os tradutores para o grego leram o "r" como se fosse um "d", usaram o "y" como uma abreviatura, e logicamente tiveram, por consequência, "servo do SENHOR".

עברי	עבדי = עבד יהוה
hebreu	servo do SENHOR

As duas leituras estão certas, e cada uma reforça a outra. Para os leitores judeus, "hebreu" traz um vínculo étnico; para a leitura cristã, a referência de Jonas a

---

[7]Avigdor Shinan e Yair Zakovitch, *Once again: that's not what the good book says* [in Hebrew] (Jerusalem: Yedioth Ahronoth, 2009), p. 300-3.

[8]O targum traduz "hebreu" como "judeu", possivelmente para impedir as declarações cristãs atuais que veem Jonas como símbolo de Cristo. Veja Sherwood, *Biblical text and its afterlives*, p. 107.

[9]Veja Emanuel Tov, *Crítica textual da Bíblia hebraica* (Rio de Janeiro: BV Books, 2017), p. 241-2.

"servo" na versão grega traz uma associação mais próxima a Jesus. Esse é o tipo de problema textual que traz um grande sorriso aos especialistas em Bíblia.

Depois de se apresentar, Jonas continua: "Temo [na NRSV: "adoro"] ao SENHOR, Deus do céu, que fez o mar e a terra seca" (1:9). O comentário é extremamente irônico: é justamente esse Deus que, até onde os marinheiros sabem, está quase afogando eles. Além disso, a cena fica mais irônica ainda quando se considera o fato de que justo nesse momento em que Jonas afirma ser um adorador verdadeiro, ele está tentando fugir de sua comissão divina. Os marinheiros gentios, voltaremos nesse ponto, demonstram ser mais fiéis — eles temem, adoram e entendem Deus melhor do que Jonas — e, portanto, prenunciam o arrependimento dos ninivitas.

Quando os marinheiros ficam sabendo que Jonas é a causa da grande tempestade, eles o perguntam o que devem fazer, e o profeta, extremamente prestativo, roga para que esses marinheiros piedosos o joguem para fora do navio. Jonas, que é símbolo da personalidade passiva-agressiva, sabe que ele causou o problema, mas ele se recusa a assumir a responsabilidade de remediar a situação. Ele prefere que os marinheiros o matem em vez de pular para o mar por sua própria vontade. Somente depois de despender todos os esforços para salvarem a si mesmos e a seu passageiro, somente depois de terem certeza de que estão quase se afogando, é que os marinheiros atendem a esse pedido. Eles lançam o profeta para fora do navio.

Quando o mar, por fim, se acalmou, "os homens adoraram ao SENHOR com temor, oferecendo-lhe sacrifício e fazendo-lhe votos" (1:16). Os marinheiros fizeram o que era certo. Uma vez que eles, reconhecendo o poder divino, ofereceram adoração de forma adequada, há também uma oportunidade para Nínive. E talvez até mesmo Jonas tenha algo a aprender com eles.

A história, que ainda está no primeiro capítulo, já levanta questões morais essenciais. Ela pergunta: devemos matar uma pessoa em favor de muitas? No Evangelho de João, o sumo sacerdote Caifás, ao explicar por que é necessário entregar Jesus aos romanos, insiste: "Não percebeis que vos é melhor que morra um homem pelo povo, e que não pereça toda a nação?" (João 11:50). Ou assumimos o risco de que, trabalhando juntos, possamos todos sobreviver? Além disso, a história pergunta até que ponto controlamos o nosso destino e até que ponto existe o que chamamos de acidentes naturais. Dezesseis versículos, cheios de questões fundamentais, e tudo o que a nossa cultura nos diz a respeito dessa história é que ela é sobre um cara na barriga de uma baleia!

Depois de ser lançado do navio, Jonas é engolido por um grande peixe, em hebraico, *dag gadol*. A tradução grega passa as palavras para *kētos megas* (o termo técnico cetologia, que vem do grego, indica o estudo das baleias e de outros grandes mamíferos marinhos). A palavra *kētos* aparece na tradução grega de Jó 3:8, em que a palavra hebraica é "leviatã". A "baleia" vem da tradução de Mateus 12:40, feita por William Tyndale em 1534 e posteriormente adotada pela KJV. Em Jonas 1:17 (2:1 hebr.), Tyndale traduz por "greate fyshe" e a KJV por "great fish" [grande peixe].

Só depois de três dias no peixe (Gepeto, aquele que confeccionou e foi pai de Pinóquio, passou dois dias em uma situação parecida), Jonas fez uma oração (capítulo 2 de Jonas). Ele não apenas demora para tomar essa atitude, mas a própria oração consiste em uma mistura dos Salmos e dos Profetas. Pode muito bem ser uma composição anterior reaproveitada pelo autor; conforme veremos em nossa análise dos Salmos, muitos deles não passavam de orações genéricas disponíveis para que os adoradores aplicassem em suas próprias situações. Embora o salmo (de forma metafórica) mencione as profundezas e as águas, não se trata do tipo de oração que esperaríamos de uma pessoa presa no ventre de um grande peixe sob ameaça de morrer digerida ou afogada.

Jonas, que está entre os personagens mais queixosos da Bíblia, culpa Deus por sua situação. Ele diz em sua oração: "Jogaste-me nas profundezas" (2:3 [2:4 hebr.]); mas o que aconteceu foi justamente o oposto, Jonas foi jogado às águas somente depois de os marinheiros desesperados fazerem tudo o que puderam para protegê-lo. Jonas prossegue: "Fui expulso da tua presença" (2:4 [2:5 hebr.]); mas não aconteceu nada disso, foi Jonas que tentou fugir dela. Jonas condena os pagãos ao observar: "Aqueles que acreditam em ídolos inúteis desprezam a misericórdia" (2:8 [2:9 hebr.]). Muito pelo contrário, aqueles marinheiros gentios agiram de modo correto, e são justamente os ninivitas idólatras que acabam dando sinais de arrependimento. Mais uma vez, ainda em um cenário cômico, mas com um tom ético, a história propõe questões éticas amplas: Será que orações em favor de si mesmo têm algum valor? Será que é adequado em algum momento falar mal dos outros? Será que parecemos melhores fazendo com os que os outros pareçam piores, e se temos que recorrer a esse tipo de autoafirmação, quão patéticos nós somos?

Essa cena também levanta questões a respeito do significado da vida. Jonas afirma que Deus pode ouvi-lo desde o "ventre do Sheol" (2:2 [2:3 hebr.]), isto é, no mundo subterrâneo. Quando ele fala sobre o Sheol, Jonas entende sua situação como o que poderíamos chamar de uma "experiência de quase morte". Então ele se enxerga como sendo restaurado à vida: como ele afirma a Deus: "tu trouxeste a minha vida de volta da cova" (2:6 [2:7 hebr.]; nessa passagem, a "cova" equivale a um sinônimo de Sheol). Ele recebe uma segunda chance, do mesmo modo que o povo de Nínive receberá. Com essas referências de resgate do Sheol, o livro de Jonas leva o leitor a pensar sobre o que significa estar vivo no mundo, com suas possibilidades e promessas. O clichê comum a respeito de se comportar como um avestruz, com sua cabeça na areia, diz respeito à mesma preocupação. Embora alguns leitores posteriores vejam nessa passagem uma alusão à ressurreição, a história de Jonas primeiramente exige que seus leitores façam uma pergunta a respeito *desta vida*: qual é o meu papel na vida? Se eu tivesse uma nova chance, seria capaz de fazer o deveria ter feito da primeira vez?

Depois de "três dias e três noites" (1:17 [2:1 hebr.]), no quarto dia o peixe vomita Jonas (2:10 [2:11 hebr.]). Os primeiros leitores do livro, ao ouvir a referência a três dias, já antecipavam alguma coisa grandiosa no quarto dia. Esse padrão de três antes do quatro, que é comum na *Tanakh*, é mais claro nos capítulos 1 e 2 de Amós, que contém oito unidades começando com: "Por três transgressões de X [o nome de uma cidade-estado], e por quatro, eu não revogarei esse castigo". O quarto pecado que se constituí no clímax é aquele que condena esse estado. O mesmo refrão acompanha o confronto de Elias com os profetas de Baal em 1Reis 18:33-34. O narrador estabelece a ação culminante de Elias ao observar: "Então lhes disse: 'Encham de água quatro jarras grandes e derramem-na sobre o holocausto e sobre a lenha'. 'Façam-no novamente', disse, e eles o fizeram de novo. 'Façam-no pela terceira vez', ordenou, e eles o fizeram pela terceira vez" — depois desse ciclo de três vezes, a madeira do altar queima de forma milagrosa. Às vezes, esse padrão é implícito: Judá, o filho mais importante de Jacó, de quem vem a dinastia davídica, nasce em quarto lugar, depois de Rubem, Simeão e Levi.[10] Os primeiros leitores de Jonas, ouvindo falar de "três dias", criaram a expectativa de um clímax no quarto dia. A história de Jesus, que recorre de forma coerente às escrituras de Israel, brinca com esse padrão ao apresentar a ressurreição não depois de três dias, mas no terceiro dia. Como geralmente acontece, ele só faz referência a algum padrão para mostrar que ele não o seguiu.

Depois da oração de Jonas, Deus fala com o peixe, que então regurgita seu passageiro, intacto e sem nenhum arranhão, na terra seca. De forma estranha no hebraico, o peixe é apresentado gramaticalmente como macho duas vezes em Jonas 1:17 (2:1 hebr.), mas aparece na forma feminina em 2:1 (2:2 hebr.). Esse pode ser algum exemplo de variação estilística, já que o sexo do peixe não tem nenhuma importância para a história. Entretanto, conforme veremos, de acordo com algumas fontes rabínicas, quem lê os textos bíblicos atentamente encontra explicações para isso.

---

[10] O estudo mais detalhado desse padrão é o de Yair Zakovitch, *"For three . . . and for four": the pattern for the numerical sequence three-four in the Bible* [in Hebrew] (Jerusalem: Makor, 1979).

O primeiro e o terceiro capítulos começam com a mesma instrução divina para que Jonas "vá a grande cidade de Nínive"; Jonas obtém uma nova oportunidade. Ele finalmente chega a Nínive: "era uma cidade muito grande; demorava-se três dias para percorrê-la" (3:3). Embora fosse a capital do Império Assírio, Nínive não era tão grande assim — a história novamente usa de exagero. Então Jonas proclama sua predição. A profecia maravilhosamente breve consiste em cinco palavras (hebraicas), que são traduzidas da seguinte forma: "Daqui a quarenta dias Nínive será destruída" (3:4) (A Septuaginta dá somente "três dias", talvez para igualar o tempo que Jonas passou no ventre do peixe; o livro *Diálogo com Trifão,* de Justino Mártir, apresenta as duas versões [Diálogo 107]). A raiz hebraica da palavra "destruída" (3:4), que é *h-p-ch*, significa literalmente "tornar" ou "reverter", e, por causa disso, Jonas ironicamente prevê o cumprimento de sua profecia quando os ninivitas "se tornam" do mal para o bem.[11]

Quando ouvem a profecia, as pessoas demonstram o seu arrependimento se vestindo com pano de saco e depois proclamando um jejum. Quando "as notícias chegaram ao rei de Nínive" (3:6), sejam da proclamação de Jonas, sejam da reação do povo, ele também se veste com pano de saco. Na verdade, nunca houve um "rei de Nínive". Um erro parecido seria falar de um "rei de Londres" ou o "presidente de Washington". Esse rei decreta: "Por decreto do rei e de seus nobres: Não é permitido a nenhum homem ou animal, bois ou ovelhas, provar coisa alguma; não comam nem bebam! Cubram-se de pano de saco, homens e animais. E todos clamem a Deus com todas as suas forças. Deixem os maus caminhos e a violência" (3:7-8). Ou seja, ele dá um passo a mais do que o povo: da proibição de comer para a proibição de beber. Ele pode ser visto como o modelo de justiça; em um olhar mas cínico, ele nos lembra de políticos que querem fazer o que as pesquisas de intenção de voto sugerem. O resultado é o que tanto o rei quanto a cidade desejavam: eles não são destruídos.

Nínive pode ter seguido o modelo de Sodoma em Gênesis 18:20-21, que também foi subvertida (*h-p-ch*); o seu mal também sobe à presença de Deus ("porque a sua maldade subiu até a minha presença", Jonas 1:2). Mas, de modo diferente da população de Sodoma, os ninivitas imediatamente "deixaram os seus maus caminhos e a violência" (3:8). Eles fizeram isso com a devida consciência de que o arrependimento não garante o perdão. Conforme o rei disse: "Talvez Deus se arrependa e abandone a sua ira, e não sejamos destruídos" (3:9). Os assírios, que tinham a fama terrível de tratar os inimigos de modo cruel, conquistando Israel e

---

[11]Sherwood, *Biblical text and its afterlives*, p. 117.

exilando populações imensas (essa é a origem da lenda das "dez tribos perdidas"), se arrependem. O livro dá a entender que se *eles* podem se arrepender e ser perdoados, qualquer um pode ser!

O próprio Jonas ficou "descontente, muito contrariado e com raiva" (4:1, tradução dos autores) diante desse resultado. Ele estava esperando rir da desgraça alheia. Ele queria que o povo perverso fosse castigado, em vez de receber uma nova chance. Obviamente, ele não aprendeu a lição enquanto estava dentro do ventre do grande peixe.

Jonas orou mais uma vez: "SENHOR, não foi isso que eu disse quando ainda estava em casa? Foi por isso que me apressei em fugir para Társis. Eu sabia que tu és Deus misericordioso e compassivo, muito paciente, cheio de amor e que promete castigar mas depois se arrepende" (4:2). A teologia de Jonas consiste em uma forma resumida dos atributos de Deus que se pode deduzir dos Dez Mandamentos (Êxodo 20:5-6; Deuteronômio 5:9-10) e especialmente de Êxodo 34:6-7:

> SENHOR, SENHOR,
> Deus compassivo e misericordioso,
> paciente,
> cheio de amor e de fidelidade,
> que mantém o seu amor a milhares
> e perdoa a maldade, a rebelião e o pecado.
> Contudo, não deixa de punir o culpado;
> castiga os filhos
> e os netos
> pelo pecado de seus pais
> até a terceira e a quarta gerações.

Mas Jonas, da mesma forma que os outros textos (veja Deuteronômio 7:9-10), cita apenas uma parte dessa tradição; ele deixa de citar que ele "não deixa o pecado sem punição, e castiga os filhos pela iniquidade dos pais sobre os filhos". Essa omissão, que teria sido óbvia para os destinatários originais do livro, permite até mesmo que Jonas destaque ainda mais a natureza compassiva de Deus. Aliás, a última linha do texto aborda esse cuidado divino: "Não deveria eu ter pena dessa grande cidade?" (Jonas 4:11).

Jonas não quer um Deus misericordioso que dê uma segunda chance; ele quer um Deus que destrua Nínive pela sua grande maldade recente, para assim confirmar sua profecia. Assim, o livro nos leva a perguntar que tipo de Deus desejamos: aquele que perdoa ou aquele que destrói? Ele pergunta qual é o destino que desejamos para os nossos inimigos: serem removidos da terra, ou receberem a permissão de trabalhar em favor de uma reconciliação? Conforme vimos em nossa análise do Sermão do Monte quanto à questão do que fazer em caso de agressão física, a misericórdia sem juízo é intolerável, mas igualmente, conforme o livro de Jonas afirma, a justiça sem misericórdia também é.

Deus poupa os ninivitas, mas na geração seguinte, esses mesmos ninivitas não poupariam Israel. Aqui temos outra ironia brilhante. Embora se trate de uma obra de ficção, o livro de Jonas se baseia na figura histórica de Jonas, filho de Amitai. De acordo com 2Reis 14:25, esse Jonas foi um profeta nacionalista que morava no reino do norte de Israel durante o reinado de Jeroboão II (que morreu em cerca de 742 A.E.C.); seu ministério era contemporâneo aos profetas Amós e Oseias. O mesmo versículo em 2Reis que identifica Jonas indica que, diante da mensagem de Jonas, Jeroboão "restabeleceu as fronteiras de Israel desde Lebo-Hamate até o mar da Arabá", ou seja, Jeroboão ampliou suas fronteiras até onde elas estavam em 1Reis 8:65, na época idealizada do rei Salomão. O versículo seguinte indica: "O SENHOR viu a amargura com que todos em Israel, tanto escravos quanto livres, estavam sofrendo; não havia ninguém para socorrê-los" (2Reis 14:26). O Jonas original falou a respeito de ampliar as fronteiras, não sobre cuidar dos pobres. Assim, ele consiste no protagonista perfeito para nossa história: o profeta que promoveu a expansão de Israel passa a ser aquele que promove, em vez disso, o arrependimento de Nínive.

Mais irônico ainda é que, se os ninivitas não tivessem se arrependido, Deus teria destruído a cidade deles. Se Deus tivesse destruído essa cidade, eles não teriam, na geração seguinte, destruído a Israel. Aquele que se arrepende em um dia pode ser o pecador no dia seguinte; todos possuímos o potencial tanto para o arrependimento quanto para a destruição.

Nesse ponto, surgem muitas questões éticas: será que um ataque antecipado é adequado? Será que devemos destruir um país que, uma geração depois, pode nos destruir? Será que devemos avaliar os grupos por aquilo que fizeram no passado, por como eles agem no presente, ou pelo que se teme que eles possam fazer no futuro? Será que é nossa responsabilidade repreender nossos inimigos — devemos dizer às nações estrangeiras como elas devem se comportar? Da mesma maneira que qualquer outro texto bíblico de qualquer dos dois testamentos, o livro de Jonas nos ajuda a fazer as perguntas certas.

Chateado com o arrependimento dos ninivitas, o profeta fugiu para um lugar afastado da cidade, construiu uma tenda pequena para se abrigar do sol e esperou para ver o que aconteceria. Deus providencia um arbusto, ou uma cabaceira (a Septuaginta traduz como aboboreira), para crescer sobre Jonas e protegê-lo do calor. Jonas finalmente fica "muito alegre"; literalmente, ele tem "grande alegria" (4:6). Entretanto, Deus faz com que um verme ataque o arbusto e com que o vento oriental, aliado ao sol quente, perturbem o profeta. Jonas reclama novamente: "Para mim seria melhor morrer do que viver" (4:8). Essa descrição se assemelha a Elias, que "chegou a um pé de giesta, sentou-se debaixo dele e orou, pedindo a morte. 'Já tive o bastante, SENHOR. Tira a minha vida; não sou melhor do que os meus antepassados'" (1Reis 19:4). Elias, perseguido pelo rei Acabe, tinha boas razões para ficar aflito, mas o que dizer de Jonas? Não há razão alguma.

Deus repreende Jonas por ficar zangado a respeito do arbusto "embora não o tenha podado nem o tenha feito crescer" (Jonas 4:10). Depois, provavelmente com alguma irritação, Deus continua: "Não devia eu me preocupar com a grande cidade de Nínive, que tem mais de cento e vinte mil pessoas [...] além de muitos rebanhos?" (4:11). Com tantas enchentes e tantas secas acontecendo, com tantas bombas e armas químicas por aí, nós ainda estamos preocupados com nosso próprio conforto: o ar condicionado não está funcionando, o jardim precisa ser cuidado. De forma notável, o mesmo número de palavras hebraicas que o autor usa quando Deus fala ("Você tem alguma razão para estar tão furioso por causa da planta?") é empregado na fala de Jonas ("Sim, tenho! E estou furioso a ponto de querer morrer"), criando uma simetria entre Deus e o profeta. Entretanto, o que não existe é uma simetria de valores. Deus tem a última palavra.

A misericórdia de Deus não se limita à humanidade. O último versículo fala a respeito do cuidado de Deus para com os animais, que já foi expresso pelo grande peixe e pelo relato das ovelhas com fome e com sede e das vacas com pano de saco, e mostra que esse cuidado vai além da humanidade. O livro não somente está cheio de referências a animais, mas também o próprio nome de Jonas no hebraico significa "pomba" e Nínive significa "a cidade do peixe". O livro termina com a pergunta de Deus ao profeta sobre a compaixão divina não somente pelas pessoas, mas também dos "muitos rebanhos." Assim, o livro insiste que cuidemos dos animais, mas que *não nos comportemos como eles.*

Essa questão da compaixão encerra o livro, mas não termina a discussão a respeito dele.

JONAS DE UMA PERSPECTIVA CRISTÃ

Para o Novo Testamento, Jesus não é a única pessoa que se identifica com Jonas. O profeta antigo também encontra descendentes simbólicos tanto em Pedro quanto em Paulo.

O SINAL DE JONAS

O apelido de Pedro vem do grego *petros*, "rocha" (de onde vem a palavra "petrificado"). Em Mateus 16:18a, Jesus lhe disse: "tu és Pedro [*petros* (a forma masculina)], e sobre esta pedra [*petra* (no feminino)] edificarei a minha igreja". Entretanto, o nome que Pedro recebeu ao nascer foi Simão Bar (*bar* é a palavra aramaica para filho) Jonas. Pedro assume sua função de "filho de Jonas" ao levar a mensagem de arrependimento aos gentios (veja Mateus 28:19), repercutida posteriormente nas lendas pós-bíblicas da viagem de Pedro a Roma.

De fato, a relutância de Pedro em visitar o centurião gentio Cornélio mesmo depois de ser instruído por Deus (veja Atos 10) evoca a relutância anterior de Jonas de ir pregar a Nínive.[12] Pedro afirma: "Vocês sabem muito bem que é contra a nossa lei um judeu associar-se a um gentio, ou mesmo visitá-lo" (Atos 10:28). O problema nessa passagem é que Pedro simplesmente está equivocado. Não existe essa lei. Jonas busca fugir de Deus em vez de visitar os gentios, e ele se ressente da misericórdia divina quando os gentios a recebem. Jonas tenta fugir do seu chamado; Pedro vai um pouco mais longe, inventando uma lei para se esquivar de visitar um gentio.[13] Tanto Jonas quanto Pedro têm algo a aprender.

Podemos também traçar paralelos entre esse profeta antigo e Paulo, o evangelista pioneiro para os gentios do Novo Testamento. O livro menciona que Paulo era de Tarso (p. ex.: Atos 9:11; 21:39; 22:3; Paulo, nas suas cartas, nunca menciona sua cidade de origem), que anteriormente era associada a Társis. Tarso é na Turquia; não sabemos onde fica a "Társis" de Jonas, mas ela tem a conotação de ser um lugar "muito distante". O profeta Isaías, falando em nome de Deus em Isaías 66:19, diz que Társis está entre as "ilhas distantes, que não ouviram falar de mim e não viram a minha glória", e depois declara: "eles proclamarão a minha glória entre as nações". O vínculo com Paulo se estabelece por causa do nome parecido das cidades e da ideia dos gentios vindo para adorar o Deus de Israel, mas esse não é o único elo que une Paulo a Jonas.

Do mesmo modo que Jonas, Paulo se torna um "apóstolo" (palavra grega que significa "aquele que é enviado") para os gentios. Como Jonas, Paulo viaja de navio e enfrenta naufrágios. Paulo nos diz com suas próprias palavras: "Três vezes sofri naufrágio, passei uma noite e um dia exposto à fúria do mar" (2Coríntios 11:25). O livro de Atos relata as histórias de Paulo, tanto à bordo quanto em terra, de uma maneira bem-humorada que faz lembrar Jonas: julgamento por provações,

---

[12]Robert W. Wall, "Peter, 'son of Jonah': the conversion of Cornelius in the context of canon", *Journal for the Study of the New Testament* 29 (1987): 79-90.

[13]Veja Nicholas J. Schaser, "Unlawful for a Jew? Acts 10:28 and the Lukan view of Jewish-Gentile relations", *Biblical Theology Bulletin* 48 (2018): 188-201.

A BÍBLIA COM E SEM JESUS

risco de morte e o resgate milagroso do protagonista; conversão dos gentios; até mesmo um animal, uma víbora, cuja ameaça é neutralizada. Os marinheiros na história de Jonas têm certeza de que o Deus de Jonas tinha poder, já que, depois de terem lançado Jonas para fora do navio, a tempestade cessou. No livro de Atos, um milagre da natureza — Paulo não morre após ser atacado pela víbora — induz os gentios a pensarem que ele era um deus (Atos 28:4-6). O autor de Atos, do mesmo modo que o autor de Jonas, sabia como contar uma boa história.

A arte cristã primitiva também estabelece uma conexão entre o profeta e o apóstolo. Tanto Jonas quanto Paulo tipicamente aparecem sem cabelo. Visualmente, essas duas pessoas são parecidas — seja por exigirem um empurrão direto da divindade, seja por levarem uma mensagem para os gentios, seja em sua associação com perigos marítimos. Para explicar a ausência de cabelo de Jonas, uma tradição sugere que eles foram queimados pelo calor das entranhas do peixe.[14]

Para além do Novo Testamento, os pais da igreja, que não se acanhavam em desenvolver leituras alegóricas, encontraram um oceano de significados neste pequeno livro. Jerônimo, o grande tradutor cristão da Vulgata, que se tornou a Bíblia padrão para o cristianismo ocidental por mais de mil anos, encontrou um vínculo entre Jonas e a narrativa da paixão. Jonas diz aos marinheiros para que o lancem fora do navio, e depois eles oram ao Deus de Jonas: "SENHOR, nós suplicamos, não nos deixes morrer por tirarmos a vida deste homem. Não caia sobre nós a culpa de matar um inocente, porque tu, ó SENHOR, fizeste o que desejavas" (Jonas 1:14). Jerônimo cita Mateus 27:4, que registra que Judas, do mesmo modo que Jonas, disse ao sumo sacerdote: "Pequei, pois traí sangue inocente"; em Mateus 27:24, o evangelista escreve: "Quando Pilatos percebeu que não estava obtendo nenhum resultado, mas, pelo contrário, estava se iniciando um tumulto, mandou trazer água, lavou as mãos diante da multidão e disse: 'Estou inocente do sangue deste homem; a responsabilidade é de vocês.'" Assim, de acordo com o *Comentário de Mateus* escrito por Jerônimo, a história de Jonas antecipa tanto Judas Iscariotes quanto Pôncio Pilatos.

No seu Comentário de Jonas, Jerônimo também viu o profeta como prefigurando Jesus: os dois saem da segurança do seu lar e descem para o mundo de pecado. Yvonne Sherwood observa outras leituras alegóricas apresentadas pelos pais da igreja, entre elas a visão de que Jonas dormindo no barco equivale ao "feto de Cristo dormindo no ventre da virgem",[15] e o "Jonas dormindo como o corpo

---

[14]Louis Ginzberg, *Legends of the Jews*, tradução para o inglês de Henrietta Szold e Paul Radin (reimpr., Philadelphia: Jewish Publication Society, 2003), 2:1034.

[15]Do mesmo modo, Pseudo-Crisóstomo, *Quod Mari* 22, citado em Sherwood, *Biblical text and its afterlives*, p. 15.

morto de Cristo estendido, um sinal de Jesus no sono da morte no túmulo".[16] O abade Columba (de cerca do ano 610), cujo nome em latim significa "pomba", se identificava com Jonas: ele foi exilado de sua casa em Borgonha, na França, portanto ele se viu como se tivesse sido "jogado ao mar", do mesmo modo que o profeta. As imagens do profeta entrando no peixe com suas roupas e cabelo, e saindo dele careca e despido veio a simbolizar o novo nascimento mediante o batismo.[17] Quando se abre a porta para as interpretações alegóricas, elas acabam sendo tão numerosas quanto gotas de água no oceano.

Precisamos também avaliar se uma interpretação tem ou não tem um cunho moral. Ler Jonas com o fito de promover o cuidado universal e a compaixão de Deus, a concessão de uma segunda chance, o cuidado com o mundo animal, e a importância do arrependimento — isso é louvável. Enxergar nele uma predição da ressurreição e do juízo final para os gentios justos? Isso parece plausível. Entretanto, algumas leituras não são apenas menos convincentes, mas chegam a ser perigosas — e, pensamos, são até mesmo teologicamente tóxicas.

Martinho Lutero começou bem: Ele via Jonas, cujo nome significa "pomba", como o protótipo do Espírito Santo. De forma correta, ele observa que o Espírito Santo desce sobre Jesus no seu batismo em forma de "pomba" (conforme diz Marcos 1:10). Mas Lutero, cuja antipatia contra o judaísmo é bem conhecida, também viu o livro como representando "a inveja e o ciúme do judaísmo". Ele considerou o livro como tendo o propósito de ensinar o desespero de toda pessoa que se baseia na lei judaica em vez de se basear na graça de Deus. Nas obras de Lutero e em muitas outras, Jonas representa *tanto* Cristo *como* os erros e a queda dos judeus e do judaísmo: representa o nacionalismo judaico contra o universalismo cristão; entende um Deus (judaico) de ira e não um Deus (cristão) de amor. De acordo com a citação que Sherwood faz de Lutero, Jonas é o "primeiro a tornar o judaísmo desprezível e supérfluo."[18]

Durante o Iluminismo, quando surgiu a crítica bíblica acadêmica, alguns professores alemães seguiram a abordagem de Lutero. Janet Howe Gaines resume as ideias deles: "Jonas tipifica a visão pejorativa dos judeus como avarentos, cruéis, vingativos, implacáveis e equivocados, enquanto Nínive é vista como símbolo da moralidade amorosa, compassiva e superior dos cristãos, que são amados por Deus."[19] Essa interpretação destaca somente o comportamento

---

[16]Sherwood, *Biblical text and its afterlives*, p. 15, resumindo Ambrósio de Milão.

[17]Veja John B. Friedman, "Bald Jonah and the exegesis of 4 Kings 2.23", *Traditio* 44 (1988): 125-44.

[18]Sherwood, *Biblical text and its afterlives*, p. 23, citando Martinho Lutero, *Lectures on Jonah*, em *Minor Prophets II: Jonah, Habakkuk*, ed. H. C. Oswald, Luther's Works 19 (St. Louis: Concordia, 1974), p. 94.

[19]Janet Howe Gaines, *Forgiveness in a wounded world: Jonah's dilemma*, Studies in Biblical Literature (Atlanta: SBL Press, 2003), p. 131.

de Jonas e não leva em consideração o modo pelo qual o livro como um todo critica o profeta. Essa interpretação ignora a mensagem universalista do livro, ousando proclamar que ele é antijudaico! Além disso, ela foge completamente ao ponto central do livro: Jonas consiste em um anti-herói que representa o que *não devemos fazer*.

De forma correta, a *New application Bible* [Nova Bíblia de aplicação], que é evangélica, alerta contra essas leituras:

> Dentro dos últimos cem anos [o autor omite séculos de comentários anteriores], alguns intérpretes cristãos têm distorcido e achatado a mensagem do livro de Jonas em uma explicação irresponsável e antissemita do seu significado. Jonas tem sido classificado como "uma lição saudável para os judeus [...] famosos pela sua teimosia e falta de fé"[20] e visto como um "modelo dos judeus de visão curta, cegos, preconceituosos e fanáticos".[21]

Existem muitas leituras do livro de Jonas dentro da tradição cristã. Nem todas são recomendáveis.

JONAS DE UMA PERSPECTIVA JUDAICA

A interpretação judaica de Jonas durante o período helenístico pode ser mais facilmente situada no livro de Tobias. Escrito de um a dois séculos antes do Novo Testamento, Tobias faz uma paródia da paródia. No livro de Tobias, um grande peixe pula para a terra e tenta engolir Tobias (o filho de Tobit), o protagonista romântico da história. Depois, Tobias é resgatado por um anjo disfarçado. A reciclagem bem-humorada do já bem-humorado livro de Jonas consiste em um lembrete importante de que a Bíblia contém histórias engraçadas.

De modo irônico, enquanto o livro de Jonas se refere à justiça dos gentios, sejam eles marinheiros piedosos ou ninivitas arrependidos, o livro de Tobias fala contra os ninivitas. Tobias e a sua família, da tribo de Naftali, fazem parte das "dez tribos perdidas" que foram levadas para o exílio quando a Assíria conquistou o reino do Norte de Israel. O livro termina com a frase: "Antes de morrer [Tobias],

---

[20]James Bruckner, *NIV Application Commentary: Jonah, Nahum, Habakkuk, Zephaniah* (Grand Rapids: Zondervan, 2004), p. 61, citando J. D. Douglas, ed., "Jonah", em *The New Bible Dictionary* (Leicester: Inter-Varsity, 1962), p. 652-4.

[21]Bruckner, *NIV Application Commentary*, p. 61, citando J. A. Bewer, *Critical and exegetical commentary on Jonah*, International Critical Commentary (Edinburgh: T&T Clark, 1912), p. 64.

ouviu a respeito da destruição de Nínive [...] Bendisse a Deus por tudo o que ele fez aos ninivitas e aos assírios. Antes de morrer, pôde alegrar-se com a sorte de Nínive e bendizer o Senhor Deus pelos séculos dos séculos. Amém" (Tobias 14:15, NRSV). Tobias e Tobit viram o que Jonas quis ver, mas não teve a oportunidade: a destruição de Nínive. A grande alegria é ao mesmo tempo compreensível e, para nossa perspectiva do século 21, perturbadora

Em períodos posteriores, Jonas é especialmente bem conhecido na tradição judaica porque serve como *haftarah*, ou leitura profética, para o dia mais sagrado dos judeus, o *Yom Kippur*, o Dia da Expiação.[22] Durante o culto vespertino, as congregações ouvem o livro inteiro sendo cantado em hebraico, e os seus membros também podem acompanhar em seu próprio idioma. O costume de ler Jonas no *Yom Kippur* tem o seu primeiro registro no Talmude Babilônico (*Megillah* 31a); embora esse livro tenha sido terminado no século 7 E.C., ele incorpora tradições anteriores. O vínculo entre Jonas e o *Yom Kippur* reside na preocupação do livro com o arrependimento: mesmo os mais ímpios, se eles se arrependerem de forma sincera, serão perdoados. Esse tema é destacado no costume da maioria das sinagogas de ler Miqueias 7:18-20 logo depois do término da leitura de Jonas:

Quem é comparável a ti, ó Deus, que perdoas o pecado
   e esqueces a transgressão
   do remanescente da sua herança?
Tu que não permaneces irado para sempre,
   mas tens prazer em mostrar amor.
De novo terás compaixão de nós;
   pisarás as nossas maldades
e atirarás todos os nossos pecados
   nas profundezas do mar.
Mostrarás fidelidade a Jacó,
   e bondade a Abraão,
conforme prometeste sob juramento aos nossos antepassados,
   na antiguidade.

Jonas atraiu especial atenção dos intérpretes rabínicos clássicos e medievais. O Talmude Babilônico (*Sanhedrin* 89b) aborda a questão sobre se a profecia de

---

[22]Para as interpretações judaicas de Jonas, veja Ellwood, "Jonah (book and person)", *EBR*, 14:573-80. Debate-se muito a respeito de onde e quando surgiu o costume de ler Jonas no *Yom Kippur*; é possível que ele não fosse lido na terra de Israel na antiguidade tardia por causa da sua importância para o cristianismo primitivo. Veja Rachel Adelman, "The return of the repressed: *Pirqe de-Rabbi Eliezer* and the Pseudepigrapha", *Supplements to the Journal for the Study of Judaism* 140 (Leiden: Brill, 2009), 217n18.

Jonas fracassou: a obra sugere que a profecia nunca foi revogada, simplesmente foi cumprida depois do tempo de vida do profeta.[23]

O Talmude também aborda a questão da misericórdia divina por meio de um apelo, manipulador, aos animais: os ninivitas "então disseram diante de Deus, Senhor do Universo: se não tiveres misericórdia de nós, não pouparemos esses animais. Mesmo que nós não sejamos dignos da sua compaixão, esses animais nunca pecaram" (*b. Taʿanit* 16a).[24] Essa ideia demonstra uma continuidade incrível com um dos temas que destacamos anteriormente — o cuidado divino extensivo ao reino animal.

O capítulo 33 do *Pirkei de-Rabbi Eliezer*, um texto da antiguidade tardia, identifica a mãe de Jonas como a viúva de Sarepta (1Reis 17:8-24). Assim, Jonas é o filho que Elias ressuscitou de dentre os mortos; isso acaba sendo especialmente adequado, já que, como observamos anteriormente, Jonas, do mesmo modo que Elias, pediu a Deus que tirasse a sua vida. Os leitores que conhecem o Evangelho de Lucas se lembrarão de que Jesus recorre a essa história da viúva no sermão que ele dá na sinagoga de Nazaré (Lucas 4:25-26); nessa passagem, a viúva e o seu filho não representam um destaque somente das habilidades milagrosas de Jesus, mas também de sua missão aos gentios.

O capítulo 10 do *Pirkei de-Rabbi Eliezer* talvez também use Jonas para se envolver em uma polêmica anticristã. Ele apresenta os marinheiros como pessoas que se convertem ao judaísmo mediante a circuncisão, e observa que o sangue da circuncisão deles (e não o sangue de Cristo) "é como o sangue do sacrifício."[25] Em outra passagem, ele afirma que o arrependimento dos ninivitas não foi sincero e, por causa disso, refuta a declaração de Mateus de que os ninivitas julgarão os judeus da época de Jesus.[26]

Os judeus, ao lerem o livro de Jonas, não somente promoveram o tema do arrependimento, mas também o desenvolveram de forma criativa. Possivelmente, eles reconheceram a natureza intempestiva do texto e a sua retórica exagerada, e assim, do mesmo modo que o autor de Tobias, também fizeram paródias da paródia. Por exemplo, o texto de *b. Taʿanit* 16a cita o rabino Shmuel como descrevendo a proclamação do rei de Nínive: "Mesmo que ele tivesse roubado uma viga e colocado no seu palácio, ele teria que derrubar todo o prédio e devolver essa viga ao seu dono."[27] Então, a compilação de *midrashim Yalqut Shimoni* propõe que os ninivitas, "ao terceiro dia",

---

[23] *"Sanhedrin 89b:6"*, Sefaria, https://www.sefaria.org/*Sanhedrin*.89b.6?lang=bi&with=all&lang2=en.

[24] "Taanit 16a", Sefaria, https://www.sefaria.org/Taanit.16a?lang=bi.

[25] Adelman, *Return of the repressed*, p. 234.

[26] Adelman, *Return of the repressed*, p. 233.

[27] *"Taanit* 16a", Sefaria, https://www.sefaria.org/Taanit.16a?lang=bi.

O SINAL DE JONAS

todos se arrependeram de seus maus caminhos, e devolveram aos seus donos até mesmo objetos perdidos encontrados nos campos, nas vinhas, nos mercados ou nas ruas. Além disso, quando encontraram tijolos roubados no palácio real — tiveram que derrubar esse palácio e devolver os tijolos aos seus donos por direito. Outrossim, toda vinha que tivesse duas sementes ou árvores roubadas — foram cortadas desde a raiz e devolvidas ao seu dono. Se alguma roupa tivesse duas tramas com fios roubados — foi desfeita e os fios devolvidos para os legítimos donos ... [No caso de algum bem ter sido encontrado em uma construção abandonada] [o] juiz procuraria pela escritura desse prédio, e deveria encontrar a genealogia dessa pessoa retornando 35 gerações [isto é, até a época de Noé!], e encontrar um descendente dessa pessoa que escondeu esse bem para que o devolvesse aos seus donos.[28]

Esta é uma de várias ocasiões em que os rabinos estão brincando.

Os comentaristas judeus, que geralmente acrescentam detalhes ausentes, também apresentam várias sugestões sobre a razão pela qual Jonas fugiu a princípio. O texto passa a ser objeto de uma atitude seriamente brincalhona. Um rabino antigo sugere que Jonas sabia que Deus perdoaria Nínive e, portanto, Jonas pareceria um falso profeta; outros propõem que Jonas tinha receio de que os ninivitas, ao se arrependerem, apontariam para os judeus que não se arrependeram. Uma terceira leitura imagina que Jonas, já que era profeta, sabia que os assírios destruiriam Israel; portanto, ao tentar fugir de sua comissão, Jonas também estava tentando garantir a destruição de Nínive. Sua situação é comparável à de Eliseu, que Deus manda instruir ao rei Hazael da Síria a tomar o reino por meio de um golpe (2Reis 8). Nessa ocasião, Eliseu chora dizendo: "Porque sei das coisas terríveis que você fará aos israelitas" (8:12).

Os comentaristas judeus do medievo exageram na celebração da justiça dos marinheiros — uma postura bem longe da percepção de Lutero de que o livro é estritamente nacionalista. Eles imaginam um diálogo em que os marinheiros rogam a Jonas para contar o que ele tinha feito.[29] Rashi faz com que eles perguntem: "Quem sabe você tenha se omitido em cumprir seu ofício, e essa calamidade tenha sido seu castigo?" David Kimchi especula: "Quem sabe você tenha se envolvido em algum ato imoral ou criminoso do qual é o culpado?" Ibn Ezra propõe que os marinheiros, ao testemunharem que o mar se acalmou quando Jonas foi

---

[28]"Yalkut Shimoni on Nach 550", Sefaria, https://www.sefaria.org.il/Yalkut_Shimoni_on_Nach.550?lang=en, traduçãp dos autores.

[29]As traduções a seguir foram feitas pelos autores a partir da edição crítica padrão da Bíblia Rabínica.

A BÍBLIA COM E SEM JESUS

lançado do navio, foram diretamente a Nínive anunciar o milagre. Assim, eles serviram como uma comitiva de antecipação que preparou o caminho para a proclamação de arrependimento da parte de Jonas. Uma abordagem parecida surge no livro *Moby Dick*, de Herman Melville, que alude ao livro de Jonas. Melville escreve um sermão, que é pregado pelo padre Mapple na igreja Betel em New Bedford (o púlpito tem o formato da proa de um navio); esse sermão poderia ter vindo diretamente de fontes rabínicas. Dentro dele, os marinheiros especulam sobre o que Jonas teria feito para causar a tempestade. "João, acho que ele roubou uma viúva"; ou "José, pode acreditar, ele tem duas mulheres"; ou "meu amigo Carlos, acho que ele é o adúltero que fugiu da cadeia da antiga Gomorra, ou, quem sabe, é algum assassino fugitivo de Sodoma".

A leitura cristã de Jonas quanto à ressurreição também conseguiu se infiltrar no pensamento judaico. Isso não é de admirar — pensadores judeus e cristãos geralmente influenciam uns aos outros. No período rabínico antigo, muitos judeus acreditavam na ressurreição futura dos mortos. Já podemos perceber essa ideia criando raízes nos Evangelhos, que são testemunhos antigos da crença judaica do século 1. Repercutindo o ensino dos fariseus, Marta, a amiga de Jesus, expressa sua certeza de que verá novamente o seu irmão Lázaro que havia morrido. Ela diz a Jesus: "Eu sei que ele vai ressuscitar na ressurreição, no último dia" (João 11:24). O livro medieval de misticismo judaico, o *Zôhar*, explica Jonas como simbolizando a ressurreição (2.199ab): o *Zôhar* lê o livro de Jonas de forma alegórica como "uma parábola da experiência humana desde a entrada da alma no corpo até quando Deus despertar os mortos, quando não haverá mais morte."[30]

Quanto ao problema do peixe: apesar das tentativas, que vão desde João Calvino até os literalistas bíblicos nos dias de hoje, de *provar* que um peixe poderia engolir um ser humano e que essa pessoa poderia continuar viva, esse peixe não existiu nem naquela época, nem na época atual. Alguns comentaristas rabínicos, observando que existe uma mudança de gênero entre o final do capítulo 1 e o início do capítulo 2 (veja o que comentamos anteriormente), propõem que um peixe macho engoliu Jonas e que Jonas se achava relativamente confortável. Por causa disso, Deus fez com que um peixe fêmea engolisse novamente o profeta; essa fêmea, grávida de 365.000 peixes pequenos, oferecia acomodações menos hospitaleiras. Então Jonas decide orar para sair dessas instalações apertadas (*Midrash Jonas* 1:7). Um mosaico do século 5 E.C. encontrado em escavações na sinagoga Huqoq na Galileia apresenta uma solução diferente a

---

[30] Aryeh Wineman, "The Zohar on Jonah: Radical retelling or tradition?", *Hebrew Studies* 31 (1990): 57-69.

280

respeito do fato do peixe ser descrito com dois gêneros: ele retrata Jonas sendo engolido por três peixes, cada um engolindo o outro.[31]

O uso de Jonas no Novo Testamento conferiu-lhe importância para a comunidade cristã, da mesma maneira que o seu uso durante o *Yom Kippur* conferiu-lhe para a comunidade judaica. A história de Jonas está entre as histórias bíblicas mais conhecidas, embora, conforme já observamos, somente pequenas partes do livro, geralmente relacionadas à "baleia", costumam ser lembradas. O sinal de Jonas tem sido interpretado como um chamado para o arrependimento, uma afirmação da misericórdia de Deus, uma predição tanto da ressurreição de Cristo como da ressurreição geral dos mortos, um manifesto antinacionalista, e até mesmo uma intriga antijudaica. Talvez ele funcione melhor da maneira como nós suspeitamos que Jesus o tenha usado: como um sinal aberto para que cada pessoa que ouvisse entendesse à sua maneira. Não devemos aprender apenas qual o significado do livro para os leitores originais, mas também reconhecer como ele tem sido interpretado com o passar do tempo, porque cada época tem um enfoque diferente.

Entretanto, o sinal de Jonas não deve estar aberto a uma interpretação livre. O restante do texto bíblico nos ajuda a nos protegermos de interpretações incorretas. A pior maneira de ler esse livro é ver Jonas como modelo, já que o texto bíblico sugere que Jonas, em vez disso, trata-se de um exemplo negativo: ele é aquele que deseja a destruição e não a redenção; quer a justiça sem a misericórdia; pensa apenas em si mesmo, não nos outros. Para completar, ele também é um chorão. Se encararmos Jonas como herói, e não anti-herói — ou seja, se ignorarmos as dicas espalhadas por todo o texto que nos levam a discordar de Jonas — então acabaremos chegando à visão antijudaica apresentada por Lutero.[32]

Jonas também se constitui em um aviso. Ao tentar fugir do seu chamado, ele não se esquiva apenas de suas responsabilidades com relação aos outros, mas também com relação a si mesmo. Ele foge do seu destino em vez de seguir em direção a ele. Jonas pergunta a todos nós qual é o nosso chamado e como seguir a chamados difíceis, mesmo aqueles que nos convocam a ter uma interação positiva com os nossos inimigos.

Em seguida, o livro de Jonas afirma que a vida faz sentido. Jonas, o anti-herói, busca sua própria morte na mão de outra pessoa: "Peguem-me e joguem-me ao

---

[31]Kristin Romey, "Man-eating fish, tower of Babel revealed on ancient mosaic", *National Geographic*, 15 de novembro de 2018, https://www.nationalgeographic.com/culture/2018/11/jonah-tower-babel-huqoq-ancient-synagogue-mosaic/.

[32]Veja David Marcus, *From Balaam to Jonah: anti-prophetic satire in the Hebrew Bible*, Brown Judaic Studies 301 (Atlanta: Scholars Press, 1995).

mar, e ele se acalmará" (1:12); "Agora, SENHOR, tira a minha vida, eu imploro, porque para mim é melhor morrer do que viver" (4:3). Desejar a morte não é a reação adequada. O livro então amplia essa preocupação com a vida para incluir o mundo natural: dos ventos e da chuva, dos oceanos e dos montes, dos grandes peixes e das grandes aboboreiras, dos vermes famintos e dos animais arrependidos. Esses animais não estão inseridos na trama por acaso. O livro afirma que nossas ações trazem consequências para a natureza, e essa natureza nos afeta, tanto para o bem quanto para o mal. Porém, em ambos os casos, ele afirma: preste atenção no mundo natural!

O livro de Jonas, com a sua mensagem universal, poderia ter servido para unir todas as pessoas que o consideram sagrado. No dia 24 de julho de 2014, o Estado Islâmico (ISIS) bombardeou o que, de acordo com a tradição, consistia no túmulo de Jonas em Mosul, no Iraque, um local respeitado por muitos judeus, cristãos e muçulmanos. Isso destruiu o sinal físico de Jonas, mas o sinal literário de Jonas permanece como um legado de cooperação inter-religiosa e um presságio do que acontece quando imperam o fanatismo, a intolerância e o fundamentalismo.

11

"DEUS MEU, DEUS MEU, POR QUE ME DESAMPARASTE?"

JESUS E O SALMO 22

> Por volta das três horas da tarde, Jesus bradou em alta voz: "Eloí, Eloí, lamá sabactâni?" que significa: "Meu Deus! Meu Deus! Por que me abandonaste?" (Marcos 15:34).

Esse "brado de abandono" é o versículo de abertura do salmo 22, um salmo que está por trás de toda a descrição da morte de Jesus na cruz.[1] Esse salmo, um salmo de lamento, não fala somente sobre o sofrimento, mas também, sobretudo, de esperança. Também fornece base para a narrativa da Paixão. Até que ponto os Evangelhos descrevem o que aconteceu de fato, e até que ponto os relatos consistem em meditações, ou *midrash*im, desse salmo, continuará sendo tema de debate

---

[1]Veja Brown, *Death of the Messiah*, 2:1455-65, esp. 1460-2. *Veja tb.* Richard B. Hays, "Christ prays the Psalms: Israel's psalter as matrix of early christology", em *Conversion of the imagination* (Grand Rapids: Eerdmans, 2005), p. 101-18 (105-6); Joel Marcus, *The way of the Lord* (Louisville: Westminster John Knox, 1992), p. 172-86. Lemos em Marcos 15:34, naquilo que se trata em grande parte de uma transliteração aramaica (palavras aramaicas escritas no alfabeto grego) o seguinte: "Eloi, Eloi, lema sabachthani", que o evangelista traduz para os falantes do grego como "Meu Deus, meu Deus por que me desamparaste?" Essa tradução se aproxima da Septuaginta, que diz: "Deus, meu Deus", embora (como no hebraico) exista a repetição da palavra "meu"; além disso, existe a seguinte expressão adicional: "preste atenção em mim" ou "ouça-me". A versão de Mateus 27:46, que é "Eli, Eli, lema sabachthani?", também apresenta "Meu Deus" duas vezes, mas o faz em hebraico e não em aramaico, embora a última palavra esteja em aramaico.

nos estudos bíblicos. Antes de abordarmos esse salmo em seu contexto original e posteriormente na interpretação judaica, começamos com a maneira como este e os outros salmos funcionam nos relatos dos Evangelhos (só utilizaremos os números convencionais dos versículos do salmo 22; o hebraico conta o cabeçalho como o versículo 1, portanto, para achar os números hebraicos dos versículos de salmos que tenham cabeçalho, basta somar o número um ao versículo no português).

Com referência a Salmos 22:18: "Dividiram as minhas roupas entre si, e tiraram sortes pelas minhas vestes", todos os quatro Evangelhos retratam os soldados romanos tirando sortes pela roupa de Jesus. Como Marcos 15:24 declara: "E o crucificaram. Dividindo as roupas dele, tiraram sortes para saber com o que cada um ficaria" (tb. Mateus 27:35; Lucas 23:34; João 19:23-24). João 19:23-24 introduz um item a mais na roupa:

> Tendo crucificado Jesus, os soldados tomaram as roupas dele e as dividiram em quatro partes, uma para cada um deles, restando a túnica [singular]. Esta, porém, era sem costura, tecida numa única peça, de alto a baixo. "Não a rasguemos", disseram uns aos outros. "Vamos decidir por sorteio quem ficará com ela". Isso aconteceu para que se cumprisse a Escritura que diz:

> "Dividiram as minhas roupas entre si,
> e tiraram sortes pelas minhas vestes".[2]

Essa última citação nada mais é que uma citação direta de Salmos 22:18 conforme a Septuaginta.

Em Salmos 22:7, o salmista descreve como "Caçoam de mim todos os que me veem; balançando a cabeça, lançam insultos contra mim"; no versículo 8, aquele que sofre ouve seus inimigos dizerem: "Recorra ao SENHOR! Que o SENHOR o liberte! Que ele o livre, já que lhe quer bem!" De modo parecido, Marcos 15:29 (cf. Mateus 27:39-40) relata: "Os que passavam lhe lançavam insultos, balançando a cabeça e dizendo: 'Ora, você que destrói o templo e o reedifica em três dias.'" Continuando a enumerar os inimigos de Jesus, Marcos 15:31-32a (cf. Mateus 27:41-42) acrescenta: "Da mesma forma, os chefes dos sacerdotes e os mestres da lei zombavam dele entre si, dizendo: 'Salvou os outros, mas não é capaz de salvar a si mesmo. O Cristo, o Rei de Israel... Desça da cruz, para que o vejamos e creiamos!'" Joel Marcus destaca que, "entretanto, de modo diferente dos zombadores no salmo, que recorrem a *Deus*

---

[2]Alguns manuscritos latinos antigos do Evangelho de Mateus incluíam uma citação direta parecida de Salmos 22:19 depois do relato das ações dos soldados. Catherine Brown Tkacz, "Esther, Jesus, and Psalm 22", *Catholic Biblical Quarterly* 70 (2008): 709-28 (716).

"DEUS MEU, DEUS MEU, POR QUE ME DESAMPARASTE?"

para salvar o sofredor inocente, os zombadores em Marcos sugerem *a Jesus* que salve *a si mesmo*."[3] Pode haver uma ironia de Marcos nessa passagem: os escarnecedores atribuem a Jesus o papel de Deus.

Mateus desenvolve a narrativa de Marcos retratando os inimigos de Jesus zombando dele: "Ele confiou em Deus. Que Deus o salve agora, se dele tem compaixão, pois disse: 'Sou o Filho de Deus!'" (Mateus 27:43). O versículo se refere a Salmos 22:4-5:

> Em ti os nossos antepassados puseram a sua confiança;
>> confiaram, e os livraste.
> Clamaram a ti, e foram libertos;
>> em ti confiaram, e não se decepcionaram.

Lucas elabora a cena retratando os outros dois homens que foram crucificados, com um condenando o outro por zombar Jesus. Em seguida, o "bom ladrão" implora: "Jesus, lembra-te de mim quando entrares no teu Reino." Jesus lhe respondeu: "Eu garanto: Hoje você estará comigo no paraíso" (Lucas 23:42-43). Por trás tanto de Mateus quanto de Lucas, bem como em Marcos, pode haver um eco de Salmos 22:8. Nesse momento o interlocutor muda; o versículo deixa de ser uma zombaria dos inimigos de Jesus, mas passa a ser um apelo de um homem que estava para morrer ao seu lado. E aqui, nessa passagem, Jesus é o "Senhor" em questão.

Lucas e João omitem o clamor. Lucas, que costuma evitar palavras em aramaico, apresenta mais detalhes sobre o que está se passando na cruz, incluindo os dois bandidos e as famosas palavras: "Pai, perdoa-lhes, pois não sabem o que estão fazendo" (Lucas 23:34).[4] O brado não seria condizente com a cristologia do Evangelho de João; o Jesus joanino nunca é abandonado ou esquecido por Deus. Pelo contrário, ele afirma: "eu e o Pai somos um" (João 10:30) e "não estou sozinho porque o Pai está comigo" (16:32). João não apresenta nenhuma agonia no Getsêmani; pelo contrário, João retrata um Cristo sereno e estoico que controla até mesmo o momento de sua morte: em João, as últimas palavras de Jesus são "está consumado" (19:30). Em seguida, o evangelista relata: "Com isso, curvou a cabeça e entregou o espírito" (19:30; a ARA traduz: "rendeu o espírito").[5]

---

[3] Joel Marcus, *Mark 8—16*, Anchor Yale Bible 27A (New Haven: Yale University Press, 2009), p. 1051.

[4] Esse versículo não aparece em todos os manuscritos, e a NRSV o apresenta em colchetes para indicar a história textual incerta. A mesma frase aparece no capítulo 7 de Atos; veja mais adiante a análise a respeito da fala de Estêvão.

[5] A palavra grega é *pneuma*; veja a análise dela no cap. 3.

Contudo, João acrescenta outras alusões ao salmo 22. João registra que "sabendo então que tudo estava concluído, para que a Escritura se cumprisse, Jesus disse: 'Tenho sede'" (João 19:28). Tendo em vista os ecos do salmo 22 por toda a cena, provavelmente João está pensando em Salmos 22:15: "Meu vigor secou-se como um caco de barro, e a minha língua gruda no céu da boca; deixaste-me no pó, à beira da morte." João também está se referindo à conversa com a mulher samaritana, que começa com Jesus dizendo a ela: "Dá-me de beber" (João 4:7). A alusão sugere seu desejo de comunhão com seus seguidores. Em segundo lugar, em 19:31-37, João apresenta várias citações de textos que se cumpriram. Por exemplo, João observa que, pelo fato de os judeus "não quererem que os corpos permanecessem na cruz durante o sábado" (v. 31), eles pediram que Pilatos ordenasse que as pernas das vítimas fossem quebradas. Sem usar suas pernas para levantar seu corpo e trazer ar para seus pulmões, as vítimas morreriam rapidamente por asfixia. Entretanto, os soldados constataram que Jesus já havia morrido. Em vez de quebrar as pernas de Jesus, um soldado lhe penetrou o lado com uma lança. João explica: "Estas coisas aconteceram para que se cumprisse a Escritura: 'Nenhum dos seus ossos será quebrado', e, como diz a Escritura noutro lugar: 'Olharão para aquele que traspassaram' (v. 36-37). A referência primária aqui é à profecia escatológica de Zacarias 12:10: "E derramarei sobre a família de Davi e sobre os habitantes de Jerusalém um espírito de ação de graças e de súplicas. Olharão para mim, aquele a quem traspassaram, e chorarão por ele como quem chora a perda de um filho único, e lamentarão amargamente por ele como quem lamenta a perda do filho mais velho". Essa referência ao traspassar também é familiar ao salmo 22, em que os versículos 16 e 17 podem ser traduzidos: "*Perfuraram* minhas mãos e meus pés — posso contar todos os meus ossos." O vínculo entre esses dois versículos e as feridas da cruz, que possivelmente é indicado em Lucas 24:39, em que o Jesus ressuscitado diz a seus discípulos: "Vejam as minhas mãos e os meus pés. Sou eu mesmo!", tornou-se claramente um texto fora de contexto nos escritos dos pais da igreja.[6]

O salmo 22 também serve de base para outros escritos cristãos antigos. Temos esse salmo utilizado como texto fora de contexto em Hebreus 2:11b-12 para falar sobre os relacionamentos na comunidade: nessa passagem, Jesus, e não o suplicante do salmo original, diz: "proclamarei o teu nome a meus irmãos; na assembleia te louvarei." O autor está citando Salmos 22:22: "Proclamarei o teu nome a meus irmãos; na assembleia te louvarei." Jerônimo (*Comentário de Mateus* 4.196)

---

[6]Veja Esther M. Menn, "No ordinary lament: relecture and the identity of the distressed in Psalm 22", *Harvard Theological Review* 93 (2000): 301-41 (334).

dá um novo propósito a esse versículo comentando sobre o vínculo entre o pedido de Jesus às mulheres que vieram ao seu túmulo para que "fossem e dissessem a seus irmãos que fossem para a Galileia, onde eles o veriam" (Mateus 28:10), e Salmos 22:22a, em que o suplicante afirma: "proclamarei o teu nome a meus irmãos e irmãs."[7] Já por volta da antiguidade tardia, "todos os versículos [desse salmo] eram associados a Jesus."[8] Pelo menos um escritor, Teodoro de Mopsuéstia (350-428 E.C), afirmava que esse salmo não deveria ser lido como profecia, mas um concílio ecumênico em Constantinopla em 553 o condenou.

Complementada com algumas outras referências aos Salmos, toda a narrativa da crucificação poderia ser reconstruída a partir do salmo 22 (com acréscimos do salmo 69, que analisaremos mais adiante). Qual é a razão da escolha do salmo 22 em particular? Várias respostas são possíveis.

Uma opção é que tudo o que os Evangelhos contam realmente aconteceu: desde a sede de Jesus, o lançar sortes pelas roupas, os escarnecedores que balançaram a cabeça, aqueles que disseram para ele confiar em Deus, até mesmo o clamor de abandono. Os comentaristas conservadores defendem essa conclusão. Os comentaristas mais liberais — especialmente aqueles que observam o tempo que se passou entre os acontecimentos narrados nos Evangelhos e o momento em que os autores os escreveram, a diferença entre os Evangelhos, a variabilidade dos testemunhos oculares, e a tendência dos escritores dos Evangelhos de usar o "Antigo Testamento" como modelo para contar a história de Jesus — apresentam outras explicações.

Uma segunda possibilidade é que Jesus tenha gritado simplesmente "Meu Deus!" (hebr., *'eli*) ou mesmo "Deus", e os seus seguidores preencheram o restante com o Salmo 22. Quem sabe até mesmo ele tivesse o restante do salmo em mente, mas, em sua agonia, não reunia forças suficientes para recitá-lo na sua totalidade.

Como uma terceira possibilidade, talvez Jesus tenha chamado o profeta Elias, cujo nome em hebraico (*'Eliya* or *'Eliyahu*) é bem parecido com *'eli*, "meu Deus".[9] Essa sugestão recebe o apoio de Mateus e Marcos. Lemos em Marcos 15:35 (cf. Mateus 27:47) a afirmação: "Quando alguns dos que estavam presentes ouviram isso [o clamor], disseram: 'Ouçam! Ele está chamando Elias." Essa interpretação é possível, já que muitos judeus esperavam que o profeta Elias,

---

[7] Jerônimo, *Commentary on Matthew*, tradução para o inglês de Thomas P. Sheck, *The fathers of the church*, vol. 117 (Washington, DC: The Catholic University Press, 2008), p. 326. *Veja tb.* Tkacz, "Esther, Jesus, and Psalm 22", p. 716, seguindo Menn, "No ordinary lament", p. 334-5.

[8] Tkacz, "Esther, Jesus, and Psalm 22", p. 717.

[9] Proposto de modo famoso por Rudolf Bultmann, *The history of the synoptic tradition*, traduzido para o inglês por John Marsh (Oxford: Basil Blackwood, 1963), p. 313. Veja a análise em Allison, *Constructing Jesus*, p. 648.

A BÍBLIA COM E SEM JESUS

que ascendeu ao céu de forma corporal (2Reis 2:11; daí vem a música "Swing Low, Sweet Chariot" [Desça, doce carruagem]), voltaria para inaugurar a era messiânica. O livro de Malaquias, o último livro do *corpus* profético (os *Nevi'im*) e o último livro do Antigo Testamento (isto é, do cânon cristão), termina com a predição: "Vejam, eu enviarei a vocês o profeta Elias antes do grande e terrível dia do SENHOR. Ele fará com que os corações dos pais se voltem para seus filhos, e os corações dos filhos para seus pais; do contrário eu virei e castigarei a terra com maldição" (Malaquias 4:5-6; 3:23-24 hebr.). A tradição de Elias como precursor do Messias aparece quando os discípulos perguntam a Jesus: "Por que os mestres da lei dizem que é necessário que Elias venha primeiro?" (Marcos 9:11; cf. Mateus 17:10), e quando Herodes Antipas e outros perguntam se Jesus é o Elias que voltou (Marcos 6:15). O Novo Testamento nessa passagem faz uma releitura da profecia de Malaquias: em vez de ter Elias anunciando a vinda do Dia do SENHOR, entendida como a *era messiânica*, Elias — no papel de João Batista — anuncia a vinda do *Messias*.

Uma quarta sugestão é que Marcos, o primeiro escritor de um Evangelho, colocou as palavras na boca de Jesus. Marcos destaca a necessidade do sofrimento e da morte de Jesus (p. ex., 8:31-32), e os leitores iniciais de Marcos podem ter se visto como sofrendo com ele. O salmo lhes garante que nem Jesus nem eles seriam rejeitados nem abandonados.[10] Do mesmo modo que os outros evangelistas, Marcos era uma espécie de autor, não um mero reprodutor, podendo, portanto, ter imaginado o que Jesus teria dito em várias situações. Além disso, Marcos e seus leitores saberiam que esse salmo termina com a proclamação universal do favor divino. Do mesmo modo que o Evangelho termina com um túmulo vazio, mas antecipa que os leitores sabiam o restante da história, Marcos insere o primeiro versículo do salmo, levando os leitores por outras citações, e permite que esses leitores acrescentem o final glorioso por si mesmos.

Será mesmo que Jesus emitiu um brado inarticulado, fez algum clamor a Deus, ou um clamor a Elias, ou mesmo recitou o primeiro versículo do salmo 22? Será que Marcos, inspirado pelo salmo 22, produziu a cena com intenção piedosa em vez de apresentar um relato histórico? Não temos nenhum modo seguro de responder a essas perguntas. Entretanto, podemos entender como o salmo originalmente funcionava, explicando como e porque as leituras do Novo Testamento

---

[10]Para conhecer um bom exemplo sobre como os leitores iniciais de Marcos podem ter entendido o uso que ele faz do salmo 22, veja Holly J. Carey, *Jesus' cry from the cross: towards a first-century understanding of the intertextual relationship between Psalm 22 and the narrative of Mark's Gospel*, Library of New Testament Studies 398 (London: T&T Clark International, 2009).

"DEUS MEU, DEUS MEU, POR QUE ME DESAMPARASTE?"

alteram os sentidos originais, e ver como o salmo serviu tanto como parábola quanto polêmica no período pós-bíblico.

UM APÊNDICE: OUTROS SALMOS NO NOVO TESTAMENTO

Embora o destaque deste capítulo resida no salmo 22, este não é único salmo que os escritores do Novo Testamento citam para vincular Jesus às escrituras de Israel. Já vimos como o salmo 110, com sua referência a Melquisedeque, aparece em Hebreus e em outras passagens (veja cap. 5). Observamos neste apêndice dois outros salmos importantes para as comunidades primitivas das pessoas que creem em Jesus: salmos 69 e 118.

O salmo 69 é uma lamentação, assim como o salmo 22. Marcos se refere às linhas seguintes de Salmos 69:21 (69:22 hebr.): "Puseram fel na minha comida e para matar-me a sede deram-me vinagre", para descrever como, depois que as pessoas diante da cruz ouviram Jesus clamar por Elias, "um deles correu, embebeu uma esponja em vinagre, colocou-a na ponta de uma vara e deu-a a Jesus para beber" (Marcos 15:36a, com variantes em Mateus 27:34; Lucas 23:36; João 19:28-29). Os escritores dos Evangelhos não precisam apresentar a citação; os leitores que conheciam os salmos a reconheceriam.

João apresenta duas referências adicionais ao salmo 69. A primeira é quando ele descreve a interrupção das atividades do Templo, em que ele faz várias mudanças nos relatos sinóticos. Enquanto nos Evangelhos sinóticos o incidente no Templo dá início à narrativa da Paixão, para João ele acontece no capítulo 2, bem no início da carreira pública de Jesus. Nos sinóticos, Jesus afirma: "Não está escrito: 'A minha casa será chamada casa de oração para todos os povos'? Mas vocês fizeram dela um covil de ladrões" (Marcos 11:17, com variações em Mateus 21:13 e Lucas 19:46, fazendo alusões a Isaías 56:7 e Jeremias 7:11). No relato de João, não se fala nada de casa de oração ou de covil de ladrões. Em vez disso, ele diz aos vendilhões: "Tirem estas coisas daqui! Parem de fazer da casa de meu Pai um mercado!" (João 2:16). Então, João acrescenta uma glosa a essa ordem: "Seus discípulos lembraram-se que está escrito: 'O zelo pela tua casa me consumirá'" (João 2:17), uma referência a Salmos 69:9 (69:10 hebr.): "Pois o zelo pela tua casa me consome, e os insultos daqueles que te insultam caem sobre mim."

Posteriormente, João usa o salmo 69 para dar maiores detalhes sobre como o próprio povo de Jesus, "os judeus", geralmente o rejeitaram. Já vimos esse tema na citação de João de Isaías 53:1 e 6:10. Dando andamento a esse assunto, João relata que Jesus disse: "Mas agora eles as viram e odiaram a mim e a meu Pai. Mas isto aconteceu para se cumprir o que está escrito na Lei deles: 'Odiaram-me sem razão'" (João 15:24b-25). Essa alusão não é à Torá, a "lei", mas a Salmos 69:4a (69:5a hebr.):

> Os que sem razão me odeiam são mais do que os fios de cabelo da minha cabeça;
>> muitos são os que me prejudicam sem motivo,
> muitos, os que procuram destruir-me.
> Meus inimigos que me acusam falsamente.

Nessa passagem de João, a palavra "Torá" se refere à totalidade das escrituras de Israel.

Temos a referência ao salmo 69 uma vez em Atos e duas vezes em Romanos. Atos interpreta esse salmo como profético — falando a respeito de Judas. Ao descrever a morte de Judas, "seu corpo partiu-se ao meio, e as suas vísceras se derramaram. Todos em Jerusalém ficaram sabendo disso, de modo que, na língua deles, esse campo passou a chamar-se Aceldama, isto é, campo de Sangue" (Atos 1:18-19). Lucas escreve: "Porque está escrito no Livro de Salmos: 'Fique deserto o seu lugar, e não haja ninguém que nele habite'" (Atos 1:20). Essa é uma alusão a Salmos 69:25 (69:26 hebr.): "Fique deserto o lugar deles; não haja ninguém que habite nas suas tendas."

Para Paulo, o salmo ainda tem uma importância cristológica adicional. Há um entendimento profético de Salmos 69:6 (69:7 hebr.) em Romanos 15:3, quando ele diz: "pois também Cristo não agradou a si próprio, mas, como está escrito: 'Os insultos daqueles que te insultam caíram sobre mim.'" Essa citação se refere à segunda metade de Salmos 69:9 (69:10 hebr.), o mesmo versículo que João cita com relação ao incidente do Templo. Depois de dizer que o "zelo pela tua casa me consome", o salmista lamenta: "os insultos daqueles que te insultam caem sobre mim" (Salmos 69:9 [69:10 hebr.]). A citação que Paulo faz de Salmos 69:22-23 (69:23-24 hebr.) em Romanos 11:9-10 entende o salmo de forma profética de um modo diferente, como se referindo aos judeus atuais que não são messiânicos, em vez de falar de Jesus. Paulo diz:

> E Davi diz:
>> "Que a mesa deles se transforme em laço e armadilha,
>>> pedra de tropeço e retribuição para eles.
>> Escureçam-se os seus olhos, para que não consigam ver,
>>> e suas costas fiquem encurvadas para sempre".

"DEUS MEU, DEUS MEU, POR QUE ME DESAMPARASTE?"

Nessa passagem, Paulo adota a imprecação contra os inimigos presente no salmo 69 — um elemento típico dos salmos de lamento individuais que não fazia parte do salmo 22.

Os salmos de celebração tiveram um grande apelo para os seguidores de Jesus e influenciaram o modo pelo qual eles contaram sua história. Lemos o salmo 118 acompanhando a entrada de Jesus em Jerusalém. Na tradição judaica posterior, os salmos de 113 a 118 são chamados de "a coleção *Hallel*" ("louvor") e são recitados nas festas judaicas, entre elas a Páscoa, mas não se sabe com certeza se esse costume remonta ao final do período do Segundo Templo.[11] Vemos o registro em Marcos 11:9-10 (cf. Mateus 21:9; Lucas 19:38; João 12:13):

> Os que iam adiante dele e os que o seguiam gritavam:
> "Hosana!
> Bendito é o que vem em nome do Senhor!
> Bendito é o Reino vindouro de nosso pai Davi!
> Hosana nas alturas!".

A citação é de Salmos 118:26: "Bendito é o que vem em nome do SENHOR". "Hosana" nada mais é que uma transliteração da palavra hebraica *hoshi'ah na'*, "salva-nos!" Lemos que Salmos 118:22-23 passa a ser uma predição da rejeição geral de Jesus por seus companheiros judeus; em Marcos 12:10-11 (cf. Mateus 21:42; Lucas 20:17), Jesus pergunta em uma citação praticamente exata do salmo:

> "Vocês nunca leram esta passagem das Escrituras?
> 'A pedra que os construtores rejeitaram tornou-se a pedra angular;
> isso vem do Senhor,
> e é algo maravilhoso para nós'?"

Esse mesmo salmo, cumprindo a mesma função, também aparece em Atos 4:11 e 1Pedro 2:4,6-7.

Do mesmo modo que os escritores dos Manuscritos do Mar Morto e dos textos rabínicos, Jesus e os seus discípulos encontraram sua própria história nas escrituras antigas e, por sua vez, interpretaram essa escritura à luz de suas próprias experiências. Nas mesmas passagens onde eles veem Jesus em toda parte, a comunidade judaica interpretou de maneiras bem diferentes.

---

[11] A *Mishná* (de cerca do ano 200 E.C.) fala do *Hallel* (p. ex., *Pesachim* 5:7), mas não especifica o seu conteúdo, e nem Filo, nem Josefo o mencionam.

O SALMO 22 NAS ESCRITURAS DE ISRAEL

Tanto a tradição judaica quanto a cristã atribuem a maioria ou todos os salmos ao rei Davi, a quem a versão King James de 2Samuel 23:1 chama de "o doce salmista de Israel", mas o hebraico dos salmos é bem posterior ao hebraico do século 10 A.E.C., o período que Davi viveu. Em vez disso, o Livro dos Salmos é uma compilação de poesia litúrgica de muitos períodos e escrita por diversos autores,[12] e os versículos iniciais que atribuem a autoria a Davi provavelmente são acréscimos secundários àquilo que não passava originalmente de poemas anônimos.[13] Assim, embora o cabeçalho do salmo 22 diga "Salmo de Davi", não se deve supor que Davi o escreveu. O Livro de Salmos formou-se de maneira gradativa: o versículo "aqui se encerram as orações de Davi, filho de Jessé" aparece na metade do saltério (Salmos 72:20).

Embora seja atribuído a Davi, não é possível saber quem escreveu o salmo 22; entretanto, podemos situar a sua data. Com base na análise linguística do hebraico que é empregado e na sua localização mais próxima do início de Salmos, provavelmente ele vem do período pré-exílico, antes da destruição do templo de Jerusalém em 586 A.E.C.

Poucos salmos apresentam evidências internas sobre como foram usados, e os seus cabeçalhos, que podem estar preservando essas evidências, contêm muitos termos técnicos obscuros. O cabeçalho do salmo 22, que diz: "Ao líder: de acordo com a melodia *A corça da manhã*", pode sugerir que o salmo era cantado seguindo a melodia popular "A corça da manhã", do mesmo modo que muitos hinários cristãos usam a mesma melodia para várias letras diferentes.

Também podemos propor como alguns salmos foram usados a partir dos capítulos 1 e 2 de 1Samuel, em que Ana ora duas vezes. Sua primeira oração é um texto em prosa, um voto, e se relaciona diretamente com o seu intenso desejo de ter um filho. Lemos o registro em 1Samuel 1:11: "E fez um voto, dizendo: 'Ó SENHOR dos Exércitos, se tu deres atenção à humilhação de tua serva, te lembrares de mim e não te esqueceres de tua serva, mas lhe deres um filho, então eu o dedicarei ao

---

[12]Marc Zvi Brettler, *How to read the Jewish Bible* (New York: Oxford University Press), p. 219-29, e com maiores detalhes, William P. Brown, ed., *The Oxford handbook of the Psalms* (New York: Oxford University Press, 2014).

[13]Alan Cooper, "Some aspects of traditional Jewish psalms interpretation", em Brown, *Oxford handbook of the Psalms*, p. 253-68 (254-57), e Rolf Rendtorff, "The Psalms of David: David in the Psalms", em *The book of Psalms: composition and reception*, ed. Patrick D. Miller e Peter W. Flint, Supplements to Vetus Testamentum 99 (Leiden: Brill, 2004), p. 53-64. Quanto ao salmo 22, Karl Friedrich Keil e Franz Delitzsch estão entre os poucos estudiosos que defendem a autoria de Davi, em *Psalms*, Keil and Delitzsch Commentary on the Old Testament (Grand Rapids: Eerdmans, 1971), p. 303-6.

"DEUS MEU, DEUS MEU, POR QUE ME DESAMPARASTE?"

SENHOR por todos os dias de sua vida, e o seu cabelo e a sua barba nunca serão cortados." A sua segunda oração, que foi feita depois de seu filho Samuel ter nascido, é feita em forma de poesia. Era de esperar que essa oração expressasse um agradecimento a Deus por abrir o seu ventre para filhos, mas esse não foi o caso. Em vez disso, o que surge é um salmo de realeza — um salmo relacionado ao rei davídico ou recitado por ele — que termina da seguinte forma: "Ele dará poder a seu rei e exaltará a força do seu ungido" (1Samuel 2:10). Esse salmo só aborda vagamente a situação de Ana, quando ela observa: "A que era estéril deu à luz sete filhos, mas a que tinha muitos filhos ficou sem vigor" (v. 5). Por que, então, atribuir este salmo a Ana?

É provável que o capítulo 2 de 1Samuel represente como os salmos eram usados. Em alguns casos, as pessoas elaboravam as suas próprias orações. Essas geralmente eram feitas em prosa e refletiam a situação específica da pessoa. Por exemplo, quando Miriã passou por uma doença grave na pele (que geralmente é traduzida de forma equivocada como "lepra"), Moisés ora de forma breve, em prosa (Números 12:13): "Ó Deus, por misericórdia, concede-lhe cura!" No entanto, os israelitas antigos acreditavam que as situações extremas, independentemente de serem difíceis ou motivos de agradecimento, exigiam orações mais poéticas e formais. Nesses casos, a pessoa iria a um santuário, ou mesmo ao templo de Jerusalém, e pediria algum salmo oficial que tenha resistido à prova do tempo. É provável que o levita recitasse esse salmo, e o adorador (provavelmente iletrado) repetisse a sua recitação.[14]

Os levitas tinham salmos prontos para muitas situações diferentes de necessidade e de ação de graças, mas nem toda situação possuía um salmo ideal. Essa falta de um vínculo direto explica o encaixe parcial entre a situação de Ana e o salmo que ela apresentou — pelo menos o salmo dela menciona alguém estéril, e seus temas de competição e de vitória sobre os inimigos se relacionam com a sua rivalidade com Penina, a outra esposa de Elcana. Podemos imaginar uma pessoa em uma situação como a de Ana se emocionar com algumas partes do salmo, mas não com outras — isso é verdade para a maioria das pessoas que fazem orações formais até hoje. Podemos recitar o famoso Salmo 23, "o SENHOR é meu pastor", e nos identificarmos completamente com "Mesmo quando eu andar por um vale de trevas e morte" (ou "da sombra da morte"), mas sentir que não estamos bem representados na frase "preparas um banquete para mim à vista dos meus inimigos."

---

[14]Quanto à função dos levitas de compor e preservar os salmos, veja Nahum M. Sarna, "The Psalm superscriptions and the guilds", em *Studies in Biblical Interpretation* (Philadelphia: Jewish Publication Society, 2000), p. 335-56.

Quem sabe alguém poderia, oferecendo algum pagamento adicional, requisitar a um levita para escrever um novo salmo que se encaixasse na situação que estivesse passando. Esses salmos poderiam então passar a fazer parte do repertório desse levita e ser utilizado novamente no futuro, possivelmente com alterações, por outros adoradores.

Esses salmos se encaixariam em categorias diferentes, do mesmo modo que classificamos as canções atualmente: canções de amor, músicas patrióticas, músicas de acampamento, e assim por diante. Os estudiosos bíblicos têm um método para nos ajudar a entender como classificar os salmos, de modo que possamos avaliar de um modo mais preciso como eles eram utilizados. O estudioso alemão Herman Gunkel (1862-1932) moldou a maneira pela qual entendemos os salmos mediante o que se chama de abordagem da crítica da forma. A crítica da forma analisa a estrutura formal dos escritos bíblicos, bem como o contexto social e institucional (alemão, *Sitz im Leben*, "contexto vivencial") dessas estruturas. Podemos dizer o seguinte, a título de analogia moderna: Sabemos por meio da estrutura e de outras características formais que uma canção que começa com "hoje é sexta-feira, dia de cerveja" e que repete esta linha várias vezes tem situação e propósito diferentes de uma canção que começa com "maravilhosa graça" ou "quão grande és tu". Gunkel usou esse critério para dividir os salmos em gêneros diferentes baseados nas estruturas formais, bem como no vocabulário. Debaixo da sua influência, as duas primeiras perguntas que os estudiosos fazem diante de qualquer salmo são: "Qual é o gênero desse salmo?" e "Qual é o *Sitz im Leben* ou a situação social?"[15] Gunkel classificou a maioria dos salmos de acordo com o gênero: hinos, canções a respeito da entronização de Deus, salmos de súplica da comunidade, salmos de realeza, canções de súplica individual e salmos de ação de graças individual.[16] Já analisamos um "salmo de realeza" que foi colocado nos lábios de Ana. Os estudos mais recentes têm aprofundado e renomeado algumas dessas categorias; por exemplo, as canções de súplica individual agora são chamadas de forma mais frequente de lamentos individuais.

Dentre todos esses gêneros, o salmo 22 se encaixa na classificação de "canção de súplica individual" ou lamento, a qual, de acordo com Gunkel, *constitui-se*

---

[15]Veja Klaus Koch, *The growth of the biblical tradition: the form-critical method*, tradução para o inglês de S. M. Cupitt (London: Adam & Charles Black, 1969), p. 159-82; William H. Bellinger, "Psalms and the question of genre", em Brown, *Oxford Handbook of the Psalms*, p. 313-25.

[16]Hermann Gunkel, *Introduction to Psalms: the genres of the religious lyric of Israel*, tradução para o inglês de James D. Nogalski (Macon: Mercer University Press, 1998).

"DEUS MEU, DEUS MEU, POR QUE ME DESAMPARASTE?"

na matéria prima principal do saltério.[17] O salmo 22 tem muitos elementos que caracterizam esses lamentos individuais: ele começa com um clamor, apresenta várias súplicas específicas, clama a Deus por ajuda (usando o modo imperativo), apresenta a Deus uma motivação para ouvir essas súplicas, e termina com a certeza de que elas foram ouvidas.[18] Assim, embora geralmente enxerguemos o salmo 22 como uma obra singular, ela é bem convencional.

O clamor se encontra no início do versículo 1: "Meu Deus, meu Deus"; essa repetição reflete a grande necessidade daquele que suplica de chamar a atenção de Deus insistindo duas vezes que Deus é o "meu Deus". Então o destaque individual aparece, de modo impactante, nos dois primeiros versículos (destaque nosso):

> Meu Deus! Meu Deus! Por que *me* abandonaste?
>> Por que estás tão longe de salvar-*me*,
>> tão longe dos *meus* gritos de angústia?
> Meu Deus! *Eu* clamo de dia, mas não respondes;
>> de noite, e não recebo alívio!

Esse foco individual é típico desses lamentos. O Deus dos salmos de lamento individual consiste em um Deus pessoal, aquele que o salmista entende como alguém que satisfaz alguma necessidade humana.

As súplicas ou os lamentos estão espalhados nos dois terços iniciais desse salmo. Entre eles, temos os seguintes: "Mas eu sou verme, e não homem, motivo de zombaria e objeto de desprezo do povo" (v. 6) e "Caçoam de mim todos os que me veem; balançando a cabeça, lançam insultos contra mim" (v. 7). Os lamentos continuam nos versículos 16 e 17: "Cães me rodearam! Um bando de homens maus me cercou! Perfuraram minhas mãos e meus pés. Posso contar todos os meus ossos, mas eles me encaram com desprezo." Como é comum nesses lamentos, não há como se fazer um diagnóstico exato daquele que está sofrendo; por causa dessa imprecisão, os salmos podem ser adequados para muitas situações, mesmo para Jesus sofrendo na cruz.

Embora sejam viscerais, esses lamentos também são poéticos. Por exemplo: o versículo "Dividiram as minhas roupas entre si, e tiraram sortes pelas minhas

---

[17]Gunkel, *Introduction to Psalms*, p. 122 (itálicos de Gunkel).
[18]Quanto à estrutura do lamento individual, veja Gunkel, *Introduction to Psalms*, p. 131-98; Claus Westermann, *Praise and lament in the Psalms*, tradução para o inglês de Keith R. Crim e Richard Soulen (Atlanta: John Knox Press, 1981), p. 64-81; Carleen Mandolfo, "Language of lament in the Psalms", em Brown, *Oxford Handbook of the Psalms*, p. 114-30.

vestes" (22:18) é um exemplo comum de "paralelismo sinônimo", em que a segunda dupla de linhas reafirma o que diz a primeira de uma forma levemente diferente. Nessa passagem, a primeira parte (A) da dupla no hebraico menciona "roupas", que, gramaticalmente, está no plural, enquanto a palavra "vestes" está no singular. Entretanto, a palavra singular traduzida como "roupas" equivale a um coletivo, portanto indica mais do que um item de roupa, como em Salmos 45:13b: "Adornada está a princesa em seus aposentos, com vestes enfeitadas de ouro" (tradução dos autores). A Septuaginta mantém essa diferenciação entre singular e plural traduzindo as palavras hebraicas "roupas" e "vestes" com a mesma palavra, mas com a primeira no plural e a segunda no singular.

Os Evangelhos sinóticos observam que a palavra singular no hebraico "vestes" na parte B é uma reafirmação poética da parte A, e, por causa disso, descreve os soldados que dividem a roupa de Jesus somente uma vez, em partes. João, que vê diferença entre as "roupas" da parte A e as "vestes" da parte B, no singular, sugere que a túnica singular de Jesus não foi dividida, mas ficou com um dos soldados.

As súplicas do salmista não se restringem às ações de seus inimigos. O versículo inicial equivale a uma súplica a Deus: "Meu Deus! Meu Deus! Por que me abandonaste? Por que estás tão longe de salvar-me, tão longe dos meus gritos de angústia?" Essa imagem do abandono divino é frequente no saltério. Em outras passagens da *Tanakh*, a abordagem a respeito do abandono de Deus está relacionada ao pecado, conforme acontece em Deuteronômio 31:17a, em que Deus diz: "Naquele dia se acenderá a minha ira contra eles e eu me esquecerei deles; esconderei deles o meu rosto". Nos Salmos, as pessoas que se sentem abandonadas acreditam que não têm culpa de nada. Assim, a pergunta "por que me abandonaste?" não é simplesmente retórica.[19] O salmista ou a salmista está lembrando Deus do seu sofrimento (o hebraico não faz distinção entre masculino e feminino na primeira pessoa do singular, e os capítulos 1 e 2 de 1Samuel mostram que as mulheres oravam tanto quanto os homens); a abordagem é de pedir explicações a Deus. Pelo fato de que muitos salmistas têm certeza da sua inocência, seus salmos podem ser entendidos como literatura de protesto que abordam o problema da teodiceia, a justiça de Deus.

O restante do salmo 22 contém muito mais pedidos veementes para que Deus venha ajudar, sempre no modo imperativo: "Tu, porém, SENHOR, não fiques distante! Ó minha força, vem logo em meu socorro!" (v. 19) e "Livra-me da espada, livra a minha vida do ataque dos cães" (v. 20). Embora os crentes dos dias atuais

---

[19]Samuel S. Balentine, *The hidden God: the hiding of the face of God in the Old Testament* (Oxford: Oxford University Press, 1983), esp. 49-56 (sobre os Salmos).

"DEUS MEU, DEUS MEU, POR QUE ME DESAMPARASTE?"

possam considerar indelicado dar instruções a Deus, o antigo Israel não tinha esse pensamento; esses imperativos eram comuns nos salmos, especialmente como parte dos lamentos das pessoas. Podemos perceber instruções parecidas na famosa oração de Jesus conhecida como "Pai Nosso": entre os vários apelos no imperativo vemos os seguintes: "Dá-nos hoje o nosso pão de cada dia" (Mateus 6:11; veja Lucas 11:3) e "livra-nos do mal" (Mateus 6:13b).

Como de praxe, esse salmista apresenta várias razões pelas quais Deus deveria ouvi-lo. Por exemplo, as descrições de uma doença grave tentam despertar a compaixão de Deus. Outros versículos afirmam que a ajuda desejada faz parte da natureza divina: "Tu, porém, és o Santo, és rei, és o louvor de Israel" (v. 3). Essa súplica também combina com o comportamento de Deus no passado:

> Em ti os nossos antepassados puseram a sua confiança;
> confiaram, e os livraste.
> Clamaram a ti, e foram libertos;
> em ti confiaram, e não se decepcionaram (v. 4-5).

Um pouco mais adiante, o interlocutor já relata ter experimentado esse cuidado divino:

> Contudo, tu mesmo me tiraste do ventre;
> deste-me segurança junto ao seio de minha mãe.
> Desde que nasci fui entregue a ti;
> desde o ventre materno és o meu Deus (v. 9-10).

Mais próximo do final do salmo, o interlocutor passa a louvar a Deus (v. 22) "no meio da congregação" e a falar a "todos vocês, descendentes de Jacó" (v. 23) — ou seja, o salmista acaba fazendo uma proclamação pública. A conclusão desse salmo amplia esses destinatários para "todos os confins da terra [...] todas as famílias das nações [...] todos os que dormem na terra [...] todos que descem ao pó [...] à posteridade [...] às futuras gerações [...] ao povo que ainda não nasceu" (v. 24-31).

A linguagem e até as expressões do salmo 22 seguem um padrão, aparecendo por todo o saltério. Os inimigos descritos no salmo 22 são descritos de forma parecida com outros lamentos individuais, conforme vimos na aplicação do salmo 69 à morte de Judas.[20] O texto de Salmos 35:21: "com a boca escanca-

---

[20]Veja Gunkel, *Introduction to Psalms*, 140n203, para dezenas de casos; veja, p. ex., Salmos 6:10: "Serão humilhados e aterrorizados todos os meus inimigos."

rada, riem de mim e me acusam: 'Nós vimos! Sabemos de tudo!'" apresenta um paralelo direto ao versículo de Salmos 22:13: "Como leão voraz rugindo escancaram a boca contra mim." Vemos em Salmos 22:8 a citação do insulto zombador dos inimigos: "Recorra ao SENHOR! Que o SENHOR o liberte! Que ele o livre, já que lhe quer bem!"; outro salmista cita os inimigos dizendo: "Deus nunca o salvará" (3:2). A seguinte súplica em 22:19: "Vem logo em meu socorro" encontra paralelos em Salmos 38:22 (38:23 hebr.), "Agrada-te, SENHOR, em libertar-me"; em Salmos 40:13 (40:14 hebr.), "apressa-te, SENHOR, a ajudar-me"; e em Salmos 71:12: "ó meu Deus, apressa-te em ajudar-me!". O versículo 22:25: "Na presença dos que te temem cumprirei os meus votos", que nada mais é que um voto feito a Deus em meio à angústia, também aparece em Salmos 56:12 (56:13 hebr.), "cumprirei os votos que te fiz, ó Deus; a ti apresentarei minhas ofertas de gratidão" e em Salmos 66:13: "Para o teu templo virei com holocaustos e cumprirei os meus votos para contigo".

Entretanto, existem algumas características que são peculiares ao salmo 22.[21] O seu acúmulo de argumentos retóricos não se vê em mais nenhuma outra passagem; esses argumentos retóricos "consistem de um argumento ampliado a respeito da dignidade do interlocutor, tanto com apelos lógicos quanto emocionais ao próprio comportamento de Deus no passado, com as testemunhas oculares assumindo o papel de seus adversários zombadores, e os lembretes comunicados a Deus de ter observado diretamente o seu nascimento."[22] Em seguida, apresenta-se no salmo 22 uma variedade de metáforas animais, tanto a respeito daquele que sofre, quanto referentes aos perseguidores; a comparação de um "verme" (v. 6, "mas eu sou verme, e não homem") efetivamente sugere uma situação degradante.[23] Em terceiro lugar, diferente de muitos lamentos, esse salmo não clama por vingança nem por uma maldição sobre os inimigos.[24] Esse pode ter sido um dos vários fatores que fez esse salmo ser tão recomendado aos seguidores de Jesus. O início do salmo também é incomum — somente nessa passagem da *Tanakh* existe a repetição da expressão "meu pai", que em hebraico se fala *'eli*.

---

[21]Richard J. Clifford, *Psalms 1—72*, Abingdon Old Testament Commentaries (Nashville: Abingdon, 2002), p. 123.

[22]Davida H. Charney, *Persuading God: rhetorical studies of first-person Psalms* (Sheffield: Sheffield Phoenix, 2015).

[23]Philip Nel, "Animal imagery in Psalm 22", *Journal of Northwest Semitic Languages* 31 (2005): 75-88; Nel, "'I am a Worm': Metaphor in Psalm 22", *Journal for Semitics* 14 (2005): 40-54; Goran Eidevall, "Images of God, self and the enemy: on the role of metaphor in identity construction", em *Metaphor in the Hebrew Bible*, ed. P. Van Hecke (Leuven: Leuven Univ. Press, 2005), p. 55-65.

[24]Observado, p. ex., em A. F. Kirkpatrick, *The book of Psalms*, Cambridge Bible Commentary (Cambridge: Cambridge University Press, 1902), p. 115; W. O. E. Oesterly, *The Psalms* (London: SPCK, 1959), p. 176.

"DEUS MEU, DEUS MEU, POR QUE ME DESAMPARASTE?"

O uso de *'eli* para se dirigir a Deus de forma tão direta e pessoal é encontrado treze vezes na *Tanakh*, onze das quais nos Salmos, sendo três no salmo 22 (duas vezes no v. 1 e uma vez no v. 10). Repetimos que esse detalhe deve ter tido um apelo especial para Jesus e para os seus seguidores.

Por fim, percebemos que o salmo 22 tem uma estrutura mais robusta do que a maioria dos salmos. Ele se divide de forma ordenada em três partes que têm aproximadamente o mesmo tamanho: v. 1-11, 12-21, e 22-31.[25] As duas primeiras seções são muito parecidas. A primeira parte é demarcada por uma *inclusio* (envelopamento) — uma repetição que tem a função de delimitar ou emoldurar a seção em que se encontra: o versículo 1 pergunta: "Por que estás tão *longe* de salvar-me?", enquanto o versículo 11 começa com as seguintes palavras: "Não fiques *longe* de mim." A segunda parte apresenta três tipos de animais: touros (v. 12), um leão (v. 13) e cachorros (v. 16); eles são repetidos nessa mesma parte em ordem invertida: cachorro (v. 20), leão (v. 21) e bois selvagens (v. 21). Essa estrutura elegante, que é frequente nas escrituras de Israel, é chamada de quiasmo, ou de padrão a-b-c/c-b-a. A seção final é menos estruturada, embora possa também ser quiástica; esse quiasmo destaca o versículo 28, um versículo central: "pois do SENHOR é o reino; ele governa as nações."

Nós já examinamos vários elementos no salmo 22 que fazem com que ele seja importante para a descrição dos Evangelhos sinóticos de um Messias sofredor e da preocupação de João quanto a rejeição de Jesus. Entretanto, existem mais elementos que atraíram os evangelistas a este salmo. Em geral, a Septuaginta e os poucos fragmentos do salmos 22 que fazem parte dos Manuscritos do Mar Morto concordam com o Texto Massorético. A principal exceção é uma única palavra, *ka'ari*, no versículo 16 (v. 17 hebr.) — e essa palavra problemática, que algumas pessoas entendem como "traspassado", é base do vínculo desse salmo à pessoa de Jesus.[26]

A NRSV traduz esse versículo da seguinte forma: "Porque os cães me rodearam por todo lado! Um bando de malfeitores me cercou! As minhas mãos e os meus pés mirraram" (22:16); a NJPS diz: "Os cães me rodeiam; um bando de malvados me cercou, como leões [eles maltrataram] minhas mãos e pés" (22:17); a English Standard Version, seguindo a versão King James, verteu da seguinte forma: "Cães me rodearam! Um bando de homens maus me cercou! Perfuraram

---

[25]John S. Kselman, "'Why have you abandoned me?' A rhetorical study of Psalm 22", em *Art and meaning: rhetoric in biblical literature*, ed. David J. A. Clines, Journal for the Study of the Old Testament Supplement 19 (Sheffield: JSOT Press, 1982), p. 172-98.

[26]Além dos comentários, veja Brent A. Strawn, "Psalm 22:17b: more guessing", *Journal of Biblical Literature* 119 (2000): 439-51; Kristin M. Swenson, "Psalm 22:17: circling around the problem again", *Journal of Biblical Literature* 123 (2004): 637-48.

minhas mãos e meus pés" (22:16). As versões traduzem (e interpretam) a palavra hebraica *kaʾari* como "mirraram", "como leões", "perfuraram". A NJPS reflete com precisão o Texto Massorético, que tem a preposição juntamente com o artigo definido *ka-*, "como o", seguido do substantivo *ʾari*, "um leão", mas pede que um verbo seja subentendido, apresentado entre colchetes. A referência aos leões se encaixa com o restante do salmo, um cenário repleto de animais. A NRSV emenda levemente o texto, e, com base em uma raiz do acadiano, lê a palavra hebraica em questão como *krw*, "mirraram". Outros ainda leem a palavra como *kaʾaru*, e, com base em uma palavra árabe cognata, traduzem como "amarraram" (as hipóteses de letra final que equivalem a nosso y [ʾ] e ao nosso "u" [ו] são quase idênticas, e um fragmento que faz parte dos Manuscritos do Mar Morto, 5/6ḤeverPs, pode ser lido como *kaʾaru* — a letra em questão é ambígua). Outra proposta sugere que se divida o versículo de forma diferente e se interprete da seguinte forma: "Os cães me rodeiam, um bando de malfeitores. Como um leão, eles restringem minhas mãos e meus pés."[27]

A Septuaginta (Salmos 21:17 LXX) — a versão utilizada pela maioria dos autores do Novo Testamento — traduz a palavra em questão como *ōruxan*, que significa literalmente "goivaram" e, por causa disso, ela é traduzida como "perfuraram".[28] Essa leitura mais provavelmente reflete um texto hebraico diferente — onde não se encontra a palavra *kaʾari*, mas o vocábulo *krw*, que vem da raiz *k-r-h*, que significa "cavar". Essa leitura é possível — as duas palavras têm uma aparência gráfica semelhante. Entretanto, a raiz hebraica *k-r-h* nunca é utilizada em outras passagens com referência a pessoas, e nunca se refere a perfurar em outras passagens. Com base na leitura "cavaram", alguns tradutores desde o século 1 E.C. começaram a ler "perfuraram" no sentido de "traspassaram". De forma plausível, eles foram influenciados por Zacarias 12:10, que fala de uma pessoa que foi "traspassada" ("Olharão para mim, aquele a quem traspassaram, e chorarão por ele", veja cap. 9). As duas outras traduções gregas judaicas antigas, Áquila e Símaco, traduzem a palavra hebraica como "amarraram", que combina melhor com a palavra árabe cognata. Para complicar ainda mais a situação, uma edição antiga de Áquila não apresentava somente a palavra

---

[27]Swenson, "Psalm 22:17", apresenta uma história abrangente de pesquisa e segue a sugestão de Strawn de que a iconografia do Oriente Próximo — representações de leões — podem ajudar a resolver o problema; Strawn, "Psalm 22:17b".

[28]Roger Aus, *Barabbas and Esther and other studies in the judaic illumination of earliest Christianity*, USF Studies in the History of Judaism 54 (Atlanta: Scholars Press, 1992), p. 13-4, afirma: "o hebraico original certamente está refletido na LXX, no siríaco, [Orígenes] e em Jerônimo, que traduzem 'eles traspassaram as minhas mãos e pés'." Essa afirmação é citada, com aprovação, por Tkacz, "Esther, Jesus, and Psalm 22", p. 724. Tkacz dá vários outros exemplos de especialistas que acham que o original realmente dizia "traspassaram".

"DEUS MEU, DEUS MEU, POR QUE ME DESAMPARASTE?"

"amarraram", mas também o verbo "desfiguraram".[29] Por outro lado, o *targum* traz um verbo a mais e é lido da seguinte forma: "eles mordem as minhas mãos e os meus pés como um leão."

É improvável que um dia possamos determinar com segurança o que essa palavra hebraica originalmente significava. Portanto, nem os apologistas judeus que acusam os cristãos de lerem o texto de forma equivocada, nem os comentaristas cristãos como João Calvino, com o seu alerta de que existem "bases fortes para conjecturar que essa passagem foi corrompida de forma fraudulenta pelos judeus [...] em sua ignorância crassa da história",[30] devem ter a última palavra. Seja qual for a decisão, ela deve se basear no critério do lamento pessoal: o salmo deve ser passível de ser recitado por qualquer pessoa que quer chamar a atenção de Deus.

QUANDO OS SALMOS SÃO PROFÉTICOS

As leituras cristãs tradicionais exigem que o salmo 22 tenha uma função profética e que se veja o rei Davi, a quem se atribui a autoria do salmo, como um profeta. Resumindo de forma habilidosa essa ideia, Mark H. Heinemann conclui que Davi era o autor do salmo 22 e que "Davi estava falando conscientemente a respeito do futuro", porque "se Davi tinha noção de que Deus tinha falado a respeito de seus descendentes no futuro distante (2Samuel 7:19; Salmos 89:29,36), e se pelo menos em duas outras ocasiões, ele tinha olhado para o futuro de forma consciente quanto ao seu descendente mais ilustre, o Messias [salmo 16 e Salmos 110:1], então parece provável que ele escreveu o salmo 22 de forma consciente."[31] De acordo com essa interpretação, os salmos se tornam proféticos.

O problema com relação a isso é que a *Tanakh* nunca indica de forma clara que algum salmo é profético. Nem mesmo atribui nenhuma habilidade profética a Davi, embora alguns versículos que ele escreveu cheguem perto disso. Por exemplo, Davi é chamado em Neemias 12:24 de "homem de Deus", uma expressão que foi utilizada para Elias ou Eliseu. Os dois primeiros versículos do capítulo 23 de 2Samuel, que fazem parte do discurso de Davi em seu leito de morte, trazem as seguintes palavras:

---

[29]Veja a análise em Swenson, "Psalm 22:17".

[30]Citado em Swenson, "Psalm 22:17", p. 639, com referência a João Calvino, *Commentary on the book of Psalms*, tradução para o inglês de James Anderson (Edinburgh: Calvin Translation Society, 1845-1849), 1:373-5.

[31]Mark H. Heinemann, "An exposition of Psalm 22", Bibliotheca Sacra 147 (1999): 286-308 (302).

Estas são as últimas palavras de Davi: "Palavras de Davi, filho de Jessé; palavras do homem que foi exaltado, do ungido pelo Deus de Jacó, do cantor dos cânticos de Israel: "O Espírito do Senhor falou por meu intermédio; sua palavra esteve em minha língua" (2Samuel 23:1-2).

Entretanto, nada do que é dito depois indica que Davi é um profeta que prediz o futuro, e esse "espírito", que em alguns textos bíblicos se refere à habilidade profética (especialmente em Números 11:25-26), nessa passagem provavelmente indica a inspiração musical dada por Deus.

Mas a ideia de que o Livro de Salmos é profético provavelmente não é uma inovação do Novo Testamento. A ideia aparece primeiramente no rolo dos Salmos de Qumran, que podemos datar pela caligrafia (paleografia) como sendo do século 1 E.C. Esse rolo contém vários salmos encontrados nas escrituras de Israel, bem como outros da Septuaginta e da Peshita (a tradução siríaca), alguns poemas que eram anteriormente desconhecidos, e uma lista classificando um total de 446 salmos atribuídos a Davi. Em seguida, o autor observa (11Q5 27:11): "Tudo isso ele compôs mediante profecia, a qual lhe foi dada pelo Altíssimo". O fato de Davi ter composto "mediante profecia" pode, mas não precisa, sugerir que os salmos devem ser interpretados *como* profecias.

A ideia de que os próprios salmos são proféticos é transmitida nos livros de literatura pesher, da comunidade de Qumran. Por exemplo, 4QPesherPs[a] interpreta Salmos 37:23-24 que diz:

> O Senhor firma os nossos passos,
>> quando a nossa conduta o agrada;
> ainda que tropece, não cairá,
>> pois o Senhor o toma pela mão.

como referência "ao Sacerdote, ao Mestre [de Justiça], que Deus chamou como sua coluna."[32] O uso dominante de Qumran condiz com o propósito original do salmo: poder ser recitado por qualquer pessoa que se sente abandonada por Deus.

Na Idade Média, muitos judeus consideravam Davi como inspirado por Deus. Abraham ibn Ezra diz: "Mas sou levado a concordar com os sábios, cuja lembrança se trata de uma bênção, que todo esse livro [de Salmos] é inspirado

---

[32]Frag 1-10, 3.15-16, conforme foi traduzido em James H. Charlesworth e Henry W. Rietz, eds., *The Dead Sea Scrolls. Hebrew, Aramaic, and Greek texts with English translations*, vol. 6b, *Pesharim and related documents* (Tubingen: Mohr Siebeck, 2002), p. 17.

"DEUS MEU, DEUS MEU, POR QUE ME DESAMPARASTE?"

por Deus."[33] Entretanto, inspiração divina não equivale à habilidade profética — e não fica claro se ver os salmos como proféticos se constituía em uma crença bem difundida na época de Jesus.

O Talmude nunca afirma, até onde sabemos (apesar da declaração de Ibn Ezra), que Salmos é um livro profético. O mais próximo que ele chega dessa ideia consiste em uma análise em *b. Pesachim* 117a sobre a razão pela qual alguns salmos têm como cabeçalho "Salmo de Davi", enquanto outros começam com as palavras "De Davi, um salmo". Essa análise sugere que se um salmo começa com "De Davi, um salmo", isso "significa que a Presença Divina [*Shechinah*] repousava previamente sobre ele e depois que ele recitava a canção. Entretanto, se o salmo começa com as palavras "Salmo de Davi", isso significa que ele recitou a canção primeiro, e depois a presença divina repousou sobre ele."[34]

Nós temos visto várias declarações deste tipo: "Portanto, dificilmente se torna uma controvérsia o fato de que pelo menos algumas porções de alguns salmos em particular sejam consideradas como 'profecia' ou como 'textos proféticos' em Qumran e, de modo mais geral, no judaísmo do Segundo Templo."[35] No entanto, essa afirmação vai muito além das evidências. Somente um pequeno número de fontes judaicas consideram algum salmo em particular, ou o livro como um todo, como as palavras inspiradas de Davi, e não encontramos nenhuma referência disponível anterior ao movimento de Jesus onde se encara o salmo 22 como profecia. Os judeus tinham várias outras maneiras de interpretar esse salmo, inclusive, na Idade Média, de maneira profética profético. No entanto, as profecias são aplicadas a Ester, a uma figura messiânica diferente de Jesus, ou ao povo judeu como um todo.

O SALMO 22 NAS FONTES JUDAICAS

As fontes judaicas mais antigas raramente citam o salmo 22; pode ser que os rabinos o deixassem de lado por ter grande importância para os cristãos primitivos.[36] A primeira evidência que temos para o que pode se chamar de interpretação rabínica

---

[33]Uriel Simon, *Four approaches to the book of Psalms: from Saadya Gaon to Abraham Ibn Ezra*, traduzido para o inglês por Lenn J. Schramm, SUNY Series in Judaica: Hermeneutics, Mysticism and Religion (Albany: SUNY Press, 1991), p. 187.

[34]"Pesachim 117a:12", Sefaria, https://www.sefaria.org/Pesachim.117a.12?lang=bi&with=all&lang2=en.

[35]Jesper Hogenhaven, "Psalms as prophecy: Qumran evidence for the reading of Psalms as prophetic text and the formation of the canon", em *Functions of psalms and prayers in the late Second Temple period*, ed. Mika S. Pajunen e Jeremy Penner, Beihefte zur Zeitschrift fur die alttestamentliche Wissenschaft 486 (Berlin: de Gruyter, 2017), p. 229-51 (234).

[36]Menn, "No ordinary lament", p. 317n73.

A BÍBLIA COM E SEM JESUS

não vem dos próprios rabinos, mas de Justino Mártir. O começo do capítulo 98 de *Diálogo com Trifão* cita o salmo 22 "para que possas ouvir sobre a reverência [de Jesus] ao Pai" — e assim por diante. No capítulo 115, Justino relata: "Como Trifão estava quase respondendo para me contradizer", mas ele retém para si os comentários de Trifão. Como o livro é de Justino, é ele quem dá a última palavra:

> Davi, no vigésimo primeiro salmo [isto é, salmo 22 na numeração hebraica] se refere desse modo ao sofrimento e à cruz em uma parábola de mistério: "Eles traspassaram minhas mãos e pés; contaram todos os meus ossos. Eles consideraram e fitaram seus olhos em mim; repartiram minhas vestes entre si, e lançaram sortes sobre minha vestimenta." Porque quando eles o crucificaram, o perfurando com os cravos, eles transpassaram suas mãos e pés; e aqueles que o crucificaram repartiram suas roupas entre eles, cada um lançando sortes sobre a parte que escolheu ficar, e recebendo de acordo com a decisão dessas sortes. Além disso, você diz que o próprio salmo não se refere a Cristo; você diz isso porque é cego em todos os aspectos, e não entende que ninguém em sua nação foi chamado Rei ou Cristo, nem mesmo teve suas mãos e pés traspassados enquanto viveu, ou morreu de forma misteriosa — a saber, morte de cruz — exceto o próprio Jesus (*Diálogo* 97).

Justino indica que Trifão, juntamente com outros judeus, se recusa a ver Jesus neste salmo. Ele está correto. Quando os judeus começam a interpretar este salmo, eles o fazem de três modos principais: como explanação dos acontecimentos relatados pela Rainha Ester, em referência ao Rei Davi, e em referência a outro messias que não Jesus. Um pequeno número de *midrashim* aplica o salmo 22 a outras figuras bíblicas.[37]

A associação que os rabinos fazem entre o salmo 22 e Ester tem bons precedentes. A versão de Ester na Septuaginta, que é maior do que a versão hebraica, contém vários "acréscimos" que podem ter sido influenciados pelo salmo 22. No acréscimo C, Ester ora usando palavras que provavelmente foram extraídas do salmo 22.[38] Por exemplo, no versículo 3 desse acréscimo, Ester ora: "Meu Senhor, só tu és o nosso Rei. Ajuda-me, pois estou sozinha e não tenho auxílio nenhum senão o teu"; esse versículo se parece com Salmos 22:11: "Não fiques distante de mim, pois a angústia está perto e não há ninguém que me socorra." O versículo 5 fala a respeito da ação anterior de Deus: "Desde o meu nascimento, ouvi dizer em meio a meu povo que tu, Senhor, escolheu a Israel dentre todas as nações, e

---

[37]Menn, "No ordinary lament", p. 316.
[38]Michael V. Fox, "Additions to Esther", em *OTB*, 1:103-5; Menn, "No ordinary lament", 317n74.

"DEUS MEU, DEUS MEU, POR QUE ME DESAMPARASTE?"

nossos antepassados dentre todos seus pais, como uma herança duradoura, e que cumpriste todas as tuas promessas para eles"; esse versículo ecoa Salmos 22:4-5:

> Em ti os nossos antepassados puseram a sua confiança;
> confiaram, e os livraste.
> Clamaram a ti, e foram libertos;
> em ti confiaram, e não se decepcionaram.

Tanto esse acréscimo a Ester (v. 3,5) quanto o salmo 22 (v. 21) falam a respeito de ser salvo "da boca do leão." No versículo 19 do acréscimo C, Ester roga: "Ó Deus, cujo poder é sobre todos, ouve a voz dos aflitos. Salva-nos do poder dos ímpios, e livra-me do meu medo". Ela está parafraseando o salmo 22.

O entendimento mais comum do salmo 22, que se encontra em várias passagens do Talmude Babilônico e se desenvolveu em textos posteriores, se relaciona com a Rainha Ester.[39] Esse que é o salmo mais teológico de todos, começa com sua surpreendente referência dupla a "meu Deus e complementa de forma satisfatória a versão hebraica da história de Ester, que nunca apresenta o nome de Deus de forma clara e, de modo diferente da versão grega com os acréscimos, não inclui as orações de Ester. O Talmude Babilônico diz:

> O versículo diz com referência a Ester: "Ela colocou-se no pátio interno do palácio, em frente ao salão do rei" (Ester 5:1). O rabino Levi disse: Quando ela chegou à câmara dos ídolos, que ficava no pátio interno, a Presença Divina [*Shekinah*] a deixou. Ela imediatamente disse: "Meu Deus, meu Deus, por que me abandonaste?" (Salmos 22:2). Quem sabe tenha sido porque julgas um pecado sem intenção como se a tivesse, e algo que se faz por causa de circunstâncias que escapam ao controle como algo feito com disposição.
>
> Ou quem sabe me abandonaste porque em minhas orações chamei Hamã de cachorro, conforme se diz: "Livra-me da espada, livra a minha vida da garra do cachorro." Salmos 22:21 [hebr.]. Ela imediatamente se retratou e o chamou de leão em suas orações, conforme se diz no versículo seguinte: "Salva-me da boca do leão" (Salmos 22:22 [hebr.]) (*Meguillah* 15b).

O *midrash* dos Salmos desenvolve essa interpretação: "Quando Davi viu pelo espírito santo que 'minha Força' era a linguagem que [Ester] usaria para clamar

---

[39]Menn, "No ordinary lament"; Tkacz, "Esther, Jesus, and Psalm 22".

ao Santo, bendito seja Ele, ele compôs esse salmo se referindo a ela, Ao Diretor, a respeito da 'Força da Alvorada'."[40] Nessa obra, os cães (no plural) citados no versículo 16, que diz: "Cães me rodearam! Um bando de homens maus me cercou!" são entendidos como "os filhos de Hamã."[41] O *midrash* trabalha sobre o versículo 19, que diz: "Tu, porém, SENHOR, não fiques distante! Ó minha força, vem logo em meu socorro!", fazendo com que Ester diga: "'Ó Senhor, tem pena de mim, tem compaixão de mim' [...] Nesse instante, um anjo desceu do céu e feriu Assuero no rosto dizendo: 'Ó ímpio! Tua senhora está plantada lá fora, enquanto te assentas aqui dentro'." Esse vínculo entre o salmo 22 e Ester se tornou tão forte que, na Idade Média, se estabeleceu a tradição de recitar esse salmo no Purim, a festa alegre que comemora a vitória judaica sobre o assassino Hamã; o rolo de Ester é lido durante esse feriado.

É provável que essa associação do salmo 22 com Ester reflita uma polêmica anticristã: o salmo fala sobre a rainha em sua aflição, não sobre Jesus Cristo na cruz.[42] Em contrapartida, em 398 E.C., Jerônimo afirmou que esse salmo não devia ser entendido como uma referência a Mardoqueu e Ester.[43] Ele sabia o que seus vizinhos judaicos estavam fazendo. De modo irônico, até hoje, enquanto o livro de Ester é lido na sua totalidade no Purim, ele tem uma participação bem pequena nos lecionários cristãos.

Algumas tradições rabínicas, que seguem a menção de Davi no cabeçalho, supõem que o salmo 22 se refere à vida de Davi. Por exemplo, o *Midrash* dos Salmos, que foi escrito em sua maior parte antes do século 8, diz (22:28):[44]

> Enquanto Davi pastoreava as ovelhas, ele se deparou com um *re'em* [na literatura rabínica, um gigante mitológico em forma de touro; podemos pensar nele como um unicórnio enorme] dormindo no deserto e, pensando que era uma montanha, subiu sobre ele e continuou a pastorear suas ovelhas. Quando o *re'em* acordou e se levantou, Davi, montado nos seus chifres, foi levantado bem alto no céu.

---

[40]*Midrash Tehillim* 22.6, citado em Menn, "No ordinary lament", p. 320. *Veja tb.* William G. Braude, *The Midrash on Psalms* (New Haven: Yale University Press, 1959), 1:305. As palavras hebraicas para "corça" (*'aylit*) e "minha força" (*'ayloti*) são parecidas, conforme Menn aponta ("No ordinary lament,'", 320n84).

[41]Menn, "No ordinary lament", p. 320.

[42]Tkacz, "Esther, Jesus, and Psalm 22", p. 726. Tkacz segue o raciocínio de Menn, "No ordinary lament", 317, que, por sua vez, segue a Chana Safrai, "De Psalm van Esther en de Psalm van Verlossung: Een exegese van psalm 22", em *Mijn god, mijn god, waarom hebt gij mij verlaten: Eeen interdisciplinaire blindei over psalm 22*, ed. Marcel Poorhuis (Baarn: Ten Have, 1997), p. 81-93; não tivemos acesso a essa publicação em holandês.

[43]Tkacz, "Esther, Jesus, and Psalm 22", p. 719.

[44]Do mesmo modo, mais recentemente, em Anat Reizel, *Introduction to the midrashic literature* [in Hebrew] (Alon Shevut: Tevunot-Herzog Institute, 2011), p. 283.

> Nesse momento, Davi disse: Senhor do universo, se tu me fizeres descer dos chifres do *re'em*, construirei para ti um Templo [...] O que o Santo, bendito seja ele, fez por Davi? Ele fez que um leão viesse na direção do *re'em*, e quando o *re'em* viu o leão, ficou com medo e se encolheu diante dele [...] Quando Davi viu o leão, também ficou com medo dele. Diante disso o Santo, bendito seja ele, fez com que uma gazela se aproximasse, e quando o leão se distanciou para apanhá-la, Davi desceu e seguiu seu caminho.[45]

O *midrash* se baseia em Salmos 22:21, que afirma no final: "Salva-me da boca dos leões, e dos chifres dos bois selvagens [hebr., *re'em*]", e apresenta um exemplo maravilhoso do modo íntimo, vivaz e criativo com o qual os rabinos leem os textos bíblicos.

A principal fonte judaica para uma leitura messiânica do salmo 22 é o *midrash Pesiqta Rabbati*, que contém material do século 1 E.C.[46] Ele se perdeu na Idade Média e não teve muita influência, embora partes dele tenham sido preservadas por meio de citações em outras obras. Sua proposta principal na seção que fala do salmo 22 é que o "eu" que lamenta é o Messias ben Efraim, que, às vezes, é chamado de Messias Efraim, uma figura messiânica que precede o Messias davídico principal e, de acordo com alguns textos rabínicos, morre como mártir.[47] A aplicação desse salmo a ele consiste em uma tentativa de demonstrar que o salmo 22 não poderia se referir a Jesus; de modo impressionante, o *midrash* também cita Zacarias 9:9:

> Alegre-se muito, cidade de Sião!
> > Exulte, Jerusalém!
> Eis que o seu rei vem a você,
> > justo e vitorioso,
> humilde e montado num jumento,
> > um jumentinho, cria de jumenta.

Esse versículo, que é aplicado no *midrash* ao Messias Efraim, é usado pelos escritores dos Evangelhos com referência a Jesus (Mateus 21:5; João 12:15).

Prosseguindo em sua análise sobre o Messias Efraim, também existe esta citação do salmo 22 em *Pesiqta Rabbati* 36:6:

---

[45]Braude, *Midrash on Psalms*, 1:322.
[46]Ulmer, "Psalm 22", p. 119.
[47]Veja na p. 253.

A BÍBLIA COM E SEM JESUS

Durante a semana [período de sete anos] quando [o Messias Efraim] vier, eles trarão vigas de ferro e colocarão sobre o seu pescoço até que o corpo do Messias se curve. Ele gritará e chorará, e sua voz subirá até as alturas [do céu]. Ele dirá em Sua presença: Senhor do universo, até quando meus membros suportarão? E o que dizer do meu espírito? Será que não sou de carne e osso? Foi nesse momento que Davi lamentou dizendo: *Meu vigor secou-se como um caco de barro* (Salmos 22:16 hebr. [22:15]).[48]

Em seguida, monta-se uma trama em *Pesiqta Rabbati* 37:2 de vários versículos do salmo 22 além de outros textos bíblicos, com relação a esse Messias:

No futuro, no mês de Nisã, os Pais do Mundo [os Patriarcas] se levantarão e lhe dirão: Efraim, nosso Messias [verdadeiro e] justo, apesar de sermos teus pais, tu és maior do que nós, pois sofreste pelas iniquidades de nossos filhos e provações terríveis lhe sobrevieram que nunca vieram sobre as [gerações] anteriores ou sobre as posteriores. Por causa de Israel [passaste] por aflições, desprezo e zombaria entre as nações do mundo [Salmos 22:7,8 hebr. (22:6,7)]. *Tu te assentaste na escuridão densa* (Miqueias 7:8) e teus olhos não viram a luz, e tua pele se apegou aos teus ossos [Salmos 22:18 hebr. (22:17)], e [...] *o teu vigor secou-se como um caco de barro* (Salmos 22:16 hebr. [22:15]).[49]

Esse *midrash* cria uma narrativa rabínica sobre um Messias que é comparável à narrativa da paixão, mesmo que se apresente como "uma inversão ideológica de Jesus."[50] Embora seja possível que a leitura messiânica judaica do salmo 22 tenha surgido de modo independente das declarações cristãs, achamos bem mais convincente que ela tenha servido para combater as interpretações cristãs.

Muitos intérpretes judaicos medievais seguem amplamente os padrões do Talmude e dos *midrashim*, embora alguns enfrentem de forma mais clara as leituras cristãs do salmo 22. As glosas de Rashi podem ser vistas como implicitamente anticristãs.[51] Ele interpreta esse salmo de forma comunitária, como simbolizando todo o Israel, afirmando primeiramente que o cabeçalho "A corça da alvorada" se refere "à congregação de Israel, que é uma "gazela amorosa" (Provérbios 5:19),

[48]Ulmer, "Psalm 22", p. 117.
[49] Ulmer, "Psalm 22", p. 121.
[50]Ulmer, "Psalm 22", p. 116, 106.
[51]"Rashi tenta desativar ou neutralizar o ensino difundido de que as escrituras hebraicas profetizam a paixão, a morte e a ressurreição de Jesus de Nazaré", Mayer I. Gruber, *Rashi's commentary on Psalms* (Philadelphia: Jewish Publication Society, 2007), p. 130n14, 131.

"DEUS MEU, DEUS MEU, POR QUE ME DESAMPARASTE?"

"que aparece como o alvorecer" (Cântico dos Cânticos 6:10); ao mesmo tempo, ele observa: "Os nossos rabinos o interpretam como uma referência a Ester."[52] Rashi observa que Davi escreveu: "por que me abandonaste?" "com referência ao exílio futuro"; o seu comentário sobre Salmos 22:13, em que ele iguala um "leão rugindo" ao rei Nabucodonosor, esclarece que ele está se referindo ao exílio de 586 A.E.C. Como ele sabia muito bem que o salmo fala no singular, Rashi propõe que "o verme" em 22:6 se refere a "Israel metaforicamente como uma pessoa." Essa mesma interpretação do salmo 22 com referência ao exílio se encontra no comentário caraíta do século 10 de autoria de Yefet, filho de Eli.[53] De modo parecido, Menachem Meiri faz a seguinte explicação do cabeçalho: "Isso foi dito profeticamente a respeito do longo exílio [depois da destruição do segundo templo]. Além disso, ele [Davi] disse isso no singular, a respeito da nação, que foi unificada no exílio." Assim, a tradição judaica *realmente* tem alguns entendimentos proféticos do salmo 22 como se referindo a acontecimentos futuros, mas eles são bem menos enfatizados do que no entendimento cristão.

David Kimchi também vê o narrador sofredor do salmo 22 como Israel. Sua explicação do primeiro versículo, em que o interlocutor usa o singular, gramaticalmente: "ele se acha no singular, se referindo a toda a nação de Israel, porque ela equivale a uma pessoa no exílio, com um só coração" (tradução dos autores da Bíblia Rabínica). Para ele, a noção de que Deus se acha distante (veja o v. 11) indica que a nação está longe da terra de Israel. Ao explicar o versículo 17, ele sugere que o leão (no TM) é como o exílio — os leões cercam sua presa para que não possa fugir, do mesmo modo que Israel está cercado no exílio. Os animais de 22:20-21 se referem a várias nações, enquanto os "irmãos" do versículo 22 se referem aos edomitas das dez tribos, que estavam no exílio com Judá. Para Kimchi, o versículo 27 —

> Todos os confins da terra se lembrarão
> e se voltarão para o Senhor,
> e todas as famílias das nações
> se prostrarão diante dele...

— refere-se às nações reconhecendo Israel quando este retornar do exílio. Esse entendimento coletivo do salmo é bem distante da interpretação cristológica do Novo Testamento.

[52]As traduções de Rashi seguem o texto de Gruber, *Rashi's commentary on Psalms*.
[53]Simon, *Four approaches*, p. 71-97.

A BÍBLIA COM E SEM JESUS

Em seu estudo perceptivo de como o salmo 22 tem sido entendido com o passar do tempo, Esther M. Menn escreve: "Os salmos parecem ser incapazes de se render completamente às figuras extraordinárias associadas com eles na história da interpretação bíblica; em vez disso, esses poemas continuam a envolver os fiéis comuns, embora de modos mais complexos, por causa de suas associações secundárias com indivíduos exemplares."[54] Um salmo que poderia ser recitado por qualquer pessoa, quem sabe um suplicante ajudado por um levita, passa a ser um salmo de Davi. Posteriormente, ele passa a ser uma predição que se refere, para os cristãos, à paixão de Jesus e, para os judeus, aos sofrimentos da rainha Ester, a um Messias Efraim misterioso, ou à situação da comunidade judaica no exílio. Nas palavras de Abraham Jacob Berkovitz, "o texto do salmo 22 providenciou uma paleta multicor com a qual os judeus antigos e os cristãos primitivos criaram pinturas."[55]

Os vários usos antigos do salmo 22 que poderiam ser cantados por qualquer um e para qualquer um, juntamente com suas várias leituras nos contextos judaicos e cristãos, devem nos ajudar atualmente a ampliar mais uma vez o sentido desse salmo. As pessoas hoje podem acreditar que não merecem sofrer e, por causa disso, podem clamar a Deus por salvação. Ou mesmo elas podem se identificar com a citação que Jesus fez desse salmo e com seu vínculo com os acontecimentos relacionados à sua morte: ele diz a seus seguidores que eles também devem tomar sua cruz; se eles viverem verdadeiramente o evangelho, eles serão zombados pelos outros, mas também podem contar com a vitória final de Deus. Os judeus, reconhecendo a redefinição do propósito do salmo de acordo com o livro de Ester, podem lidar com o feriado do Purim (que celebra como a rainha Ester salvou seu povo do genocídio) — e também com o antijudaísmo que o livro e o feriado superam — com o senso de confiança de que suas orações serão ouvidas.

Podemos fazer ainda mais do que isso. Nos lábios de Jesus, o salmo faz lembrar todos aqueles que são condenados à morte pelo governo. Algo menos conhecido: nos lábios de Ester, o salmo se preocupa com aqueles que passam pelo tráfico sexual. No *midrash* dos Salmos, Ester ora: "Meu Deus [...] Por que a ordem do mundo, até mesmo da história das matriarcas, aconteceu diferente comigo?"[56] Enquanto Deus resgatou Sara do harém de Faraó (Gênesis 12:17), ninguém tinha

---

[54]Menn, "No ordinary lament", p. 303.

[55]Abraham Jacob Berkovitz, "Jewish and Christian exegetical controversy in late antiquity: the case of Psalm 22 and the Esther narrative", em *Ancient readers and their scriptures: engaging the Hebrew Bible in early Judaism and Christianity*, ed. Garrick V. Allen e John Anthony Dunne, Ancient Judaism and Early Christianity 107 (Leiden: Brill), p. 222-39 (239).

[56]*Midrash Tehillim* 22.16, traduzido em Braude, *Midrash on Psalms*, 1:311.

"DEUS MEU, DEUS MEU, POR QUE ME DESAMPARASTE?"

resgatado Ester da cama de Assuero. O lamento do salmo 22 passa a ser o lamento da vítima de estupro, e da voz poderosa daquele que sobrevive.

Hoje em dia, ouve-se o salmo 22 nas igrejas cristãs na Sexta-feira Santa. Ele também é ouvido em algumas sinagogas em conexão com a festa de Purim. Esse salmo fala a respeito do horror e do perigo, mas não se limita a esse assunto. Permite que expressemos o sentimento que muitos de nós já tivemos — de que Deus nos abandonou. Ao mesmo tempo, afirma ironicamente que não abandonamos esse relacionamento. Um salmo de lamento é um poema de honestidade e fidelidade verdadeiras. Fica muito bem nos lábios do judeu Jesus, e de qualquer pessoa que se sinta abandonada por Deus.

12

O FILHO DO HOMEM

HUMANO E/OU DIVINO

A expressão "filho do homem" (gr., *hious tou anthrōpou*), que aparece 85 vezes no Novo Testamento, 81 das quais nos lábios de Jesus, é uma expressão idiomática — "um grupo de palavras em uma ordem predeterminada que têm um significado específico diferente do significado de cada palavra separadamente."[1] Dependendo do contexto, "filho do homem" indica uma figura apocalíptica que congrega seus eleitos, uma pessoa sem teto, algum intérprete proeminente da Torá, o "Messias, filho do Bendito", aquele que é autorizado de forma exclusiva a interpretar a Torá, um ser humano que dá de comer e de beber aos seus discípulos o seu corpo e o seu sangue, ou um homem torturado que morre em uma cruz romana. No aramaico galileu, a expressão "filho do homem" (*bar 'enosh*) simplesmente quer dizer "eu".[2] Jesus poderia estar simplesmente se referindo a si mesmo como "eu" (gr., *egō*), como ele faz no Evangelho de João, com comentários como "eu sou o pão da vida" (6:48) e "Eu sou a videira verdadeira" (15:1). Em vez disso, ele usa "filho do homem." Portanto, quando Jesus usa "filho do homem" ou quando os seus seguidores usam estes termos para se referir a ele, a expressão merece atenção. Ela requer que seus interlocutores, tanto naquela época como na atualidade, respondam à pergunta que ele fez a seus discípulos: "Quem vocês dizem que eu sou?" (Mateus 16:15; cf. Marcos 8:29; Lucas 9:20).

Neste capítulo, não solucionaremos as questões que assolam os estudiosos sobre o Jesus histórico: Será que Jesus usou essa expressão todas as vezes que é

---

[1] *Cambridge Dictionary*, verbete "Idiom", https://dictionary.cambridge.org/dictionary/english/idiom.
[2] Geza Vermes, *Jesus the Jew* (Philadelphia: Fortress, 1981), p. 160-191.

O FILHO DO HOMEM

atribuída a ele, ou será que os evangelistas a acrescentaram? Será que ele utilizou esse termo para se referir a si mesmo como apenas um ser humano entre muitos, e foram apenas seus seguidores que o associaram a uma figura celestial que vem sobre as nuvens? Quando Jesus falou a respeito do filho do homem vindo sobre as nuvens para reunir seus eleitos, ele falou de si mesmo ou a respeito de outro? Será que ele usou esse termo de maneiras diferentes? A análise sobre essa expressão do Novo Testamento é infindável, e nesse capítulo só podemos começar a fazer um esboço de como ela funcionava em suas várias ocorrências nas escrituras de Israel, tanto antes quanto depois da época de Jesus. Os resultados fornecerão algum auxílio para avaliar como aqueles que ouviram Jesus usar essa expressão podem ter reagido, ou como as pessoas podem reagir atualmente ao seu uso.[3]

O significado da expressão idiomática "Filho do Homem" ou "filho do homem" (lembre-se de que não existe diferenciação entre maiúsculas e minúsculas no grego e no hebraico antigos) é motivo de eterno aborrecimento para os estudiosos do Novo Testamento. Marcos, o Evangelho mais antigo, retrata as calamidades que acontecerão na terra e no céu que acompanharão o fim do mundo. Depois do sol não dar mais a sua luz e a lua também deixar de brilhar, a era escatológica é inaugurada com a aparição de uma figura chamada de "Filho do Homem": "Então se verá o Filho do homem vindo nas nuvens com grande poder e glória. E ele enviará os seus anjos e reunirá os seus eleitos dos quatro ventos, dos confins da terra até os confins do céu" (Marcos 13:26-27). Esse "Filho do Homem" não se trata de um filho do homem normal no sentido de um "ser humano" ou de um "indivíduo como qualquer um de nós".

De acordo com Mateus e Lucas, Jesus anuncia: "As raposas têm suas tocas e as aves do céu têm seus ninhos, mas o Filho do homem não tem onde repousar a cabeça" (Mateus 8:20; Lucas 9:58). Essa declaração poderia ser aplicada a qualquer pessoa sem teto daquela época ou da nossa. Já que essa declaração se refere a Jesus, ele poderia dizer: "Mas eu não tenho onde repousar [minha] cabeça" porque minha cidade natal me rejeitou: "Só em sua própria terra, entre seus parentes e em sua própria casa, é que um profeta não tem honra" (Marcos 6:4; cf. Mateus 13:57; João 4:44).

Os Evangelhos também sugerem que um Filho do Homem específico, com autoridade exclusiva, está presente na pessoa de Jesus. Afirmando que os seus discípulos não violavam o sábado por colher espigas, Jesus anunciou: "O sábado foi

---

[3] Veja George W. E. Nickelsburg, "Son of Man", *ABD*, 6:137-50; Adela Yarbro Collins, "Son of Man", em *New Interpreter's Dictionary of the Bible*, ed. Katharine Doob Sakenfeld, 5 vols. (Nashville: Abingdon, 2006-2009), 5:341-8. Quando a expressão se trata de um termo técnico, ela aparece, por convenção, como "Filho do Homem"; quando ela se refere a um ser humano qualquer, ela é escrita como "filho do homem".

feito por causa do homem [no grego, *anthrōpoi,* isto é, todas as pessoas], e não o homem, por causa do sábado. Assim, pois, o Filho do Homem [no grego, *huios tou anthrōpou*; a mesma palavra, *anthrōpos,* é usada para a "humanidade"] é Senhor até mesmo do sábado" (Marcos 2:27-28). Essas palavras se assemelham a um comentário do Talmude Babilônico (*Yoma* 85b): "O sábado é que foi dado para ti, mas tu não foste dado para o sábado"; portanto, Jesus poderia estar tecendo um comentário a respeito de como as pessoas devem decidir a forma que gostariam de celebrar o sábado — o que seria uma forma bem judaica de agir. Entretanto, no Evangelho de Marcos, "Filho do Homem" consiste em um termo técnico que se refere a Jesus como tendo a autoridade divina.

Quando prediz seu sofrimento e morte, Jesus descreve a si mesmo, novamente na terceira pessoa, com essa expressão enigmática. Marcos registra que Jesus "começou a ensinar-lhes [a seus discípulos] que era necessário que o Filho do Homem sofresse muitas coisas e fosse rejeitado pelos líderes religiosos, pelos chefes dos sacerdotes e pelos mestres da lei, fosse morto e três dias depois ressuscitasse" (Marcos 8:31). Já que Jesus poderia simplesmente ter dito "eu", o título necessariamente contém importância adicional.

Em João 6:53, Jesus diz "aos judeus" que "se vocês não comerem a carne do Filho do Homem e não beberem o seu sangue, não terão vida em si mesmos." Não foi pequena a tristeza que essa instrução causou. Os seus seguidores afirmam: "Dura é essa palavra. Quem consegue ouvi-la?" (João 6:60). Posteriormente, em João 12:34, a multidão diz a Jesus: "A Lei nos ensina que o Cristo permanecerá para sempre; como podes dizer: 'O Filho do Homem precisa ser levantado'? Quem é esse 'Filho do Homem'?" Essa, na verdade, é a pergunta — ele claramente não é uma pessoa comum. Ele olha para esses judeus como sendo o Messias, mas não corresponde às esperanças messiânicas deles. Eles não esperam que o Messias morra, ainda mais que morra numa cruz e depois seja levado para o céu. A expectativa geral da época era que o Messias trouxesse a era messiânica, inclusive a ressurreição dentre os mortos, o juízo final, e a paz na terra. João lembra a presença dessas esperanças na conversa de Jesus com sua amiga Marta. Quando Jesus diz a Marta que seu irmão Lázaro, que estava morto, "há de ressuscitar", Marta responde: "Eu sei que ele vai ressuscitar na ressurreição, no último dia" (João 11:23,24).

Os Evangelhos associam o título "Filho do Homem" com outros termos: "Messias" (gr., *christos,* "Cristo"), "Filho de Deus" e "Filho de Davi". Por exemplo, quando o sumo sacerdote Caifás pergunta a Jesus: "Você é o Cristo, o Filho do Deus Bendito?", ele responde "Sou [...] E vereis o Filho do Homem assentado à direita do Poderoso vindo com as nuvens do céu" (Marcos 14:61-62). Embora alguns estudiosos sugiram que Jesus, quando fez essa afirmação, estava falando

O FILHO DO HOMEM

sobre outra pessoa, esse Filho do Homem é, para os Evangelhos, nenhum outro senão Jesus de Nazaré.

"Filho do Homem" é um termo perfeito para atribuir a si mesmo, especialmente no caso de um homem que ensina mediante parábolas, bem como para um judeu, familiarizado com as escrituras de Israel e os vários usos dessa expressão. De acordo com os Evangelhos, trata-se do título com o qual Jesus mais gostava de se identificar.

Entretanto, a expressão "Filho do Homem" rapidamente deixa de fazer parte do vocabulário dos seguidores de Jesus. Esse termo é algo bem judaico, no mínimo semítico; ele não aparece nos escritos contemporâneos extracanônicos. Fora dos Evangelhos, a expressão não aparece em lugar nenhum, e nem é mencionada nas fontes patrísticas. Para os seguidores de Jesus que não falavam nem hebraico nem aramaico, que sequer ouviram suas escrituras proclamadas nesses idiomas, essa expressão idiomática não faria sentido. Traduções de expressões idiomáticas geralmente são ruins, algo que pode ser rapidamente percebido por um brasileiro que disser na Austrália que é um "torcedor raiz".[4] A expressão semita "filho do homem" também não tinha a expressividade que a expressão "filho de Deus" tinha entre os gentios. Embora Jesus seja aclamado como "filho de Deus", ninguém nunca o saúda como "Filho do Homem". Para entender o sentido dessa expressão idiomática judaica e semita no Novo Testamento, temos que recorrer aos textos judaicos da época de Jesus.

EM BUSCA DO FILHO DO HOMEM

Conforme já vimos, a expressão "filho do homem" é uma expressão idiomática. Geralmente uma expressão pode funcionar tanto literalmente como idiomaticamente. Podemos dizer a um colega que está jogando futebol conosco para "não me passar a perna", mas podemos usar a mesma expressão com um aluno que conta uma história absurda sobre a razão de não ter entregado seu trabalho na data — nesse caso, não estamos nos referindo a um golpe físico e nem a qualquer perna. Se alguma expressão não faz sentido no uso comum das palavras, podemos deduzir que ela está sendo usada de forma idiomática. A Bíblia está repleta de expressões idiomáticas, desde "beber o leite das nações" (Isaías 60:16), que significa enriquecer por meio das riquezas das nações

---

[4]O verbo *root*, que pode ser traduzido por "torcer" (por um time) no inglês falado nos Estados Unidos, tem conotação sexual no inglês falado por australianos. (N. E.)

315

estrangeiras, até "circuncidar o coração" (Jeremias 4:4), indicando dedicação ao objetivo da obediência perfeita. A expressão "filho do homem" pode indicar o "filho homem" de alguém, mas também funciona como uma expressão idiomática com diversas conotações.

As palavras hebraicas que geralmente são traduzidas como "filho do homem" são *ben 'adam*. A palavra *ben*, "filho", seguida por um substantivo geralmente significa "filho de" em um sentido literal e familiar; por exemplo, Ben-Hur (1Reis 4:8, bem como no famoso romance de Lew Wallace e no filme de 1959) significa literalmente "filho de Hur". Teoricamente, *ben 'adam* significa filho de Adão (Caim, Abel ou Sete), mas, na Bíblia, essa expressão nunca é usada dessa forma. Em vez disso, quando a palavra *ben* aparece junto com a palavra *'adam,* elas estão se referindo a um membro de uma classe particular, um "ser humano". Vemos um uso parecido com a expressão "filho de uma...", (por favor, complete essa expressão de forma gentil). Os seres humanos são definidos pelo fato de que são filhos de outros seres humanos: não caem do céu, nem brotam da terra. Esse uso comum de *ben* para descrever uma classe se encontra em expressões como "filhos dos profetas", em hebraico *benei* (plural de *ben* + de) *haNevi'im* (os profetas), um membro de um grupo ou de uma associação de profetas (veja especialmente 2Reis 2:3,5,7,15), ou *ben baqar*, "filho do rebanho", ou seja, um animal doméstico grande (p. ex., Gênesis 18:7, ou "novilho"). Uma expressão mais conhecida é *benei* (plural de *ben*) *Yisra'el*, "filhos de Israel", mas que geralmente é traduzida como "israelitas". A tradução elimina a força da expressão idiomática, que sugere tanto a etnicidade quanto a genealogia, a filiação a uma família.

A expressão *ben 'adam* aparece associada com outras palavras para a humanidade. Por exemplo, ela funciona como um sinônimo poético para a palavra padrão "homem" (*'ish*) quatro vezes em Jeremias, como em "ninguém [*'ish*] mais habitará ali, nenhum homem [*ben 'adam*] residirá nela" (49:18,33; 50:40; 51:43 — com variantes). Essa expressão aparece de modo parecido em um paralelo poético à palavra hebraica *'enosh*, "humanidade". Lemos em Isaías 51:12: "Eu, eu mesmo, sou quem a consola. Quem é você para que tema homens mortais, os filhos de homens, que não passam de relva?" Em Jó 16:21, *ben 'adam* faz um paralelo com *gever*, "homem hegemônico", ou, de maneira mais coloquial, "homem macho": "ele defende a causa do homem [*gever*] perante Deus, / como quem [*ben 'adam*] defende a causa do amigo." Esse texto destaca que o "filho" em "filho do homem" se trata de um filho do sexo masculino. Embora a palavra hebraica possa muito bem ser traduzida "filho" (como o plural, *benei Yisra'el*, tipicamente significa "filhos de Israel"), a determinação do gênero do singular não pode ser ignorada.

O FILHO DO HOMEM

Até onde sabemos, a expressão "filho do homem" nunca é usada para mulheres. Embora "alguém humano" seja um sinônimo viável que se tornou popular entre aqueles que se alinham com a inclusão de gêneros, uma preocupação que consideramos legítima, essa alternativa perde tanto a conotação masculina quanto seu destaque familiar e generativo que a palavra "filho" transmite. Já a palavra "homem" perde seu vínculo possível com a história do jardim do Éden, já que a palavra hebraica *'adam* pode fazer lembrar de Adão.

Às vezes, a expressão *ben 'adam* também é usada em um sentido negativo para indicar um ser humano frágil em contraste com um Deus poderoso. Conforme vimos em nossa análise a respeito do jardim do Éden (Gênesis 2-3, Capítulo 4 deste livro), os seres humanos devem ser diferenciados do ser divino. O texto de Números 23:19, a primeira ocorrência da expressão *ben 'adam* nas escrituras de Israel, exemplifica isso muito bem. O contexto consiste na história do profeta estrangeiro Balaão, mais conhecido hoje por ter recebido uma mensagem profética de uma jumenta que falou. Balaão tinha sido contratado por Balaque, rei de Moabe, para amaldiçoar os israelitas enquanto iam do cativeiro do Egito para a terra de Canaã. O profeta concorda com esse contrato, mas ele recebe um aviso preventivo de Deus contra executar essa tarefa: "Você não poderá amaldiçoar este povo, porque é povo abençoado" (Números 22:12). Balaão, de forma arriscada, decide seguir as instruções de Balaque. Nesse momento, um anjo bloqueia o caminho, e a jumenta não consegue passar. Incapaz de ver o anjo, Balaão começa a bater no animal. "Então o SENHOR abriu a boca da jumenta, e ela disse a Balaão: 'Que foi que eu lhe fiz, para você bater em mim três vezes?'" (Números 22:28). Balaão percebe que o Deus de Israel deve ser levado a sério.

Quando o rei tenta novamente fazer com que se pronunciem as maldições, Balaão afirma: "Deus não é homem [*'ish*], para que minta, nem filho de homem [*ben 'adam*] para que se arrependa" (Números 23:19). O sentido original de "filho do homem" é exatamente isso, um ser humano, o filho de um ser humano. Aqui a expressão tem um sentido pejorativo — um ser humano mentiroso e volúvel em contraste com uma divindade honesta e coerente.

Os outros usos desse termo destacam a transitoriedade da vida mortal. Por exemplo, lemos em Joel 1:12:

> A vinha está seca,
>> e a figueira murchou;
> a romãzeira, a palmeira e a macieira,
>> todas as árvores do campo secaram.
> Secou-se, mais ainda,
>> a alegria dos homens [*benei 'adam*].

A BÍBLIA COM E SEM JESUS

Vários salmos retratam Deus literalmente olhando do céu para a terra, observando os seres humanos, os *benei 'adam*, geralmente em busca de uma pessoa sábia (Salmos 11:4; 14:2; 53:2). Bildade, o amigo de Jó, pergunta:

> Como pode então o homem [*'enosh*] ser justo diante de Deus?
>   Como pode ser puro quem nasce de mulher?...
> muito menos o será o homem [*'enosh*], que não passa de larva,
>   o filho do homem [*ben 'adam*], que não passa de verme! (Jó 25:4-6)

Esse mesmo tom negativo deve ser ouvido quando Deus chama o profeta Ezequiel de *ben 'adam* 93 vezes no livro que leva seu nome (o plural *benei 'adam* só é usado uma vez, com o significado de "pessoas", em Ezequiel 31:14). Nesse livro, *ben 'adam* destaca a grande diferença entre Deus e o homem. Por mais esplêndidos que os seres humanos sejam, nós não somos deuses: não possuímos nem o conhecimento, nem o poder, nem a eternidade de Deus. O estudioso bíblico Moshe Greenberg observa a respeito da primeira menção da expressão em Ezequiel — "Ele me disse: 'Filho do homem [*ben 'adam*], fique de pé, pois eu vou falar com você'" (Ezequiel 2:1) — que ela destaca a "natureza mortal" do profeta.[5]

Os Manuscritos do Mar Morto prosseguem nesse uso. Várias dezenas de vezes, esses manuscritos utilizam o termo *ben 'adam*, "filho do homem", tanto no singular quanto no plural, sempre no sentido de "uma pessoa".[6] Geralmente, a expressão "filho do homem" destaca a pecaminosidade ou o distanciamento das pessoas de Deus; por exemplo, uma oração dos textos de Qumran diz: "Eu sei que o homem [*'enosh*] não tem justiça em si mesmo, nem o filho do homem [*ben 'adam*] anda em perfeição."[7] Isso se refere ao retrato dos seres humanos que se encontra no salmo extracanônico no grande rolo dos Salmos que começa da seguinte maneira: "De fato, nenhum verme pode lhe dar graças, nem nenhum besouro fala da sua misericórdia" (11QPs^a 19:1).

Entretanto, existem outros usos dessa expressão que constroem uma visão positiva a respeito dos seres humanos e das suas habilidades. Temos a proclamação

---

[5]Moshe Greenberg, *Ezekiel 1—20*, Anchor Yale Bible 22 (New Haven: Yale Univ. Press, 1983), p. 61, 62.

[6] Veja John J. Collins, "The Son of Man in ancient Judaism", em *Handbook for the study of the historical Jesus*, ed. T. Holmen e S. E. Porter (Leiden: Brill, 2011), 2:1545-68; M. Muller, *The expression "Son of Man" and the development of christology: a history of interpretation* (London: Equinox, 2008).

[7]1QHa 12:31, segundo a tradução de Martin G. Abegg, Jr. que está no aplicativo Accordance Bible Software.

em Salmos 115:16: "Os mais altos céus pertencem ao SENHOR, / mas a terra ele a confiou ao homem" [*benei 'adam*]. Esse versículo, do mesmo modo que no capítulo 1 de Gênesis, sugere uma função administrativa para os descendentes daquela criação original. Uma visão mais positiva da humanidade marca um versículo famoso, que é Salmos 8:4, em que o poeta pergunta: "Que é o homem [*'enosh*], para que com ele te importes? E o filho do homem [*ben 'adam*], para que com ele te preocupes?" A resposta consiste nas seguintes palavras alegres:

> Tu o fizeste um pouco menor do que os seres celestiais
>> e o coroaste de glória e de honra.
> Tu o fizeste dominar sobre as obras das tuas mãos;
>> sob os seus pés tudo puseste:
> Todos os rebanhos e manadas,
>> e até os animais selvagens,
> as aves do céu, os peixes do mar
>> e tudo o que percorre as veredas dos mares (Salmos 8:5-8).

É esse salmo que a Epístola aos Hebreus cita, numa aplicação um pouco vaga: "Mas alguém em certo lugar testemunhou, dizendo: 'Que é o homem [gr., *anthrōpos*], para que com ele te importes? E o filho do homem [gr., *huios anthrōpou*, "filho do homem"], para que com ele te preocupes?'" (Hebreus 2:6). Essa carta passa a aplicar esse salmo a Jesus: já que "ainda não vemos que todas as coisas lhe estejam sujeitas. Vemos, todavia, aquele que por um pouco foi feito menor do que os anjos, Jesus, coroado de honra e glória" (2:8-9). A ideia dessa passagem é que Jesus assumiu a forma humana e, como homem, morreu.

Por fim, as escrituras de Israel, em algumas passagens, referem-se a pessoas, e não a toda a humanidade, como "filho do homem". O profeta Ezequiel é um exemplo proeminente. O rei davídico é chamado de *ben 'adam* em Salmos 80:17 (80:18 hebr.): "Repouse a tua mão sobre aquele [*'ish*, lteralmente "homem"] que puseste à tua mão direita, o filho do homem [*ben 'adam*] que para ti fizeste crescer." Trata-se decididamente de um salmo de realeza, mas não consiste em uma predição messiânica; nesse salmo o termo é usado a respeito de um ser humano, que se aplica ao rei da linhagem de Davi que está no governo.

Em suma, seja usada no singular, *ben 'adam*, seja no plural, *benei'adam*, a expressão "filho do homem" destaca a humanidade da pessoa ou das pessoas envolvidas. Ela pode apresentar conotações neutras, negativas ou positivas. Existem expressões parecidas em ugarítico, aramaico e fenício — as línguas semíticas com parentesco próximo ao hebraico.[8] Em nenhum desses casos as escrituras ou a literatura antiga do Oriente Próximo consideram um *ben 'adam* como tendo uma capacidade sobrenatural, alguma posição messiânica ou alguma função escatológica.

"FILHO DO HOMEM": DE HOMEM A SUPER-HOMEM

Para entender o uso do Novo Testamento, temos que passar para um novo emprego da expressão que se encontra no livro de Daniel. Nesse texto bíblico tardio, a expressão "filho do homem" muda de uma figura completamente alheia à pessoa de Deus, e até mesmo de uma figura um pouco abaixo dos anjos, para uma pessoa que é superior aos anjos em todos os sentidos.

Os escribas que escreveram Daniel usaram uma variedade de técnicas retóricas para criar uma literatura de resistência enquanto reagiam contra as pressões culturais que vieram junto com o governo colonial selêucida e com a ameaça do desaparecimento da cultura judaica. Esse livro complexo combina diferentes gêneros, desde lendas heroicas da corte até visões apocalípticas aliando textos aramaicos (Daniel 2:4-7:28) com hebraicos (Daniel 1:1-2:3; 8:1-12:13).[9] Para o autor das visões dos capítulos de 7 a 12, a redenção do povo fiel de Deus, com alguns deles sendo martirizados por aderir a suas tradições, estava próxima. Mas eles acreditavam que essa redenção não seria alcançada pelo militarismo dos macabeus. Daniel antevê a redenção realizada por Deus, e por seus agentes, e mesmo "um como o filho do homem" (Daniel 7:13). Já que "alguém como um filho do homem" é uma descrição e não um título,[10] os vínculos entre o título "filho do homem" de Jesus, as referências aos vários usos de "filho do homem" nos textos mais antigos e a descrição de Daniel não passam de questões de interpretação.

Essa transformação de uma expressão idiomática que significa "ser humano" para uma que indica muito mais do que isso ocorre no livro de Daniel, conforme a história se move dos contos da corte nos capítulos de 1 a 6 para as visões apocalípticas dos capítulos de 7 a 12. Os primeiros seis capítulos empregam o termo

---

[8]H. Haag, "בֶּן־אָדָם", *TDOT*, 2:161-2; Mark S. Smith, "The 'Son of Man' in ugaritic", *Catholic Biblical Quarterly* 45 (1983): 59-60.

[9]Quanto ao capítulo 7 de Daniel, veja John J. Collins, *Daniel*, Hermeneia (Minneapolis: Fortress, 1993), p. 274-324; Carol A. Newsom with Brennan W. Breed, *Daniel*, Old Testament Library (Louisville: Westminster John Knox, 2014), p. 212-52. A grande extensão dos seus comentários reflete tanto a dificuldade desse capítulo quanto a sua importância.

[10]Veja esp. Larry W. Hurtado e Paul L. Owen, eds., *"Who is this Son of Man?" The latest scholarship on a puzzling expression of the historical Jesus*, Library of New Testament Studies 390 (London: Bloomsbury T&T Clark, 2012).

aramaico equivalente para "filho do homem" em 2:38 e 5:21, que a NRSV traduz respectivamente como "humanidade" e "sociedade humana". O primeiro uso é satírico. Daniel contou a Nabucodonosor, o rei da Babilônia, que, embora ele pensasse que tinha autoridade para governar, no fim das contas ele não tinha nada disso, porque é Deus que governa o mundo: "Tu, ó rei, és rei de reis. O Deus dos céus te tem dado domínio, poder, força e glória; nas tuas mãos ele colocou a humanidade [aram., *benei 'anasha'*], os animais selvagens e as aves do céu. Onde quer que vivam, ele fez de ti o governante deles todos" (Daniel 2:37-38). O versículo seguinte proclama que o governo de Nabucodonosor não permanecerá.

O próximo versículo a usar essa expressão é Daniel 5:21, que reforça a soberania divina: "[Nabucodonosor] foi expulso do meio dos homens e sua mente ficou como a de um animal; ele passou a viver com os jumentos selvagens e a comer capim como os bois; e o seu corpo se molhava com o orvalho do céu, até reconhecer que o Deus Altíssimo domina sobre os reinos dos homens e coloca no poder a quem ele quer." Esses usos seguem o uso padrão das palavras hebraicas *ben 'adam*, "ser humano" e "humanidade", presente nas partes hebraicas das escrituras de Israel.

O sentido da expressão idiomática começa a mudar na seção apocalíptica de Daniel, escrita em hebraico. Nessa seção, Daniel usa duas vezes a expressão *ben 'adam*. A primeira aparição, em Daniel 8:17, é parecida com aquela que se encontra em Ezequiel, e o autor provavelmente tinha a retórica de Ezequiel em mente ao escrever esses versículos: "Quando ele [um anjo] se aproximou de mim, fiquei aterrorizado e caí prostrado. E ele me disse: 'Filho do homem [*bem 'adam*], saiba que a visão refere-se aos tempos do fim.'" Daniel é o ser humano que não tem o conhecimento angelical; a expressão *ben 'adam* define a sua condição inferior.

Na segunda vez em que a expressão é usada, em Daniel 10:16, *bem 'adam* sofre uma mudança de significado — aqui a expressão denota um ser que *se parece* com um ser humano: "Então um ser que parecia homem [hebr., *kidmut benei 'adam*, que significa literalmente "com a aparência de um filho do homem"] tocou nos meus lábios, e eu abri a minha boca e comecei a falar. Eu disse àquele que estava de pé diante de mim: Estou angustiado por causa da visão, meu senhor, e quase desfaleço." Essa criatura sobrenatural *tem a aparência* de um ser humano, mas é algo mais — um mensageiro celestial ou um anjo; essas figuras intermediárias tornam-se importantes na literatura apocalíptica.

A descrição desse *ben 'adam* reproduz a forma como os textos hebraicos mais antigos retratam mensageiros divinos ("anjos"; hebr., *mal'achim*; no singular, *mal'ach*). Encontramos um desses retratos no capítulo 13 de Juízes, onde um anjo anuncia à esposa de Manoá que ela está grávida e dará à luz um filho (que se chamará Sansão). A esposa de Manoá descreve esse ser para o marido dela: "Um homem de Deus veio falar comigo. Era como um anjo de Deus, de aparência impressionante" (Juízes 13:6). Uma aparição angelical parecida acontece no capítulo 18 de Gênesis, em que Abraão vê três homens (hebr., *anashim*, plural de *'ish*) e os convida para almoçar. É deles que o patriarca recebe a predição de que sua esposa, que já tinha passado pela menopausa, teria um filho. Além disso, é a essa passagem que Hebreus 13:2 cita quando exorta: "Não se esqueçam da hospitalidade; foi praticando-a que, sem o saber, alguns acolheram anjos." Os anjos se parecem com pessoas, e eles podem até se disfarçar de seres humanos, como faz o anjo Rafael no livro de Tobias, mas eles são mais do que mortais.

No capítulo 7, o último capítulo de Daniel em aramaico, Daniel leva a visão ao seu auge. Ele descreve um sonho no qual quatro animais surgem do mar. Então, em 7:13-14, ele registra:

> Em minha visão à noite,
> vi alguém semelhante a um filho de homem [aram., *kebar 'enash*],
> vindo com as nuvens dos céus.
> Ele se aproximou do ancião [aram., *'atiq yomaya'*, "ancião de dias", isto é, Deus]
> e foi conduzido à sua presença.
> Ele recebeu [*kebar 'enash*] autoridade,
> glória e o reino; todos os povos,
> nações e homens de todas as línguas o adoraram.
> Seu domínio é um domínio eterno
> que não acabará,
> e seu reino jamais será destruído

Já ouvimos uma descrição parecida. Nabucodonosor tinha recebido "domínio, poder, força e glória" (Daniel 2:37), mas tudo isso foi tirado dele. Ele é o exemplo negativo desse ser sobrenatural que é "como um filho de homem [*kebar 'enash*]." Na conexão entre a figura de um rei que age e se parece com um animal, e essa figura sobrenatural, que parece com um ser humano mas é mais do que isso, percebemos a distinção entre os propósitos terrenos e os celestiais.

Embora essa pessoa no capítulo 7 de Daniel seja "alguém semelhante a um filho de um homem" ou "alguém como um ser humano" (v. 13), a descrição do poder que ele recebe indica que não se trata de forma alguma de um ser humano comum. Ele permanece de pé na presença direta de Deus, o seu reino é eterno, e ele recebe uma aclamação universal. Ele é "semelhante" ao filho de um homem pelo fato de que ele parece humano, como acontece com os anjos, mas ele não é

O FILHO DO HOMEM

um ser humano no sentido de que ele não é identificado como *humano*. Esse que é "semelhante a um filho de um homem" posteriormente passará a ser o Filho do Homem. Ser "semelhante a um filho de um homem" não passa de uma descrição, mas "Filho do Homem" nos Evangelhos consiste na forma pela qual Jesus identifica a si mesmo e funciona como um título.

Os estudiosos têm ponderado há muito tempo sobre a identidade daquele "como um filho de homem." Qualquer conclusão é complicada por debates contínuos a respeito da estrutura, da unidade e da história da escrita do capítulo 7 de Daniel. Os primeiros estudos acadêmicos modernos identificavam essa pessoa "semelhante a um filho de homem" que se encontra nesse capítulo com uma gama ampla de sugestões, desde o Messias até Judas Macabeu, o líder da revolta contra Antíoco e o herói da história da *Hanukkah* que é contada nos livros deuterocanônicos de 1 e 2Macabeus. Entretanto, nada mais, tanto no capítulo 7 de Daniel, quanto no restante desse livro, apoia qualquer uma dessas identificações. O único uso do termo "Messias" ou "Ungido" (hebr., *mashi'ach*) aparece em 9:25-26, em que a figura não se refere ao redentor de Israel, mas a uma figura real ("ungida") que cai na batalha:

> Saiba e entenda que, a partir da promulgação do decreto que manda restaurar e reconstruir Jerusalém até que o Ungido, o príncipe, venha, haverá sete semanas, e sessenta e duas semanas. Ela será reconstruída com ruas e muros, mas em tempos difíceis. Depois das sessenta e duas semanas, o Ungido será morto, e já não haverá lugar para ele. A cidade e o lugar santo serão destruídos pelo povo do governante que virá. O fim virá como uma inundação: guerras continuarão até o fim, e desolações foram decretadas.

Quanto a Judas Macabeu, o livro de Daniel rejeita seu militarismo em favor da intervenção direta de Deus na história.

Outros interpretam "alguém semelhante a um filho de homem", que se encontra em Daniel, de forma coletiva, como representando o povo judeu; nessa leitura, essa pessoa representa a comunidade, como, por exemplo, o "Tio Sam" representa os Estados Unidos. Vimos uma abordagem parecida em algumas interpretações do Servo Sofredor de Isaías ou do salmista do salmo 22 como sendo o povo de Israel.

Essa leitura comunitária do filho do homem de Daniel vem do contexto imediato de Daniel 7:13. Daniel, que nos capítulos anteriores do seu livro surgiu como o intérprete de sonhos proeminente, nessa passagem se encontra inquieto por causa de um sonho e pergunta a um anjo que está perto dele pela sua interpretação. O anjo começa explicando que os quatro animais são "quatro reinos que se levantarão na terra" (Daniel 7:17) e depois indica que o quarto animal nada mais é que o "quarto reino na terra" (7:23). Portanto, se os animais representam reinos, que são entendidos como a Babilônia, a Pérsia, a Grécia e o Império Selêucida, então aquele como um filho de homem também representa um reino — e esse reino tem que ser Israel. A garantia do anjo também apoia essa identificação coletiva daquele que é "semelhante a um filho de homem":

> A soberania, o poder
>> e a grandeza dos reinos que há debaixo de todo o céu
>> serão entregues nas mãos dos santos, o povo do Altíssimo.
> O reino dele será um reino eterno,
>> e todos os governantes o adorarão e lhe obedecerão (Daniel 7:27)

"Aquele semelhante a um filho de homem" que recebe toda a autoridade tem a mesma função que o "povo dos santos do Altíssimo", isto é, o povo de Israel.

No entanto, a posição acadêmica predominante interpreta aquele "semelhante a um filho de homem" como uma figura angelical, e mais provavelmente identificada com o arcanjo Miguel, que é mencionado em outras passagens de Daniel (10:13,21; 12:1). Em 12:1, ele é chamado de "o grande príncipe."[11] A expressão "um ser que parecia homem" [*kidmut benei 'adam*, "na semelhança de um filho de homem"]", que Daniel 10:16 utiliza para se referir a um anjo, apoia a identificação do ser "semelhante a um filho de homem" de Daniel 7:13 com Miguel. Portanto, Daniel se baseia na importância de Miguel (e dos anjos em geral) durante o período helenístico.[12]

A visão confusa e perturbadora de Daniel daquele "semelhante a um filho de homem" que recebe poder *pode ser* entendida como se referindo a um ser sobrenatural, como um anjo, e pode ser entendida com referência a Israel, a "nação santa" (cf. Êxodo 19:6). Para os seguidores de Jesus, que conhecem o uso que ele faz do termo "filho do homem", ou que já ouviram falar de sua predição "então se verá o Filho do homem vindo nas nuvens com grande poder e glória" (Marcos 13:26), não há como atribuir a referência a outra pessoa a não ser Jesus. O ser angelical de Daniel, que parece "semelhante a um filho de homem" (isto é, como um ser humano), passa a ser nos Evangelhos um ser humano de fato, que é Jesus, o Filho

---

[11] Veja John Day, *God's conflict with the dragon and the sea: echoes of a Canaanite myth in the Old Testament* (Cambridge: Cambridge Univ. Press, 1985), p. 167-77.

[12] A respeito do desenvolvimento da angelologia judaica, veja Saul M. Olyan, *A thousand thousands served him: exegesis and the naming of angels in ancient Judaism* (Tubingen: J. C. B. Mohr, 1993).

do Homem. Ele é o Filho do Homem, que recebe a autoridade prometida para aquele "semelhante a um filho de um homem" em Daniel.

O título passou, do hebraico e do aramaico para o grego, da indicação de um homem (em Salmos e em Ezequiel) para alguém com aparência humana como um anjo (Daniel) e, por sua vez, para um ser humano que é divino (o Servo Sofredor, um herdeiro davídico). Daniel R. Schwartz escreve: "O que fez o cristianismo ser bem-sucedido foi a sua habilidade em transformar a crença de que um 'Filho de Davi' restauraria o Reino de Israel na crença de que um 'Filho do Homem' tinha inaugurado o Reino de Deus."[13] Nessa pequena frase, ele resume o processo complexo pelo qual aquele que Daniel identifica como "um semelhante a um filho de homem" que recebe domínio sobre a terra passa a ser o Filho do Homem (que agora é um título, e não uma descrição) que redime do pecado e da morte.

Como qualquer símbolo apocalíptico digno do nome, a identificação daquele que é "semelhante a um filho de homem" do livro de Daniel continua em aberto. Além disso, do mesmo modo que qualquer bom texto apocalíptico, Daniel apresenta uma visão de esperança que pode ser aplicada a qualquer situação. Independentemente de quão poderoso algum imperador seja, ou de quanto ameace destruir a cultura e a comunidade, a proteção divina virá, e esse protetor celestial se parecerá conosco (isto é, um homem do sexo masculino), mas será algo mais — um ser sobrenatural cujo governo será justo e eterno.

Embora Daniel esteja entre os escritos mais recentes que foram incorporados às escrituras de Israel, ele é um equivalente antigo de um *best seller* vendido instantaneamente, conforme atestado por suas oito cópias encontradas entre os Manuscritos do Mar Morto. Alguns dos escritores desses manuscritos podem ter reconhecido a natureza especial da figura no capítulo 7 de Daniel, mas os textos não adotam a linguagem de "filho do homem" em suas visões escatológicas.

A transição do ser "semelhante a um filho de homem" em Daniel para o "Filho do Homem" pode aparecer em alguns escritos pseudepigráficos. Apesar de podermos datar sua forma final, é difícil situar a data das tradições que eles preservam. Alguns autores do Novo Testamento demonstram conhecer alguns pseudepigráficos, especialmente 1Enoque, um texto atribuído à figura obscura que pertence à sétima geração depois de Adão. Além disso, vêm desse livro as principais referências pseudepigráficas ao "Filho do Homem".[14]

---

[13]Daniel R. Schwartz, "Jewish movements of the New Testament period", em *JANT*, p. 614-19 (619).
[14]Veja esp. Loren T. Stuckenbruck e Gabriele Boccaccini, eds., *Enoch and the synoptic gospels: reminiscences, allusions, intertextuality*, Early Judaism and Its Literature (Atlanta: SBL Press, 2016), p. 1-18.

A BÍBLIA COM E SEM JESUS

De acordo com Gênesis 5:24: "Enoque andou com Deus; e já não foi encontrado, pois Deus o havia arrebatado." Embora essa linguagem se trate simplesmente de um modo poético de dizer que Enoque morreu, os leitores posteriores concluíram que Enoque não tinha morrido, mas que ele, do mesmo modo que Elias, foi arrebatado corporalmente para o céu. Posteriormente, toda uma mitologia se desenvolve ao redor de Enoque, que é considerado uma testemunha tanto dos acontecimentos terrenos, como o dilúvio de Noé, quanto dos mistérios celestiais, como o juízo final. Portanto, ele torna-se uma figura adequada para ser identificado como o Filho do Homem em um sentido apocalíptico: humano de nascimento e na forma, mas possuindo uma existência eterna e um conhecimento especial.

O livro de 1Enoque consiste em uma obra mista que contém materiais que datam do século 3 A.E.C até o século 1 E.C. Embora vários fragmentos tenham sido encontrados entre os Manuscritos do Mar Morto, 1Enoque está mais bem preservado em sua forma atual em Ge'ez, um dialeto antigo do etíope, e a igreja Etíope considera esse livro como parte do seu Antigo Testamento. O texto é antigo, mas os manuscritos, que já são traduções, datam do século 10 E.C., um milênio depois da época de Jesus. Os capítulos de 37 a 71, conhecidos como "Parábolas de Enoque" ou "Similitudes de Enoque", não aparecem entre os Manuscritos do Mar Morto, mas é nesses capítulos (46, 48, 62, 69, 70 e especialmente o 71) que a linguagem enigmática a respeito do "filho do homem" aparece. Portanto, qualquer uso desse material para entender o Novo Testamento tem que permanecer no terreno da especulação.[15] Embora os capítulos 37 a 71 de 1Enoque possam esclarecer o uso do termo "Filho do Homem" no Novo Testamento, também é possível que o vínculo de Enoque ao Filho do Homem seja secundário, possivelmente até anticristão, um acréscimo com o propósito de garantir que os leitores não se apropriem do livro a serviço da cristologia.[16]

Em 1Enoque, a expressão Filho do Homem descreve um personagem sobre-humano. Em 46:1, 1Enoque se refere ao capítulo 7 de Daniel para descrever sua própria visão do Filho do Homem: "Naquele lugar, eu vi aquele a quem pertence o tempo antes do tempo. E eis que a sua cabeça era branca como a lã, e estava com ele outra pessoa, cuja face era como a de um homem." Quando Enoque pergunta um anjo a respeito dessa segunda pessoa, ele recebe a seguinte resposta: "Este é o

---

[15]Matthew Goff, "1 Enoch", em *The Oxford Encyclopedia of the Books of the Bible*, ed. Michael D. Coogan (Oxford: Oxford University Press, 2011), 1:230. Para os usos desse termo em Ge'ez, veja George W. E. Nickelsburg e James C. VanderKam, *1 Enoch 2*, Hermeneia (Minneapolis: Fortress, 2012), p. 113-4.

[16]Veja p. ex., Goff, "1 Enoch", 230; Nickelsburg and VanderKam, *1 Enoch 2*, p. 330-2; W. E. Nickelsburg e James C. VanderKam, "Enoch and the 'Son of Man' revisited: further reflections of the text and translation of 1Enoch 70.1-2", *Journal for the Study of the Pseudepigrapha* 18 (2009): 233-40.

O FILHO DO HOMEM

Filho do Homem que nasce em justiça, e a justiça permanece sobre ele, e a justiça do Cabeça dos Dias não o abandona" (1Enoque 46:3). Essa expressão não precisa ser um título; poderia simplesmente observar que essa figura se trata de um ser humano que tem uma função especial para cumprir.[17] De acordo com o anjo, a responsabilidade dele é a seguinte:

> "Ele proclamará sobre ti a paz, em nome do mundo por vir, porque é de lá que proveio a paz desde a criação do mundo e assim a paz estará sobre ti para sempre e por toda a eternidade. Todos que virão a existir e andar [seguirão] o seu caminho, já que a justiça não o abandona. Contigo serão as suas moradas, e contigo estará a sua herança. Essas coisas não serão separadas de você nem por toda a eternidade." Portanto, serão muitos os dias com este Filho do Homem e a paz e o caminho correto será para os justos em nome do Senhor dos Espíritos, eternamente (71:15-17).

No final das Similitudes, Enoque identifica esse Filho do Homem como ele mesmo (71:14).

Para 1Enoque, as referências a esse "Filho do Homem" se baseiam em outras referências a essa figura, e mesmo ao "Ungido" de Deus (1Enoque 48:10; 52:4) e o "Escolhido" (49:2; 53:6). Lemos em 1Enoque 48:3: "Já antes de que o sol e os signos fossem criados, antes que as estrelas fossem feitas, ele recebeu um nome diante do Senhor dos Espíritos." Criado na alvorada do tempo — e, por causa disso, tendo alguma conexão com o *Logos* joanino e com a figura da Sabedoria — esse Filho do Homem permanece oculto, exceto para aqueles a quem Deus escolhe revelá-lo (62:7). A sua tarefa é "tirar os reis e os poderosos de suas cadeiras confortáveis e os fortes de seus tronos" (46:4). Essa linguagem é convencional, mas sua referência é atribuída em outras passagens a Deus, como no *Magnificat* de Maria: "Derrubou governantes dos seus tronos, mas exaltou os humildes" (Lucas 1:52), e, bem anteriormente, no capítulo 2 de 1Samuel, no Cântico de Ana. Entretanto, a julgar pelo modo como esse Filho do Homem é exaltado nos capítulos de 37 a 71 de 1Enoque, nada nesse texto sugere que essa figura, independentemente do nome que receba, fosse entendida como alguém a ser adorado, ou invocado em oração, ou assumindo o lugar de Deus.

Uma segunda obra pseudepigráfica chamada 4Esdras (também conhecida como 2Esdras) talvez faça referência a Daniel 7:13, embora tanto questões

---

[17]Veja Darrell D. Hannah, "The elect son of man of the parables of Enoch", em Hurtado e Owen, *Who is this Son of Man?*, p. 130-58.

textuais quanto de tradução impedem que se tenha certeza disso. O livro em sua forma atual sobrevive principalmente mediante manuscritos cristãos em armênio e em vários outros idiomas, mas essas versões posteriores refletem a tradução de uma versão grega perdida, que, por sua vez, foi traduzida de um original hebraico ou aramaico escrito no final do século 1 E.C.[18] No capítulo 13, um acréscimo cristão a um texto judaico anterior, 4Esdras se refere a "algo como a figura de um homem" (13:3), linguagem extraída de Daniel 7:13. Esse personagem funciona como um guerreiro messiânico, do mesmo modo que encontramos no livro de Apocalipse.[19]

Conforme o resumo de um estudioso, a expressão "filho do homem" não era tão destacada no judaísmo do Segundo Templo quanto na literatura cristã primitiva: "A expressão 'filho do homem' não parece ter existido como um título amplamente reconhecido no judaísmo do início do século 1, embora vários estudiosos realmente achem que existia um conceito pré-cristão de 'filho do homem', com Daniel 7:13 fornecendo um modelo e um material para a especulação judaica de figuras redentoras, tanto terrenas quanto celestiais, associadas com aspectos messiânicos."[20] Esse Filho do Homem cada vez mais divino, que se torna o ponto focal da justiça divina, corresponde tanto ao desejo humano de um salvador quanto ao desespero de que nenhuma pessoa na terra tenha o poder ou a autoridade de transformar o estado atual do mundo. Ao mesmo tempo, isso abre a porta para qualquer pessoa que tenha o carisma, a força e o talento para assumir esse papel.

O FILHO DO HOMEM EM OUTRAS PASSAGENS DO NOVO TESTAMENTO

Nos Evangelhos, a expressão "Filho do Homem" equivale ao modo pelo qual Jesus identifica a si mesmo, e somente ele usa esse termo. Fora dos Evangelhos, o título "Filho do Homem" é raro no Novo Testamento, mas sempre se refere a Jesus.

Esse termo aparece uma vez no livro de Atos, que provavelmente se trata de um texto do início do século 2. Atos registra o martírio de Estêvão, que, de acordo com o Novo Testamento, foi a primeira pessoa a morrer por proclamar Jesus; ele foi apedrejado até a morte por uma multidão constituída pelo sumo sacerdote e

---

[18]Veja Lorenzo DiTommaso, "2 Esdras", em Coogan, ed., *Oxford Encyclopedia of Books of the Bible*, 1:248-52.
[19] Michael Edward Stone, *Fourth Ezra*, Hermeneia (Minneapolis: Fortress, 1990), p. 383-5.
[20]Simon J. Joseph, "'His wisdom will reach all peoples': 4Q 534-536, Q 17:26-27, 30, e *1 En* 65:1-67:3, 90", *Dead Sea Discoveries* 19 (2012): 71-105 (73-4).

O FILHO DO HOMEM

seus companheiros. Atos relata suas palavras desafiadoras antes de morrer: "Mas Estêvão, cheio do Espírito Santo, levantou os olhos para o céu e viu a glória de Deus, e Jesus de pé, à direita de Deus, e disse: 'Vejo o céu aberto e o Filho do homem de pé, à direita de Deus'" (Atos 7:55-56). A historicidade do discurso de Estêvão, e do próprio Estêvão, está em debate. Os pais da igreja primitiva, geralmente felizes em mencionarem mártires, não o mencionam.[21] Entretanto, essa fala se encaixa perfeitamente nos propósitos retóricos de Lucas. Ela ecoa o modo como Jesus identificava a si mesmo e confirma a predição de Jesus em Lucas 22:69, de que, "de agora em diante, o Filho do homem estará assentado à direita do Deus Todo-poderoso".

As únicas outras ocorrências da expressão se encontram em Apocalipse 1:13 e 14:14. O autor de Apocalipse, que se identifica como "João", vem de um ambiente de fala tanto aramaica quanto hebraica. Embora João nunca mencione nenhum texto das escrituras de Israel de forma direta, as referências são abundantes. Perceba o pano de fundo de Daniel 7:9-13 neste texto de Apocalipse 1:13-18:

> e entre os candelabros vi alguém "semelhante a um filho de homem", com uma veste que chegava aos seus pés e um cinturão de ouro ao redor do peito. Sua cabeça e seus cabelos eram brancos como a lã, tão brancos quanto a neve, e seus olhos eram como chama de fogo. Seus pés eram como o bronze numa fornalha ardente e sua voz como o som de muitas águas. Tinha em sua mão direita sete estrelas, e da sua boca saía uma espada afiada de dois gumes. Sua face era como o sol quando brilha em todo o seu fulgor.
>
> Quando o vi, caí aos seus pés como morto. Então ele colocou sua mão direita sobre mim e disse: "Não tenha medo. Eu sou o primeiro e o último, e aquele que vive. Estive morto mas agora estou vivo para todo o sempre! E tenho as chaves da morte e do Hades".

A expressão "semelhante a um filho de homem" indica nessa passagem, do mesmo modo que nos textos hebraicos e aramaicos, uma pessoa em forma humana. De modo diferente das muitas outras figuras do Apocalipse, que são bestiais (p. ex., a famosa besta cujo número é 666; Apocalipse 13:18) e, portanto, são parecidas com os animais que Daniel descreve como tendo poder

---

[21]Shelly Matthews, *Perfect martyr: the stoning of Stephen and the construction of Christian identity* (New York: Oxford Univ. Press, 2012).

antes daquele como um Filho do Homem os tirar do trono, o Jesus que João viu em sua visão se parece com uma pessoa. Sua cabeça e seus cabelos brancos se referem a Daniel 7:9, a descrição de Deus como o "Ancião de Dias", cuja "roupa era branca como a neve / e o cabelo de sua cabeça como a pura lã." O ser identificado como "semelhante a um filho de homem" no Apocalipse *mescla* o retrato daquele semelhante a um filho de homem com o do Ancião de Dias, duas descrições em separado que se encontram no livro de Daniel.

Vemos mais uma referência ao Filho do Homem em Apocalipse 14:14, dessa vez acompanhado pelo ambiente de nuvens típico de Daniel: "Depois olhei, e havia uma nuvem branca e, assentado sobre a nuvem, alguém semelhante a um filho de homem, com uma coroa de ouro na cabeça e uma foice afiada na mão" (tradução dos autores). A nuvem passa a ser um marcador de identidade que vincula Jesus, o Filho do Homem, com o "alguém semelhante a um filho de homem" de Daniel. Porém, mesmo nessa passagem, "alguém semelhante a um filho de homem" se trata de uma expressão idiomática, não de um título: a figura tem uma *aparência* humana. A coroa indica realeza, o que pode se referir aos vínculos entre Jesus e Davi, embora possa derivar simplesmente da descrição que Daniel faz daquele como o Filho de Homem que recebe "o poder, a glória e o reino". A foice simboliza o julgamento escatológico, baseado em Joel 3:13, que descreve os acontecimentos que imediatamente precedem o Dia do SENHOR:

> Lancem a foice,
>> pois a colheita está madura.
> Venham, pisem com força as uvas,
>> pois o lagar está cheio
> e os tonéis transbordam,
>> tão grande é a maldade dessas nações!

Embora não haja uma figura messiânica em Joel, no século 1 da E.C., o Dia do SENHOR, um assunto relevante em Joel, estava associado à chegada do Messias. Podemos ver essa referência no capítulo 2 de Atos, na famosa cena de "Pentecostes", onde o Espírito Santo desce sobre os seguidores de Jesus, eles começam a proclamar o evangelho em idiomas estrangeiros, e Pedro explica esses fenômenos citando Joel:

> Isto é o que foi predito pelo profeta Joel:
>> 'Nos últimos dias, Deus declara,
>> derramarei do meu Espírito sobre toda a carne.

Os seus filhos e as suas filhas profetizarão,

os jovens terão visões,

os velhos terão sonhos.

Até mesmo sobre os meus servos e as minhas servas

derramarei do meu Espírito naqueles dias,

e eles profetizarão.

[...] antes que venha o grande e glorioso dia do Senhor.

E todo aquele que invocar o nome do Senhor será salvo!" (Atos 2:16-21, tradução dos autores).

Entretanto, essa cena não menciona nenhum filho do homem, ou alguém semelhante a um filho de homem, ou mesmo um Messias. O fim dos tempos será marcado, nessa passagem, pelo derramamento do Espírito sobre todas as pessoas.

O FUTURO PÓS-BÍBLICO DO FILHO DO HOMEM

Em parte pelo fato de a expressão "filho do homem" aparecer no Novo Testamento em relação a Jesus, ou ela é abandonada pelo ensino rabínico, ou é usada de forma polêmica para indicar que o filho do homem não se trata somente de Jesus, mas de toda a humanidade, conforme a função dessa expressão idiomática nos textos hebraicos e aramaicos antigos. Assim, o texto de Daniel 7:13-14 não fica bem representado na tradição interpretativa judaica quanto outras passagens que analisamos.[22]

O Talmude de Jerusalém (*y. Ta'anit* 65b), cita o rabi Abahu fazendo a seguinte afirmação: "se um homem diz a você 'eu sou um deus', ele é um mentiroso; se ele diz 'eu sou o filho do homem', ele se arrependerá de ter dito isso; 'eu subirei ao céus', ele diz, mas certamente não fará isso."[23] O que esta tradição está registrando em nome do rabi Abahu, um sábio que viveu na terra de Israel, acentua a polêmica em questão, já que o rabi Abahu teria tido algum contato com os seguidores de Jesus.

O *targum* de Ezequiel, redigido no século 4 ou 5 E.C., interpreta a identificação do profeta de *ben 'adam* como "filho de Adão", ou seja, como em Adão e Eva.[24] Alinda Damsma sugere que essa tradução inesperada pode também ser considerada

---

[22]Veja Gunter Stemberger, "Daniel (Book and Person): III. Judaism B. Rabbinic Judaism" e Robert Chazan, Barry Dov Walfish, e Michael G. Wechsler, "Daniel (Book and Person): III. Judaism C. Medieval Judaism", *EBR*, 6:99-108.

[23]Veja Peter Schafer, *Jesus in the Talmud* (Princeton: Princeton Univ. Press, 2009), p. 109.

[24]Alinda Damsma, "From Son of Man to Son of Adam — the prophet Ezekiel in *Targum Jonathan*", *Aramaic Studies* 15 (2017): 23-43; *Veja tb.* Joel Marcus, "Son of Man as Son of Adam", *Revue Biblique* 110 (2003): 38-61, 370-86.

como uma rejeição da declaração de Paulo de que Jesus é o segundo Adão, como está escrito em 1Coríntios 15:45, "O primeiro homem, Adão, tornou-se um 'ser vivente'; o último Adão, 'espírito vivificante.'"[25]

O *targum* dos Salmos é menos polêmico, pois entende o "filho do homem" tanto como messiânico quanto como sendo completamente humano. O Texto Massorético de Salmos 80:17 (80:18 hebr.) afirma: "Repouse a tua mão sobre aquele [*'ish*; "aquele homem"] que puseste à tua mão direita, o filho do homem [*ben 'adam*] que para ti fizeste crescer." O *targum* traduz como "Sobre o Rei Messias o qual fortalecestes para ti." Conforme Damsma observa, "trata-se do único exemplo na exegese targúmica em que *ben* (filho) tem sido associado ao Messias."[26] Em geral, a literatura rabínica evita entender as referências a "filho do homem" (*bar 'enosh*) como sendo ao Messias.

Ainda assim, um pequeno número de textos rabínicos realmente entende o filho do homem de Daniel como o Messias. Por exemplo, ao explicar Daniel 7:9a — "Enquanto eu olhava, / 'tronos foram postos no lugar, / e um ancião se assentou'" — o rabino Akiva, que foi martirizado na revolta de Bar Kochba de 132 a 135 E.C., interpreta o plural "tronos" como tronos para Deus e para Davi, sugerindo que ele entendia o filho do homem como o Messias davídico (*b. Hagigah* 14a). Outros rabinos contestam a visão de Akiva, uma vez que ela traz conotações binitárias. O rabino Yosi, o galileu, responde: "Até quando tornarás a *Shekinah* profana?"[27]

Em outro exemplo, o rabino Alexandri diz em nome do rabino Yehoshua, filho de Levi, "está escrito [Daniel 7:13], 'vi alguém semelhante a um filho de homem, vindo com as nuvens dos céus' e está escrito [Zacarias 9:9] 'humilde e montado num jumento.' Se eles forem justos, virão com as nuvens dos céus; se não forem, humildes e montados no jumento" (*b. Sanhedrin* 98a).[28] Existem referências tanto de Jesus como Filho do Homem como dele entrando em Jerusalém montado em um jumento, mas esse texto rabínico afirma que o próprio Messias ainda não tinha vindo. Assim, o que Jesus fez não indica nenhum cumprimento de profecia.

O *targum* de Crônicas, em uma leitura literal um tanto desajeitada, dá um nome para o filho do homem. Ele começa observando que, na lista dos filhos de Elienai, a passagem de 1Crônicas 3:24 fala de um homem chamado Anani.

---

[25] Damsma, "From Son of Man to Son of Adam", p. 36.

[26] Damsma, "From Son of Man to Son of Adam", p. 33.

[27] Veja Daniel Boyarin, "Beyond judaisms: metatron and the divine polymorphy of ancient Judaism", *Journal for the Study of Judaism* 41 (2010): 323-65 (340-1).

[28] Boyarin, "Beyond Judaisms", p. 342.

O FILHO DO HOMEM

Esse nome faz lembrar a palavra hebraica para "nuvem" (*'anan*), e, por isso, sugere Daniel 7:13, "alguém semelhante a um filho de homem, vindo com as nuvens dos céus." Portanto, o autor propõe que Anani é o *nome* do Messias: "e Anani, que é o Rei Messias que está destinado a ser revelado".[29] Essa ideia recebe pouco apoio na tradição posterior.

Rashi interpreta a expressão "semelhante a um filho de homem" de Daniel 7:13 como "o rei, o Messias". Embora ele polemize em outras passagens contra as interpretações cristãs da Bíblia hebraica, nesta passagem Rashi aponta para a vindicação escatológica de Israel, com o messias (humano), e não Jesus, servindo como seu rei. Abraham ibn Ezra favorece uma interpretação coletiva, embora mencione a plausibilidade de uma figura individual e messiânica.[30] O livro anônimo *Nitzachon Yashan (Livro Antigo da Polêmica;* veja p. 64), uma obra do século 13, demonstra conhecer o uso cristão de Salmos 8:1 com referência a Jesus: "Senhor, Senhor nosso, como é majestoso o teu nome em toda a terra!" Posteriormente, o texto afirma que o versículo 4 seria a aplicação melhor: "Que é o homem, para que com ele te importes? / E o filho do homem, para que com ele te preocupes?" A sua explicação para essa aplicação é que os cristãos "dizem que Jesus era um homem; e, na verdade, por todos os Evangelhos ele é chamado de filho do homem, *fili homini.*"[31]

Por fim, David Kimchi, ao falar sobre Ezequiel, apresenta sua própria interpretação de *ben 'adam*:

> Os comentaristas têm explicado de forma adequada que ele [Deus] o chamou de *ben 'adam*, de modo que ele não ficasse arrogante e visse a si mesmo como um dos anjos por ter sido visto nessa grande visão. Aos meus olhos, parece correto que, pelo fato de ele ter visto o rosto de um homem na Merkabah [a carruagem divina], ele [Deus] o revelou que ele é justo e bom a seus olhos e que ele é um filho de homem, não um filho de leão, não filho de um boi, nem um filho da águia, do modo que já explicamos.[32]

Assim, mais uma vez, tanto "Filho do Homem" como "filho do homem" fazem referência a um ser humano.

---

[29]Craig Evans, *Ancient texts for New Testament studies: a guide to the background literature* (Peabody: Hendrikson, 2005), p. 202.

[30] Para a melhor coleção de fontes judaicas medievais individuais em hebraico e inglês, veja Arthur J. Ferch, *The Son of Man in Daniel Seven* (Berrien Springs, MI: Andrews University Press, 1979), p. 9-12.

[31]Martin Lockshin, "Jesus in medieval Jewish tradition", em *JANT*, 735-6 (735).

[32]Damsma, "From Son of Man to son of Adam", p. 34n40.

A **expressão** "filho do homem" já tinha perdido a sua popularidade com o fechamento do cânon do Novo Testamento. Essa expressão idiomática não era bem traduzida para os falantes do grego, e, por causa disso, não ganhou popularidade ampla no mundo gentio. Embora a expressão "filho do homem" possa soar estranha e, além disso, não admitir inclusão de gênero, seu uso pode valer a pena; na verdade, sua própria peculiaridade pode ser um ponto de partida para falar sobre a cristologia, porque, do mesmo modo que as parábolas e os vários outros ensinos de Jesus, esse título exige a devida interpretação.

Esse termo encontra um uso mais recente na expressão "filho de Adão", usada no livro *As crônicas de Nárnia,* de C. S. Lewis; nesse livro, ela se refere aos seres humanos do sexo masculino, distinguindo-os tanto das criaturas sobrenaturais quanto dos animais que não são humanos. Em Nárnia, as fêmeas humanas são "filhas de Eva". Se realmente pensarmos na expressão "filho do homem" (*ben 'adam*) como sendo relacionada a Adão, o que esse vínculo pode dizer sobre nossas relações interpessoais, e o que poderia dizer sobre sermos imagem de Deus? O Evangelho de Lucas apresenta uma genealogia que recua a partir de Jesus e termina da seguinte forma: "filho de Enos, filho de Sete, filho de Adão, filho de Deus" (Lucas 3:38). Todos nós somos, nesse sentido, "filhos de Deus".

Para os leitores que se preocupam com a inclusão de gênero, tanto o termo "filho" quanto o termo "homem" são pedras de tropeço. As traduções inclusivas da Bíblia, buscando evitar as conotações masculinas dos dois termos, preferem as alternativas "um humano" ou "descendente da humanidade". O benefício da tradução inclusiva dos gêneros é que ela se encaixa nas conotações que "filho do homem" tem em Salmos e Ezequiel; o problema é que a expressão perde seu sentido sobrenatural que encontramos em Daniel e 1Enoque. Aqui temos uma oportunidade para discutir a arte da tradução, e os problemas peculiares que surgem quando tentamos dar à Bíblia uma roupagem contemporânea. A expressão original é masculina, da mesma maneira que todos os vários termos para o Deus de Israel e, em latim, para o Espírito Santo. O que devemos manter e o que devemos mudar?

Outros leitores podem encontrar mais uma pedra de tropeço na linguagem do filho do homem presente nos Evangelhos: o (alguém semelhante ao) filho do homem é violento, destrutivo, desperta medo e até estranheza. Refletindo ao assistir o filme *A vida de Brian* em 1979, Bart Ehrman comenta que a cena "em que encontramos um grupo de pregadores apocalípticos do fim do mundo no meio de Jerusalém [...] foi a cena mais subversiva de todas [...] fez de [Jesus], por sua vez, um doido varrido como esses outros apocalípticos

O FILHO DO HOMEM

desvairados."[33] Para muitos leitores, o Jesus pedagógico do Sermão do Monte de Mateus 5—7 é mais aceitável do que o Jesus apocalíptico do capítulo 13 de Marcos ou do livro de Apocalipse.

Se os leitores tivessem uma noção melhor do cenário histórico do livro de Daniel ou da função da linguagem e da literatura apocalípticas de trazer conforto e esperança para as pessoas que se veem impotentes diante de um sistema opressor, o Filho do Homem escatológico e apocalíptico pode continuar a falar ao mundo atual. O Filho do Homem, desde Daniel e 1Enoque até a tradição dos Evangelhos, fala sobre a justiça do Deus que tem o poder para promovê-la. Ao invés de promover, esta leitura impede a violência por parte de seus seguidores.

Daniel sonha com "alguém semelhante a um filho de homem" que deve receber a "glória e o reino"; "todos os povos, nações e homens de todas as línguas o adoraram" porque o "seu domínio é um domínio eterno que não acabará." A visão de Daniel é escatológica. Independentemente de lermos a linguagem de Daniel como se referindo a um anjo, ao povo de Israel, ao justo e antigo Enoque, ou a Jesus de Nazaré, a profecia ainda está para se cumprir.

---

[33]Veja Bart D. Ehrman, "Brian and the apocalyptic Jesus: parody as a historical method", em *Jesus and Brian: exploring the historical Jesus and his times via Monty Python's life of Brian*, ed. Joan E. Taylor (London: Bloomsbury T&T Clark, 2015), p. 141-50 (142).

13

CONCLUSÃO: DA POLÊMICA À POSSIBILIDADE

A NOVA ALIANÇA: "'NAQUELE TEMPO', DIZ O SENHOR..."

Jeremias escreve para alertar seus contemporâneos em Judá a respeito da conquista babilônica iminente, da destruição do templo e do exílio; assim, o termo "jeremíada" significa "um lamento prolongado ou uma súplica."[1] Entretanto, seções pequenas do livro, principalmente nos capítulos 30 e 31, afirmam que tanto Israel, que foi conquistada pelos assírios em 722 A.E.C., quanto Judá, que foi conquistado pela Babilônia no início do século 6 A.E.C., serão restaurados. Essa nova era testemunhará o ajuntamento do povo, até mesmo daquelas pessoas que já estavam dispersas há mais de cem anos da época de Jeremias: "Vejam, eu os trarei da terra do norte e os reunirei dos confins da terra. Entre eles estarão o cego e o aleijado, mulheres grávidas e em trabalho de parto" (Jeremias 31:8). É esse retorno dos exilados que Deus prometeu a Raquel, que chorou por seus filhos exilados de sua terra natal no Reino do Norte de Israel (31:15-16). Porém, essas profecias, do mesmo modo que muitas profecias de consolação, não apresentam nenhuma data específica para a restauração.

[1]Merriam-Webster Dictionary, verbete "Jeremiad", https://www.merriam-webster.com/dictionary/jeremiad.

CONCLUSÃO: DA POLÊMICA À POSSIBILIDADE

Jeremias predisse uma nova aliança que faz parte dessa restauração: "'Estão chegando os dias' declara o SENHOR, 'quando farei uma nova aliança com a comunidade de Israel e com a comunidade de Judá'" (Jeremias 31:31). Essa nova aliança "não será como a aliança que fiz com os seus antepassados quando os tomei pela mão para tirá-los do Egito" (31:32). Israel quebrou essa aliança. A nova aliança, feita com a "casa de Israel" (31:33), não tomará a forma de um documento legal que alguém escolhe seguir; não é inscrita sobre pedra ou papiro, mas será inscrita internamente, de modo que segui-la passaria a ser tão natural como respirar: "Porei a minha lei [hebr., *torah*] no íntimo deles e a escreverei nos seus corações" (31:33). Pelo fato de que Israel obedecerá à *torah* de modo natural, não haverá mais necessidade de instrução: "Ninguém mais ensinará ao seu próximo nem ao seu irmão, dizendo: 'Conheça ao SENHOR', porque todos eles me conhecerão, desde o menor até o maior, diz o SENHOR. Porque eu lhes perdoarei a maldade e não me lembrarei mais dos seus pecados" (31:34).

O conteúdo dessa "nova aliança" — uma expressão que só aparece nessa passagem nas escrituras de Israel — não é declarado, e fica ambíguo se essa novidade reside em um novo conjunto de obrigações e/ou se Israel passará a ser pré-programada para segui-la.[2] A ideia de que Israel seguirá automaticamente a vontade de Deus, e de que, dessa maneira, não terá livre escolha, é incomum mas não é única: uma ideia parecida está presente na expressão idiomática "novo coração", que é encontrada nos escritos do profeta Ezequiel, contemporâneo de Jeremias (Ezequiel 18:31; 36:26; cf. 11:19; e usando a expressão idiomática "circuncidem o coração", Deuteronômio 30:6). Os intérpretes judeus entendem que a novidade não está no conteúdo da aliança, mas em sua natureza — de que Israel necessariamente a seguirá. Em uma polêmica clara contra "os incircuncisos que erram", que são os cristãos, o comentarista medieval David Kimchi afirma: "a sua novidade é que ela será (automaticamente) cumprida, e não será quebrada como a aliança que Deus fez com Israel no Monte Sinai."[3] Entretanto, essa não é a única interpretação possível dessa passagem.

Para a igreja primitiva, as declarações de Jeremias foram lidas como uma profecia para um futuro distante e cumpridas por Jesus, como vimos com relação ao relato do nascimento de Jesus no Evangelho de Mateus.

---

[2]Michael Carasik, *Theologies of the mind in ancient Israel*, Studies in Biblical Literature 85 (New York: Lang, 2006), p. 24, usa a analogia de Deus substituindo o quadro lógico de Israel.

[3]Menachem Cohen, *Jeremiah* [em hebraico], Mikra'ot Gedolot 'Haketer' (Ramat Gan: Bar-Ilan University Press, 2012), p. 173, tradução dos autores.

De modo parecido, a "nova aliança" de Jeremias é vista como promulgada pelo sofrimento e pela morte de Jesus e vinculada ao dom de libertar a humanidade de Satanás e do pecado. Jesus afirma em Lucas 22:20: "Este cálice é a nova aliança no meu sangue, derramado em favor de vocês." Para a igreja, essa nova aliança nada mais é que aquela que Jeremias predisse, uma aliança que não é marcada no corpo por meio do sinal da circuncisão (Gênesis 17:10-11,14), mas marcadas no coração daqueles que aceitam Jesus como Senhor e Salvador.

Paulo confirma essa nova linguagem da aliança em um texto que foi escrito antes do Evangelho de Lucas. Em 1Coríntios 11:25, ele repete a tradição que recebeu: de que Jesus "da mesma forma, depois da ceia tomou o cálice e disse: 'Este cálice é a nova aliança no meu sangue; façam isto, sempre que o beberem, em memória de mim'." Para Paulo, essa nova aliança não é "da letra, mas do Espírito; pois a letra mata, mas o Espírito vivifica" (2Coríntios 3:6). O mover desses que seguem a nova aliança, os gentios de Corinto a quem Paulo escreve, não deve ser rumo à obediência à Torá, porque essa obediência nunca foi destinada aos gentios. Em vez disso, a ação deve ser de se afastar de tudo o que pode ser visto como práticas pagãs, seja no que diz respeito à adoração dos deuses de Roma, seja na participação das atividades cultuais locais, e de se aproximar de Jesus.

Por fim, em seu entendimento de Jesus, a Epístola aos Hebreus recorre à linguagem de Jeremias a respeito da nova aliança. De acordo com Hebreus 9:15, Jesus é "o mediador de uma nova aliança" e, portanto, se constitui no cumprimento da profecia de Jeremias. É mediante o sacrifício de si mesmo que "os que são chamados [isto é, os seus seguidores, determinados não pela etnia, mas pela fé] recebem a promessa da herança eterna, visto que ele morreu como resgate pelas transgressões cometidas sob a primeira aliança", isto é, a Torá que foi mediada por Moisés (Hebreus 9:15). Todos devem vir a Jesus, "o mediador de uma nova aliança" (12:24).

A passagem de Hebreus 8:8 cita Jeremias de forma direta: "Deus, porém, achou o povo em falta e disse: 'Estão chegando os dias', declara o Senhor, / 'quando farei uma nova aliança com a comunidade de Israel / e com a comunidade de Judá'." Em seguida, o autor de Hebreus apresenta uma conclusão possível, que "ao chamar de 'nova' esta aliança, ele tornou antiquada a primeira; e o que se torna antiquado e envelhecido, está a ponto de desaparecer" (8:13). Uma aliança escrita no coração não exige marcas físicas, e também não requer mestres.

Lida com o olhar cristão, a predição de Jeremias da nova aliança que redime do pecado cumpre-se em Jesus. Entretanto, essa é uma das várias interpretações possíveis de Jeremias, e mesmo que alguém afirme que o cumprimento se ache

CONCLUSÃO: DA POLÊMICA À POSSIBILIDADE

em Jesus, esse cumprimento é somente parcial. O retorno do povo de Israel e de Judá para a terra de Israel ainda não aconteceu de forma completa, apesar da fundação do estado de Israel em 1948. Nem os cristãos, nem os judeus, nem mais ninguém, têm as instruções de Deus escritas em seu coração; se tivessem, haveria pouca necessidade de continuar a realizar estudos da Bíblia ou pregações, já que estaríamos vivendo nessa era escatológica perfeita, com o lobo vivendo ao lado do cordeiro (Isaías 11:6).

Na verdade, tanto o judaísmo quanto o cristianismo são projetos inacabados à espera do Messias, embora eles divirjam nas crenças a respeito da identidade do Messias e de sua função. Para a igreja, o cumprimento de qualquer nova aliança exige a segunda vinda de Jesus, que às vezes é chamada de "parúsia", o termo grego para "aparição", que sinaliza a entrada do herói vencedor na cidade que ele acabou de conquistar. O judaísmo tradicional não espera somente pela vinda do Messias e da reunião dos exilados, mas também pela reedificação do templo de Jerusalém. No presente, o projeto está interrompido, principalmente porque atualmente existe uma mesquita, o Domo da Rocha, no local daquele Templo antigo. Tanto o judaísmo quanto o cristianismo recorrem às promessas de Jeremias, e ao restante das escrituras de Israel que acompanha essas promessas. Os dois grupos aguardam seu cumprimento — cada um à sua maneira.

NESSE ÍNTERIM...

No passado, judeus e cristãos entraram em conflito por causa do legado das escrituras de Israel: cada um reivindicava não somente ser o Israel verdadeiro, tendo consigo a interpretação verdadeira, mas também que a interpretação do outro estava errada. Contudo, mesmo em contextos polêmicos, como no livro de Justino, *Diálogo com Trifão*, pode-se notar indícios de uma abordagem mais irênica; conforme Justino afirma: "Porque encontramos mais do que esperávamos, ou do que seria possível que esperássemos. Digo mais ainda: se pudéssemos fazer isso com uma frequência maior, seríamos ainda mais beneficiados, enquanto examinamos as palavras exatas [das Escrituras] por nós mesmos" (*Diálogo* 142). Entretanto, recentemente, o diálogo entre judeus e cristãos tem aberto diversas possibilidades que não são mutuamente exclusivas. Quem está tomando a iniciativa desse diálogo é a Igreja Católica. Desde que o documento *Nostra aetate* (Em nosso tempo), redigido em 1965 no Concílio Vaticano II, destacou que todos os judeus de todas as épocas *não* deveriam ser culpados pela morte de Jesus, a convergência da ética com a exegese passou a ser fundamental. Lemos em *Nostra aetate* 4:

> Ainda que as autoridades dos judeus e os seus sequazes urgiram a condenação de Cristo à morte não se pode, todavia, imputar indistintamente a todos os judeus que então viviam, nem aos judeus do nosso tempo, o que na sua paixão se perpetrou. E embora a Igreja seja o novo povo de Deus, nem por isso os judeus devem ser apresentados como reprovados por Deus e malditos, como se tal coisa se concluísse da Sagrada Escritura. Procurem todos, por isso, evitar que, tanto na catequese como na pregação da palavra de Deus, se ensine seja o que for que não esteja conforme com a verdade evangélica e com o espírito de Cristo.

Este documento, conforme tem sido amplamente reconhecido, promoveu uma mudança importante nas relações entre os judeus e os católicos. Vários grupos protestantes produziram declarações parecidas.[4]

A Igreja Católica não era obrigada a fazer essa declaração. Ela poderia ter entendido os Evangelhos como condenando todos os judeus de todas as épocas, como muitos cristãos tinham feito anteriormente, e até mesmo depois de 1965. O Evangelho de Mateus afirma que, quando Pôncio Pilatos declarou que Jesus era inocente de todas as acusações contra ele, a multidão composta de "todo o povo" (gr., *pas ho laos*; a expressão da NRSV "o povo como um todo" consiste em uma paráfrase) gritou: "Que o sangue dele caia sobre nós e sobre nossos filhos!" (Mateus 27:25). Esse grito infame por sangue inflamou por séculos a visão de que todos os judeus, desde essa primeira geração até o presente, levam uma culpa especial pela morte de Jesus. Por séculos, e em alguns casos até mesmo hoje em dia, os cristãos têm lido este versículo como uma condenação de todos os judeus como assassinos de Jesus.

A partir de uma perspectiva histórica, é improvável que Mateus estivesse pensando que todos os judeus de todas as épocas fossem culpados disso. A expressão "todo o povo" no Evangelho de Mateus pode indicar todas as pessoas que viviam na década de 30 do século 1 E.C. em Jerusalém, pessoas que tinham sido agitadas contra Jesus desde o nascimento. O capítulo 2 de Mateus afirma que, ao ouvir o relato dos magos a respeito de um "rei dos judeus" que tinha acabado de nascer, não somente o Rei Herodes teve medo, mas "toda Jerusalém com ele" (Mateus 2:3). Embora Mateus de fato reconheça Jerusalém como a "cidade santa" (4:5; 27:53),

---

[4]Dialogika, uma biblioteca online patrocinada pelo Conselho de Centros de Relações Judaico-Cristãs (CCJR) e o Instituto em prol das Relações judaico-católicas da Universidade Saint Joseph em Philadelphia, apresenta um arquivo eletrônico com essas declarações dos grupos católicos romanos, protestantes e ortodoxos orientais. Veja https://www.ccjr.us/dialogika-resources/documents-and-statements. *Veja tb.* "Documents, Declarations, and Speeches", Center for Christian-Jewish Learning, Boston College, https://www.bc.edu/research/cjl/cjrelations/backgroundresources/documents.html.

CONCLUSÃO: DA POLÊMICA À POSSIBILIDADE

a descrição que Mateus faz da cidade não é tão positiva: Mateus considera o povo de Jerusalém como pessoas que rejeitaram a Jesus, e, por causa dessa rejeição, seus filhos, as pessoas que estavam vivas no ano 70 E.C., viram a destruição de sua cidade. A expressão "nossos filhos" de Mateus 27:25 se referia de forma específica aos filhos das pessoas de Jerusalém na época da morte de Jesus.

Nesse caso, a análise histórica e a reflexão ética se juntam para ajudar o leitor a evitar uma interpretação antijudaica e antissemita. O Concílio Vaticano fez uma escolha sobre como ler os Evangelhos, do mesmo modo que os seguidores de Jesus nos séculos 1 e 2 fizeram escolhas sobre como ler as escrituras de Israel. Nós sempre fazemos escolhas em nossas interpretações — e precisamos fazê-las com sabedoria.

Quando os seguidores de Jesus leram o que se tornou para eles o Antigo Testamento, fizeram escolhas sobre quais as traduções deveriam usar, o que deveriam destacar, como deveriam entender as profecias, e onde deveriam empregar interpretações alegóricas. A tradição judaica, lendo o que se tornou a sua *Tanakh*, fez a mesma coisa. Conforme já afirmamos, esse processo não precisa indicar que uma religião ganha e a outra perde; no entendimento literário, um texto em particular necessariamente dá margem a múltiplas interpretações. Se esse não fosse o caso, os professores de português perderiam o emprego, já que todos os alunos chegariam ao entendimento unívoco e preciso de qualquer texto que vissem pela frente.

Desde o documento *Nostra aetate*, vários grupos do Vaticano, bem como várias conferências de bispos em alguns países, produziram documentos adicionais na direção de um relacionamento melhor com a comunidade judaica. Em 2015, a Comissão Vaticana para as Relações Religiosas com os Judeus lançou o documento "Porque os dons e o chamado de Deus são irrevogáveis (Romanos 11:29): Reflexões sobre questões teológicas atinentes às relações católico-judaicas." Esse texto de vinte páginas, que foi produzido com a participação de dois consultores judeus (um processo que mostra o ímpeto de partir da polêmica para a possibilidade), reafirma essa ideia: "Não se pode entender o ensino de Jesus ou dos seus discípulos sem os situar dentro o horizonte judaico no contexto da tradição viva de Israel; muito menos se a pessoa entender seus ensinos como se estivesse em oposição a essa tradição."[5] As escrituras de Israel têm um papel fundamental nesse contexto judaico.

---

[5]Commission of the holy see for religious relations with the Jews, "'The gifts and the calling of god are irrevocable' (Rom 11,29): a reflection on theological questions pertaining to Catholic-Jewish relations", 2015, 2.14, http://www.vatican.va/roman_curia/pontifical_councils/chrstuni/relations-jews-docs/rc_pc_chrstuni_doc_20151210_ebraismo-nostra-aetate_en.html.

A BÍBLIA COM E SEM JESUS

Os judeus, embora não possuam a estrutura hierárquica da Igreja Católica, também produziram seus próprios textos a respeito da relação entre as duas tradições. O mais recente, que também foi lançado em 2015, é "Fazer a vontade de nosso Pai que está nos céus: em direção a uma parceria entre judeus e cristãos". Assinado inicialmente por 25 rabinos ortodoxos, um número que dobrou posteriormente, essa declaração reconhece que o cristianismo não deve ser visto como estando em conflito com o judaísmo: "Do mesmo modo que Maimônides e Yehudah Halevi [dois grandes pensadores judeus], reconhecemos que o surgimento do cristianismo na história humana não se tratou de um acidente nem de um erro, mas do resultado proposto por Deus, como um dom para as nações." Ele também reflete a mudança na exegese católica que se iniciou com o documento *Nostra aetate*: "Agora que a igreja católica reconheceu a aliança eterna entre Deus e Israel, nós, judeus, podemos reconhecer a validade construtiva constante do cristianismo como nosso parceiro na redenção do mundo, sem nenhum medo de que isso possa ser explorado para propósitos missionários."[6]

No século 21, finalmente chegamos ao ponto em que judeus e cristãos podem ler os textos que têm em comum de forma diferente e aprender uns dos outros. Todos nós podemos, e até mesmo devemos, ler os textos que são particulares das tradições do outro. Os judeus fazem bem em ler o Novo Testamento e depois compartilhar essas leituras com os cristãos, e os cristãos fazem bem em ler as fontes judaicas extrabíblicas e depois compartilhar essas leituras com os judeus. Finalmente chegamos no ponto em que podemos interpretar a Bíblia, independentemente de qual seja o seu conteúdo, sem que um exclua o outro, mas vendo como uma oportunidade de corrigir algumas leituras mais antigas que se baseavam em polêmica, criando interpretações mais novas que sejam baseadas na possibilidade do respeito mútuo, ou até mesmo em uma concordância total.[7]

O QUE APRENDEMOS

Pelo fato de sermos historiadores, nós avaliamos o que os textos significavam para os seus destinatários originais, e também pensamos que, em muitos casos, também

---

[6]Promovido pelo Centro para o Entendimento e Cooperação entre Judeus e Cristãos (CJCUC) em Efrat, Israel: "To do the will of our father in heaven: toward a partnership between Jews and Christians", Orthodox Rabbinic Statement on Christianity, Center for Jewish-Christian Understanding and Cooperation, 3 de dezembro de 2015, http://cjcuc.org/2015/12/03/orthodox-rabbinic-statement-on-christianity/.

[7]Para análises mais profundas, veja Amy-Jill Levine, "*Nostra aetate*, Omnia Mutantur: the times they are a changing", em *Righting relations after the Holocaust and Vatican II: essays in honor of John T. Pawlikowski, OSM*, ed. Elena Procario-Foley e Robert Cathey (Mahwah, NJ: Paulist, 2018), p. 226-52.

CONCLUSÃO: DA POLÊMICA À POSSIBILIDADE

podemos avaliar o que os autores queriam dizer. Ao mesmo tempo, reconhecemos que os textos sempre serão lidos fora dos seus contextos originais. As pessoas trazem, e até mesmo devem trazer, seus próprios interesses para algum texto em particular, especialmente se se tratar de um texto que consideram sagrado.

Quando um texto é retirado de sua orientação histórica ou até mesmo contextual, seja por alegoria ou por ser transformado em um texto fora de contexto, cresce a ameaça de uma leitura idiossincrática. Alguns mecanismos podem servir para impedir os intérpretes de sair da profundidade hermenêutica e cair no abismo do solipsismo.

O primeiro consiste em ter pelo menos um entendimento de como o texto pode ter sido interpretado em seu contexto original e como ele foi sendo interpretado com o passar do tempo. Iniciar com a pergunta: "O que esse texto significa para mim?" é um bom começo, mas a interpretação está longe de se resumir a isso. Podemos aprender ao nos engajarmos com aquilo que outras pessoas viram no texto, tanto dentro quanto fora da nossa tradição em particular.

O segundo mecanismo é olhar os idiomas originais, como o hebraico e o grego. Porém, para aqueles que não têm essas habilidades — ou seja, para a maioria das pessoas — nem tudo está perdido. Diversos sites da internet apresentam várias versões para que possamos perceber de que maneira, e muitas vezes o porquê, aqueles que têm habilidades linguísticas chegam às traduções que produzem.[8] Muitos comentários analisam as nuances do hebraico e do grego de qualquer passagem que esteja em pauta.

Levantar a questão da ética consiste no terceiro mecanismo, já que todas as interpretações têm o potencial de influenciar comportamentos. Já vimos como tanto os judeus quanto os cristãos têm maneiras de resumir suas tradições, ou de encontrar pedras de toque no texto para orientar outras interpretações. A parte "b" de Levítico 19:18, que fala sobre "amar ao próximo", que Jesus cita como parte do Grande Mandamento (Mateus 22:39; Marcos 12:31), que Paulo encara como o resumo da lei (Romanos 13:9; Gálatas 5:14), que a Epístola de Tiago classifica como "a lei do Reino" (2:8), e que o rabino Akiva observa como um "princípio geral da Bíblia" (*y. Nedarim* 9:4 e textos paralelos), é um exemplo de como essa pedra de toque faz parte dessas duas religiões.

Associado com o dever ético da interpretação está o interesse em dar voz a vários grupos. Os judeus do Irã ou da Etiópia podem ver coisas na *Tanakh* que os judeus da Ucrânia ou da Espanha não conseguem. Os cristãos afrodescendentes

---

[8]P. ex., "Bible version comparison", Bible Study Tools, https://www.biblestudytools.com/compare-translations/.

podem trazer ênfases diferentes dos cristãos de origem europeia. Os homens e as mulheres podem notar aspectos diferentes em determinado texto. Ao mesmo tempo, retornamos à história, porque se devemos apoiar as leituras multiculturais, ou leituras a partir de uma postura particular, devemos também respeitar o fato de que o autor e o texto têm fatores culturais embutidos nele. Ignorar esse vínculo histórico ameaça colonizar o texto; trata-se de impor uma interpretação determinada culturalmente sobre o texto original, que tem suas próprias influências culturais.

Ao olhar para diversas leituras do mesmo texto, nós conseguimos reconhecer, de maneira ampla, qual o significado da Bíblia seja com ou sem Jesus, em termos do que ela significa e do que ela significou. Já demonstramos como um versículo em particular assume vários significados, dependendo da nossa localização geográfica, e, por causa disso, das premissas e das perguntas que trazemos a ele. O Antigo Testamento, ou a *Tanakh*, ou a Bíblia hebraica — independentemente do modo que classifiquemos — é complexo demais para ter somente um significado e teologicamente muito relevante tanto para os judeus quanto para os cristãos para se constituir em propriedade exclusiva de uma comunidade separada.

Vimos, por exemplo, como a história do jardim do Éden dá margem a várias interpretações, desde a oportunidade original judaica até o pecado original cristão. Se virmos o problema abordado na história de Adão e Eva como ações equivocadas, então será necessário um código de conduta, portanto teremos a Torá judaica, que ajuda a domar a inclinação do mal. Se optarmos por uma narrativa de queda, então é necessária uma narrativa de redenção, portanto temos a história cristã, que tem Jesus como o segundo Adão e, para alguns, Maria como a segunda Eva.

Observamos como as várias leis têm sido entendidas com o passar dos séculos, e, por causa disso, reconhecemos o quanto é difícil, na atualidade, tentar aplicar o que muitos têm chamado de "valores bíblicos": por exemplo, os judeus e os cristãos discordam entre si, e também uns contra os outros, a respeito do significado de Êxodo 20:13; será que esse texto deveria ser traduzido como "não assassinarás" (como na NRSV e na NJPS) ou "não matarás" (conforme a KJV), e como isso deveria ser implementado?

Vimos também como é complexo interpretar os textos proféticos nos seus próprios contextos, e até mesmo decidir quais são os versículos que devem ser considerados proféticos, já que os textos que não eram originalmente considerados profecia vieram a ser vistos dessa maneira, e já que os leitores do século 1 E.C. em diante viam os textos antigos como sendo cumpridos em seu próprio tempo. O que deixa a questão ainda mais complicada é a mistura entre questões teológicas e gramaticais. O modo pelo qual traduzimos um texto pode influenciar a nossa teologia, e a nossa teologia, por sua vez, pode influenciar a nossa opção de

CONCLUSÃO: DA POLÊMICA À POSSIBILIDADE

tradução. Entretanto, o fato de haver discussão a respeito dessas interpretações não deveria apagar o fato de que os textos continuam a ter seu próprio significado. O propósito da Bíblia não foi de ser fonte de predições escondidas, com Deus agindo como um trapaceiro que só conta o que acontecerá depois do fato ocorrido. A Bíblia é chamada de *torah*, que quer dizer "instrução". Porém, temos que estar sempre reavaliando como ensinamos e praticamos essa instrução, porque o que é adequado em dado período ou para alguma pessoa pode não ser em outra situação ou para públicos diferentes.

Temos destacado como os cristãos podem aumentar sua admiração pelos textos do "Antigo Testamento" citados no Novo Testamento, bem como saber como esses textos têm um sentido posterior na tradição judaica. Temos incentivado também os judeus a observar textos na *Tanakh*, tal como o capítulo 7 de Isaías sobre o sinal da concepção e o nascimento de um bebê, o capítulo 53 de Isaías sobre o Servo Sofredor, e o capítulo 61 de Isaías a respeito da era messiânica, que frequentemente são subestimados no contexto da sinagoga. Também queremos incentivar nossos leitores judeus a perceber como as várias citações de suas próprias escrituras são utilizadas no Novo Testamento, porque vários escritores do Novo Testamento, especialmente Paulo, estão lendo e escrevendo dentro de sua própria tradição judaica.

Além disso, temos visto comunidades lutando com questões teológicas: a função do sacrifício dentro da expiação, o desejo de codificar as leituras da Bíblia na liturgia, a determinação de cânones dentro do cânon, e sobre como se relacionar com os forasteiros. Ficamos também mais fortes quando lutamos com estas questões e quando lemos juntos. Assim poderemos ainda perguntar, ao concordar ou discordar a respeito de uma leitura ou outra, "Fale-me a respeito de outra interpretação", porque o suprimento é inesgotável.

ÍNDICE DE PASSAGENS BÍBLICAS E FONTES ANTIGAS

Observação: Este índice segue a ordem da Bíblia Hebraica (*Tanakh*), e não do Antigo Testamento cristão. O número dos versículos segue a divisão das Bíblias cristãs.

BÍBLIA HEBRAICA

Gênesis
1—3, *36, 78, 102*
1:1, *79, 80, 89*
1:1-2, *16, 78*
1:1—2:4a, *30, 78, 79, 90, 101*
1:1-3, *74*
1:2, *16, 76, 80, 82, 83*
1:24-30, *78*
1:26, *23, 75, 76, 77, 89, 90, 91, 92, 93, 95, 96*
2, *99, 111*
2—3, *100, 101, 112, 113, 115, 124, 317*
2:1-3, *129*
2:4a, *78*
2:4b, *30, 78, 101*
2:4b —3:24, *101*
2:4b-5, *101*
2:7, *78, 102*
2:8, *103*
2:9, *103*

2:10-14, *103*
2:12, *113*
2:15, *104, 111*
2:17, *104*
2:18, *92, 104, 121, 122*
2:18-23, *78*
2:19, *105*
2:20, *105, 121*
2:21-22, *105*
2:22, *121*
2:23, *106*
2:24, *106*
2:25, *107*
3, *42, 103, 107, 109, 124*
3:1, *107*
3:1-5, *107*
3:4-5, *108*
3:5, *109*
3:6, *108*
3:7, *109, 111*
3:8, *80*
3:14-15, *109*
3:16, *109*
3:17-19, *109, 110*

3:20, *111*
3:21, *111*
3:22, *77, 90, 111, 120*
3:24, *111*
4:1, *109, 222*
4:3, *195*
4:7, *196*
4:24, *181*
4:25, *102*
5:24, *326*
6:1-3, *109*
6:2-4, *226*
6:3, *81*
6:17, *81*
8:20, *195*
8:21, *114, 195*
9:3-4, *104*
9:6, *162*
11:1-9, *31*
11:7, *90*
12:2-3, *138*
12:7, *195*
12:17, *310*
14:11-12, *134*

14:17, *134*

14:18, *130, 136, 137, 149*

14:18-20, *134, 136, 147, 226*

14:19, *137*

14:19-20, *131, 138, 150*

14:20, *137, 149*

14:21, *134*

14:22, *136, 137*

14:22-23, *135*

16:11, *222*

17:1, *174*

17:10-11, *338*

17:11, *219*

17:14, *318*

18:2, *91*

18:7, *316*

18:12, *103, 139*

18:20-21, *269*

19, *134*

22, *203*

22:2, *47*

22:13, *34*

22:17-18, *203*

24:43-44, *221*

26:10, *247*

26:25, *195*

28:22, *138, 148*

29:32-35, *223*

30:6-13, *223*

30:18-21, *223*

33:18, *136*

33:20, *195*

34:3, *224*

37 *214*

37:34, *129*

41, *150*

41:38, *81*

Êxodo

2:8, *221, 230*

2:12, *163*

3:12-14, *88*

3:14, *75*

4:10, *245, 263*

4:24-26, *210*

7:3, *218*

10:13, *81*

12:1-20, *202*

12:1-27 *202*

12:12, *89*

12:13, *192, 202*

12:21-23, *202*

12:21-27, *202*

12:22, *193*

12:22-23, *202*

12:27, *192*

13:16, *219*

15:1a, *59*

15:10, *81*

15:11, *90*

19:6, *324*

19:18, *87*

20:3, *89*

20:5, *118, 248n16, 249*

20:5-6, *270*

20:7, *171*

20:13, *162, 344*

20:14, *164*

20:17, *167*

20:22—23:33, *179*

21:2-6, *179, 245*

21:6, *145*

21:22-25, *181*

21:23, *183*

21:23-25, *175*

21:24, *187*

21:26-27, *185*

21:32, *184*

22:16, *221*

22:26-27, *177*

23:4, *173*

23:19, *40*

23:22, *173*

24:4b-8, *212*

24:7, *179*

25:8, *75*

25:12, *105*

34:6-7, *270*

34:7, *248n16, 249*

34:26, *40*

34:33-35, *47*

40:15, *145*

Levítico

1:4, *207*

4:3, *132*

4:3-12, *196*

4:3-21, *196*

4:13-21, *196*

4:17-18, *229*

4:22-26, *196*

4:25, *196*

4:27-31, *196*

4:30, *196*

4:32-35, *196*

4:34, *196*

4:35, *196*

5:11-13, *208*

6:26, *196*

6:29, *196*

16:11, *132*

16:13-15, *197*

16:14-15, *197*

16:14-20a, *197*

ÍNDICE DE PASSAGENS BÍBLICAS E FONTES ANTIGAS

16:18-19, *197*
16:30, *197, 199, 211*
16:33, *199*
17:11, *200, 207, 208*
19:2, *179*
19:9, *178*
19:12, *171*
19:18, *139, 172*
19:18b, *343*
19:34, *172*
23:22, *178*
24:7, *201*
24:16, *183*
24:17-20, *182*
24:18, *184*
24:19-20, *175*
24:20, *187*
24:22, *186*
25:8-12, *180*
25:11-12, *180*
25:39-40, *179*

Números
3:12, *127*
5:11-31, *166*
11:25-26, *302*
12:13, *293*
14:24, *81, 245*
22:12, *317*
22:28, *317*
23:19, *317*
24:17b, *55*
35:16-18, *163*

Deuteronômio
1:17, *181*
4:29-30, *205*
5:5, *88*

5:9, *118, 177, 248n16, 249*
5:9-10, *270*
5:11, *178*
5:17, *162*
5:18, *164*
5:21, *167*
6:5, *139*
7:9-10, *270*
7:10, *248n16*
8:10, *59*
10:19, *263*
12—26, *179*
12:6, *195*
14:21, *40*
15:8, *178*
15:9, *177*
15:11, *178*
15:12-18, *179*
15:13-14, *180*
15:15, *245*
15:15-17, *245*
15:17, *145*
19:21, *175, 182*
21:18-21, *166*
21:23, *57, 58*
23:14, *167*
23:22, *171*
24:1, *167, 168, 169*
24:16, *59*
30:1-3, *205*
30:1-10, *205*
30:6, *337*
30:9-10, *205*
30:19, *131*
31:17a, *296*
32:11, *83*
32:35, *46, 173*

Josué
1:2, *245*
10:1, *135*
10:3, *135*

Juízes
1:6, *183*
6:36-40, *219*
13:3, *222*
13:6, *322*
19:19, *137*
20:18, *141*

1Samuel
1-2, *292, 296*
1:11, *292*
1:20, *223*
1:24, *204*
4:8, *89n38*
15:11, *144*
15:22b, *194*
15:29, *144*
17:56, *221*
20:22, *221*
23:10, *245*
26:12, *82*

2Samuel
7:14, *126, 128*
7:15-16, *144*
7:19, *301*
8:18, *127*
12:13, *249*
21:14, *209*
23:1, *292*
23:1-2, *302*
24:14, *89*

1Reis

1:31, *145*
1:33, *54*
1:34, *142*
1:38, *54*
4:8, *316*
8:12-13, *141*
8:22-53, *141*
8:46, *114, 206*
8:46-50, *206*
8:63, *206*
8:63-65, *127*
8:65, *271*
11:32-38, *245*
12:3-33, *141*
17:8-24, *278*
18:33-34, *268*
19:2, *89n38*
19:4, *272*
22:19, *90*

2Reis

2:3, *316*
2:5, *316*
2:7, *316*
2:11, *288*
2:15, *316*
3:27, *204*
8:12, *279*
14:6, *59*
14:7, *173*
14:25, *271*
14:26, *271*
16:2, *231*
18:2, *231*
19:2—20:19, *217*
20:8-11, *219*

Isaías

1—39, *217, 218*
1:11, *194*
1:19-20, *52*
2:2, *53*
3:12, *110*
6:8, *89*
6:10, *240, 289*
7:1, *217*
7:3, *218, 222*
7:4, *218*
7:9, *218*
7:11, *218*
7:12, *219*
7:13, *219*
7:14, *23, 151, 160, 215,*
  216, 219, 220, 222,
  223, 224, 226, 227,
  229, 230, 231, 232,
  233, 234, 236
7:14b-17, *219*
7:15, *223*
8:4, *229*
8:8, *223*
9:8, *32*
10:20-22, *249*
10:21-22a, *218*
11:2, *81*
11:4, *251*
11:6, *339*
20:3, *219*
40—55, *217, 245n13, 246*
40:2, *249*
40:3-4, *33*
42:1-4, *243*
44:1-2, *244*
44:9, *60*
44:14-17, *61*

44:20, *61*
45:1, *246, 249*
49:1-6, *243*
49:3, *245*
50:4-11, *243*
51:3a, *112*
51:12, *316*
52:10—54:6, *251*
52:13, *245, 246, 252*
52:13—53:12, *223, 236,*
  239, 242, 243, 244,
  245, 246, 249, 250,
  251, 252, 253, 254,
  256
52:14, *247*
52:15, *244*
52:15b, *240*
53:1, *252, 289*
53:2, *247*
53:3, *252*
53:4, *239*
53:4-12, *256*
53:5, *238, 243, 248, 254*
53:5a, *248*
53:6b, *245*
53:7, *243, 246, 251*
53:7-8, *241*
53:8, *237, 248*
53:8-9, *246*
53:9, *248, 251*
53:9b, *241*
53:10, *255*
53:10a, *247*
53:10b, *246*
53:11, *238, 244, 245, 248*
53:11b, *250*
53:12, *238, 239, 241*
55:3b-5, *246*

ÍNDICE DE PASSAGENS BÍBLICAS E FONTES ANTIGAS

56—66, *217*
56:4-5, *241*
56:7, *289*
60:1, *254*
60:16, *315*
66:19, *273*

Jeremias
1:6, *263*
4:1, *206*
4:4, *316*
7:11, *289*
10:18-24, *249*
11:19, *249*
18:4, *102*
23:9, *83*
23:20, *220*
23:29, *40*
25:11, *35*
29:7, *174*
29:10-14, *35*
30-31, *336*
31:8, *336*
31:15, *49*
31:15-16, *336*
31:16-17, *50*
31:29-30, *248n16*
31:30, *118*
31:31, *25, 337*
31:31-34, *132*
31:32, *337*
31:33, *337*
31:34, *337*
49:18, *316*
49:33, *316*
50:40, *316*
51:43, *316*

Ezequiel
1:10, *91*
1:26, *91*
2:1, *318*
11:19, *337*
16:6, *212, 210*
18:1-20, *248n16*
18:2, *118*
18:31, *337*
20:25-26, *204*
23:14, *91*
28:13, *113*
31:9, *113*
31:14, *318*
31:16, *113*
31:18, *113*
36:26, *337*
37:1, *246*

Oseias
1:2-9, *164*
1:4-9, *218*
6:6a, *194*
11:1, *57*
14:1-2, *207*

Joel
1:12, *317*
2:3, *113*
2:28, *81*
3:13, *330*

Amós
1—2, *268*

Jonas
1:1-3, *264*
1:2, *264, 269*

1:3, *263*
1:4, *264*
1:5, *264*
1:9, *264, 265, 266*
1:10, *264*
1:12, *282, 317*
1:14, *264*
1:16, *264, 266*
1:17, *261, 264, 267, 268*
2:1, *261*
2:2, *267*
2:3, *267*
2:4, *267*
2:6, *246, 267*
2:8, *267*
2:10, *268*
3:2, *264*
3:3, *269*
3:4, *269*
3:5, *264*
3:6, *269*
3:7, *264*
3:7-8, *269*
3:8, *269*
3:9, *269*
4:1, *264, 270*
4:2, *264, 270*
4:3, *282*
4:6, *264, 272*
4:8, *272*
4:10, *264, 272*
4:11, *264, 270, 272*

Miqueias
6:7, *203, 204*
7:8, *308*
7:12-17, *244*
7:18-20, *277*

351

Habacuque

1—2, *37*
2:2, *37*

Zacarias

9:9, *53, 54, 307, 332*
9:11, *213*
12:10, *254, 286, 300*
14:9, *53*
14:21b, *54*

Malaquias

4:5-6, *288*

Salmos

2:2, *140, 141*
2:5-6, *140*
2:7, *126, 128, 143*
2:7b, *141*
2:9, *141*
3:2, *298*
8:1, *333*
8:4, *94, 319*
8:5-8, *319*
11:4, *318*
14:2, *318*
16, *301*
22:1, *299*
22:1-11, *299*
22:2, *305*
22:3, *297*
22:4-5, *285, 305*
22:6, *308, 309*
22:6-7, *308*
22:7, *284*
22:8, *285, 298*
22:9-10, *297*
22:10, *299*

22:11, *299, 304, 309*
22:12, *299*
22:12-21, *299*
22:13, *298, 309*
22:15, *286, 308*
22:16, *253, 299, 300, 308*
22:16-17, *286, 295*
22:17, *301n30, 308*
22:18, *284, 296, 308*
22:19, *284n2, 298*
22:20, *296, 299*
22:20-21, *309*
22:21, *299, 305, 307*
22:22, *126, 286, 297, 305, 309*
22:22-31, *299*
22:22a, *287*
22:23, *297*
22:24-31, *297*
22:25, *298*
22:27, *309*
22:28, *306*
23:4, *223*
25:8, *208*
29:1, *90*
33:6, *87*
35:21, *297*
36:6, *82*
36:8, *103*
36:11, *29*
37:11, *29*
37:23-34, *302*
38:22, *298*
40:6a, *201*
40:13, *298*
45:6, *56, 142*
45:13b, *296*
46:4, *137*

51:5, *114*
53:2, *318*
56:12, *298*
62:11, *40*
66:13, *298*
69:4a, *290*
69:6, *290*
69:9, *54, 289, 290*
69:21, *289*
69:22-23, *290*
69:25, *290*
71:12, *298*
72:20, *292*
76:2, *136*
80:17, *319, 332*
80:18, *332*
82:7, *104*
86:13, *246*
89:7, *90*
89:29, *301*
89:36, *301*
93, *142*
95—99, *142*
109:3, *151*
109:4, *129*
110:1, *133, 139, 150, 301*
110:1-3, *140*
110:2, *140*
110:3, *143, 144, 148, 149, 151*
110:3b, *141*
110:4, *126, 128, 129, 131, 136, 140, 145, 150*
110:4a, *144*
110:4b, *144*
110:5-7, *140*
110:6-7, *141*
113—118, *291*

ÍNDICE DE PASSAGENS BÍBLICAS E FONTES ANTIGAS

115:16, *319*
116:15, *33*
118:22-23, *291*
118:26, *291*
121:1, *33*
121:2, *33, 104*
125:5, *163*
130:3, *114*
137:9, *173*
143:2, *114*

Provérbios
1:20-22, *85*
2:16, *85*
3:12, *255*
3:18, *117*
3:19-20, *84*
5:19, *308*
8:4-5, *85*
8:22-23, *85*
8:30-31, *85*
8:31, *85*
8:32, *85*
9:4, *85*
9:13, *122*
13:16, *107*
20:9, *114*
23:25, *209*
24:17, *173*
24:18, *173*
25:21, *173*
25:22, *173*
30:18, *232*
30:18-19, *221*
30:19, *232*

Jó, *301*
1—2, *90*

1:6, *90*
1:8, *245*
3:8, *267*
15:14, *114*
16:21, *316*
25:4-6, *114, 318*

Cântico dos Cânticos
1:2, *41, 43*
4:13, *43*
6:8, *221*
6:10, *309*

Rute, *55, 320*
2:5, *231*
2:14, *254*

Lamentações
3:6, *145*
3:30, *176*
3:57, *143*
5:7, *248n16*
5:20, *249*

Eclesiastes
5:4-5, *171*
7:14, *145*
7:20, *114, 131*
8:2, *146*

Ester, *65*
5:1, *305*

Daniel
1—6, *320*
1:1—2:3, *320*
2:4—7:28, *320*
2:30, *146*

2:37, *322*
2:37-38, *321*
2:38, *321*
4:17, *146*
5:21, *321*
7—12, *320*
7:9, *330*
7:9-13, *329*
7:9a, *332*
7:13, *91, 219, 320, 323, 324, 327, 328, 332, 333*
7:13-14, *322, 331*
7:17, *324*
7:23, *324*
7:27, *324*
8:1—12:13, *320*
8:17, *321*
9:2, *36*
9:24, *36*
9:25-26, *323*
10:13, *324*
10:16, *324*
10:21, *324*
11:33, *250*
12:1, *324*
12:3, *250*

Neemias
8:8, *44*
12:24, *301*

1Crônicas
1:1, *112*
3:24, *332*

2Crônicas
24:20-22, *27*
32:8, *231*
36:23, *27*

353

LIVROS DEUTEROCANÔNICOS

Tobias, *115, 276*

Judite
4:4, *136*

Acréscimos a Ester
C:3, *304*
C:5, *304*
C:19, *305*

Sabedoria
9:4, *85*

Eclesiástico
19:16, *131*
24:3, *86*
24:23-24, *86n29*
25:16-26, *115*
25:24, *115*
44:17, *174*

Baruque
3:38—4:1, *86*

Susana, *165*

1Macabeus, *397*
1:44-50, *250*

2Macabeus, *323*

NOVO TESTAMENTO

Mateus
1:1, *128*
1:16, *214*
1:18-25, *233*
1:19, *166*
1:20-23, *215*
1:21, *215, 240n4*
1:22, *160*
1:23, *225*
1:25, *216*
2:3, *340*
2:5, *215*
2:15, *57, 215*
2:17, *215*
2:17-18, *49*
2:23, *215*
3:2, *80, 157*
3:3, *215*
3:16, *84*
4:5, *340-341*
4:14, *215*
4:17, *157*
5—7, *29, 158, 335*
5:5, *29*
5:17, *160, 178*
5:18, *160*
5:19-20, *160-161*
5:21, *159, 162*
5:21-47, *161*
5:22, *163, 172*
5:27, *164*
5:28, *166*
5:29, *167*
5:31, *167*
5:32, *167*
5:33, *170*
5:34-35, *171*
5:36, *172*
5:38, *175*
5:38-42, *158*
5:39, *176*
5:39-41, *175*
5:42, *177*
5:43, *172*
5:43-48, *172*
5:44, *174*
5:45, *174*
5:48, *174*
6:9, *80*
6:11, *297*
6:13b, *297*
8:6, *33*
8:16, *239*
8:17, *215, 236, 239*
8:20, *313*
8:23-27, *265*
9:13, *194*
9:22, *240n4*
10:17, *163*
12:7, *194*
12:17, *215*
12:38-40, *261*
12:40, *37-38, 267*
12:46, *216*
13:14, *215*
13:35, *215*
13:57, *313*
14:26, *265*
16:15, *312*
16:18a, *273*
16:21, *239*
17:10, *288*
18:15-17, *163*
19:1-12, *167*
19:4-5, *100*
19:12, *100*
19:21, *178*
20:28, *200*
21:1-5, *53*
21:4, *215*
21:5, *307*

ÍNDICE DE PASSAGENS BÍBLICAS E FONTES ANTIGAS

21:9, *291*
21:13, *289*
21:42, *291*
22:39, *343*
22:42-46, *139*
23:22, *171*
23:35, *27*
26:28, *190*
26:48, *219*
26:56, *215*
27:4, *274*
27:9, *215*
27:24, *274*
27:25, *340*
27:32, *177*
27:34, *289*
27:35, *284*
27:39-40, *284*
27:41-42, *284*
27:43, *285*
27:46, *283n1*
27:47, *287*
27:51, *129*
27:53, *340*
28:10, *287*
28:19, *273*
28:20, *215*

Marcos
1:1, *84*
1:2-4, *33-34*
1:10, *84, 275*
1:11, *84*
1:15, *157*
2:27-28, *313-314*
4:35-41, *265*
4:37-38, *265*
6:3, *216*

6:4, *313*
6:15, *288*
6:48-49, *265*
8:12, *262*
8:29, *312*
8:31, *239, 314*
8:31-32, *288*
9:11, *288*
10:2-12, *168*
10:5, *169*
10:6-8, *100, 169*
10:9, *169*
10:12, *168, 169*
10:21, *178*
10:35-45, *256*
10:45, *200, 256*
11:1-11, *53*
11:9-10, *291*
11:17, *289*
12:10-11, *291*
12:31, *343*
12:35-36, *139*
12:37, *139,140*
13:26, *324*
13:26-27, *313*
14:24, *190*
14:61-62, *314*
15:21, *177*
15:24, *284*
15:29, *284*
15:31-32a, *284*
15:34, *283, 283n1*
15:35, *287*
15:36a, *289*
15:38, *129*

Lucas
1:3, *46*
1:5, *128*

1:31-35, *216*
1:48, *245*
1:52, *327*
2:12, *219*
3:22, *84*
3:38, *100, 334*
4:25-26, *278*
8:19-20, *216*
8:22-25, *25*
9:20, *312*
9:22, *239*
9:58, *313*
11:3, *297*
11:8, *47*
11:29-32, *261*
14:26, *169*
16:18, *168*
18:3, *46*
18:22, *178*
18:29-30, *169*
19:28-40, *53*
19:38, *291*
19:46, *289*
20:17, *291*
20:41-44, *139*
22:20, *190, 338*
22:36-37, *242*
22:37, *236*
22:69, *329*
23:32-33, *242*
23:34, *284, 285*
23:36, *289*
23:42-43, *285*
23:43, *103*
23:45, *129*
24:26, *51*
24:27, *46*
24:39, *286*
24:44-45, *27*

A BÍBLIA COM E SEM JESUS

João
1:1, *75, 92*
1:1-5, *74*
1:14, *75, 89*
1:29, *193*
1:32, *84*
1:36, *193*
2:6-11, *218-219*
2:12, *216*
2:15-16, *54*
2:16, *289*
2:17, *54, 289*
3:3, *44*
3:8, *76*
4:7, *286*
4:22, *62*
4:44, *313*
6:19, *265*
6:48, *312*
6:53, *314*
6:53-56, *190*
6:60, *314*
8:3-4, *165*
8:7, *165*
8:12, *74*
9:5, *74*
10:30, *285*
11:1-44, *219*
11:23-24, *314*
11:24, *280*
12:12-19, *53*
12:13, *291*
12:15, *307*
12:34, *314*
12:37, *240*
12:38, *236, 240*
12:40, *240*
15:1, *312*

15:24b-25, *290*
16:32, *285*
18:1—19:42, *256*
19:14, *192-193*
19:23-24, *284*
19:28, *286*
19:28-29, *289*
19:29, *193*
19:30, *285*
19:31, *286*
19:31-37, *286*
19:36, *286*
19:37, *286*

Atos
1:18-19, *290*
1:20, *290*
2:16-21, *331*
2:17, *81*
2:34-35, *140*
4:11, *291*
7:55-56, *329*
7:56, *140*
8:32-33, *236, 241*
8:34, *241*
9:11, *273*
10:28, *273*
13:33, *126*
18:18, *171*
20:28, *191*
21:23-26, *171*
21:39, *273*
22:3, *273*
28:4-6, *274*

Romanos
1:1, *245*
3:25, *191, 197*

4:24-25, *242*
4:25, *239*
5:9, *191*
5:12, *98*
5:14, *48*
5:15-19, *242*
5:19, *98*
10:16, *236, 240*
11:9-10, *290*
11:28-29, *69*
11:29, *68, 126, 152, 153, 341*
12:19, *46, 173*
12:20, *173*
13:9, *343*
15:3, *290*
15:21, *240, 236*

1Coríntios
5:7, *193*
7:7, *170*
7:7-9, *100*
8:6, *75*
9:5, *216*
10:16, *191*
11:7-12, *99*
11:25, *191, 338*
14:34, *153*
15:3, *239*
15:21-22, *98*
15:45, *98, 332*

2Coríntios
3:6, *338*
3:12-16, *47*
3:13, *47*
3:14, *48*
3:15-16, *48*

ÍNDICE DE PASSAGENS BÍBLICAS E FONTES ANTIGAS

11:3, *107*
11:20, *176*
11:25, *273*
12:2, *80, 103*
12:4, *103*

Gálatas
1:19, *216*
3:13, *57*
4:14, *75*
4:23, *227*
5:12, *211*
5:14, *343*

Efésios
2:13, *191*
3:3-6, *49*
6:5, *153*

Filipenses
2:7, *245*

Colossenses
1:15-17, *75*
1:20, *191*

1Timóteo
2:6, *200*
2:11-15, *99*
2:14, *117*

2Timóteo
3:16, *30*

Hebreus
1:2, *128*
1:3, *76*
1:4, *76*

1:5, *126, 128*
1:8, *56*
2:1, *126*
2:6, *125, 319*
2:11b-12, *286*
2:12, *126*
2:14, *191*
4:8-9, *155*
4:14, *128*
5:3, *132*
5:5, *126*
5:6, *129*
5:10, *126*
5:11a, *129*
6:19-20, *129*
7:1a, *130*
7:1b-2, *131*
7:2, *130*
7:3, *130*
7:6, *131*
7:7, *131*
7:9-10, *131*
7:12, *154*
7:14, *128*
7:16, *131*
7:17, *131*
7:19, *131*
7:21, *132*
7:23, *132*
7:26, *132*
8:5, *125, 130n6*
8:6-7, *132*
8:8, *338*
8:8-9, *132*
8:12, *132*
8:13, *25, 132, 338*
9:1, *130n6*
9:2, *137*

9:11, *130n6*
9:11-12, *130n6*
9:13-14, *191*
9:15, *338*
9:18, *191*
9:22, *132, 191*
10:1, *125*
10:13, *133*
10:14, *133*
10:16-25, *256*
10:30, *173*
11:13, *154*
12:2, *125*
12:22, *130*
12:24, *338*
13:2, *322*
13:10, *154*
13:14, *154*

Tiago
1:13, *47*
2:8, *343*

1Pedro
1:18, *200*
1:19, *191, 193*
2:4, *291*
2:6-7, *291*
2:21-25, *241*
2:22, *236*

2Pedro
3:16, *46*

1João
1:7, *191*
5:6, 8, *191*

357

Apocalipse

1:13, *329*
1:13-18, *329*
2:7b, *103, 113*
2:20, *63*
2:22-23a, *63*
5:9, *191, 200*
7:14, *191*
12:11, *191*
13:18, *329*
14:4, *170*
14:14, *330*
17:5, *63*
20:2, *107*
21:2, *130*

ESCRITOS JUDAICOS ANTIGOS

Manuscritos do Mar Morto

1QapGen ar
22:13, *136*

1QpHab, *36, 37*

1QS
1:3-4, *173*

4Q285, *251*

4QpPsa, *302*

11QMelch
2:6, *148*
2:7-8, *148*

11QPsa
19:1, *318*
27:11, *302*

11QT

57:17-19, *168*

Papiro Se'elim

13, *168n11*

Pseudepigráficos

2Baruque

48:42, *118*

1Enoque

25:4, *117*
37—71, *326*
42:1-2, *86*
46:1, *326*
46:3, *327*
46:4, *327*
48:3, *327*
48:10, *327*
49:2, *327*
52:4, *327*
53:6, *327*
62:7, *327*
69:6, *116*
71:14, *327*
71:15-17, *106-107, 226, 327*
30:17, *117*
31:5, *117*

4Esdras

3:21-26, *118*
7:118, *118*
13:3, *328*

Livro dos jubileus

4:31-32, *184*

Carta de Arísteas, *28*

Vida de Adão e Eva

21:6, *117*
32:2, *117*

Pseudo-Filo, *103*

Oráculos sibilinos

1:42-43, *116*

Filo

Interpretação alegórica

3:79, *148*
3:82, *148*

Hypothetica

11, *170*

Sobre a fuga e o encontro

109, *88*

Sobre a vida contemplativa

8.68-90, *170*

Sobre a criação do mundo

30, *83*
72—76, *93*

Sobre os estudos preliminares

99, *148*

Perguntas e respostas a Gênesis 1

27, *117*

Leis especiais

3:108, *182n36*
3:182, *185*

ÍNDICE DE PASSAGENS BÍBLICAS E FONTES ANTIGAS

3:195, *185*
3:197, *185*

*Quem é o herdeiro das
coisas divinas?*
192, *194*
205,206, *88*
231, *89*

Josefo
Contra Ápion
2:192, *93*
2:202, *182n36*

Antiguidades dos judeus
1:32, *93*
1:180, *147*
1:181, *136*
3:248, *193*
4:278, *182*
4:280, *185*
13:294, *161*
13:380, *57*
18:12-15, *161*
18:21, *170*

Guerra dos judeus
2:120,121, *170*
2:166, *161*
6:438, *147*

Vida de Flávio Josefo
12, *161*

Obras rabínicas
Mishná 41,171
Peah
1:1, *178*

Pesachim
5:7, *291n11*

Gittin
9:10, *169*

Bava Qamma
8:1, *186*

Sanhedrin
8, *166*

Makkot
1:10, *166*

Avot
1:1, *164*
3:2, *87*
5:5, *156*

Oholot
7:6, *182n36*

Toseftá, 41

Berakhot
6:1, *58*

Hullin
2:22-24, *232*

Talmude Babilônico
Berakhot
5a 249, *255*
19a, *163*
48b, *58*

Shabbat
63a, *48*
133b, *174*

Pesachim
117a, *303*

Yoma
85b, *314*

Sukkah
52a, *254*

Taanit
16a, *278*

Megillah
9a, *93*
9a-b, *28*
15b, *305*
31a, *277*

Hagigah
14a, *332*

Yevamot
63a, *122*

Nedarim
22a, *172*
32b, *149, 150*
77b, *172*

Sotah, *249, 255*
14a, *249, 255*

Bava Qamma
83b-84a, *186*
84a, *186, 187*

Sanhedrin
34a, *40*
38b, *94*
89b, *277*
98a, *249, 332*
98b, *249, 253*

Zevahim
6a, *207*

Talmude de Jerusalém
Ta'anit
65b, *331*

Nedarim
9:4, *343*

Sota
1:2, *169*
16b, *169*

Targuns
Targum de
Crônicas, 332

Targum de
Ezequiel, 331

Targum
Jonathan, 252

Targum Neofiti, 83n24,
88n37

Targum Onkelos, 40, 149,
150

Targum de Salmos, 149

Targum Pseudo-Jonathan
83n24, 150

Targum de Cântico
dos Cânticos, 41

Midrashim, 42, 186, 260,
278, 283, 304, 308

Êxodo Rabbah
18:5

Gênesis Rabbah
8:3-4, *94*
8:8, *94*
9:5, *120*
12:6, *120*
17:8, *122*
18:1, *121*
19:7, *119*
21:6, *119*

Levítico Rabbah
20:12, *209*
29:1, *119*

Mekilta, Shirta, I 59n15

Midrash Jonas
1:7, *280*

Midrash Salmos
22:28, *306*

Números Rabbah
13:2, *249*

Pesiqta Rabbati
36, *254*
36:6, *307*
37:2, *308*

Pirkei de-Rabbi
Eliezer
10, *278*
18, *122*
29, *211*
33, *278*

Rute Rabbah
5.6, *249*

Sifré a Deuteronômio
269, *169*

Tanhuma, 120

Outras obras rabínicas
Megillat Ta'anit
(Pergaminho do Jejum),
185n48

Sefer Yetzirah
(Livro da Criação), 87

ÍNDICE REMISSIVO

A

Abahu 331
Abraão (Abrão)
    ajuda sobrenatural na concepção
      227
    circuncisão de 211
    como nobre guerreiro 134
    culpa de 247
    exército equipado por
      Melquisedeque 147
    linhagem sacerdotal e 126, 127,
      128, 131, 149, 150
    sacrifício de Isaque 34
    visitas dos anjos 13
'adam 94, 102, 122, 316, 317, 318, 319,
    321, 324, 331, 332, 333, 334. *Veja tb.*
    Adão; história do jardim do Éden
Adam, A. K. M. 259
Adão. *Veja tb.* história do jardim do Éden
    a função de 104
    casamento e 115, 121
    criação de 102
    Eva criada a partir de 122
    leituras do Novo Testamento a
      respeito de 48, 98
    Lilith e 123
    na Bíblia Hebraica 113
    pecado de 98, 117, 119
Adelman, Rachel 95, 277
adultério 167
Agostinho 77, 98, 119, 120
agricultura e sofrimento 112
Aitken, James K. 38, 71
Akiva (Aqiba) 55, 228, 332, 343
Alexandre Janeu 57

Alexandri, rabino 332
Alfabeto de Jesus ben Sira 123
aliança 246, 256. *Veja tb.* nova aliança
Allen, Garrick V. 310
Allen, R. Michael 58
Allison Jr., Dale C. 159, 226, 242
'*almah* 221, 222, 224, 225, 230, 231, 232
Amidah 157
Amit, Yairah 61
amor ao próximo 174
Amram, David Werner 187
Ana 204, 223, 292, 293, 294, 327
anagoge 48
Anderson, Gary A. 44, 121
Ando, Clifford 175
anjos
    aparência dos 322
    aquele como um filho de um
      homem 324
    exegese revelatória feita por 35
    Jesus diferenciado dos 75
    na história da criação 36
Antigo Testamento 13, 14, 19, 21, 23,
    24, 25, 26, 27, 29, 31, 40, 44, 58, 71,
    72, 153, 158, 159, 173, 175, 227,
    233, 262, 263, 287, 288, 326, 341,
    344, 345. *Veja tb.* Bíblia Hebraica;
    Tanakh
Antíoco IV Epifânio 250
antíteses 158
apócrifos 25, 27, 29, 59, 100, 165, 216
Appel, Kurt 39
Aqiba. *Veja* Akiva
Áquila 230, 300
Aristóteles 117

A BÍBLIA COM E SEM JESUS

arrependimento
    contraste com o sacrifício 207
    eficácia do 208
    expiação e 157
    na história de Jonas 15
    oração e 206
    teologia da substituição
        (substitucionismo) 66
Aschim, Anders 110
As crônicas de Nárnia (Lewis) 334
assassinato 164
Atos de Paulo e Tecla 100
Atrahasis 105
Aus, Roger 300

B

Bailey, Daniel P. 236
Balaão 55, 317
Balentine, Samuel S. 296
Bal, Mieke 102
Barbiero, Gianni 142
bar Kosiba, Simão 55
Barmash, Pamela 199
Barnard, Jody A. 155
Barr, James 112
Barton, John 38
Baskin, Judith R. 182
Batto, Bernard F. 135
Bauckham, Richard 103, 153
Baumgartner, Walter 135
Beale, G. K. 44
Bellinger, William H. 294
Bellis, Alice Ogden 105, 119, 194
Belnap, Daniel L. 160
ben 'adam 316, 317, 318, 319, 320,
    321. *Veja tb.* "filho do homem"
ben Efraim, Messias 253, 254, 307
Ben Ezra, Daniel Stokl 156
Benovitz, Moshe 63
Ben Reuben, Jacob 64
Berger, David 62, 64, 71, 252
Berkovitz, Abraham Jacob 11, 310
Berkowitz, Beth A. 166
Bernstein, Moshe J. 37, 55
Berrin, Shani L. 37

betulah 221
Bewer, J. A. 276
Biale, David 209
Bialik, Hayim Nahman 95
Bible and the believer, The [A Bíblia e o
    fiel] 233
"Bíblia" 24, 28, 83
Bíblia cristã 68. *Veja tb.* Novo
    Testamento; Antigo Testamento
Bíblia hebraica 13, 14, 17, 26, 27,
    29, 41, 89, 92, 113, 143, 179,
    200, 203, 204, 213, 236, 248,
    259, 265, 333, 344. *Veja tb.*
    Tanakh
Bíblia rabínica 39, 40, 43
Biddle, Mark E. 142, 174
Billerbeck, Paul 156
Bingham, Jeffrey 251, 252
Black, Alan David 164, 165
Blake, Lillie Devereux 105
blasfêmia 65, 182, 183
Blidstein, Moshe 69
Boccaccini, Gabriele 118, 325
Bock, Darrell L. 236
Bockmuehl, Markus 80, 103
Book of the Covenant [O Livro da Aliança]
    (Kimchi) 179, 212
Bottrich, Christfried 117
Bowman, Alan K. 66
Boyarin, Daniel 40, 74, 93, 332
Brakke, David 28
Braude, William G. 95, 306
Breed, Brennan W. 320
Brettler, Marc Zvi 17, 18, 26, 52, 70, 78,
    143, 206, 226, 233, 236, 292
Brooke, George J. 37
Brown, Michael L. 252
Brown, Raymond 254
Brown, William P. 292
Bruckner, James 276
Bryne, Brendan 148
Bultmann, Rudolf 287
Burman, Thomas E. 62
Burns, Joshua Ezra 63

ÍNDICE REMISSIVO

C

Caim e Abel 149
Calvino, João 280, 301
Cameron, Averil 66
Cameron, Euan V. 47
Camp, Claudia V. 110
Canções do Servo 236, 243, 244
cânon ortodoxo Tewahedo 24
Caputo, Nina 64
caraítas 187, 256
Carasik, Michael 337
Carey, Holly J. 288
Cargill, Robert R. 134
Carlebach, Elisheva 62, 252
Carroll, Robert P. 112
Carson, Clayborne 189
Carson, D. A. 59
Carta a Africano (Orígenes) 166
Carter, Warren 177
casamento 139, 167, 169, 170, 216, 217, 221
Cassuto, Umberto Moses 136
Castano, Javier 67
castigo vicário 248, 250. *Veja tb.* julgamento/castigo
Cathey, Robert 342
celibato 100, 170
Cerone, Jacob N. 165
céu(s) 32, 36, 74, 75, 78, 80, 84, 85, 87, 90, 91, 93, 101, 128, 132, 134, 137, 140, 150, 157, 160, 161, 174, 178, 206, 319, 321, 322, 331, 332, 333, 342
Chapman, Stephen B. 28
Charlesworth, James H. 251, 302
Charney, Davida H. 298
Chazan, Robert 63, 64, 331
Chilton, Andrew 59
Chilton, Bruce D. 252
Chow, Simon 259
circuncisão 35, 48, 57, 58, 152, 154, 179, 202, 209, 210, 211, 212, 213, 219, 227, 278, 338
Ciro 27, 246, 249
Clarke, Liz 64
classe social 180, 181
1Clemente 242

Clemente de Alexandria 88
Clifford, Richard J. 298
Clines, David J. A. 299
Cmejrkova, Svetla 66
códigos da Bíblia 56
Cogan, Mordechai 142
Cohen, Arthur 71
Cohen, Menachem 337
Cohen, Mordechai Z. 187
Cohen, Shaye J. D. 45
Cohn, Gabriel H. 264
Coleção da Aliança 179, 183
Coleção da Santidade 179
coleção de leis deuteronômicas 179
Collins, Adela Yarbro 313
Collins, John J. 18, 55, 141, 215, 251, 318, 320
Columba (abade) 275
Comentário de Jonas (Jerônimo) 274
Comentário de Mateus (Jerônimo) 274, 286
Complete Jewish study Bible 231
Compton, Jared 138
concepção divina 226, 227. *Veja tb.* Emanuel, concepção e nascimento do
concepção virginal. *Veja tb.* concepção divina; Emanuel, concepção e nascimento de
   argumentos cristãos a favor da 217
   argumentos falhos dos judeus messiânicos a favor da 220
   em contraste com a 224, 228, 230
   em contraste com a concepção não virginal 216
   vista como um acontecimento histórico 233
Concílio de Sirmio 77
concupiscência 119
conflito entre a justiça e a misericórdia 189
Constituição dos Estados Unidos 34
Constituições Apostólicas 95
Contra Celso (Orígenes) 232, 252
Contra Juliano (Agostinho) 119

Contra Práxeas (Tertuliano) 77
Contreras, Elvira Martin 26
Coogan, Michael D. 259, 326
Cooper, Alan 100, 292
corte divina 96
Crewe, Jonathan 66
crítica da forma 294
Crossan, John Dominic 226
crucificação
    fontes antigas 301
    interpretação cristã 289
    interpretação dos salmos 291
    interpretação judaica 284
    lamento 295
    no Novo Testamento 129
    polêmica anticristã 253
    profecia da 338
    questões de tradução 299
    sangue 190
    significado da 190
    véu do santuário 129
Cunningham, Philip A. 68
Cursi, M. Floriana 175

D

Dabru emet [Falem a verdade] 70
Daglish, Edward R. 114
Dalley, Stephanie 79, 105
Damsma, Alinda 331
Dante 80
"dar a outra face" 176
Darshan, Guy 82
Dascal, Marcelo 66
Davi 54, 55, 89, 102, 114, 127, 128,
    139, 140, 144, 145, 146, 151,
    164, 194, 214, 215, 219, 245,
    246, 249, 251, 262, 263, 286,
    290, 291, 292, 301, 302, 303,
    304, 305, 306, 308, 309, 310,
    314, 319, 325, 330, 332
Davies, Philip R. 112
Davis, James F. 175
Davis, Stephen J. 261
Day, John 215, 324
Debate de Barcelona (1263) 64

Debate de Paris (1240) 65
Debate de Tortosa (1412-1415) 64
Decálogo (Dez Mandamentos)
    atributos de Deus no 270
    castigo vicário no 248
    Sermão do Monte e o 160
Delitzsch, Franz 292
Demonstração do Evangelho (Eusébio)
    230
DesRosiers, Nathaniel P. 178
Deus
    compaixão/perdão de 119, 275,
        297
    'elohim 28
    fora do jardim do Éden 112
    juízos de 148
    justiça de 296
    mente mutável de 144
    misericórdia de 272, 281
    natureza pessoal de 295
Deus, linguagem plural para
    em contraste com o agente
        singular da criação 76
    interpretação cristã de 76
    interpretação judaica da 92
    na Bíblia hebraica 89
    na Septuaginta 93
Deutsch, Yaacov 64
De Wet, Chris L. 65
Diálogo com Trifão (Justino) 228, 234,
    251, 269, 304, 339
diálogo judaico-cristão
    abordagens produtivas 92
    benefícios do 70
    declarações católicas e
        protestantes sobre o 340
    declarações judaicas sobre o 69
    pais da igreja sobre 231
    substitucionismo 66, 126, 152,
        154, 156, 228
DiTommaso, Lorenzo 130, 328
divórcio 98, 100, 159, 162, 166, 167, 168,
    169, 170
dízimo 131, 134, 137, 138, 147, 148
"dons e a vocação de Deus são irrevogáveis,
    os" (Romanos 11:29) 153

ÍNDICE REMISSIVO

Douglas, J. D. 276
Driver, Daniel R. 153
Driver, S. R. 252
Drosnin, Michael 56
Duhm, Bernhard L. 243
Dunne, John Anthony 310
du Plessis, Paul J. 175

E

Earl, Douglas S. 44
Easterbrook, Frank H. 35
Eberhart, Christian 200
"Éden" 103
Efrém, o sírio 77
Ehrman, Bart D. 34, 335
Eidevall, Goran 298
El 82, 136, 138, 257
Elgvin, Torleif 251
'eli 287, 298
Elias 27, 253, 259, 262, 268, 272, 278,
    287, 288, 289, 301, 326
Eliseu 259, 262, 279, 301
Ellacuría, Ignacio 257
Ellwood, Fay Elanor 259
'el maleh rachamim 117
Elman, Yaakov 40
Elnes, E. E. 137
eloísta, fonte (E) 202, 212
Emanuel, concepção e nascimento do
    leituras judaicas de 231
    passagens da Bíblia Hebraica
        associadas com o 227
    profecia e 219
    referência do Novo Testamento e
        dos livros apócrifos ao 216
    sinais e o 219 Veja tb. concepção
        virginal
Emanuel de Roma 232
Emerton, J. A. 133
Em resposta aos judeus (Tertuliano) 230
Enoque 41, 148, 326, 327, 335
Enuma Elish 79, 80
Epístola de Barnabé 152, 242
escatologia 72
escravidão 48, 79, 179, 192, 245, 257,
    263

escribas 28, 34, 144, 164, 165, 201, 261,
    320
escrituras de Israel (termo técnico)
    15, 27, 28, 29, 30, 39, 51, 52, 55,
    57, 58, 59, 70, 72, 74, 77, 80, 90,
    118, 125, 127, 137, 139, 142,
    152, 153, 157, 160, 164, 171,
    173, 183, 188, 192, 194, 203,
    204, 208, 210, 212, 213, 214,
    215, 217, 218, 219, 226, 227,
    228, 244, 265, 268, 289, 290,
    292, 299, 302, 313, 315, 317,
    319, 321, 325, 329, 337, 339,
    341. Veja tb. os textos específicos
Eskenazi, Tamara Cohn 61
espírito/Espírito Santo
    "espírito criativo" de Deus 80
    Espírito Santo 76, 77, 82, 84, 96,
        139, 191, 214, 216, 224, 231,
        233, 275, 329, 330, 334
    interpretação judaica do 96
    na história da criação 87
    relação à sabedoria 84
    tradução do 82
essênios 163, 170
Ester 72, 303, 304, 305, 306, 309, 310
ética 108, 126, 152, 180, 194, 263, 339,
    341, 343
Eubank, Nathan 200
Eucaristia 137, 213
eufemismo 172
Eusébio 230
"Eu sou" 74
Eva. Veja tb. história do jardim do Éden
    casamento de 121
    criação de 115
    outras referências da Bíblia
        hebraica a 112
    salva por gerar filhos 100
    transgessão de 99
Evangelhos
    Adão nos 48
    crença judaica na ressurreição
        nos 59
    diferenças entre os 30
    narrativas da Paixão nos 242

365

Evangelhos sinóticos 30, 54, 129, 192, 289, 296, 299
Evans, Craig A. 251
exegese 38, 41, 58, 59, 67, 68, 152, 255, 306, 332, 339, 342
exegese revelatória 35
expiação. *Veja tb.* sacrifício
    arrependimento e 165
    entendimento cristão da 157
    morte do justo e a 209
    substitucionismo e 156
expressões idiomáticas 146, 315
Ezequias 151, 217, 219, 222, 224, 228, 229, 230, 231, 232, 233, 249
Ezequiel 38, 91, 112, 113, 118, 199, 204, 210, 212, 220, 246, 248, 318, 319, 321, 325, 331, 333, 334, 337
Ezra, Abraham Ibn 231, 244, 302, 333

F

fariseus 27, 44, 57, 62, 154, 161, 163, 165, 261, 280
Feder, Yitzhaq 199
Feldman, Louis H. 18, 93, 147
Ferch, Arthur J. 333
"filho de Adão" 331, 334
filho de Amitai (Jonas) 271
"filho do homem/"Filho do Homem"
    'adam 316
    "algo como a figura de um homem" (Daniel) 328
    associações messiânicas 314
    como Anani 333
    como Enoque 326
    como expressão idiomática 313
    como Jesus 328
    como ser humano 312
    inclusão de gênero e 334
    nos textos pós-bíblicos 331
    questões de tradução 334
    referências pseudepigráficas ao 325
Filo 15, 17, 41, 83, 87, 88, 93, 103, 116, 117, 147, 170, 182, 185, 194, 227, 291

comunidades celibatárias descritas por 14
interpretação alegórica de 147
sobre a concepção divina 227
sobre Adão e Eva 116
sobre a lei de talião 185
sobre a linguagem plural para Deus 93
sobre a Páscoa 194
sobre Melquisedeque 147
sobre o *Logos* 88
sobre o *pneuma* 83
Fishbane, Michael 43, 206
Fishman, Talya 67
Fitzmyer, Joseph A. 37, 68, 98
Flannagan, Matthew 182
Flint, Peter W. 143, 292
Floyd, Michael H. 37
"fôlego de vida" 81
Ford, David F. 70
Fossum, Jarl 93
Foucault, Michel 64, 65, 66
Fox, Everett 82
Fox, Michael V. 304
Frahm, Eckhart 79, 80
France, R. T. 171
Fredriksen, Paula 62
Friedlander, Gerald 86
Friedlander, M. 232
Friedman, John B. 275
Friedman, Richard Elliott 78
Frymer-Kensky, Tikva 61, 71

G

Gaines, Janet Howe 123, 275
Gallop, Jane 66
Gammie, John G. 136
Gandhi, Mohandas 158
Gane, Roy E. 44
Garr, W. Randall 90
Gathercole, Simon 84
gehenna (inferno) 163
Gelardini, Gabriella 155, 156
generosidade 73, 178, 180
Gershwin, Ira 260

ÍNDICE REMISSIVO

Gevaryahu, Gilad J. 61
Gilbert, Scott F. 105
Gilders, William K. 196
Gilgamesh, Épico de 107
Gillingham, Susan 128
Ginzberg, Louis 111, 156, 274
Glaser, Mitch 236
Goff, Matthew 115, 326
Goldingay, John 26, 44, 245
Goshen-Gottstein, Alon 63
Grabbe, Lester L. 194
Granerød, Gard 133
Grant-Henderson, Anna L. 263
Greenberg, Moshe 181, 210, 318
Greenspoon, Leonard 29
Gregg, Robert C. 261
Griffiths, Paul J. 66
Grossfeld, Bernard 83, 150
Grossman, Avraham 62
Gruber, Mayer I. 61, 308
Grypeou, Emmanouela 119
Guia dos perplexos (Maimônides) 187
Gunkel, Herman 142, 294

H

Haag, H. 320
Haak, Robert D. 37
Hadarshan, Moshe 67
haftarah 230, 277
Hagner, Donald 188
Halbertal, Moshe 67
Hallel (Salmos) 291
Hamilton, Victor P. 138
Hamurábi, Código de 179, 180
Hannah, Darrell D. 327
Haran, Menahem 181
Hare, Douglas R. A. 171
Harrington, Daniel J. 233
Hart, Trevor A. 153
Harvey, Susan Ashbrook 178
Hasel, Gerhard F. 77
Hay, David M. 138
Hays, Richard B. 44, 153, 242, 283
Heffernan, Thomas J. 62
Heinemann, Isaak 38

Heinemann, Mark H. 301
Henze, Matthias 118
Herford, R. Travers 156
Hermann, W. 136
hermenêutica 31, 71, 242, 343
Hertz, Joseph H. 91
Hesíodo 101
Hezser, Catherine 176
Hiebert, Theodore 102
hierarquia de gêneros e funções
    divórcio e 100
    mandamentos judaicos para a
        mulher 122
    na história do Jardim do Éden
        115
Hilber, John W. 142, 143
Hillel, casa de 168, 169
Himmelfarb, Martha 163
Hirshman, Marc 63
história da criação. *Veja tb.* Adão; Eva
    espírito/Espírito Santo na 87
    exegese revelatória na 35
    hierarquia de gênero na 110
    interpretação judaica da 92
    não dá base para a *creatio ex nihilo*
        79
    nos textos do Antigo Oriente
        Próximo 92
    presença da *Shekinah* na 87
    Sabedoria presente na 87
    vários "céus" na 87
história da recepção 15, 38, 68, 259
história da Torre de Babel 31
história do jardim do Éden
    árvore na 104
    como mito 101
    contexto original da 100
    jardim como "paraíso"/de prazeres
        103
    leis dietéticas 41
    serpente na 107
Hoffman, Jeff 209
Hoffman, Lawrence A. 211
Hoffmannova, Jana 66
Hogenhaven, Jesper 303

Holmen, Tom 318
holocausto 195, 196, 197, 203, 207, 268
Homero 35, 226
Homrighausen, Jonathan 11, 82, 152, 224
Horowitz, Elliott 252
Horst, Pieter W. van der 18, 95, 170
Hosana 291
Houston, Walter J. 138
Huntsman, Eric 160
Hunt, Zack 58
Hurtado, Larry W. 320
Hutson, Christopher R. 242

I

Idel, Moshe 43
identidade 29, 45, 61, 63, 71, 153, 213,
    222, 228, 230, 242, 263, 323, 330,
    339
Igreja Católica 29, 68, 233, 339, 340,
    342
Igreja Episcopal 70
Ilan, Tal 168
Ilíada (Homero) 226
imortalidade 102, 104, 107, 108, 109,
    111, 115, 124, 145
inclusão 317
inerrância 30
inferno 163
Instone-Brewer, David 168
interpretação
        ambiguidade lexical e 31
        ambiguidade sintática e 31
        contexto e 15
        ética e 194
        hermenêutica 343
        mudança com o passar do tempo
            na 35
        pragmatismo na 35
        variantes dos escribas 34
        vozes multiculturais 344
interpretação alegórica 48
interpretação anagógica 48
interpretação cristã. *Veja tb.* nos temas
    específicos
        contexto judaico para a 14, 341

debates de tradução e 46
divergências envolvidas na 44
doutrina central à 44
instrução de Jesus para a 167
"Interpretação da Bíblia na Igreja"
    (Pontifícia Comissão Bíblica) 47, 65,
    68, 69
interpretação judaica
        categorias da 43
        natureza multivocal da 124
        no Novo Testamento 284
        nos textos primários 64
Ioudaios 154
ira justa 164
Irshai, Oded 62
Irvine, S. A. 222
Isaías, Segundo e Terceiro 217, 236,
    246. *Veja tb.* Canções do Servo;
    passagem do Servo Sofredor
Isaque 42, 45, 119, 152, 195, 203, 211,
    227

J

Jackson, Bernard S. 183
Jacobsen, Anders-Christian 28
Jacobs, Sandra 184
Janowski, Bernd 236
Jassen, Alex P. 35, 37
javista, fonte (J) 101, 124, 195
Jenni, Ernst 174
"jeremíada" 336
Jeremias 22, 24, 25, 35, 36, 40, 49, 50, 53,
    60, 83, 102, 118, 132, 173, 206, 213,
    220, 248, 249, 260, 263, 289, 316,
    336, 337, 338, 339
Jerônimo 111, 136, 230, 274, 286, 287,
    300, 306
Jesus
        Adão e 48
        andando sobre as águas 265
        anjos diferenciados de 128
        como cordeiro sacrificial 190
        como Filho de Deus 128
        como oferta sacrificial perfeita
            132

ÍNDICE REMISSIVO

ensinando o celibato 170
eufemismo 172
irmãos de 217
na criação (*Logos*) 75
natureza sem pecado 132
nova aliança cumprida/mediada
    por 338
sangue de 118, 155, 191, 213
segunda vinda de 339
vínculo com Melquisedeque 211
Jewish annotated New Testament, The (ed.
    Levine, Brettler) 16, 18, 70
João Crisóstomo 61, 65
Johnson, Alan F. 47
Jonas, história e sinal de
    arbusto que murcha em 272
    como alerta 261
    interpretação antijudaica de 281
    ironia em 271
    leitura alegórica de 274
    leitura ética/moral de 260, 275
    leitura tipológica 48
    nacionalismo x universalismo em
        275
    padrão de três antes do quatro
        em 268
    peixe em 37, 48, 260, 261, 264,
        266, 267, 268, 269, 270, 272,
        274, 275, 276, 280
    ressurreição e 261
    uso da palavra "grande" em 264
    valor literário de 260
Jonas (profeta) 38, 46, 48, 219, 246
Joosten, Jan 201
José 30, 49, 57, 81, 129, 165, 168, 214,
    215, 216, 225, 240, 254
Josefo 15, 17, 41, 57, 93, 136, 147, 161,
    163, 168, 170, 182, 185, 193, 291
    comunidades celibatárias descritas
        por 170
    interpretação/idealização 41
    sobre a crucificação 57
    sobre a lei de talião 184
    sobre a linguagem plural para
        Deus 92

sobre a Páscoa 193
sobre Melquisedeque 147
sobre o divórcio 168
sobre os fariseus 161
sobre o vínculo entre Salém e
    Jerusalém 136
Joseph, Simon J. 328
Joüon, Paul 80
Judas Macabeu 323
judeus para o judaísmo 244
julgamento/castigo. *Veja tb.* talião
    ética x etnia no 263
    por adultério 164
    por assassinato/ira 162
    pena de morte 57, 162, 164,
        165, 166, 182, 183, 188,
        189
    por várias gerações 270
juramentos 159, 162, 170, 171, 172
justiça 36, 46, 56, 120, 135, 146, 147,
    150, 161, 162, 173, 175, 184, 185,
    189, 237, 241, 248, 250, 257, 260,
    269, 271, 276, 279, 281, 296, 318,
    327, 328, 335
Justino Mártir 56, 107, 151, 228, 251,
    269, 304
    cenário biográfico 228
    Diálogo 228
    interpretação das profecias 56
    sobre a concepção de Jesus 228
    sobre a história de Jonas 269
    sobre o diáologo inter-religioso
        339
    sobre o pecado original 107
    sobre o Servo Sofredor 251
    sobre o salmo 22 304
    sobre o salmo 110 151

K

Kahn, Jeffrey 135
Kamesar, Adam 230
Kaminsky, Joel 119
Kanarfogel, Ephraim 67
Kasher, Menahem M. 87
Katz, Brigit 217

Katz, Steven T. 62, 63
Kedar-Kopfstein, Benjamin 200
Keil, Karl Friedrich 292
Keiser, Thomas A. 89
Kellner, Menachem 45, 99
Kelly, Henry Ansgar 107
Kepnes, Stephen 70
Kessler, Edward 38, 65, 71
ketubah 169
Ketuvim 26, 27
Kiefer, James E. 228
Kimchi, David 249, 279, 309, 333, 337
Kimchi, Joseph 64
Kimelman, Reuven 11, 107
King, Martin Luther, Jr. 189
Kirkpatrick, A. F. 298
Kirsch, Adam 188
Klawans, Jonathan 155
Klepper, Deeana 47
Knight, Douglas A. 181
Knohl, Israel 251
Knust, Jennifer 165
Koch, Klaus 294
Koehler, Ludwig 135
Koester, Craig R. 201
kohen 127, 144, 149
Kratz, Reinhard G. 52
Kravitz, Bentzion 244
Kselman, John S. 299
Kugel, James L. 18, 37, 38, 93, 149
Kugler, Gili 204

L

Laato, Antti 102, 142
Lafont, Sophie 182
Lambert, David A. 208
lamento 114, 118, 283, 294, 295, 301, 311, 336
Lameque 181
Lander, Shira L. 178
Lang, Bernhard 84
Lange, Armin 26
Lasker, Daniel J. 232
Lassalle-Klein, Robert 257
Layton, Scott C. 135

Lehmann, Helmut T. 96
Lei das Doze Tábuas 175
Leiman, Sid Z. 25
leitura literal 48, 188, 332
leitura moral 47
Lerner, Anne Lapidus 121
Leuchter, Mark 127
Levenson, Jon D. 59, 203
Levine, Amy-Jill 18, 24, 70, 78, 152, 178, 226, 236, 342
Levine, Baruch 183
Levinson, Bernard M. 180, 182
Levison, John R. 116, 118
Lewis, C. S. 334
Lindbeck, George 71
Lindbeck, Kris 119
Litwack, Kenneth D. 250
Lockshin, Martin 11, 64, 333
Logos (Palavra)
    "armando seu tabernáculo" com a humanidade 75
    como masculino (Verbo) 89
    como Sabedoria 86
Lutero, Martinho 63, 72, 96, 275
Luttikhuizen, Gerard P. 112, 116
Luz, Ulrich 162

M

Macdonald, Beth E. 123
MacDonald, Dennis Ronald 100
MacDonald, Nathan 52, 153
Macho, Alejandro Diez 83
Mack, Hananel 67
Mackie, Scott D. 88
Magid, Shaul 66
Maher, Michael 83, 150
Maimônides 55, 91, 187, 342
Mandel, Paul D. 40
Mandolfo, Carleen 295
Marcião 25
Marcus, David 281
Marcus, Joel 11, 283, 284, 285, 331
Maria (mãe de Jesus) 57, 64, 70, 122, 128, 166, 214, 215, 216, 225, 231, 232, 233, 234, 236, 240, 245, 327, 344

ÍNDICE REMISSIVO

Marmur, Michael 60
Marta 280, 314
Martinez, Florentino Garcia 116
Martini, Ramon 67
Marz, C. P. 156
Mason, Eric F. 127, 130, 148
Mason, Steve 161
Matthews, Shelly 329
Mayer, Wendy 65
McCruden, Kevin B. 130
McDonald, Lee Martin 24
McNamara, Martin 83, 149
Meacham, Tirzah 182
Meerson, Michael 64
Meiri, Menachem 67, 309
Melito de Sardes 25
Melquisedeque
    ambiguidades entre 138
    como "rei de paz" 130
    linhagem de 211
    pão e vinho oferecidos por 149
    sacerdócio eterno/superioridade
        de Jesus estabelecido por 132
    vínculo com Jerusalém 130
memra' 84, 88, 151
Menn, Esther M. 286, 310
Mercador de Veneza 56, 188
Meshel, Naphtali 196
Metamorfoses (Ovídio) 226
Mettinger, Tryggve N. D. 101, 243, 249
Meyers, Carol L. 54, 213
Meyers, Eric M. 54, 213
midrash 40, 42, 74, 94, 108, 119, 120,
    121, 122, 212, 253, 254, 305, 307, 308
mikra' 25
milagres 64, 219, 262
Milchamot Adonai (As guerras [em nome]
    de Deus) (ben Reuben) 64
Milgrom, Jacob 180, 183, 198
Miller, Patrick D. 143, 292
misericórdia 83, 95, 114, 117, 159, 184,
    189, 194, 206, 264, 267, 271, 272,
    273, 278, 281, 293, 318. Veja tb.
    conflito entre a justiça e a misericórdia
mishkan 75, 87

Mitchell, Alan C. 133
Moisés
    circuncisão de 210
    Melquisedeque e 125
    talião e 175
Mowinckel, Sigmund 142
Muffs, Yohanan 134
Muller, Mogens 318
Mullerova, Olga 66
Muraoka, T. 80
Murphy, Roland E. 85, 86

N

Nabucodonosor 35, 155, 309, 321, 322
nacionalismo 260, 263
Nahawandi, Benjamin ben Moses 256
narrativa da Paixão 201, 283, 289. *Veja tb.*
    crucificação
Nathan, Emmanuel 71
Necker, Gerold 230
Nel, Philip 298
Neubauer, Adolf 252
Neusner, Jacob 17, 67, 71
Nevi'im 26, 27, 160, 288
New application Bible 276
Newsom, Carol A. 320
Nickelsburg, George W. E. 118, 227, 313,
    326
Nicklas, Tobias 75
Nicodemos 44
Nínive 261, 263, 266, 267, 269, 270, 271,
    272, 273, 275, 277, 278, 279, 280
Nissinen, Martti 52
Nisula, Timo 119
Nitzachon Yashan 64, 333
Noam, Vered 185
Noegel, Scott B. 261
Noort, Edward 112
Nostra aetate 68, 69, 339, 341, 342
nova aliança 25, 132, 152, 190, 191, 193,
    337, 338, 339
Novak, David 71
"novo coração" 337
Novo Testamento
    falta de entendimento judaico
        sobre o 77

midrash no 74
uso de termos e etimologia 24
várias interpretações dentro do
173

O

Ochs, Peter W. 71
ódio, aos inimigos 173
Oesterly, W. O. E. 298
"ofertas pelo pecado" (*chata't*) 196, 197,
198, 199, 200, 202, 205, 207
"olho por olho"
associação do judaísmo com 158
como um ideal teórico 183
conflito entre a justiça e a
misericórdia 188, 189
contexto histórico para 179
leitura literal do 186
Olyan, Saul M. 324
Oppenheimer, Aharon 55
oração 32, 33, 95, 209. *Veja tb.* lamento
Orígenes 88, 166, 232, 252, 300
Orthodox study Bible 77
Os trabalhos e os dias (Hesíodo) 101
Oswald, Hilton C. 96
Ovídio 226
Owen, Paul L. 320
Oxford Handbook of the Abrahamic
Religions 69

P

Paget, James Carlton 39
Pajunen, Mika S. 303
"paraíso" 43, 103
Paraíso(Dante) 80
paralelismo sinônimo 296
PaRDeS (*peshat, remez, derash, sod*) 43
Parkes, James 65
parthenos 224, 225, 232, 233
Páscoa judaica 201
passagem do Servo Sofredor
ausente da liturgia judaica 256
contexto histórico da 243
interpretação cristã da 239
interpretações judaicas da 255

linguagem messiânica na 253
Pastis, Jacqueline Z. 178
Paulo 45, 48, 99
Paulo VI (papa) 68
Payne, David 245
Pecknold, C. C. 70
Pedro 46, 70, 140, 191, 240, 272, 273,
330
Pelikan, Jaroslav Jan 96
Penner, Jeremy 303
Pentateuco 26, 27, 28, 78, 126, 133
Pervo, Richard I. 241
peshat 42, 43, 48, 67
pesher, literatura 37, 49, 52, 55, 302
Platão 99
pneuma 76, 81, 84, 86, 87, 285
poesia 194, 292, 293
polêmica
benefícios da 66
clara x velada 231
identidade e 63
na *Tanakh* 60
nos textos/literatura antiga e
medieval 342
pontuação 33, 34
Poorhuis, Marcel 63, 306
Porgy and Bess (Gershwin) 260
Porter, Stanley. E. 318
"primeiro testamento" 26
Pritchard, James B. 142
Procario-Foley, Elena 342
profecia
classificação como 52
"códigos" da Bíblia e 56
cronologia associada à 57, 231
cumprimento condicional da 52
leituras cristãs da profecia 27
leituras da profecia depois do
acontecimento referido 53
referências do Novo Testamento
à 55
salmos proféticos 302
profetas menores 37
Propp, William H. C. 188, 202, 213
Protoevangelho de Tiago 216
próximo, amor ao 22

ÍNDICE REMISSIVO

pseudepigráficos 18, 41, 147, 325
Pugio fidei (Martini) 67
purificação do Templo 54
Purim 72, 306, 310, 311

R

Rad, Gerhard von 80, 138
Rashi (Rabbi Salomão, filho de Isaque)
42, 61, 62, 95, 96, 122, 187, 231, 255,
256, 279, 308, 309, 333
    destaque interpretativo de 42
    leituras cristãs e comentários sobre
      elas 62
    polêmicas de 61
    sobre a história de Jonas 279
    sobre a interpretação cristã de
      Isaías 7:14 231
    sobre a lei de talião 187
    sobre o "Filho do Homem" 333
    sobre o casamento 121
    sobre os anjos consultados na
      Criação 95
    sobre o Servo Sofredor 255
    sobre o salmo 22 308, 309
Ravnitzky, Yehoshua Hana 95
Rebiger, Bill 75
redenção 220, 243, 244, 281, 320, 342,
344
Reese, James M. 58
Regev, Eyal 186
Reis, Mary Francis 257
Reiss, Moshe 149
Reiterer, Friedrich V. 75
Reizel, Anat 306
Rembaum, Joel E. 255
remez 48
Rendtorff, Rolf 292
República, A (Platão) 125
Retórica (Aristóteles) 154
retrato de Dorian Gray, O (Wilde) 198
Revised common lectionary 256
Richardson, M. E. J. 135
Rietz, Henry W. 302
Ringe, Sharon H. 178
Roberts, J. J. M. 143
Romey, Kristin 281

Rosh Hashanah 143, 209
Roth, Martha T. 179
Rubin, Barry 231
Ruiten, Jacques van 75
Runia, David T. 83, 88

S

Saadia Gaon 249
Sabbath, Roberta Sterman 123
sacerdotal, fonte (P) 124, 179, 195, 202,
205
Sacks, Jonathan 91, 115, 157, 210
sacrifício de comunhão 195
Sæbø, Magne 39
Safrai, Chana 306
Sakenfeld, Katharine Doob 313
Salém 130, 134, 136, 138, 149, 150
Salmos
    autoria 146, 309
    lamento nos 295
    no relato da crucificação 287
    Sitz im Leben 141, 142, 294
    tema do abandono de Deus 296
Salomé 168, 216
salvação 48, 62, 120, 215, 248, 310
Samuelson, Norbert M. 80
Sanders, James A. 72
Sandmel, David 71
santificação 36, 72
Sarna, Nahum M. 206, 293
Sasson, Jack M. 259
Satlow, Michael L. 28
Sawyer, John F. A. 38
Schaberg, Jane 216
Schacter, Jacob J. 62, 252
Schafer, Peter 63, 64, 84, 331
Scharfstein, Ben-Ami 22
Schaser, Nicholas J. 273
Schenck, Kenneth 154
Schipper, Jeremy 247
Schopflin, Karin 75
Schremer, Adiel 168, 170
Schwartz, Daniel R. 325
Schwartz, Joshua 63
seder 192

373

sefirot 87
Segal, Alan 93
segunda lei 36
Septuaginta (LXX)
    canonização pela Igreja Ortodoxa
        Grega 28
    citações do Novo Testamento 75
    história da criação 102
    Sermão do Monte 160
    tradução do título 15
seres divinos 91, 226. *Veja tb.* corte
    divina
Shakespeare, William 56, 188
Shammai, casa de 168, 169
Sharp, Carolyn J. 52
Shekinah 87, 96, 305, 332
Sheol 246, 267
Sheridan, Ruth 57, 215
Sherwood, Yvonne 259, 274
Shinan, Avigdor 265
sh-u-v 205, 206, 207. *Veja tb.*
    arrependimento
Sicherman, Harvey 61
Siddur (livro de rezas) 91, 115, 157, 210
Signer, Michael A. 62
Silverstein, Adam J. 69
Símaco 230, 300
Simian-Yofre, H. 245
Simon, Marcel 156
Simon, Maurice 119
Simon, Uriel 259, 303
Sinai 43, 48, 87, 119, 154, 162, 164, 212,
    337
síncrise (figura de retórica) 154
Singer, Michael 71
Singer, Tovia 244
Smith, Mark S. 90, 101, 320
Snodgrass, Klyne 47
sod 48
sofrimento 33, 49, 51, 63, 109, 110,
    111, 222, 236, 238, 239, 240,
    243, 244, 248, 252, 253, 254,
    255, 256, 257, 283, 288, 296,
    304, 314, 338
Soloveitchik, Elijah Zvi 66
Sommer, Benjamin D. 39

Sparks, Kenton L. 105
Spawn, Kevin L. 59
Speiser, E. A. 83, 135
Spurling, Helen 119
Stanton, Elizabeth Cady 105, 106
Stemberger, Gunter 331
Stendahl, Krister 38
Stern, David 40
Steudel, Annette 148
Stockwell, Peter 31
Stone, Michael Edward 118, 328
Strathearn, Gaye 160
Strawn, Brent A. 175, 299
Stroumsa, Guy G. 69, 103
Stuckenbruck, Loren T. 143, 325
Stuhlmacher, Peter 236
Svartvik, Jesper 152
Svetla, J. 66
Swain, Scott R. 58
Swenson, Kristin M. 299
Swetnam, James 137
Swift, Art 188

T

Tabick, Jacqueline 107
Tabor, James 251
Tadmor, Hayim 142
Talbert, Charles H. 226
talião
    aplicação literal do 183
    castigos corporais no 175
    como compensação monetária
        186
    definição de 175
    interpretação/ampliação feita por
        Jesus 178
    no judaísmo pós-bíblico 188
Talmage, Frank Ephraim 64
Talmude Babilônico 29, 41, 63, 305,
    314
Tanakh
    contraste com o Antigo
        Testamento 21
    entendimento católico da 68
    espírito na 81
    estrutura da 26

ÍNDICE REMISSIVO

"filho do homem" 318
Melquisedeque na 126
padrão de repetição 298
Servo Sofredor na 345
Taylor, Joan E. 335
Templo 30, 35, 51, 114
Tengström, S. 81
Teodoro de Mopsuéstia 287
teologia 15, 16, 56, 66, 70, 86, 94, 126, 152, 270, 345
terceiro céu 80, 103
Tertuliano 25, 76, 77, 230
ttragrammaton (YHWH) 74
textos fora de contexto
A Journal of Jewish Literary History 58
Thompson, James W. 154
Thompson, Trevor W. 175
Tigay, Jeffrey 56
Tigchelaar, E. J. C. 117
Tkacz, Catherine Brown 284
"To do the will of our Father in heaven" 71
Toledot Yeshu 64
Tomson, Peter 176
Topolski, Anya 71
Torá
coleções de leis 179
como árvore da vida 117
consultada na criação 95
interpretada e ampliada por Jesus 160
livros da 24
na *Tanakh* 27
relação de Sabedoria com a 86
tradução grega da 28
Tov, Emanuel 11, 26, 93, 265
Townsend, John T. 120
tradição binitária 93
tradição judaico-cristã 71
tradução
ausência de letras maiúsculas e minúsculas 82
contexto e 30
debates cristãos sobre 46
de expressões idiomáticas 315

idiomas e gramática 32
tempo verbal incerto na 238
Trask, R. L. 31
Treier, Daniel J. 58
Trible, Phyllis 105
Trindade 13, 76, 77, 89, 92, 96
Tuori, Kaius 175
Turner, David L. 171
Turner, Joseph 63

U

Ullucci, Daniel 178
Ulmer, Rivka 253
Ulrich, Eugene 112, 238
Ulrich, Jorg 28
Última Ceia 190, 192
universalismo 263, 275
Urbach, Ephraim E. 86, 208, 253

V

"valores bíblicos" 344
Valve, Lootta 102
Vanderhooft, David S. 79
VanderKam, James C. 18, 36, 148, 251, 326
Van Hecke, P. 298
Vanhoozer, Kevin J. 58
Van Seters, John 135
Vermes, Geza 37, 312
Vern, Robyn C. 135
vida de Brian, A (1979) 334
violência 159, 175, 176, 177, 186, 248, 269, 335
Visotsky, Burton L. 119

W

Walfish, Barry Dov 192, 331
Wall, Robert W. 273
Ward, Graham 40
Wasserman, Tommy 165
Wasserstein, Abraham 28
Wasserstein, David J. 28
Wayment, Thomas A. 160
Wechsler, Michael G. 331
Wells, Bruce 180

Westermann, Claus 174, 295
Weyde, Karl William 112
Whedbee, William 260
Wilde, Oscar 198
Wilken, Robert L. 61
Williamson, H. G. M. 59, 215
Williamson, Ronald 137
Wineman, Aryeh 280
Wink, Walter 176
Witherington, Ben, III 31, 32, 44, 233, 234, 242
Wolde, Ellen van 80
Wolfmueller, Bryan 96
Women's Bible, The (ed. Stanton) 105
Woolf, Greg 66
Wright, David P. 180
Wright, John W. 112

Y

Yalkut Shimoni 279
Yefet, filho de Eli 256, 309
Yeivin, Israel 26
YHWH 74, 78, 88, 89, 137, 138, 139, 142, 143, 223, 246, 265. *Veja tb.* Deus
Yom Kippur 129, 155, 156, 196, 197, 199, 207, 209, 211, 277, 281
Yuval, Jacob 63

Z

Zakovitch, Yair 265, 268
Zevit, Ziony 101, 105, 194
Zohar 280
Zorobabel 249

Este livro foi impresso pela Leograf
para a Thomas Nelson Brasil.
A fonte usada no miolo é Garamond Premier Pro
O papel do miolo é pólen natural 70g/m².